江苏水利年鉴

2020

江苏省水利厅◎编著

河海大学出版社
HOHAI UNIVERSITY PRESS
·南京·

图书在版编目(CIP)数据

江苏水利年鉴. 2020 / 江苏省水利厅编著. -- 南京：河海大学出版社，2022.6

ISBN 978-7-5630-7572-0

Ⅰ. ①江… Ⅱ. ①江… Ⅲ. ①水利建设—江苏—2020—年鉴 Ⅳ. ①F426.9—54

中国版本图书馆 CIP 数据核字(2022)第 108039 号

敬 告

本书的封面、封底及正文部分图片由江苏省水利摄影协会供稿，在此我们表示衷心的感谢！也恳请各位读者朋友未经许可，不得擅自使用，谢谢！

书　　名 江苏水利年鉴(2020)
JIANGSU SHUILI NIANJIAN (2020)
书　　号 ISBN 978-7-5630-7572-0
责任编辑 彭志诚
特约编辑 蔡芳盈
特约校对 薛艳萍
封面设计 黄　煜　徐娟娟
出版发行 河海大学出版社
地　　址 南京市西康路 1 号(邮编：210098)
电　　话 (025)83737852(总编室)
(025)83722833(营销部)
网　　址 http://www.hhup.com
排　　版 南京布克文化发展有限公司
印　　刷 南京工大印务有限公司
开　　本 787 毫米×1092 毫米　1/16
插　　页 8
印　　张 18.75
字　　数 492 千字
版　　次 2022 年 6 月第 1 版
印　　次 2022 年 6 月第 1 次印刷
定　　价 220.00 元

特载 1：

关于全力打赢打好碧水保卫战河湖保护战的动员令

各级河长湖长，省各有关部门：

为深入贯彻落实习近平生态文明思想，根据党中央、国务院决策部署，省委、省政府决定，在全省组织开展碧水保卫战、河湖保护战。碧水保卫战的主要任务是：加快工业、农业、生活污染源和水生态系统整治，保障饮用水安全，消除城市黑臭水体，减少污染严重水体和不达标水体。河湖保护战的主要任务是：加大河湖违法圈圩和违法建设专项整治力度，保护河湖空间完整，维护河湖健康生命，实现河湖功能永续利用。

各级河长湖长和省各有关部门要从增强“四个意识”、坚定“四个自信”、做到“两个维护”的高度，以更高的政治站位、强烈的责任担当，履职尽责、奋发作为，确保打赢打好。

要强化责任担当，加快组织实施。各级河长湖长要按照《水污染防治法》规定和省委、省政府要求，履行好水污染防治和河湖治理第一责任人职责，以最坚决的态度、最迅速的行动、最有力的措施，研究制定实施方案，全力抓好各项整治任务的落实。各级总河长要牵头抓总、以上率下，当好“两战”总指挥。各级水利部门、河长制办公室要承担起组织实施具体工作，各级自然资源、生态环境、住房城乡建设、农业农村、应急管理等部门要各司其职、各负其责，齐心协力、共抓落实。

要强化问题导向，精准施策发力。各级河长湖长要严格落实巡查制度，聚焦长江大保护、太湖治理、黑臭水体治理、水质达标等重点，进一步摸查水污染防治和河湖治理存在的突出问题，实行挂图作战、逐项整改、对账销号。对群众反映强烈的水环境问题，要边查边改、即知即改、立行立改，让人民群众有更多更直接的获得感。汛期将至，要深入排查险工险段并限期整改，精心做好各项防汛防旱准备，确保全省安全度汛。

要强化系统治理，提高整治成效。打赢打好“两战”，必须遵循科学规律，综合考虑山水林田湖草综合治理与突出问题专项整治、产业布局与河湖保护，综合考虑工业污染、农业面源污染、生活污染等各类污染源治理，统筹推进水资源保护、水污染防治、水环境治理和水生态修复，增强治理的整体性、协同性和实效性，确保饮水安全、汛期安全、生态安全。

要强化督促指导，引导社会参与。省级河长湖长要加强工作指导和监督检查，层层传导压力，推动各级河长湖长履行职责。要把“两战”实施成效纳入全省高质量发展综合考核，工作不力的要追责问责，成绩突出的要鼓励激励。要及时通报工作进展，畅通监督渠道，全过程主动接受社会监督。新闻媒体要广泛开展宣传教育，宣传先进典型，曝光违法行为。全社会各方面要积极关心、支持和参与，推动水污染防治和河湖治理有力有效开展，以优异成绩迎接新中国成立70周年。

江苏省总河长：娄勤俭

吴政隆

2019年5月15日

特载 2:

关于表彰 2019 年全省“三抗”工作先进集体和先进个人的决定

全省防汛抗旱工作电视电话会议 16 日召开,省委常委、常务副省长、省防指指挥樊金龙出席会议并讲话,副省长、省防指常务副指挥赵世勇主持会议。会上表彰了 2019 年全省“三抗”工作先进集体和先进个人。

名单如下:

先进集体(50 个)

南京市人民政府防汛防旱指挥部办公室

南京市六合区水务局

无锡市水利局

无锡市惠山区水利局

徐州市水旱灾害防御调度指挥中心

新沂市水务局

邳州市水利建筑安装工程有限公司

常州市城市防洪工程管理处

太仓市水务局

苏州市吴中区水务局
苏州工业园区规划建设委员会
南通市水利局
连云港市赣榆区水利局
连云港市石梁河水库管理处
连云港市市区水工程管理处
淮安市防汛防旱指挥部办公室
淮安市淮安区防汛防旱指挥部办公室
金湖县防汛防旱指挥部办公室
盐城市水旱灾害防御调度指挥中心
响水县水务局
盐城市机械排灌处
扬州市防汛防旱指挥部办公室
宝应县水务局
扬州市城市防洪工程管理处
扬中市水利局
泰兴市水务局
宿迁市消防救援支队
沭阳县水利局
宿迁市宿豫区水利局
省应急管理厅防汛防旱处
省应急管理厅救灾和物资保障处
京杭运河江苏省交通运输厅苏北航务管理处
省交通运输厅港航事业发展中心
省农业农村厅畜牧业处
省农业农村厅渔政监督管理处

省海涂研究中心

省住房和城乡建设厅城市建设处

省气象台

无锡市消防救援支队

宿迁市消防救援支队沭阳县消防救援大队

新华日报社全媒体经济新闻部

省广播电视总台融媒体新闻中心直播部

省防汛防旱抢险中心

省水文水资源勘测局

省水文水资源勘测局宿迁分局

省淮沭新河管理处

省灌溉总渠管理处

省江都水利工程管理处

省水利信息中心

南水北调东线江苏水源有限责任公司洪泽站管理所

先进个人(100个)

缪大宏　南京市水务局工程运行管理处处长

周升情　南京市防汛机动抢险队抗旱排涝科科长

陈玉明　南京市高淳区水务局四级调研员

芮雪平　南京市江宁区水务局党组书记、局长

金雪林　无锡市水利局副局长兼无锡市应急管理局副局长

刘　琳(女)　无锡市防汛防旱指挥部办公室一级科员

卢　刚　宜兴市水利局副局长

冯　晓　无锡市城市防洪工程管理处副主任

吴　枫　徐州市防汛防旱抢险中心副主任

王敬宇　新沂市水务局副局长

李永超　新沂市机电排灌总站站长

高向丽(女)　邳州市防办副主任

王志国　邳州市水利工程建设管理中心主任

张　真　常州市天宁区水利局水利科一级科员

朱正正　常州市钟楼区水利局副局长

李　军　常州国家高新区(新北区)农业农村局水利农机处处长

谢红伟　常州市武进区水旱灾害防御中心主任

沈　利　苏州市防汛防旱指挥部办公室科员

魏　巍　昆山市水务局副局长、防办主任

徐鹰健　常熟市城区防洪工程管理所副所长

赵荣方　苏州市吴江区防汛防旱指挥部办公室负责人

丁支农　苏州市姑苏区住建委水务处处长

於　林(女)　如东县防汛防旱指挥部办公室主任

徐　海　如皋市水务局四级调研员

冯小红(女)　南通市节制闸管理所工程师

曹建清　南通市经济技术开发区建设局防办主任

邵润泽　连云港市市区水工程管理处副主任兼市水旱灾害防御调度指挥中心负责人

徐落实　东海县水务局移民建设办主任

鲍东茂　灌云县水利局规划与农村建设科副科长

谢兆利(女)　灌南县水利局工管科科长

潘新国　连云港市通榆河北延送水工程管理处善后

河南泵站管理所副所长

张永华　连云港市政府办公室秘书二处处长

潘光杰　淮安市水利局副局长

尚　洁(女)　淮安市防汛防旱指挥部办公室信息化科副科长

王　栋　淮安市淮涟灌区管理所支部书记

袁安全　淮安市洪泽区水利局党委书记、局长

朱彦清　涟水县水利局党委书记、局长

李中原　淮安市清江浦区顺河洞灌区管理所支部书记、副所长

汤熙康　响水县水务局党委书记、局长

金春旭　阜宁县水旱灾害防御调度指挥中心主任

顾冬铭　盐城市市区防洪工程管理处小洋河灌排闸站负责人

高　杨(女)　盐城市大丰区水旱灾害防御调度指挥中心科员

唐　力　盐城市亭湖新区水利管理服务中心主任

徐海中　扬州市水利局副局长

潘玉华　高邮市水利局党组书记、局长

李　林　扬州市江都区真武水务站站长

冯爱国　宝应县水务局工管科科长

茅受扬　扬州市涵闸河道管理处水政大队大队长

李启顺　镇江市谏壁抽水站管理处副主任

朱文元　镇江市防汛防旱抢险中心副主任

方　雷　句容市长江提水站管理处副主任

戴雨平　镇江市丹徒区水利局局党委书记、防办主任

高　宏　泰州市水利局副局长
侯艳忠　靖江市长江堤防管护中心主任
朱荣慧　兴化市水利局水政水资源与工程管理科科长
宋　鑫　泰州市姜堰区水利局水建科科长
周　军　宿迁市防汛防旱办公室主任
钱文江　宿迁市防汛防旱办公室一级科员
苏亚威　宿迁市宿豫区防汛防旱指挥部办公室副主任
赵　泳　宿迁市宿城区防汛防旱指挥部办公室主任
何立科　泗阳县防汛防旱指挥部办公室办事员
杨新宇　沭阳县防汛防旱指挥部办公室副主任
史新明　省政府办公厅秘书四处副处长
金乐君（女）　省发展和改革委员会农村经济处处长、一级调研员
秦　晗（女）　省财政厅农业农村处水利科科长、四级调研员
戴小琳（女）　省应急管理厅防汛防旱处一级主任科员
陈立宏　省交通运输厅综合行政执法监督局一级主任科员
佘义斌　省农业农村厅种植业处一级主任科员
陈汉永　省自然资源厅地质勘查处副处长
李昌成　省生态环境厅水生态环境处二级主任科员
李玉华　省住房和城乡建设厅城市建设处四级调研员
王　丰（女）　省通信管理局信息通信发展处二级调研员

王啸华　省气象台副台长

张　磊　省消防救援总队作战训练处助理员

王　鹏　省广播电视总台融媒体新闻中心记者

孙　昕(女)　省广播电视总台融媒体新闻中心记者

吴　琼(女)　新华日报社记者

孙新宇　江苏海事局指挥中心副主任

唐实仁　省水利厅办公室一级主任科员

孙洪滨　省水旱灾害防御调度指挥中心主任

郑福寿　省水旱灾害防御调度指挥中心副主任

周春飞　省水旱灾害防御调度指挥中心二级主任科员

张树麟　省河道管理局局长

韩国民　省水文水资源勘测局淮安分局站网科副科长

张凯奇　省水文水资源勘测局盐城分局响水中心副主任

张建华　省水资源服务中心主任

许　峰　省水利防汛物资储备中心徐州分中心主任

陈祥喜　省防汛防旱抢险中心抗旱排涝队副队长

周业龙　省骆运管理处抗排队副队长

钱邦永　省淮沭新河管理处副主任

黄国生　省淮阴第二抽水站管理所运行班班长

韩爱华　省灌溉总渠管理处水文站站长

朱淮明　省淮安抽水一站管理所站长

徐　铭　省洪泽湖水利工程管理处工管科科长

霍中元　省洪泽湖水利工程管理处水文站副站长

魏强林　省江都水利工程管理处副主任

孙　勇　省秦淮河水利工程管理处副主任

刘红伟　省太湖地区水利工程管理处工管科科长

樊锦川　省泰州引江河管理处高港泵站管理所所长

乔凤权　南水北调江苏泵站技术有限公司高级工程师

《江苏水利年鉴》编辑委员会

《江苏水利年鉴》编辑部

主　编：黄海田

副主编：吉玉高　钱　钧

编　辑：许　芬　楼　锋　程　瀛

序

“卅二春秋承年鉴，水利历程载其间”。《江苏水利年鉴》的出版发行，见证了江苏水利所经历的风雨，所前进的脚步和所创造的瞩目业绩。

《江苏水利年鉴》是历史的真实记载。她以其鲜明的特点、详实的事例、朴实的语言，客观反映了这一时期江苏水利改革、开拓、创新的发展历程和崭新风貌，为我们鉴往知来，开阔视野，提高科学决策水平，更好地推动江苏水利事业发展，提供了有益的帮助。

《江苏水利年鉴》是凝炼的史鉴。积极实践新时期治水新思路，努力把握水的自然规律和经济规律，需要以史为鉴而“正衣冠”；改革水利工作，创新水利发展，努力开创经济社会与水资源环境协调发展的新局面，需要传承和发展。《江苏水利年鉴》正是更好地认知水利，参悟水利的经验大成。

《江苏水利年鉴》是知兴替的平台。新的时期，江苏工业化、城市化快速发展对水利工作提出新要求、新圭臬；保障水资源可持续利用，统筹规划、综合治理水环境是我们面临的新课题；全面提高水利工程的防洪保安能力、水资源保障能力、水环境保护能力和水利行业的公共服务社会管理能力是民生对水利提出的新任务；为促进科学发展、建设和谐社会提供更好的基础支撑和保障，是全社会对水利提出的新使命。而《江苏水利年鉴》可以让我们明得失、知兴替、察未来，她是推动江苏水利现代化不断前进的科学记录、文脉载体。

《江苏水利年鉴》已历时 32 载春秋，她生动地记录了每一年的“风雨扬帆路”“沧桑与辉煌”。希望《江苏水利年鉴》不断与时俱进，求真唯实，不断提高编辑水平和刊物质量，更好地体现水利特色和时代特色，进一步强化信息功能、资政功能和服务功能。

让治水之志在年鉴的记载中春意盎然，让水利之史在年鉴的著述中根深叶茂！

是为序。

目 录

综 述

重 要 文 献

水 利 法 制

水 利 建 设

水 利 管 理

防 汛 防 旱

水 文 工 作

南水北调

水利科技

水利经济

行业发展能力建设

地方水利

厅直工管单位

大　事　记

水利统计资料

综　　述

2019 年水利发展综述

2019 年是中华人民共和国成立 70 周年、决胜全面建成小康社会的关键之年，也是江苏水利攻坚克难、全面冲刺“十三五”规划的重要一年。全省水利系统深入践行新时代治水方针，认真贯彻省委、省政府决策部署，推动水利各项工作取得新成效。

（一）河湖“两战”全面打响。省委、省政府召开河湖长制工作暨“两违”专项整治推进会，省委书记娄勤俭、省长吴政隆发布打赢打好碧水保卫战、河湖保护战的“两战”总河长令。国家交办的 68 个长江干流岸线拆除取缔项目全部完成，整改规范项目完成 477 个，退出岸线 44.5 千米，复绿 583 万平方米；省级排查下达的 1 250 个“三乱”项目完成 93%，各地排查的 21 404 个“三乱”项目完成 98%；排查重要河湖水域“两违”项目 15 830 个、完成 95%，基本实现两年任务一年完成。率先出台《生态河湖状况评价规范》地方标准，评定首批 10 个生态河湖样板。制定首批 16 个重点河湖生态水位，打造 360 条农村生态河道、15 个省级生态清洁小流域，推出 40 个“最美水地标”，新增 6 家省级水利风景区；开展“寻找大运河江苏记忆”活动，推选 26 名“最美基层河长”“最美民间河长”。推进退圩还湖，探索生态清淤聚泥成岛，新增自由水面 50 平方千米，湖泊成岛 12 个。实施洪泽湖治理保护三年工作计划，太湖连续十二年实现“两个确保”。

（二）“三抗”斗争全面胜利。面对苏北地区 60 年一遇气象干旱、中华人民共和国成立以来登陆华东地区第三强台风、沂沭泗地区 1974 年以来最大洪水，全省水利部门依托长期构建的水利工程体系和防汛抗旱运行机制，通过精准监测预警、优化工程调度和完善应急处置，连续打赢抗旱、抗台、抗洪三场硬仗，实现大旱情无旱灾、大台风无伤亡、大洪水无洪灾，为保障全省经济社会发展与粮食丰收增产作出了贡献。省委、省政府专题向党中央、国务院汇报“三抗”工作情况。各级防办坚决落实省防指调度指令，水文系统全天候开展水情监测预报，省防抢中心、骆运管理处突击完成临时抗旱机组架设任务，省江都、总渠、引江河等管理处满负荷持续开机运行，通过江水北调、江水东引调引江水 206 亿立方米。统筹省内抗旱与省外调水，通过南水北调和江水北调工程联合运行，完成 8.04 亿立方米调水出省任务。扬州严控沿运用水保障江水北送，连云港、宿迁严密开展巡堤查险，抗洪期间投入 17.21 万人次巡堤查险。

（三）建设任务全面完成。完成水利重点工程投资 126 亿元、农村水利投资 53 亿元，全社会投资 399 亿元，我省连续两年获得国务院“真抓实干”激励，在中央财政水利发展资金绩效评价中获得全国第二名。流域治理新沟河工程基本建成，新孟河、望虞河西岸控制工程加快实施；长江镇扬河段三期、干流崩岸应急治理工程即将完工，八卦洲汊道整治工程有序推进；黄墩湖滞洪区调整和建设工程基本完成，淮河行蓄洪区和干流滩区居民迁建全面实施，重点平原洼地近期治理工程开工建设;南水北调年度工程扫尾和完工验收全面完成。区域治理滁河近期防洪治理完善、海堤巩固、小型病险水库除险加固等工程扎实推进。农村水利工程建设全面加快,完成30个大中型灌区节水改造续建工程;10.22万人农村饮水氟超标问题彻底解决,农村区域供水入户率达98.4%;疏浚县乡河道土方1.7亿立方米,全省农村河道“五位一体”综合管护覆盖率达83%以上;完成16个水土保持重点工程,治理水土流失面积233平方千米;丰县湖西片区整体帮扶实现五年目标四年完成,30个经济薄弱移民村实现脱贫攻坚。

(四)水利监管全面发力。出台《关于加强江苏省水利行业强监管的指导意见》,初步构建“统一领导、分级负责、上下联动”的监督体系。水资源节约管理更加严格。全面落实最严格水资源管理制度,全省用水总量控制在524亿立方米以内,万元GDP用水量较2015年下降23%;完成淮河、太湖等河湖水量分配,全省3.2万个取水工程全部登记在册;完成工业、服务业、生活用水定额第五次修订,我省多个高校合同节水项目在全国推介,省厅节水型机关建设接近满分通过水利部验收,并在全国首届节水知识竞赛中被水利部表彰为“特别组织奖”第一名。南京率先全面开展生态流量和水位确定工作,苏州推行八大高耗水行业合同节水,盐城推进高校合同节水试点,淮安周桥灌区是全省唯一入选全国首批灌区水效领跑者。工程管理更加精细,突出招投标、履约考核信用等方面管理,将3家失信被执行人列入“黑名单”,对稽察发现的502个问题全部闭环销号,6个项目获得水利部优质工程大禹奖,累计获奖项目总数全国第一;安全生产监管、工程质量监督等规范有序,在全国首推水文监测、防汛物资储备安全生产标准化,组织开展为期一年的全省水利行业安全生产专项整治,与全省27个重点整治领域同步推进;小水库规范化管理形成江苏模式,水利工程精细化管理得到水利部肯定,国家级水管单位创建数量全国第一;水土保持监管实现水土流失区域、生产建设项目和重点治理工程信息化监管“三个全覆盖”。常州常态化推进小水库规范化管理,市内84座小水库实现省级规范化创建全覆盖。依法管理更加规范,完成农村水利条例、洪泽湖保护条例等4部地方性法规和水域保护办法的起草,出台《江苏省河道管理条例》处罚自由裁量标准,长江、洪泽湖、骆马湖联合执法机制基本构建。南通成立长江河道采砂管理机构,并与苏州、泰州实现执法巡查联合联动;连云港出台《水利工程管理条例》,镇江开展省内首个航道疏浚砂石资源综合利用试点。

(五)水利改革全面深化。按照中央和省机构改革部署,顺利完成部分职能划转和人员转隶。水利改革不断深化,系统完备、科学规范、运行有效的水利发展体制机制得到完善。率先实施国家节水行动,14个县(市、区)通过国家级县域节水型社会达标建设验收,市县级示范区占比超过80%,提前两年完成省政府确定的节水型社会示范区建设任务;在全国率先发放首批取水许可电子证照,创新开展“节水贷”绿色金融服务,纵深推进节水型机关建设。率先出台农业水价综合改革工作验收办法,完成改革面积2 101万亩、占年度计划的105%,全省农民用水合作组织管理灌溉面积实现改革区全覆盖。率先完成重点河湖和水利工程管理范围划定,并与自然资源部门实现矢量成果一张图。徐州水流产权确权国家级试点通过评估。完成“放管服”改革各项任务,继续推广代建制、集中监理制等建设模式,不断强化水利融资改革,省级财政水利投入同比增长7%,全省涉水政策性贷款达105亿元。

(六)党的建设全面抓实。全省水利系统深入落实新时代党的建设总要求,扎实开展“不忘初心、牢记使命”主题教育,切实把学习贯彻习近平新时代中国特色社会主义思想体现到学习教育、调查研究、检视问题、整改落实各方面，引导广大党员干部树牢“四个意识”、坚定“四个自信”、做到“两个维护”。抓实主题教育各项工作，坚决做到“规定动作”不走样、“自选动作”有特色，得到省主题教育领导小组的肯定，省委书记娄勤俭在全省主题教育总结大会上予以表扬。切实抓好基层减负，出台精简会议文件、激励干部担当作为等若干措施，全面排查整治形式主义、官僚主义问题。稳步推进党风廉政建设和反腐败工作，基本完成省委巡视反馈问题整改，省厅巡察工作经验在省级机关推广；认真落实省纪委《纪律检查建议》整改要求，制定出台全面加强基层水利系统党风廉政建设的意见，形成 8 项制度文件，行业党风廉政建设持续深化。厅党组被评为党委（党组）理论学习中心组示范点，省秦淮河管理处党委获得“江苏省先进基层党组织”称号，徐州水文分局陈磊同志被水利部评为“最美水利人”。水利系统党建工作取得显著成效，省厅在省级机关党建工作会议上作大会发言。

重 要 文 献

重 要 文 献　　005～093 页

重要文件

水利工程建设安全生产管理规定

（2005年7月22日水利部令第26号发布，根据2014年8月19日水利部令第46号修正，根据2017年12月22日水利部令第49号第二次修正，根据2019年5月10日水利部令第50号第三次修订）

第一章 总 则

第一条 为了加强水利工程建设安全生产监督管理，明确安全生产责任，防止和减少安全生产事故，保障人民群众生命和财产安全，根据《中华人民共和国安全生产法》、《建设工程安全生产管理条例》等法律、法规，结合水利工程的特点，制定本规定。

第二条 本规定适用于水利工程的新建、扩建、改建、加固和拆除等活动及水利工程建设安全生产的监督管理。

前款所称水利工程，是指防洪、除涝、灌溉、水力发电、供水、围垦等（包括配套与附属工程）各类水利工程。

第三条 水利工程建设安全生产管理，坚持安全第一，预防为主的方针。

第四条 发生生产安全事故，必须查清事故原因，查明事故责任，落实整改措施，做好事故处理工作，并依法追究有关人员的责任。

第五条 项目法人（或者建设单位，下同）、勘察（测）单位、设计单位、施工单位、建设监理单位及其他与水利工程建设安全生产有关的单位，必须遵守安全生产法律、法规和本规定，保证水利工程建设安全生产，依法承担水利工程建设安全生产责任。

第二章 项目法人的安全责任

第六条 项目法人在对施工投标单位进行资格审查时，应当对投标单位的主要负责人、项目负责人以及专职安全生产管理人员是否经水行政主管部门安全生产考核合格进行审查。有关人员未经考核合格的，不得认定投标单位的投标资格。

第七条 项目法人应当向施工单位提供施工现场及施工可能影响的毗邻区域内供水、排水、供电、供气、供热、通讯、广播电视等地下管线资料，气象和水文观测资料，拟建工程可能影响的相邻建筑物和构筑物、地下工程的有关资料,并保证有关资料的真实、准确、完整,满足有关技术规范的要求。对可能影响施工报价的资料,应当在招标时提供。

第八条 项目法人不得调减或挪用批准概算中所确定的水利工程建设有关安全作业环境及安全施工措施等所需费用。工程承包合同中应当明确安全作业环境及安全施工措施所需费用。

第九条 项目法人应当组织编制保证安全生产的措施方案,并自工程开工之日起15个工作日内报有管辖权的水行政主管部门、流域管理机构或者其委托的水利工程建设安全生产监督机构(以下简称安全生产监督机构)备案。建设过程中安全生产的情况发生变化时,应当及时对保证安全生产的措施方案进行调整,并报原备案机关。

保证安全生产的措施方案应当根据有关法律法规、强制性标准和技术规范的要求并结合工程的具体情况编制,应当包括以下内容:

(一) 项目概况;

(二) 编制依据;

(三) 安全生产管理机构及相关负责人;

(四) 安全生产的有关规章制度制定情况;

(五) 安全生产管理人员及特种作业人员持证上岗情况等;

(六) 生产安全事故的应急救援预案;

(七) 工程度汛方案、措施;

(八) 其他有关事项。

第十条 项目法人在水利工程开工前,应当就落实保证安全生产的措施进行全面系统的布置,明确施工单位的安全生产责任。

第十一条 项目法人应当将水利工程中的拆除工程和爆破工程发包给具有相应水利水电工程施工资质等级的施工单位。

项目法人应当在拆除工程或者爆破工程施工15日前,将下列资料报送水行政主管部门、流域管理机构或者其委托的安全生产监督机构备案:

(一) 拟拆除或拟爆破的工程及可能危及毗邻建筑物的说明;

(二) 施工组织方案;

(三) 堆放、清除废弃物的措施;

(四) 生产安全事故的应急救援预案。

第三章 勘察(测)、设计、建设监理及其他有关单位的安全责任

第十二条 勘察(测)单位应当按照法律、法规和工程建设强制性标准进行勘察(测),提供的勘察(测)文件必须真实、准确,满足水利工程建设安全生产的需要。

勘察(测)单位在勘察(测)作业时,应当严格执行操作规程,采取措施保证各类管线、设施和周边建筑物、构筑物的安全。

勘察(测)单位和有关勘察(测)人员应当对其勘察(测)成果负责。

第十三条 设计单位应当按照法律、法规和工程建设强制性标准进行设计,并考虑项目周边环境对施工安全的影响,防止因设计不合理导致生产安全事故的发生。

设计单位应当考虑施工安全操作和防护的需要,对涉及施工安全的重点部位和环节在设计文件中注明,并对防范生产安全事故提出指导意见。

采用新结构、新材料、新工艺以及特殊结构的水利工程,设计单位应当在设计中提出保障施工作业人员安全和预防生产安全事故的措施建议。

设计单位和有关设计人员应当对其设计成果负责。

设计单位应当参与与设计有关的生产安全事故分析,并承担相应的责任。

第十四条 建设监理单位和监理人员应当按照法律、法规和工程建设强制性标准实

施监理，并对水利工程建设安全生产承担监理责任。

建设监理单位应当审查施工组织设计中的安全技术措施或者专项施工方案是否符合工程建设强制性标准。

建设监理单位在实施监理过程中，发现存在生产安全事故隐患的，应当要求施工单位整改；对情况严重的，应当要求施工单位暂时停止施工，并及时向水行政主管部门、流域管理机构或者其委托的安全生产监督机构以及项目法人报告。

第十五条 为水利工程提供机械设备和配件的单位，应当按照安全施工的要求提供机械设备和配件，配备齐全有效的保险、限位等安全设施和装置，提供有关安全操作的说明，保证其提供的机械设备和配件等产品的质量和安全性能达到国家有关技术标准。

第四章 施工单位的安全责任

第十六条 施工单位从事水利工程的新建、扩建、改建、加固和拆除等活动，应当具备国家规定的注册资本、专业技术人员、技术装备和安全生产等条件，依法取得相应等级的资质证书，并在其资质等级许可的范围内承揽工程。

第十七条 施工单位应当依法取得安全生产许可证后，方可从事水利工程施工活动。

第十八条 施工单位主要负责人依法对本单位的安全生产工作全面负责。施工单位应当建立健全安全生产责任制度和安全生产教育培训制度，制定安全生产规章制度和操作规程，保证本单位建立和完善安全生产条件所需资金的投入，对所承担的水利工程进行定期和专项安全检查，并做好安全检查记录。

施工单位的项目负责人应当由取得相应执业资格的人员担任，对水利工程建设项目的安全施工负责，落实安全生产责任制度、安全生产规章制度和操作规程，确保安全生产费用的有效使用，并根据工程的特点组织制定安全施工措施，消除安全事故隐患，及时、如实报告生产安全事故。

第十九条 施工单位在工程报价中应当包含工程施工的安全作业环境及安全施工措施所需费用。对列入建设工程概算的上述费用，应当用于施工安全防护用具及设施的采购和更新、安全施工措施的落实、安全生产条件的改善，不得挪作他用。

第二十条 施工单位应当设立安全生产管理机构，按照国家有关规定配备专职安全生产管理人员。施工现场必须有专职安全生产管理人员。

专职安全生产管理人员负责对安全生产进行现场监督检查。发现生产安全事故隐患，应当及时向项目负责人和安全生产管理机构报告；对违章指挥、违章操作的，应当立即制止。

第二十一条 施工单位在建设有度汛要求的水利工程时，应当根据项目法人编制的工程度汛方案、措施制定相应的度汛方案，报项目法人批准；涉及防汛调度或者影响其它工程、设施度汛安全的，由项目法人报有管辖权的防汛指挥机构批准。

第二十二条 垂直运输机械作业人员、安装拆卸工、爆破作业人员、起重信号工、登高架设作业人员等特种作业人员，必须按照国家有关规定经过专门的安全作业培训，并取得特种作业操作资格证书后，方可上岗作业。

第二十三条 施工单位应当在施工组织设计中编制安全技术措施和施工现场临时用电方案，对下列达到一定规模的危险性较大的工程应当编制专项施工方案，并附具安全验算结果，经施工单位技术负责人签字以及总监理工程师核签后实施，由专职安全生产管理人员进行现场监督：

（一）基坑支护与降水工程；

（二）土方和石方开挖工程；

（三）模板工程；

（四）起重吊装工程；

（五）脚手架工程；

（六）拆除、爆破工程；

（七）围堰工程；

（八）其他危险性较大的工程。

对前款所列工程中涉及高边坡、深基坑、地下暗挖工程、高大模板工程的专项施工方案，施工单位还应当组织专家进行论证、审查。

第二十四条 施工单位在使用施工起重机械和整体提升脚手架、模板等自升式架设设施前，应当组织有关单位进行验收，也可以委托具有相应资质的检验检测机构进行验收；使用承租的机械设备和施工机具及配件的，由施工总承包单位、分包单位、出租单位和安装单位共同进行验收。验收合格的方可使用。

第二十五条 施工单位的主要负责人、项目负责人、专职安全生产管理人员应当经水行政主管部门对其安全生产知识和管理能力考核合格。

施工单位应当对管理人员和作业人员每年至少进行一次安全生产教育培训，其教育培训情况记入个人工作档案。安全生产教育培训考核不合格的人员，不得上岗。

施工单位在采用新技术、新工艺、新设备、新材料时，应当对作业人员进行相应的安全生产教育培训。

第五章 监督管理

第二十六条 水行政主管部门和流域管理机构按照分级管理权限，负责水利工程建设安全生产的监督管理。水行政主管部门或者流域管理机构委托的安全生产监督机构，负责水利工程施工现场的具体监督检查工作。

第二十七条 水利部负责全国水利工程建设安全生产的监督管理工作，其主要职责是：

（一）贯彻、执行国家有关安全生产的法律、法规和政策，制定有关水利工程建设安全生产的规章、规范性文件和技术标准；

（二）监督、指导全国水利工程建设安全生产工作，组织开展对全国水利工程建设安全生产情况的监督检查；

（三）组织、指导全国水利工程建设安全生产监督机构的建设、管理以及水利水电工程施工单位的主要负责人、项目负责人和专职安全生产管理人员的安全生产考核工作。

第二十八条 流域管理机构负责所管辖的水利工程建设项目的安全生产监督工作。

第二十九条 省、自治区、直辖市人民政府水行政主管部门负责本行政区域内所管辖的水利工程建设安全生产的监督管理工作，其主要职责是：

（一）贯彻、执行有关安全生产的法律、法规、规章、政策和技术标准，制定地方有关水利工程建设安全生产的规范性文件；

（二）监督、指导本行政区域内所管辖的水利工程建设安全生产工作，组织开展对本行政区域内所管辖的水利工程建设安全生产情况的监督检查；

（三）组织、指导本行政区域内水利工程建设安全生产监督机构的建设工作以及有关的水利水电工程施工单位的主要负责人、项目负责人和专职安全生产管理人员的安全生产考核工作。

市、县级人民政府水行政主管部门水利工程建设安全生产的监督管理职责，由省、自治区、直辖市人民政府水行政主管部门规定。

第三十条 水行政主管部门或者流域管理机构委托的安全生产监督机构，应当严格按照有关安全生产的法律、法规、规章和技术标准，对水利工程施工现场实施监督检查。

安全生产监督机构应当配备一定数量的

专职安全生产监督人员。

第三十一条 水行政主管部门或者其委托的安全生产监督机构应当自收到本规定第九条和第十一条规定的有关备案资料后20日内，将有关备案资料抄送同级安全生产监督管理部门。流域管理机构抄送项目所在地省级安全生产监督管理部门，并报水利部备案。

第三十二条 水行政主管部门、流域管理机构或者其委托的安全生产监督机构依法履行安全生产监督检查职责时，有权采取下列措施：

（一）要求被检查单位提供有关安全生产的文件和资料；

（二）进入被检查单位施工现场进行检查；

（三）纠正施工中违反安全生产要求的行为；

（四）对检查中发现的安全事故隐患，责令立即排除；重大安全事故隐患排除前或者排除过程中无法保证安全的，责令从危险区域内撤出作业人员或者暂时停止施工。

第三十三条 各级水行政主管部门和流域管理机构应当建立举报制度，及时受理对水利工程建设生产安全事故及安全事故隐患的检举、控告和投诉；对超出管理权限的，应当及时转送有管理权限的部门。举报制度应当包括以下内容：

（一）公布举报电话、信箱或者电子邮件地址，受理对水利工程建设安全生产的举报；

（二）对举报事项进行调查核实，并形成书面材料；

（三）督促落实整顿措施，依法作出处理。

第六章 生产安全事故的应急救援和调查处理

第三十四条 各级地方人民政府水行政主管部门应当根据本级人民政府的要求，制定本行政区域内水利工程建设特大生产安全事故应急救援预案，并报上一级人民政府水行政主管部门备案。流域管理机构应当编制所管辖的水利工程建设特大生产安全事故应急救援预案，并报水利部备案。

第三十五条 项目法人应当组织制定本建设项目的生产安全事故应急救援预案，并定期组织演练。应急救援预案应当包括紧急救援的组织机构、人员配备、物资准备、人员财产救援措施、事故分析与报告等方面的方案。

第三十六条 施工单位应当根据水利工程施工的特点和范围，对施工现场易发生重大事故的部位、环节进行监控，制定施工现场生产安全事故应急救援预案。实行施工总承包的，由总承包单位统一组织编制水利工程建设生产安全事故应急救援预案，工程总承包单位和分包单位按照应急救援预案，各自建立应急救援组织或者配备应急救援人员，配备救援器材、设备，并定期组织演练。

第三十七条 施工单位发生生产安全事故，应当按照国家有关伤亡事故报告和调查处理的规定，及时、如实地向负责安全生产监督管理的部门以及水行政主管部门或者流域管理机构报告；特种设备发生事故的，还应当同时向特种设备安全监督管理部门报告。接到报告的部门应当按照国家有关规定，如实上报。

实行施工总承包的建设工程，由总承包单位负责上报事故。

发生生产安全事故，项目法人及其他有关单位应当及时、如实地向负责安全生产监督管理的部门以及水行政主管部门或者流域管理机构报告。

第三十八条 发生生产安全事故后，有关单位应当采取措施防止事故扩大，保护事故现场。需要移动现场物品时，应当做出标记和书面记录，妥善保管有关证物。

第三十九条 水利工程建设生产安全事

故的调查、对事故责任单位和责任人的处罚与处理，按照有关法律、法规的规定执行。

第七章 附 则

第四十条 违反本规定，需要实施行政处罚的，由水行政主管部门或者流域管理机构按照《建设工程安全生产管理条例》的规定执行。

第四十一条 省、自治区、直辖市人民政府水行政主管部门可以结合本地区实际制定本规定的实施办法，报水利部备案。

第四十二条 本规定自2005年9月1日起施行。

水利工程质量检测管理规定

（2008 年 11 月 3 日水利部令第 36 号发布，根据 2017 年 12 月 22 日水利部令第 49 号修正，根据 2019 年 5 月 10 日水利部令第 50 号第二次修正）

第一条 为加强水利工程质量检测管理，规范水利工程质量检测行为，根据《建设工程质量管理条例》、《国务院对确需保留的行政审批项目设定行政许可的决定》，制定本规定。

第二条 从事水利工程质量检测活动以及对水利工程质量检测实施监督管理，适用本规定。

本规定所称水利工程质量检测（以下简称质量检测），是指水利工程质量检测单位（以下简称检测单位）依据国家有关法律、法规和标准，对水利工程实体以及用于水利工程的原材料、中间产品、金属结构和机电设备等进行的检查、测量、试验或者度量，并将结果与有关标准、要求进行比较以确定工程质量是否合格所进行的活动。

第三条 检测单位应当按照本规定取得资质，并在资质等级许可的范围内承担质量检测业务。

检测单位资质分为岩土工程、混凝土工程、金属结构、机械电气和量测共 5 个类别，每个类别分为甲级、乙级 2 个等级。检测单位资质等级标准由水利部另行制定并向社会公告。

取得甲级资质的检测单位可以承担各等级水利工程的质量检测业务。大型水利工程（含一级堤防）主要建筑物以及水利工程质量与安全事故鉴定的质量检测业务，必须由具有甲级资质的检测单位承担。取得乙级资质的检测单位可以承担除大型水利工程（含一级堤防）主要建筑物以外的其他各等级水利工程的质量检测业务。

前款所称主要建筑物是指失事以后将造成下游灾害或者严重影响工程功能和效益的建筑物，如堤坝、泄洪建筑物、输水建筑物、电站厂房和泵站等。

第四条 从事水利工程质量检测的专业技术人员（以下简称检测人员），应当具备相应的质量检测知识和能力，并按照国家职业资格管理的规定取得从业资格。

第五条 水利部负责审批检测单位甲级资质；省、自治区、直辖市人民政府水行政主管部门负责审批检测单位乙级资质。

检测单位资质原则上采用集中审批方式，受理时间由审批机关提前三个月向社会公告。

第六条 检测单位应当向审批机关提交下列申请材料：

（一）《水利工程质量检测单位资质等级申请表》；

（二）计量认证资质证书和证书附表复印件；

（三）主要试验检测仪器、设备清单；

（四）主要负责人、技术负责人的职称证书复印件；

（五）管理制度及质量控制措施。

具有乙级资质的检测单位申请甲级资质

的，还需提交近三年承担质量检测业务的业绩及相关证明材料。

检测单位可以同时申请不同专业类别的资质。

第七条 审批机关收到检测单位的申请材料后，应当依法作出是否受理的决定，并向检测单位出具书面凭证；申请材料不齐全或者不符合法定形式的，应当在 5 日内一次告知检测单位需要补正的全部内容。

审批机关应当在法定期限内作出批准或者不予批准的决定。听证、专家评审及公示所需时间不计算在法定期限内，行政机关应当将所需时间书面告知申请人。决定予以批准的，颁发《水利工程质量检测单位资质等级证书》（以下简称《资质等级证书》）；不予批准的，应当书面通知检测单位并说明理由。

第八条 审批机关在作出决定前，应当组织对申请材料进行评审，必要时可以组织专家进行现场评审，并将评审结果公示，公示时间不少于 7 日。

第九条 《资质等级证书》有效期为 3 年。有效期届满，需要延续的，检测单位应当在有效期届满 30 日前，向原审批机关提出申请。原审批机关应当在有效期届满前作出是否延续的决定。

原审批机关应当重点核查检测单位仪器设备、检测人员、场所的变动情况，检测工作的开展情况以及质量保证体系的执行情况，必要时，可以组织专家进行现场核查。

第十条 检测单位变更名称、地址、法定代表人、技术负责人的，应当自发生变更之日起 60 日内到原审批机关办理资质等级证书变更手续。

第十一条 检测单位发生分立的，应当按照本规定重新申请资质等级。

第十二条 任何单位和个人不得涂改、倒卖、出租、出借或者以其他形式非法转让《资质等级证书》。

第十三条 检测单位应当建立健全质量保证体系，采用先进、实用的检测设备和工艺，完善检测手段，提高检测人员的技术水平，确保质量检测工作的科学、准确和公正。

第十四条 检测单位不得转包质量检测业务；未经委托方同意，不得分包质量检测业务。

第十五条 检测单位应当按照国家和行业标准开展质量检测活动；没有国家和行业标准的，由检测单位提出方案，经委托方确认后实施。

检测单位违反法律、法规和强制性标准，给他人造成损失的，应当依法承担赔偿责任。

第十六条 质量检测试样的取样应当严格执行国家和行业标准以及有关规定。

提供质量检测试样的单位和个人，应当对试样的真实性负责。

第十七条 检测单位应当按照合同和有关标准及时、准确地向委托方提交质量检测报告并对质量检测报告负责。

任何单位和个人不得明示或者暗示检测单位出具虚假质量检测报告，不得篡改或者伪造质量检测报告。

第十八条 检测单位应当将存在工程安全问题、可能形成质量隐患或者影响工程正常运行的检测结果以及检测过程中发现的项目法人（建设单位）、勘测设计单位、施工单位、监理单位违反法律、法规和强制性标准的情况，及时报告委托方和具有管辖权的水行政主管部门或者流域管理机构。

第十九条 检测单位应当建立档案管理制度。检测合同、委托单、原始记录、质量检测报告应当按年度统一编号，编号应当连续，不得随意抽撤、涂改。

检测单位应当单独建立检测结果不合格项目台账。

第二十条 检测人员应当按照法律、法规和标准开展质量检测工作，并对质量检测结果负责。

第二十一条 县级以上人民政府水行政主管部门应当加强对检测单位及其质量检测活动的监督检查，主要检查下列内容：

（一）是否符合资质等级标准；

（二）是否有涂改、倒卖、出租、出借或者以其他形式非法转让《资质等级证书》的行为；

（三）是否存在转包、违规分包检测业务及租借、挂靠资质等违规行为；

（四）是否按照有关标准和规定进行检测；

（五）是否按照规定在质量检测报告上签字盖章，质量检测报告是否真实；

（六）仪器设备的运行、检定和校准情况；

（七）法律、法规规定的其他事项。

流域管理机构应当加强对所管辖的水利工程的质量检测活动的监督检查。

第二十二条 县级以上人民政府水行政主管部门和流域管理机构实施监督检查时，有权采取下列措施：

（一）要求检测单位或者委托方提供相关的文件和资料；

（二）进入检测单位的工作场地（包括施工现场）进行抽查；

（三）组织进行比对试验以验证检测单位的检测能力；

（四）发现有不符合国家有关法律、法规和标准的检测行为时，责令改正。

第二十三条 县级以上人民政府水行政主管部门和流域管理机构在监督检查中，可以根据需要对有关试样和检测资料采取抽样取证的方法；在证据可能灭失或者以后难以取得的情况下，经负责人批准，可以先行登记保存，并在5日内作出处理，在此期间，当事人和其他有关人员不得销毁或者转移试样和检测资料。

第二十四条 违反本规定，未取得相应的资质，擅自承担检测业务的，其检测报告无效，由县级以上人民政府水行政主管部门责令改正，可并处1万元以上3万元以下的罚款。

第二十五条 隐瞒有关情况或者提供虚假材料申请资质的，审批机关不予受理或者不予批准，并给予警告或者通报批评，二年之内不得再次申请资质。

第二十六条 以欺骗、贿赂等不正当手段取得《资质等级证书》的，由审批机关予以撤销，3年内不得再次申请，可并处1万元以上3万元以下的罚款；构成犯罪的，依法追究刑事责任。

第二十七条 检测单位违反本规定，有下列行为之一的，由县级以上人民政府水行政主管部门责令改正，有违法所得的，没收违法所得，可并处1万元以上3万元以下的罚款；构成犯罪的，依法追究刑事责任：

（一）超出资质等级范围从事检测活动的；

（二）涂改、倒卖、出租、出借或者以其他形式非法转让《资质等级证书》的；

（三）使用不符合条件的检测人员的；

（四）未按规定上报发现的违法违规行为和检测不合格事项的；

（五）未按规定在质量检测报告上签字盖章的；

（六）未按照国家和行业标准进行检测的；

（七）档案资料管理混乱，造成检测数据无法追溯的；

（八）转包、违规分包检测业务的。

第二十八条 检测单位伪造检测数据，出具虚假质量检测报告的，由县级以上人民政府水行政主管部门给予警告，并处3万元罚款；给他人造成损失的，依法承担赔偿责任；构成犯罪的，依法追究刑事责任。

第二十九条 违反本规定，委托方有下列行为之一的，由县级以上人民政府水行政主管部门责令改正，可并处1万元以上3万元以下的罚款：

（一）委托未取得相应资质的检测单位进行检测的；

（二）明示或暗示检测单位出具虚假检测报告，篡改或伪造检测报告的；

（三）送检试样弄虚作假的。

第三十条 检测人员从事质量检测活动中，有下列行为之一的，由县级以上人民政府水行政主管部门责令改正，给予警告，可并处1千元以下罚款：

（一）不如实记录，随意取舍检测数据的；

（二）弄虚作假、伪造数据的；

（三）未执行法律、法规和强制性标准的。

第三十一条 县级以上人民政府水行政主管部门、流域管理机构及其工作人员，有下列行为之一的，由其上级行政机关或者监察机关责令改正；情节严重的，对直接负责的主管人员和其他直接责任人员依法给予行政处分；构成犯罪的，依法追究刑事责任：

（一）对符合法定条件的申请不予受理或者不在法定期限内批准的；

（二）对不符合法定条件的申请人签发《资质等级证书》的；

（三）利用职务上的便利，收受他人财物或者其他好处的；

（四）不依法履行监督管理职责，或者发现违法行为不予查处的。

第三十二条 本规定自2009年1月1日起施行。2000年《水利工程质量检测管理规定》（水建管〔2000〕2号）同时废止。

水利工程建设监理单位资质管理办法

（2006 年 12 月 18 日水利部令第 29 号发布 2010 年 5 月 14 日水利部令第 40 号修正，根据 2015 年 12 月 16 日水利部令第 47 号第二次修正，根据 2017 年 12 月 22 日水利部令第 49 号第三次修正，根据 2019 年 5 月 10 日水利部令第 50 号第四次修正）

第一章 总 则

第一条 为加强水利工程建设监理单位的资质管理，规范水利工程建设市场秩序，保证水利工程建设质量，根据《建设工程质量管理条例》、《国务院对确需保留的行政审批项目设定行政许可的决定》等规定，制定本办法。

第二条 水利工程建设监理单位（以下简称监理单位）资质的认定与管理，适用本办法。

第三条 从事水利工程建设监理业务的单位，应当按照本办法取得资质，并在资质等级许可的范围内承揽水利工程建设监理业务。

第四条 申请监理资质的单位（以下简称申请人），应当按照其拥有的技术负责人、专业技术人员和工程监理业绩等条件，申请相应的资质等级。

第五条 水利部负责监理单位资质的认定与管理工作。

水利部所属流域管理机构（以下简称流域管理机构）和省、自治区、直辖市人民政府水行政主管部门依照管理权限，负责有关的监理单位资质申请材料的接收、转报以及相关管理工作。

第二章 资质等级和业务范围

第六条 监理单位资质分为水利工程施工监理、水土保持工程施工监理、机电及金属结构设备制造监理和水利工程建设环境保护监理四个专业。其中，水利工程施工监理专业资质和水土保持工程施工监理专业资质分为甲级、乙级和丙级三个等级，机电及金属结构设备制造监理专业资质分为甲级、乙级两个等级，水利工程建设环境保护监理专业资质暂不分级。

第七条 各专业资质等级可以承担的业务范围如下：

（一）水利工程施工监理专业资质

甲级可以承担各等级水利工程的施工监理业务。

乙级可以承担Ⅱ等（堤防 2 级）以下各等级水利工程的施工监理业务。

丙级可以承担Ⅲ等（堤防 3 级）以下各等级水利工程的施工监理业务。

适用本办法的水利工程等级划分标准按照《水利水电工程等级划分及洪水标准》（SL252-2017）执行。

（二）水土保持工程施工监理专业资质

甲级可以承担各等级水土保持工程的施工监理业务。

乙级可以承担Ⅱ等以下各等级水土保持工程的施工监理业务。

丙级可以承担Ⅲ等水土保持工程的施工监理业务。

同时具备水利工程施工监理专业资质和乙级以上水土保持工程施工监理专业资质的，方可承担淤地坝中的骨干坝施工监理业务。

适用本办法的水土保持工程等级划分标准见附件二。

（三）机电及金属结构设备制造监理专业资质

甲级可以承担水利工程中的各类型机电及金属结构设备制造监理业务。

乙级可以承担水利工程中的中、小型机电及金属结构设备制造监理业务。

适用本办法的机电及金属结构设备等级划分标准见附件三。

（四）水利工程建设环境保护监理专业资质

可以承担各类各等级水利工程建设环境保护监理业务。

第三章 资质的申请、受理和认定

第八条 申请监理单位资质，应当具备“水利工程建设监理单位资质等级标准”（附件一）规定的资质条件。

监理单位资质一般按照专业逐级申请。

申请人可以申请一个或者两个以上专业资质。

第九条 监理单位资质每年集中认定一次，受理时间由水利部提前三个月向社会公告。

监理单位分立后申请重新认定监理单位资质以及监理单位申请资质证书变更或者资质延续的，不适用前款规定。

第十条 申请人应当向其注册地的省、自治区、直辖市人民政府水行政主管部门提交申请材料。但是，水利部直属单位独资或者控股成立的企业申请监理单位资质的，应当向水利部提交申请材料；流域管理机构直属单位独资或者控股成立的企业申请监理单位资质的，应当向该流域管理机构提交申请材料。

省、自治区、直辖市人民政府水行政主管部门和流域管理机构应当自收到申请材料之日起 20 个工作日内提出意见，并连同申请材料转报水利部。水利部按照《中华人民共和国行政许可法》第三十二条的规定办理受理手续。

第十一条 首次申请监理单位资质，申请人应当提交以下材料：

（一）《水利工程建设监理单位资质等级申请表》；

（二）企业章程；

（三）法定代表人身份证明；

（四）《水利工程建设监理单位资质等级申请表》中所列监理工程师、造价工程师的申请人同意注册证明文件（已在其他单位注册的，还需提供原注册单位同意变更注册的证明），以及上述人员的劳动合同和社会保险凭证。

申请晋升、重新认定、延续监理单位资质等级的，除提交前款规定的材料外，还应当提交以下材料：

（一）原《水利工程建设监理单位资质等级证书》（副本）；

（二）近三年承担的水利工程建设监理合同书，以及已完工程的建设单位评价意见。

申请人应当如实提交有关材料和反映真实情况，并对申请材料的真实性负责。

第十二条 水利部应当自受理申请之日起 20 个工作日内作出认定或者不予认定的决定；20 个工作日内不能作出决定的，经本机关负责人批准，可以延长 10 个工作日。决定予以认定的，应当在 10 个工作日内颁发《水利工程建设监理单位资质等级证书》；不予认定的，应当书面通知申请人并说明理由。

第十三条 水利部在作出决定前，应当组织对申请材料进行评审，并将评审结果在水利部网站公示，公示时间不少于 7 日。

水利部应当制作《水行政许可除外时间告知书》，将评审和公示时间告知申请人。

第十四条 《水利工程建设监理单位资质等级证书》包括正本一份、副本四份，正本和副本具有同等法律效力，有效期为 5 年。

第十五条 资质等级证书有效期内，监理单位的名称、地址、法定代表人等工商注册事项发生变更的，应当在变更后 30 个工作日内向水利部提交水利工程监理单位资质等级证书变更申请并附工商注册事项变更的证明材料，办理资质等级证书变更手续。水利部自收到变更申请材料之日起 3 个工作日内办理变更手续。

第十六条 监理单位发生合并、重组、分立的，可以确定由一家单位承继原单位资质，该单位应当自合并、重组、分立之日起 30 个工作日内，按照本办法第十条、第十一条的规定，提交有关申请材料以及合并、重组、分立决议和监理业绩分割协议。经审核，注册人员等事项满足资质标准要求的，直接进行证书变更。重组、分立后其他单位申请获得水利工程建设监理单位资质的，按照首次申请办理。

第十七条 资质等级证书有效期届满，需要延续的，监理单位应当在有效期届满 30 个工作日前，按照本办法第十条、第十一条的规定，向水利部提出延续资质等级的申请。水利部在资质等级证书有效期届满前，作出是否准予延续的决定。

第十八条 水利部应当将资质等级证书的发放、变更、延续等情况及时通知有关省、自治区、直辖市人民政府水行政主管部门或者流域管理机构，并定期在水利部网站公告。

第四章 监督管理

第十九条 水利部建立监理单位资质监督检查制度，对监理单位资质实行动态管理。

第二十条 水利部履行监督检查职责时，有关单位和人员应当客观、如实反映情况，提供相关材料。

第二十一条 县级以上地方人民政府水行政主管部门和流域管理机构发现监理单位资质条件不符合相应资质等级标准的，应当向水利部报告，水利部按照本办法核定其资质等级。

第二十二条 违反本办法应当给予处罚的，依照《中华人民共和国行政许可法》、《建设工程质量管理条例》、《水利工程建设监理规定》的有关规定执行。

第二十三条 监理单位被吊销资质等级证书的，三年内不得重新申请；因违法违规行为被降低资质等级的，两年内不得申请晋升资质等级；受到其他行政处罚，受到通报批评、情节严重，被计入不良行为档案，或者在审计、监察、稽察、检查中发现存在严重问题的，一年内不得申请晋升资质等级。法律法规另有规定的，从其规定。

第五章 附 则

第二十四条 水利工程建设监理单位资质等级申请表、受理凭证、申请材料补正通知书、不予受理告知书等文书格式由水利部统一制定，《水利工程建设监理单位资质等级证书》由水利部统一印制。

第二十五条 本办法施行前已经取得的水利工程建设监理单位资质等级证书，本办法施行后在有效期内继续有效。本办法施行后申请晋升、变更、延续和重新认定资质等级的，依照本办法执行。

第二十六条 本办法自 2007 年 2 月 1 日起施行。《水利工程建设监理单位管理办法》（水建管〔1999〕637 号）同时废止。

水利工程建设程序管理暂行规定

(1998年1月7日水利部水建〔1998〕16号发布,根据2014年8月19日水利部令第46号修正,根据2016年8月1日水利部令第48号第二次修正,根据2017年12月22日水利部令第49号第三次修正,根据2019年5月10日水利部令第50号第四次修正)

第一条 为加强水利建设市场管理,进一步规范水利工程建设程序,推进项目法人责任制、建设监理制、招标投标制的实施,促进水利建设实现经济体制和经济增长方式的两个根本性转变,根据国家有关法律、法规,制定本规定。

第二条 水利工程建设程序,按《水利工程建设项目管理规定》(水利部水建〔1995〕128号)明确的建设程序执行,水利工程建设程序一般分为:项目建议书、可行性研究报告、施工准备、初步设计、建设实施、生产准备、竣工验收、后评价等阶段。

第三条 本暂行规定适用于由国家投资、中央和地方合资、企事业单位独资或合资以及其它投资方式兴建的防洪、除涝、灌溉、发电、供水、围垦等大中型(包括新建、续建、改建、加固、修复)工程建设项目。小型水利工程建设项目可以参照执行。利用外资项目的建设程序,同时还应执行有关外资项目管理的规定。

第四条 项目建议书阶段

1. 项目建议书应根据国民经济和社会发展长远规划、流域综合规划、区域综合规划、专业规划,按照国家产业政策和国家有关投资建设方针进行编制,是对拟进行建设项目的初步说明。

2. 项目建议书应按照《水利水电工程项目建议书编制暂行规定》(水利部水规计〔1996〕608号)编制。

3. 项目建议书编制一般由政府委托有相应资格的设计单位承担,并按国家现行规定权限向主管部门申报审批。项目建议书被批准后,由政府向社会公布,若有投资建设意向,应及时组建项目法人筹备机构,开展下一建设程序工作。

第五条 可行性研究报告阶段

1. 可行性研究应对项目进行方案比较,在技术上是否可行和经济上是否合理进行科学的分析和论证。经过批准的可行性研究报告,是项目决策和进行初步设计的依据。可行性研究报告,由项目法人(或筹备机构)组织编制。

2. 可行性研究报告应按照《水利水电工程可行性研究报告编制规程》(电力部、水利部电办〔1993〕112号)编制。

3. 可行性研究报告,按国家现行规定的审批权限报批。申报项目可行性研究报告,必须同时提出项目法人组建方案及运行机制、资金筹措方案、资金结构及回收资金的办法。

4. 可行性研究报告经批准后,不得随意修改和变更,在主要内容上有重要变动,应经原批准机关复审同意。项目可行性报告批准后,应正式成立项目法人,并按项目法人责任制实行项目管理。

第六条 施工准备阶段

1. 项目可行性研究报告已经批准，年度水利投资计划下达后，项目法人即可开展施工准备工作，其主要内容包括：

（1）施工现场的征地、拆迁；

（2）完成施工用水、电、通信、路和场地平整等工程；

（3）必须的生产、生活临时建筑工程；

（4）实施经批准的应急工程、试验工程等专项工程；

（5）组织招标设计、咨询、设备和物资采购等服务；

（6）组织相关监理招标，组织主体工程招标准备工作；

2. 工程建设项目施工，除某些不适应招标的特殊工程项目外（须经水行政主管部门批准），均须实行招标投标。水利工程建设项目的招标投标，按有关法律、行政法规和《水利工程建设项目招标投标管理规定》等规章规定执行。

第七条 初步设计阶段

1. 初步设计是根据批准的可行性研究报告和必要而准确的设计资料，对设计对象进行通盘研究，阐明拟建工程在技术上的可行性和经济上的合理性，规定项目的各项基本技术参数，编制项目的总概算。初步设计任务应择优选择有项目相应资格的设计单位承担，依照有关初步设计编制规定进行编制。

2. 初步设计报告应按照《水利水电工程初步设计报告编制规程》（电力部、水利部电办〔1993〕113 号）编制。

3. 初步设计文件报批前，一般须由项目法人对初步设计中的重大问题组织论证。设计单位根据论证意见，对初步设计文件进行补充、修改、优化。初步设计由项目法人组织审查后，按国家现行规定权限向主管部门申报审批。

4. 设计单位必须严格保证设计质量，承担初步设计的合同责任。初步设计文件经批准后，主要内容不得随意修改、变更，并作为项目建设实施的技术文件基础。如有重要修改、变更，须经原审批机关复审同意。

第八条 建设实施阶段

1. 建设实施阶段是指主体工程的建设实施，项目法人按照批准的建设文件，组织工程建设，保证项目建设目标的实现；

2. 水利工程具备《水利工程建设项目管理规定（试行）》规定的开工条件后，主体工程方可开工建设。项目法人或者建设单位应当自工程开工之日起 15 个工作日内，将开工情况的书面报告报项目主管单位和上一级主管单位备案。

3. 项目法人要充分发挥建设管理的主导作用，为施工创造良好的建设条件。项目法人要充分授权工程监理，使之能独立负责项目的建设工期、质量、投资的控制和现场施工的组织协调。监理单位选择必须符合《水利工程建设监理规定》（水利部水建〔1996〕396 号）的要求；

4. 要按照"政府监督、项目法人负责、社会监理、企业保证"的要求，建立健全质量管理体系，重要建设项目，须设立质量监督项目站，行使政府对项目建设的监督职能。

第九条 生产准备阶段

1. 生产准备是项目投产前所要进行的一项重要工作，是建设阶段转入生产经营的必要条件。项目法人应按照建管结合和项目法人责任制的要求，适时做好有关生产准备工作。

2. 生产准备应根据不同类型的工程要求确定，一般应包括如下主要内容：

（1）生产组织准备。建立生产经营的管理机构及相应管理制度；

（2）招收和培训人员。按照生产运营的要求，配备生产管理人员，并通过多种形式的培训，提高人员素质，使之能满足运营要求。生产管理人员要尽早介入工程的施工建设，参加设备的安装调试，熟悉情况，掌握好生产技术和工艺流程，为顺利衔接基本建设和生产经营阶段做好准备；

（3）生产技术准备。主要包括技术资料的汇总、运行技术方案的制定、岗位操作规程制定和新技术准备；

（4）生产的物资准备。主要是落实投产运营所需要的原材料、协作产品、工器具、备品备件和其他协作配合条件的准备；

（5）正常的生活福利设施准备。

3. 及时具体落实产品销售合同协议的签订，提高生产经营效益，为偿还债务和资产的保值增值创造条件。

第十条　竣工验收

1. 竣工验收是工程完成建设目标的标志，是全面考核基本建设成果、检验设计和工程质量的重要步骤。竣工验收合格的项目即从基本建设转入生产或使用。

2. 当建设项目的建设内容全部完成，并经过单位工程验收（包括工程档案资料的验收），符合设计要求并按《水利基本建设项目（工程）档案资料管理暂行规定》（水利部水办〔1997〕275号）的要求完成了档案资料的整理工作；完成竣工报告、竣工决算等必须文件的编制后，项目法人按《水利工程建设项目管理规定（试行）》（水利部水建〔1995〕128号）规定，向验收主管部门，提出申请，根据国家和部颁验收规程，组织验收。

3. 竣工决算编制完成后，须由审计机关组织竣工审计，其审计报告作为竣工验收的基本资料。

4. 工程规模较大、技术较复杂的建设项目可先进行初步验收。不合格的工程不予验收；有遗留问题的项目，对遗留问题必须有具体处理意见，且有限期处理的明确要求并落实责任人。

第十一条　后评价

1. 建设项目竣工投产后，一般经过1至2年生产运营后，要进行一次系统的项目后评价，主要内容包括：影响评价——项目投产后对各方面的影响进行评价；经济效益评价——项目投资、国民经济效益、财务效益、技术进步和规模效益、可行性研究深度等进行评价；过程评价——对项目的立项、设计施工、建设管理、竣工投产、生产运营等全过程进行评价。

2. 项目后评价一般按三个层次组织实施，即项目法人的自我评价、项目行业的评价、计划部门（或主要投资方）的评价。

3. 建设项目后评价工作必须遵循客观、公正、科学的原则，做到分析合理、评价公正。通过建设项目的后评价以达到肯定成绩、总结经验、研究问题、吸取教训、提出建议、改进工作，不断提高项目决策水平和投资效果的目的。

第十二条　凡违反工程建设程序管理规定的，按照有关法律、法规、规章的规定，由项目行业主管部门，根据情节轻重，对责任者进行处理。

第十三条　本暂行规定是《水利工程建设项目管理规定（试行）》（水利部水建〔1995〕128号）的补充。

第十四条　本暂行规定由水利部负责解释。

第十五条　本暂行规定自发布之日起试行。

省水利厅关于印发《〈江苏省河道管理条例〉行政处罚自由裁量权参照执行标准》的通知

苏水规〔2019〕1 号

各市、县(市、区)水利(务)局,厅直各水利工程管理处:

《〈江苏省河道管理条例〉行政处罚自由裁量权参照执行标准》已经厅长办公会议审议通过,现予印发,自 2019 年 2 月 8 日起施行,请认真贯彻执行。

江苏省水利厅

2019 年 1 月 4 日

《江苏省河道管理条例》行政处罚自由裁量权参照执行标准

第四十七条 违反本条例第十八条第二款规定，擅自移动、损毁、掩盖界桩、标识牌的，由县级以上地方人民政府水行政主管部门责令停止违法行为，恢复原状，可以处以二百元以上二千元以下罚款。

行政处罚自由裁量权参照执行标准：

违反本条例第十八条第二款规定，擅自移动、损毁、掩盖界桩、标识牌的

（1）违法行为未对界桩、标识牌造成损坏，在规定期限内停止违法行为，恢复原状的，不予罚款；

（2）违法行为对界桩、标识牌造成损失在一千元（按修复费用计算，下同）以下，在规定期限内停止违法行为，恢复原状的，处二百元以上八百元以下罚款；

（3）违法行为对界桩、标识牌造成损失在一千元以上一千五百元以下，在规定期限内停止违法行为，恢复原状的，处八百元以上一千五百元以下罚款；

（4）违法行为对界桩、标识牌造成的损失在一千五百元以上二千元以下，在规定期限内停止违法行为，恢复原状的，处一千五百元以上二千元以下罚款；

（5）违法行为对界桩、标识牌造成的损失在二千元以上的，或者在规定期限内拒不停止违法行为，未恢复原状的，处二千元罚款。

第四十八条 违反本条例第二十六条第一款规定，填堵或者覆盖河道的，由县级以上地方人民政府水行政主管部门责令停止违法行为，限期恢复原状，处以五万元以上五十万元以下罚款；逾期未恢复原状的，代为恢复原状，所需费用由违法者承担；构成犯罪的，依法追究刑事责任。

违反本条例第二十六条第二款规定，擅自填堵原有河道的沟叉、贮水湖塘洼淀、废除原有防洪围堤，或者虽经批准但未按照等效等量原则进行补偿的，由城市人民政府责令停止违法行为，限期恢复原状或者采取其他补救措施；逾期未恢复原状的，代为恢复原状或者采取其他补救措施，所需费用由违法者承担。

行政处罚自由裁量权参照执行标准：

违反本条例第二十六条第一款规定，填堵或者覆盖河道的

（1）填堵河道断面5%以下，或者填堵河道的填方量在100立方米以下，或者覆盖河道的面积在200平方米以下，在规定期限内停止违法行为，恢复原状的，处五万元以上十万元以下罚款；

（2）填堵河道断面5%以上10%以下，或者填堵河道的填方量在100立方米以上200立方米以下，或者覆盖河道的面积在200平方米以上300平方米以下，在规定期限内停止违法行为，恢复原状的，处十万元以上二十万元以下罚款；

（3）填堵河道断面10%以上15%以下，

或者填堵河道的填方量在200立方米以上300立方米以下,或者覆盖河道的面积在300平方米以上400平方米以下,在规定期限内停止违法行为,恢复原状的,处二十万元以上三十万元以下罚款;

(4) 填堵河道断面15%以上20%以下,或者填堵河道的填方量在300立方米以上400立方米以下,或者覆盖河道的面积在400平方米以上500平方米以下,在规定期限内停止违法行为,恢复原状的,或者填堵河道断面10%以下、填堵河道的填方量在200立方米以下、覆盖河道的面积在300平方米以下,在规定期限内拒不停止违法行为、拒不恢复原状的,处三十万元以上四十万元以下罚款;

(5) 填堵河道断面20%以上,或者填堵河道的填方量在400立方米以上,或者覆盖河道的面积在500平方米以上的,或者填堵河道断面10%以上、填堵河道的填方量在200立方米以上、覆盖河道的面积在300平方米以上,在规定期限内拒不停止违法行为、拒不恢复原状的,处四十万元以上五十万元以下罚款。

违法行为可以同时适用填堵河道断面、填方量、覆盖河道面积等多种裁量标准的,按照其对防洪和水生态安全等造成的危害程度合理选择适用。

第四十九条 违反本条例第二十七条第五项规定,在堤防或者护堤地建房的,由县级以上地方人民政府水行政主管部门责令停止违法行为,限期改正,处以二万元以上十万元以下罚款。

违反本条例第二十七条第五项规定,在堤防或者护堤地垦种、放牧、开渠、打井、挖窖、葬坟、晒粮、存放物料、开采地下资源、进行考古发掘以及开展集市贸易活动的,由县级以上地方人民政府水行政主管部门责令停止违法行为,限期改正或者采取其他补救措施,处以一万元以上五万元以下罚款;构成犯罪的,依法追究刑事责任。

行政处罚自由裁量权参照执行标准:

1. 违反本条例第二十七条第五项规定,在堤防或者护堤地建房的

(1) 占用面积在150平方米以下,在规定期限内停止违法行为并改正的,处以二万元罚款;

(2) 占用面积在150平方米以上200平方米以下,在规定期限内停止违法行为并改正的,处以二万元以上三万元以下罚款;

(3) 占用面积在200平方米以上400平方米以下,在规定期限内停止违法行为并改正的,处以三万元以上五万元以下罚款;

(4) 占用面积在400平方米以上600平方米以下,在规定期限内停止违法行为并改正的,或者占用面积在300平方米以下,在规定期限内拒不停止违法行为、拒不改正的,处五万元以上八万元以下罚款;

(5) 占用面积在600平方米以上,在规定期限内停止违法行为并改正的,或者占用面积在300平方米以上,在规定期限内拒不停止违法行为、拒不改正的,处八万元以上十万元以下罚款。

2. 违反本条例第二十七条第五项规定,在堤防或者护堤地垦种、放牧、开渠、打井、挖窖、葬坟、晒粮、存放物料、开采地下资源、进行考古发掘以及开展集市贸易活动的

(1) 违法行为对堤防或者护堤地造成的直接损失在二万元以下,在规定期限内停止违法行为、采取补救措施的,处以一万元以上二万元以下罚款;

(2) 违法行为对堤防或者护堤地造成的直接损失在二万元以上三万元以下,在规定期限内停止违法行为、采取补救措施的,处以二万元以上三万元以下罚款;

(3) 违法行为对堤防或者护堤地造成的直接损失在三万元以上五万元以下,在规定期限内停止违法行为、采取补救措施的,处以三万元以上五万元以下罚款;

(4) 违法行为对堤防或者护堤地造成的直接损失在五万元以上的,或者拒不停止违法行为、拒不采取补救措施的,处以五万元罚款。

第五十条 违反本条例第二十八条第一款规定,在涵、闸、泵站、水电站安全警戒区内捕(钓)鱼的,由县级以上地方人民政府水行政主管部门责令停止违法行为,可以处以二百元以上一千元以下罚款;从事渔业养殖或者停泊船舶、建设水上设施的,由县级以上地方人民政府水行政主管部门责令停止违法行为,限期拆除,可以处以一千元以上一万元以下罚款。

违反本条例第二十八条第二款规定,设置鱼罾、鱼簖等捕鱼设施,影响行洪、排涝、输水的,由县级以上地方人民政府水行政主管部门责令停止违法行为,限期拆除;逾期不拆除的,强行拆除,可以处以二百元以上一千元以下罚款。

行政处罚自由裁量权参照执行标准:

1. 违反本条例第二十八条第一款规定,在涵、闸、泵站、水电站安全警戒区内捕(钓)鱼的

(1) 违法行为首次实施,经责令后停止违法行为,未造成危害后果的,不予罚款;

(2) 违法捕(钓)2 次以上 5 次以下,经责令后停止违法行为的,处二百元以上五百元以下罚款;

(3) 违法捕(钓)5 次以上 7 次以下,经责令后停止违法行为的,处五百元以上七百元以下罚款;

(4) 违法捕(钓)7 次以上的,或者拒不停止违法行为的,处七百元以上一千元以下罚款。

2. 违反本条例第二十八条第一款规定,在涵、闸、泵站、水电站安全警戒区内从事渔业养殖或者停泊船舶、建设水上设施的

(1) 违法行为首次实施,经责令后停止违法行为,未造成危害后果的,不予罚款;

(2) 渔业养殖面积在 50 平方米以下,或者停泊船舶 2 次以下,或者水上设施拆除费用在 1 000 元以下,在规定期限内停止违法行为的,处一千元以上三千元以下罚款;

(3) 渔业养殖面积在 50 平方米以上 200 平方米以下,或者停泊船舶 2 次以上 5 次以下,或者水上设施拆除费用在 1 000 元以上 3 000 元以下,在规定期限内停止违法行为的,处三千元以上六千元以下罚款;

(4) 渔业养殖面积在 200 平方米以上的,或者停泊船舶 5 次以上的,或者水上设施拆除费用在 3 000 元以上的,或者在规定期限内拒不停止违法行为的,处六千元以上一万元以下罚款。

3. 违反本条例第二十八条第二款规定,设置鱼罾、鱼簖等捕鱼设施,影响行洪、排涝、输水,经责令停止违法行为,限期拆除,逾期不拆除的

(1) 违法行为首次实施,经责令后停止违法行为,主动配合拆除的,不予罚款;

(2) 在非汛期设置鱼罾、鱼簖等捕鱼设施 2 次以上的,处以二百元以上四百元以下罚款;

(3) 在汛期未行洪时设置鱼罾、鱼簖等捕鱼设施 2 次以上的,处以四百元以上七百元以下罚款;

(4) 在汛期行洪时设置鱼罾、鱼簖等捕鱼设施 2 次以上的,处以七百元以上一千元以下罚款。

第五十一条 违反本条例第三十一条第二款规定,未建设等效替代水域工程,或者违反本条例第三十二条第一款规定,未按照防汛指挥机构紧急处理决定处置施工围堰、临时阻水设施或者施工结束后未及时清理现场清除施工围堰等设施的,由县级以上地方人民政府水行政主管部门责令限期改正,处以一万元以上十万元以下罚款;逾期不改正的,

由县级以上地方人民政府水行政主管部门代为实施，所需费用由违法单位和个人承担。

行政处罚自由裁量权参照执行标准：

1. 违反本条例第三十一条第二款规定，未建设等效替代水域工程，经责令在规定期限内改正的

(1) 在规定期限内补建完成的，处一万元以上四万元以下罚款；

(2) 在规定期限内未补建完成的，处四万元以上八万元以下罚款；

(3) 拒不补建的，处八万元以上十万元以下罚款。

2. 违反本条例第三十二条第一款规定，未按照防汛指挥机构紧急处理决定处置施工围堰、临时阻水设施或者施工结束后未及时清理现场清除施工围堰等设施，经责令在规定期限内改正的

(1) 处置施工围堰、临时阻水设施或者施工结束后清理现场清除施工围堰等工作量完成80%以上的，处一万元以上三万元以下罚款；

(2) 处置施工围堰、临时阻水设施或者施工结束后清理现场清除施工围堰等工作量完成50%以上80%以下的，处三万元以上五万元以下罚款；

(3) 处置施工围堰、临时阻水设施或者施工结束后清理现场清除施工围堰等工作量完成30%以上50%以下的，处五万元以上七万元以下罚款；

(4) 处置施工围堰、临时阻水设施或者施工结束后清理现场清除施工围堰等工作量完成30%以下的，处七万元以上十万元以下罚款；

(5) 拒不处置施工围堰、临时阻水设施或者施工结束后拒不清理现场清除施工围堰等设施的，处十万元罚款。

第五十二条 违反本条例第三十四条规定，阻断防汛通道的，由县级以上地方人民政府水行政主管部门责令限期改正；逾期不改正的，由县级以上地方人民政府水行政主管部门代为实施，所需费用由违法单位和个人承担，并处一万元以上五万元以下罚款。

行政处罚自由裁量权参照执行标准：

阻断防汛通道，经责令限期改正，逾期不改正的

1. 未改正完成的，处一万元以上二万元以下罚款；

2. 制定了改正方案，但未实施的，处二万元以上四万元以下罚款；

3. 拒不改正的，处四万元以上五万元以下罚款。

第五十三条 有下列行为之一的，由县级以上地方人民政府水行政主管部门责令停止违法行为，限期改正或者采取其他补救措施，处以一万元以上五万元以下罚款；构成犯罪的，依法追究刑事责任：

(一) 违反本条例第三十五条第一项规定，未经批准或者未按照批准的要求，在河道管理范围内爆破、钻探、挖筑的；

(二) 违反本条例第三十五条第二项规定，未经批准在河道滩地存放物料、进行生产经营活动的；

(三) 违反本条例第三十五条第三项规定，未经批准在河道滩地开采地下资源、进行考古发掘的。

行政处罚自由裁量权参照执行标准：

1. 违反本条例第三十五条第(一)项规定，未经批准或者未按照批准的要求，在河道管理范围内爆破、钻探、挖筑的

(1) 违法行为对堤防等水利工程设施造成的直接损失在二万元以下，在规定期限内停止违法行为、按时改正或者采取补救措施的，处以一万元以上二万元以下罚款；

(2) 违法行为对堤防等水利工程设施造成的直接损失在二万元以上三万元以下，在规定期限内停止违法行为、按时改正或者采

取补救措施的，处以二万元以上三万元以下罚款；

(3) 违法行为对堤防等水利工程设施造成的直接损失在三万元以上五万元以下，在规定期限内停止违法行为、按时改正或者采取补救措施的，处以三万元以上五万元以下罚款；

(4) 违法行为对堤防等水利工程设施造成的直接损失在五万元以上的，或者拒不停止违法行为、拒不采取补救措施的，处以五万元罚款。

2. 违反本条例第三十五条第二项规定，未经批准在河道滩地存放物料、进行生产经营活动的

(1) 堆放物在20立方米以下，在规定期限内停止违法行为、清除障碍或者采取其他补救措施的，处一万元罚款；

(2) 堆放物在20立方米以上30立方米以下，在规定期限内停止违法行为，清除障碍或者采取其他补救措施的，处一万元以上二万元以下罚款；

(3) 堆放物在30立方米以上60立方米以下，在规定期限内停止违法行为、清除障碍或者采取其他补救措施的，处二万元以上五万元以下罚款；

(4) 堆放物在60立方米以上的，或者拒不停止违法行为、拒不清除障碍、拒不采取其它补救措施的，处五万元罚款。

3. 违反本条例第三十五条第三项规定，未经批准在河道滩地开采地下资源、进行考古发掘的

(1) 开采地下资源、考古发掘的土方量在100立方米以上200立方米以下，在规定期限内停止违法行为，采取补救措施的，处一万元以上三万元以下罚款；

(2) 开采地下资源、考古发掘的土方量在200立方米以上500立方米以下，在规定期限内停止违法行为，采取补救措施的，处三万元以上五万元以下罚款；

(3) 开采地下资源、考古发掘的土方量在500立方米以上的，或者在规定期限内拒不停止违法行为、拒不采取补救措施的，处五万元罚款。

第五十四条 违反本条例第四十一条规定，未经许可，或者违反本条例第四十二条第三款规定，使用伪造、涂改、买卖、出租、出借或者以其它方式转让的河道采砂许可证采砂的，由县级以上地方人民政府水行政主管部门责令停止违法行为，扣押其采砂船舶、机具或者其中的主要采砂设备等工具，并处五万元以上二十万元以下罚款；情节严重，或者在禁采区、禁采期内采砂的，处以二十万元以上五十万元以下罚款，并没收其采砂船舶、机具等非法采砂工具和违法所得；构成犯罪的，依法追究刑事责任。

违反本条例第四十四条规定，未按照河道采砂许可证规定的要求进行采砂作业的，由县级以上地方人民政府水行政主管部门责令停止违法行为，没收违法所得，并处五万元以上十万元以下罚款；情节严重的，吊销河道采砂许可证。

运砂船舶、筛砂船舶在河道采砂地点装运和协助非法采砂船舶偷采砂石的，属于与非法采砂船舶共同实施非法采砂行为，按照本条第一款规定处理。

行政处罚自由裁量权参照执行标准：

1. 违反本条例第四十一条规定，未经许可，或者违反本条例第四十二条第三款规定，使用伪造、涂改、买卖、出租、出借或者以其他方式转让的河道采砂许可证采砂的

(1) 采砂量在200立方米以下，经责令停止违法行为的，扣押其采砂船舶、机具或者其中的主要采砂设备等工具，并处五万元罚款；

(2) 采砂量在200立方米以上500立方米以下，经责令停止违法行为的，扣押其采砂船舶、机具或者其中的主要采砂设备等工具，

并处五万元以上八万元以下罚款；

（3）采砂量在500立方米以上800立方米以下，经责令停止违法行为的，扣押其采砂船舶、机具或者其中的主要采砂设备等工具，并处八万元以上十万元以下罚款；

（4）采砂量在800立方米以上1 000立方米以下，经责令停止违法行为的，扣押其采砂船舶、机具或者其中的主要采砂设备等工具，并处十万元以上十五万元以下罚款；

（5）采砂量在1 000立方米以上1 200立方米以下，经责令停止违法行为的，扣押其采砂船舶、机具或者其中的主要采砂设备等工具，并处十五万元以上二十万元以下罚款；

（6）采砂量在1 200立方米以上1 500立方米以下，经责令停止违法行为的，或者在禁采期、禁采区内采砂，采砂量在200立方米以下的，处以二十万元以上二十五万元以下罚款，并没收其采砂船舶、机具等非法采砂工具和违法所得；

（7）采砂量在1 500立方米以上1 800立方米以下，经责令停止违法行为的，或者在禁采期、禁采区内采砂，采砂量在200立方米以上500立方米以下的，处以二十五万元以上三十万元以下罚款，并没收其采砂船舶、机具等非法采砂工具和违法所得；

（8）采砂量在1 800立方米以上2 500立方米以下，经责令停止违法行为的，或者在禁采期、禁采区内采砂，采砂量在500立方米以上800立方米以下的，处以三十万元以上四十万元以下罚款，并没收其采砂船舶、机具等非法采砂工具和违法所得；

（9）采砂量在2 500立方米以上，经责令停止违法行为的，或者在禁采期、禁采区内采砂，采砂量在800立方米以上的，处以四十万元以上五十万元以下罚款，并没收其采砂船舶、机具等非法采砂工具和违法所得；

（10）在主汛期实施非法采砂的，或者在饮用水水源保护区内实施非法采砂的，或者经责令拒不停止违法行为的，或者擅自转移、隐匿、损毁已被采取行政强制措施物品的，或者故意隐瞒事实，弄虚作假阻扰水行政执法人员查处的，或者以暴力、威胁等方式阻碍水行政执法人员依法执行公务尚未构成犯罪的，处以五十万元罚款，并没收其采砂船舶、机具等非法采砂工具和违法所得。

2. 违反本条例第四十四条规定，未按照河道采砂许可证规定的地点、采砂量、采砂深度、作业方式、弃料处理方式等要求进行采砂作业的

（1）采砂量在200立方米以下，经责令停止违法行为的，没收违法所得，并处五万元罚款；

（2）采砂量在200立方米以上500立方米以下，经责令停止违法行为的，没收违法所得，并处五万元以上八万元以下罚款；

（3）采砂量在500立方米以上800立方米以下，经责令停止违法行为的，没收违法所得，并处八万元以上十万元以下罚款，吊销许可证；

（4）采砂量在800立方米以上的，或者经责令拒不停止违法行为的，没收违法所得，并处十万元罚款，吊销许可证。

第五十五条 违反本条例第四十五条第一款规定，采砂船舶、机具在禁采区内滞留或者未取得河道采砂许可证在可采区内滞留的，由县级以上地方人民政府水行政主管部门责令驶离；拒不驶离的，予以扣押，拖离至指定地点，并可处以三万元以上十万元以下罚款。

违反本条例第四十五条第二款规定，采砂船舶、机具在禁采期内未在指定地点停泊、停放或者无正当理由擅自离开指定地点的，由县级以上地方人民政府水行政主管部门处以一万元以上三万元以下罚款。

行政处罚自由裁量权参照执行标准：

1. 违反本条例第四十五条第一款规定，

采砂船舶、机具在禁采区内滞留或者未取得河道采砂许可证在可采区内滞留，经责令拒不驶离的

(1) 违法行为首次实施，配合执法人员拖离至指定地点的，不予罚款；

(2) 在30日内出现两次滞留的，并处以三万元以上五万元以下罚款；

(3) 在30日内出现三次滞留的，并处以五万元以上八万元以下罚款；

(4) 在30日内出现三次以上滞留的，或者拒不配合执法人员拖离至指定地点的，或者以威胁、要挟、恐吓、滋事、非法扣押执法人员及其它暴力形式等手段阻挠抗拒执法的，或者弃船等方式逃避处理的，予以扣押，拖离至指定地点，并处以八万元以上十万元以下罚款。

2. 违反本条例第四十五条第二款规定，采砂船舶、机具在禁采期内未在指定地点停泊、停放的

(1) 在规定时限内自行到指定地点停放的，处以一万元罚款；

(2) 未在规定时限内自行到指定地点停放的，处以一万元以上二万元以下罚款；

(3) 拒不前往指定地点停放的，处以二万元以上三万元以下罚款。

3. 违反本条例第四十五条第二款规定，采砂船舶、机具在禁采期内无正当理由擅自离开指定地点的

(1) 经制止自行返回指定地点的，处以一万元以上二万元以下罚款；

(2) 经制止仍强行离开的，处以二万元以上三万元以下罚款。

省水利厅关于印发《江苏省水利基本建设项目消防设施专项验收工作指导意见(试行)》的通知

苏水规〔2019〕2 号

各设区市水利(务)局，昆山、泰兴、沭阳县(市)水利(务)局，厅直各有关单位，省各重点水利工程建设(管理)局：

《江苏省水利基本建设项目消防设施专项验收工作指导意见(试行)》已经厅长办公会议审议通过，现印发给你们，请认真贯彻执行。

江苏省水利厅

2019 年 3 月 20 日

江苏省水利基本建设项目
消防设施专项验收工作指导意见(试行)

第一章 总 则

第一条 为进一步加强全省水利基本建设项目消防设施专项验收管理,明确验收责任,规范验收行为,依据水利和消防行业验收有关管理规定,结合江苏水利基本建设项目特点,制定本指导意见。

第二条 消防设施应按照建设项目批复的内容和标准实施完成。

第三条 水利建设、设计、施工、监理等单位在实施消防设施时应严格执行消防行业标准。

第四条 消防设施专项验收应严格执行国家法律法规和有关行业管理规定,结合项目特点,按照本指导意见实行分类建设管理和专项验收。

第五条 依据《建设工程消防监督管理规定》(公安部令第106号发布,2012年修订,以下简称《消防规定》),属《消防规定》第十三条、十四条规定的水利基本建设项目,建设单位应当向消防机构申请消防设计审核和消防验收,其建设管理和专项验收严格按照《消防规定》执行。

第六条 《消防规定》第十三条、第十四条以外的水利基本建设项目,依据《建筑工程施工许可管理办法》(住建部令第18号)规定,按照是否取得施工许可进行分类管理,具体为:

需要申请施工许可的项目,按照《消防规定》执行,建设单位应当在取得施工许可、工程竣工验收合格之日起七日内,向消防机构申请消防设计备案和竣工验收消防备案。

不需要申请施工许可的项目,可以将消防设施(仅有消防设备采购的除外)作为一个分部工程纳入整体项目进行建设管理。

第二章 消防设施分部工程建设管理

第七条 各参建单位主要职责如下:

(一) 建设单位

1. 按照批复的消防设施内容和标准组织实施;

2. 根据工程实际需要,聘请消防专业技术人员;

3. 委托开展第三方检测,并明确检测内容和要求,其中大中型泵站和办公楼、档案楼、仓库等对消防有特殊要求的建设项目,应当在开工前签订检测合同,委托消防技术服务机构进行检测;

4. 将消防设施一并委托监理;

5. 组织参建单位开展消防设施质量检验、评定;

6. 组织消防设施分部工程验收。

(二) 设计单位

1. 根据工程建设消防技术标准进行消防设计,不得违反国家工程建设消防技术标准强制性要求;

2. 开展消防设施设计交底和现场设计服务工作；

3. 参加消防设施分部工程验收。

（三）监理单位

1. 按照消防技术标准和消防设计文件实施工程监理；

2. 根据合同或工作需要，配备或聘请消防专业人员；

3. 在消防产品和具有防火性能要求的建筑构件、建筑材料、装修材料施工、安装前，核查产品质量证明文件，不得同意使用或者安装不合格的消防产品和防火性能不符合要求的建筑构件、建筑材料、装修材料；

4. 参加消防设施分部工程验收。

（四）施工单位

1. 按照批复的消防设计和消防技术标准组织消防设施施工，不得擅自改变消防设计进行施工，降低消防施工质量；

2. 查验消防产品和具有防火性能要求的建筑构件、建筑材料及装修材料的质量，使用合格产品，保证消防施工质量；

3. 建立施工现场消防安全责任制度，确定消防安全负责人。加强对施工人员的消防教育培训，落实动火、用电、易燃可燃材料等消防管理制度和操作规程。保证在建工程竣工验收前消防通道、消防水源、消防设施和器材、消防安全标志等完好有效；

4. 配合和参加消防设施分部工程验收。

第八条 消防设施质量管理应当执行相关行业标准，对于缺乏质量检验与评定标准的消防设施建设内容，建设单位应组织参建单位制定相应的检验与评定方法，并报质量监督机构核备。

第九条 消防设施分部工程验收前，按规定开展施工单位自评、监理单位复评、项目法人确认的质量评定工作，并报质量监督机构核备。

第十条 组织消防设施分部工程验收的水利基本建设项目，竣工验收质量监督报告中质量核定内容应包含消防设施分部工程。

第十一条 全省各级水利工程质量和安全监督机构应当按照职责，开展消防设施实施过程的监督检查。

第三章 附 则

第十二条 水利基本建设项目消防设施专项验收按照本意见执行，消防专项验收主管部门另有规定的，从其规定。

第十三条 本指导意见自 2019 年 5 月 1 日起施行。

第十四条 本指导意见由江苏省水利厅负责解释。

省水利厅关于印发《江苏省水库大坝安全鉴定实施细则》的通知

苏水规〔2019〕3 号

南京、无锡、徐州、常州、连云港、淮安、扬州、镇江、宿迁市水利(务)局：

《江苏省水库大坝安全鉴定实施细则》已经厅长办公会议审议通过，现印发给你们，请认真贯彻执行。

江苏省水利厅

2019 年 2 月 19 日

江苏省水库大坝安全鉴定实施细则

第一章 总 则

第一条 为加强全省水库大坝(以下简称大坝)安全管理,规范大坝安全鉴定工作,保障大坝安全运行,根据《水库大坝安全管理条例》、《江苏省水库管理条例》和水利部《水库大坝安全鉴定办法》、《水库大坝安全评价导则》(SL258-2017)的有关规定,结合本省实际,制定本细则。

第二条 本细则适用于全省境内注册登记的水利部门及农村集体经济组织管辖的水库大坝。其他部门管辖的水库大坝可参照执行。

本细则所称大坝包括永久性挡水建筑物,以及影响大坝安全的泄洪、输水、过船等建筑物与其金属结构、近坝岸坡。

第三条 县级以上地方人民政府水行政主管部门对本行政区域内所辖的大坝安全鉴定工作实施监督管理,县级以上水行政主管部门(以下称鉴定审定部门)负责审定水库大坝安全鉴定意见。

省水行政主管部门审定大型水库和坝高50米以上或对城市(含县人民政府所在地镇)以及重要基础设施安全有影响的中型水库大坝安全鉴定意见;设区市水行政主管部门审定其它中型水库、小(1)型水库和影响县城安全或坝高30米以上的小(2)型水库大坝安全鉴定意见;县(区)级水行政主管部门审定其他小(2)型水库大坝安全鉴定意见。

第四条 大坝主管部门(单位)负责组织所管辖大坝的安全鉴定工作(以下称鉴定组织单位);农村集体经济组织所属的大坝安全鉴定由所在乡镇人民政府、街道办事处负责组织。水库管理单位协助鉴定组织单位做好安全鉴定的有关工作。

第五条 大坝实行定期安全鉴定制度。

新建(含扩建)或除险加固的水库,首次安全鉴定应在竣工验收后5年内进行;未及时组织竣工验收的水库,首次安全鉴定应在蓄水验收后5年内进行。

正常运行的水库,大中型水库每6年、小型水库每8年内应进行一次大坝安全鉴定。

水库扩建、改建立项前,应进行大坝安全鉴定。

水库遭遇特大洪水、强烈地震等破坏性自然灾害,或者发生重大工程事故以及其他危及大坝安全的事件后3个月内,应进行专门的大坝安全鉴定。

第六条 大坝安全状况分为三类,分类标准如下:

一类坝:大坝现状防洪能力满足GB50201和SL252要求,无明显工程质量缺陷,各项复核计算结果均满足规范要求,安全监测等管理设施完善,维修养护到位,管理规范,能按设计标准正常运行的大坝。

二类坝:大坝现状防洪能力不满足GB50201

和 SL252 要求，但满足水利部颁布的水利枢纽工程除险加固近期非常运用洪水标准；大坝整体结构安全、渗流安全、抗震安全满足规范要求，运行性态基本正常，但存在工程质量缺陷，或安全监测等管理设施不完善，维修养护不到位，管理不规范，在一定控制运用条件下才能安全运行的大坝。

三类坝：大坝现状防洪能力不满足水利部颁布的水利枢纽工程除险加固近期非常运用洪水标准，或者工程存在严重质量缺陷与安全隐患，不能按设计正常运行的大坝。

第二章 基本程序及组织

第七条 大坝安全鉴定包括大坝安全评价、大坝安全鉴定技术审查和大坝安全鉴定意见审定三个基本程序。

（一）鉴定组织单位负责组织开展现场安全检查，委托满足第十一条规定的大坝安全评价单位（以下称鉴定承担单位）对大坝安全状况进行分析评价并提出大坝安全评价报告和大坝安全鉴定报告书；

（二）由鉴定审定部门组织并主持召开大坝安全鉴定会，组织专家审查大坝安全评价报告，通过大坝安全鉴定报告书；

（三）鉴定审定部门审定并印发大坝安全鉴定报告书。

第八条 鉴定组织单位的职责：

（一）按本细则的要求，定期组织大坝安全鉴定工作；

（二）制定大坝安全鉴定工作计划，并组织实施；

（三）委托鉴定承担单位进行大坝安全评价工作；

（四）组织现场安全检查；

（五）向鉴定承担单位提供必要的基础资料；

（六）筹措大坝安全鉴定经费；

（七）其他相关职责。

第九条 鉴定承担单位的职责：

（一）参加现场安全检查，并负责编制现场安全检查报告；

（二）收集有关资料，并根据需要开展地质勘探、工程测量、工程质量检测、鉴定试验等工作，鉴定承担单位不具备相应资质的，应委托具有相应资质的单位开展；

（三）按有关技术标准对大坝安全状况进行评价，并提出大坝安全评价报告；

（四）按鉴定审定部门的审查意见，补充相关工作，修改大坝安全评价报告；

（五）起草大坝安全鉴定报告书；

（六）其他相关职责。

第十条 鉴定审定部门的职责：

（一）成立大坝安全鉴定委员会（小组）；

（二）组织召开大坝安全鉴定会；

（三）审查大坝安全评价报告；

（四）审定并印发大坝安全鉴定报告书；

（五）其他相关职责。

第十一条 鉴定承担单位的资格按照水利部《水库大坝安全鉴定办法》的有关规定执行。

第十二条 现场安全检查由鉴定组织单位负责组织，鉴定承担单位参加并负责编制现场安全检查报告。现场安全检查应有水库管理单位的代表参加，应成立现场安全检查专家组，根据需要配备水文、地质、水工、机电、金属结构或管理等相关专业的专家，并由专家组完成现场安全检查工作。

第十三条 大坝安全鉴定委员会（小组）应由大坝主管部门（单位）的代表、水库法人单位的代表、水库管理单位的代表和从事水利水电专业技术工作的专家组成，并符合下列要求：

（一）大型水库和坝高 50 米以上或对城市（含县人民政府所在地镇）以及重要基础设施安全有影响的中型水库的大坝安全鉴定委员会（小组）由 9 名以上专家组成，其中具有高级技术职称的人数不得少于6名；其他中型水库、小(1)型水库和影响县城安全或坝高30米以上小(2)型水库的大坝安全鉴定委员会(小组)由7名以上专家组成，其中具有高级技术职称的人数不得少于4名；其他小(2)型水库的大坝安全鉴定委员会(小组)由5名以上专家组成，其中具有高级技术职称的人数不得少于2名；

(二) 大坝主管部门(单位)所在行政区域以外的专家人数不得少于大坝安全鉴定委员会(小组)组成人员的三分之一；

(三) 大坝原设计、施工、监理、设备制造等单位的在职人员以及从事过本工程设计、施工、监理、设备制造的人员总数不得超过大坝安全鉴定委员会(小组)组成人员的三分之一；

(四) 大坝安全鉴定委员会(小组)应根据需要由水文、地质、水工、机电、金属结构和管理等相关专业的专家组成，其中参加过现场安全检查的专家应不少于1名；

(五) 大坝安全鉴定委员会(小组)组成人员应当遵循客观、公正、科学的原则履行职责。

第三章 工作内容

第十四条 现场安全检查包括查阅工程勘察设计、施工与运行资料，对大坝外观状况、结构安全情况、运行管理条件等进行全面检查和评估，并提出大坝安全评价工作的重点和建议，编制大坝现场安全检查报告。

第十五条 大坝安全评价包括工程质量评价、大坝运行管理评价、防洪标准复核、大坝结构安全、稳定评价、渗流安全评价、抗震安全复核、金属结构安全评价和大坝安全综合评价等。

大坝安全评价过程中，应根据需要补充地质勘探与土工试验、工程测量，补充混凝土与金属结构检测，对重要工程隐患进行探测等，应对具备条件的涵洞进洞检查。

第十六条 鉴定审定部门应当将审定的大坝安全鉴定报告书及时印发鉴定组织单位，并抄送上一级水行政主管部门备案。

设区市水行政主管部门应于每年年底前，将该年度本级审定的大坝安全鉴定报告书和辖区内全部水库大坝安全鉴定结果汇总报省水行政主管部门备案。

第十七条 鉴定组织单位应当根据大坝安全鉴定结果，采取相应的调度管理措施，加强大坝安全管理。

对鉴定为三类坝、二类坝的水库，鉴定组织单位应当对可能出现的溃坝方式和对下游可能造成的损失进行评估，并采取除险加固、降等或报废等措施予以处理。在处理措施未落实或未完成之前，应制定保坝应急措施，并限制运用。

超出第五条规定期限未开展大坝安全鉴定的水库，鉴定组织单位应当对其限制运用直至空库运行，保证水库运行安全。

第十八条 经安全鉴定，大坝安全类别改变的，必须自接到大坝安全鉴定报告书之日起3个月内向大坝注册登记机构申请变更注册登记。

第十九条 鉴定组织单位应当按照档案管理的有关规定及时对大坝安全评价报告和大坝安全鉴定报告书进行归档，并妥善保管。

第四章 附　　则

第二十条 大坝安全鉴定工作所需经费，由鉴定组织单位负责筹措，也可在基本建设前期费、工程维修及相关专项资金中安排。

第二十一条 违反本细则规定，不按要求进行大坝安全鉴定，由县级以上人民政府水行政主管部门责令其限期改正；对大坝安全鉴定工作监管不力，由上一级人民政府水行政主管部门责令其限期改正；造成严重后果的，对负有责任的主管人员和其他直接责任人员依法给予行政处分，触犯刑律的，依法追究刑事责任。

第二十二条 本细则所称对城市(含县人民政府所在地镇)以及重要基础设施安全有影响的中型水库,是指国家防汛抗旱总指挥部公布的全国防洪重点中型水库。

第二十三条 坝高小于15米的小(2)型水库的大坝安全评价技术工作参照《水库大坝安全评价导则》(SL258)和附录1、2、3执行。

其他水库的大坝安全评价技术工作按照《水库大坝安全评价导则》(SL258)执行。

第二十四条 本细则由江苏省水利厅负责解释。

第二十五条 本细则自2019年5月1日起施行,《江苏省小型水库大坝安全鉴定办法》(苏水管〔2004〕191号)同时废止。

省水利厅关于印发《江苏省泰州引江河管理办法》的通知

苏水规〔2019〕4号

扬州、泰州市水利局，省泰州引江河管理处：

《江苏省泰州引江河管理办法》已经厅长办公会议审议通过，现印发给你们，请认真贯彻执行。

江苏省水利厅

2019年5月5日

江苏省泰州引江河管理办法

第一条 为了加强泰州引江河管理，充分发挥其调水、灌溉、排涝、航运、防洪、生态等综合效益，根据《江苏省水利工程管理条例》《江苏省水资源管理条例》《江苏省防洪条例》《江苏省河道管理条例》等法规，结合泰州引江河实际，制定本办法。

第二条 在泰州引江河管理范围内从事与河道有关的活动，应当遵守本办法。

第三条 本办法所称泰州引江河，自长江至新通扬运河相接处止，包括河道（含河床、水域）、枢纽以及依附河道兴建的堤防、防护林草、护坡、青坎（平台）、涵、闸、堆土区、排水沟、隔离栅、界桩和水文、通讯设施等。

第四条 泰州引江河实行统一管理和分级管理相结合的管理体制。

泰州引江河沿线县级以上相关地方人民政府水行政主管部门是本行政区域内泰州引江河（含配套设施，下同）的主管部门。

省人民政府设立的江苏省泰州引江河管理处负责泰州引江河的监督管理，以及高港枢纽、直管河道和北箍江泵站及其涵洞的具体管理工作。泰州、扬州两市设立的泰州引江河管理机构，负责各自管辖范围内河道的具体管理工作。

第五条 省泰州引江河管理处的主要职责是：负责高港枢纽和直管河道工程的管理、维修和养护，保证工程的完好和安全正常运行；执行省水行政主管部门的调度指令，保证工程效益充分发挥；依法合理开发水土资源；对河道工程管理实施技术指导和检查督促，参与审查泰州引江河管理范围内的各类建设项目方案，并对已建项目的运用和涉及河道的活动进行监督；负责省水行政主管部门审批项目的事中事后监管；受省水行政主管部门的委托，对两市管理的河道工程进行监督检查，依法调处跨市水事纠纷；依法查处直管范围内违反河道管理法律、法规、规章的行为。

第六条 泰州、扬州两市泰州引江河管理机构的主要职责是：宣传贯彻执行国家和本省有关河道管理的法律、法规及规范性文件；根据有关河道堤防的管理规定和上级调度指令，对所辖河道工程进行管理、维修和养护，保证工程的完好和正常运行；参与审查在各自辖区河道管理范围内各类建设项目方案，对项目建设、运用和涉及河道的活动进行监督，依法查处违法行为，并依法依规收取各项规费；依法合理开发水土资源。

第七条 泰州引江河高港枢纽和桩号0＋000～3＋200河道（含引航道、中隔堤、入江口门）及北箍江泵站及其涵洞由省泰州引江河管理处管理；其他河道（含支河、配套建筑物等）按照行政隶属分别由扬州市、泰州市管理。

第八条 河道管理范围内从事项目建设，应当从严控制。确需在泰州引江河管理范围内新建、改建和扩建各类建设项目的，建设单位或者个人应当向水行政主管部门提出申请，经审查批准后，方可建设。建设项目竣工验收，应当有水行政主管部门、省泰州引江河管理处参与。占用的河道管理范围，其土地使用权属不变，仍为水利工程用地。如因工程建设或者防汛防旱需要，拆除建设项目工程设施的，建设单位和个人应当服从。

建设单位或者个人确因生产、建设、经营等需要，在泰州引江河管理范围内搭建临时设施或者临时停（堆）放物料的，不得占用河道水面，不得影响堤防安全、通航安全和水源安全，应当经水行政主管部门批准，并在占用期满前拆除临时设施、清理停（堆）放物料，恢复河道原状。

第九条 泰州引江河工程管理单位应当向生产、建设、经营等需要占用河道管理范围的单位和个人按照规定收取河道堤防工程占用补偿收入，并按照国有资源（资产）有偿使用收入管理。

占用泰州引江河管理范围的单位和个人，应当服从水行政主管部门及泰州引江河工程管理单位的统一管理，承担占用范围内河道堤防的安全责任和日常维护。

第十条 在泰州引江河内取水的，应当按照有关规定向水行政主管部门办理取水许可手续，缴纳水利工程水费、水资源费。

第十一条 编制镇、乡、村庄规划，涉及泰州引江河管理范围和引排水的，应当事先征求河道管理单位和水行政主管部门的意见。

第十二条 泰州引江河内的船舶行驶、停泊、作业，不得损毁河道工程设施。禁止向河道内排放油污、生活污水和倾倒垃圾。在泰州引江河引排水期间，船舶应当按照有关规定减速行驶，确保河道工程设施的安全。

泰州引江河工程管理单位应当联合农业农村、海事、航道等部门，加强日常巡查，依法查处违法种养殖、捕（钓）鱼行为，及时制止船舶的随意停靠、滞留、作业等行为，防止船舶随意抛锚破坏工程设施，影响工程安全运行。

第十三条 在泰州引江河管理范围内，禁止下列行为：

（一）破坏河道堤防、青坎道路、护坡、码头、涵闸、泵站、防护林草、水文、通信、观测、交通导航标志等设施；

（二）设置排污口，打井、建窑、埋坟，倾倒和弃置垃圾、动物尸体、废渣和其他杂物，排放油类、酸液、残液、剧毒废液等有毒有害的污水和废弃物；

（三）设置影响引、排水的建筑物、障碍物；

（四）设置鱼罾、鱼簖等捕鱼设施。

第十四条 在泰州引江河管理范围内未经批准，不得从事下列行为：

（一）在堆土区取土、挖坑、垦种、放牧；

（二）盖房、搭棚、圈围墙、建码头、堆放物料、筑路、破堤、设置取水口、埋设管道、电缆及兴建其它构筑物；

（三）其他涉及工程正常运行的违法行为。

第十五条 各级泰州引江河工程管理单位负责各自泰州引江河管理范围内的水土保持工作，加强绿化维护，制止各种破坏绿化工程的行为，防止水土流失。

第十六条 高港枢纽安全警戒区为：1＃界桩（119°50′30.45″，32°19′51.44″）与2＃界桩（119°50′49.84″，32°19′49.16″）连接线以南、中隔堤以东至引江口门处拦河航标的河道管理范围内的水域，以及送水闸以东至12＃界桩（119° 50′51.19″，32°19′14.99″）与13＃界桩（119°50′50.01″，32°19′11.84″）连接线的送水河管理范围内水域；北箍江涵洞安全警戒区为抽排水口（119°50′43″，32°20′52″）周围50米水域。省泰州引江河管理处应当对省直管水利工程安全警戒区设立标志。

泰州引江河沿线的扬州市、泰州市水行政主管部门应当对其管理的涵、闸、泵站设立安全警戒区，并设立标志。

禁止在涵、闸、泵站安全警戒区内从事渔业养殖、捕（钓）鱼、停泊船舶、建设水上设施。

第十七条 各级泰州引江河工程管理单位应当建立健全各项工程管理规章制度及内部管理制度，加强管理，落实岗位责任制，确保工程完好和正常运行。

第十八条 泰州引江河工程运行管理、维修及更新改造费用，按照分级管理、分级负担的原则，分别由省和地方承担，以确保工程设施完好，工程效益充分发挥。省泰州引江河管理处直管范围内的公益性工程所需维修养护经费，按照《江苏省省级水利发展资金管理办法》规定由省级财政负担；其他河道工程运行管理经费，由扬州市、泰州市解决，省级实行定额补助。

第十九条 泰州引江河工程管理单位开发利用水土资源，应当在保证工程完好的前提下，因地制宜，经省水行政主管部门审定后，有计划地进行开发利用，并加强经营管理，按照规定收取国有资源（资产）有偿使用收入。同时，管理单位在管好、用好工程的前提下，积极开展多种经营，逐步实现良性运行。

第二十条 泰州引江河工程管理单位依法依规收取的各项收费和船闸收入，应当严格按照财政、物价及省水行政主管部门的有关规定，加强使用和管理，自觉接受审计和监督。

第二十一条 泰州引江河工程管理单位在工程维护管理中可以采用承包、招标等多种形式，实行“管养分离”。

第二十二条 水行政主管部门、省泰州引江河管理处依据有关法律、法规的规定，对违反本办法的行为给予处罚，发现违法行为涉嫌犯罪的，应当依法向有管辖权的公安机关移送。

第二十三条 本办法自2019年6月6日起实施，《江苏省泰州引江河工程管理规定》（苏水管〔2001〕145号文件印发，根据苏水政〔2004〕22号修订）同时废止。

省水利厅关于印发《江苏省水利工程建设项目招标投标管理办法》的通知

苏水规〔2019〕5号

各设区市水利(务)局,厅直有关单位、省各重点水利工程建设(管理)局:

《江苏省水利工程建设项目招标投标管理办法》已经厅党组扩大会议(厅长办公会议)审议通过,现印发给你们,请认真贯彻执行。

江苏省水利厅

2019年10月22日

江苏省水利工程建设项目招标投标管理办法

第一章 总 则

第一条 为加强本省水利工程建设项目招标投标管理工作，规范招标投标活动，根据《中华人民共和国招标投标法》《中华人民共和国招标投标法实施条例》《江苏省国有资金投资工程建设项目招标投标管理办法》等法律法规规章规定，结合本省实际，制定本办法。

第二条 本办法适用于本省行政区域内水利工程建设项目的勘察、设计、监理、施工以及与水利工程建设项目有关的重要设备、材料采购、其他咨询服务等招标投标活动。

本办法所称水利工程建设项目是指关系社会公共利益、公共安全的防洪、排涝、灌溉、水力发电、蓄引水、供水、滩涂治理、水土保持、水资源治理与保护、水生态环境保护、信息化等项目以及配套和附属工程。

第三条 符合下列具体范围并达到规模标准之一的水利工程建设项目必须进行招标。

（一）具体范围

本省行政区域内国有资金占控股或者主导地位的水利工程建设项目。

（二）规模标准

1. 施工单项合同估算价在400万元人民币以上的；

2. 重要设备、材料等货物的采购，单项合同估算价在200万元人民币以上的；

3. 勘察、设计、监理等咨询服务的采购，单项合同估算价在100万元人民币以上的。

同一项目中可以合并进行的勘察、设计、施工、监理以及与工程建设有关的重要设备、材料等的采购，合同估算价合计达到前款规定标准的，必须招标。

第四条 招标投标活动实行招标人负责制，遵循公开、公平、公正和诚实信用的原则。任何单位和个人不得以任何方式非法干涉招标投标活动。

招标人一般为项目法人，前期工作阶段项目法人未组建的，可以由项目主管部门或者委托有关单位承担。

招标人应当对招标代理选择、评定分离等相关工作，建立健全内部程序控制和决策约束机制，实现招标投标过程规范透明、结果合法公正。

第二章 行政监督与管理

第五条 省、设区市、县（市、区，下同）水行政主管部门是本行政区域内水利工程建设项目招标投标活动的行政监督与管理部门，其主要职责是：

（一）负责和指导本行政区域内水利工程建设项目招标投标活动的行政监督与管理；

（二）协助管理省综合评标（评审）专家库；

（三）受理管理权限范围内的水利工程建设项目招标投标活动的投诉，依法查处招标投标活动中的违法违规行为。

省重点水利工程基本建设项目招标投标活动由省水行政主管部门负责统一监督，设区市、县水行政主管部门负责具体监督。

第六条 省、设区市、县水行政主管部门设立的招标投标行政监督机构具体承担招标投标活动的日常工作，其主要职责是：

（一）接受招标人招标前提交备案的招标报告；

（二）派员监督招标文件技术咨询、标底编制、开标、评标、定标等活动；

（三）对招标投标活动的违法违规行为责令改正，对情节严重的提出包括暂停开标、评标和宣布开标、评标结果无效决定的建议，以及对违法的中标结果予以否决的建议；

（四）接受招标人提交的招标投标情况书面总结报告等备案材料。

第七条 江苏省水利工程建设项目招标投标活动应集中进场交易，省重点水利工程基本建设项目应当采用江苏省水利工程建设电子招标投标系统进行招标投标活动。

在江苏省水利工程建设电子招标投标系统参加投标活动的从业单位，应当在系统中的《江苏省水利工程建设企业信用信息管理系统》建立信用档案。

第八条 江苏省水利工程建设项目招标投标活动应当主动接受各级纪检监察部门监督。

第三章　招　　标

第九条 招标分为公开招标和邀请招标两种方式。

第十条 依法必须招标的水利工程建设项目应当公开招标，但有下列情况之一的，可以邀请招标：

（一）技术复杂、有特殊要求或者受自然环境限制，只有少量潜在投标人可供选择；

（二）应急度汛等特殊项目；

（三）采用公开招标方式的费用占项目合同金额的比例过大。

前款第三项所列情形，由项目审批、核准部门在审批、核准项目时作出认定。其他项目由招标人申请有关招标投标行政监督部门作出认定。

第十一条 有下列情形之一的，可以不进行招标，但须经招标投标行政监督部门批准：

（一）《中华人民共和国招标投标法》第六十六条规定的可以不进行招标的特殊情况；

（二）不具备招标条件的公益性水利工程建设项目的项目建议书和可行性研究报告；

（三）需要采用不可替代的专利或者专有技术；

（四）采购人依法能够自行建设、生产或者提供；

（五）已通过招标方式选定的特许经营项目投资人依法能够自行建设、生产或者提供；

（六）需要向原中标人采购工程、货物或者服务，否则将影响施工或者功能配套要求；

（七）国家规定的其他特殊情形。

招标人为适用前款规定弄虚作假的，属于《中华人民共和国招标投标法》第四条规定的化整为零或者其他任何方式规避招标，经查实，按相关规定处理。

第十二条 水利工程建设项目勘察（测）设计招标应当具备以下条件：

（一）勘察（测）设计项目已经确定；

（二）勘察（测）设计所需资金来源已经落实；

（三）必需的勘察（测）设计基础资料已收集完成。

第十三条 水利工程建设项目监理等其它咨询服务类招标应当具备以下条件：

（一）可行性研究或初步设计已经批准；

（二）监理等其它咨询服务所需资金已落实；

（三）项目已列入年度计划。

第十四条 水利工程建设项目主体工程施工招标应当具备的条件：

（一）初步设计已经批准；

（二）建设资金来源已落实，年度投资计划已经安排；

（三）具有能满足招标要求的设计文件，已与设计单位签订适应施工进度要求的图纸交付合同或协议；

（四）有关建设项目永久征地、临时占地和移民搬迁的实施、安置工作已经落实或已有明确安排。

第十五条 水利工程建设项目重要设备、材料招标应当具备以下条件：

（一）初步设计已经批准；

（二）重要设备、材料主要技术经济指标已确定；

（三）设备、材料所需资金已落实。

第十六条 水利工程建设项目招标可采用资格预审和资格后审两种方式，采取资格预审方式的招标工作程序按照《中华人民共和国招标投标法实施条例》执行。采取资格后审方式的一般按下列程序进行：

（一）招标前，招标人按项目管理权限向招标投标行政监督部门提交招标报告备案。招标报告具体内容应当包括：项目名称、招标已具备的条件、招标方式、分标方案、招标文件、招标计划安排、投标人资质（资格）条件、评标方法、评标委员会组建方案以及开标、评标的工作具体安排等；

（二）发布招标信息（招标公告或者投标邀请书）；

（三）向潜在投标人发售招标文件；

（四）根据情况召开标前会、组织潜在投标人现场踏勘；

（五）接受投标人对招标文件有关问题要求澄清的函件，对问题进行澄清，并书面或网上公告等方式通知所有潜在投标人；

（六）组织成立评标委员会，并在中标结果确定前保密；

（七）编制标底（若有）；

（八）在规定时间和地点，接受符合招标文件要求的投标文件；

（九）组织召开开标会和评标会；

（十）在评标委员会推荐的中标候选人中，确定中标人；

（十一）发布中标候选人公示；

（十二）发中标通知书，同时公告中标结果或将中标结果书面通知所有投标人；

（十三）向招标投标行政监督部门提交招标投标情况的书面总结报告；

（十四）进行合同谈判，并与中标人订立书面合同。

第十七条 采用公开招标方式的项目，招标人应当按照要求，在规定的媒介发布招标公告。招标人应当对招标公告的真实性负责。招标公告应当明确招标项目所有的资格审查条件、标准和方法，评标的标准和方法，主要条款特别是特殊条款的设置等，不得限制潜在投标人的数量。采用邀请招标方式的，招标人应当向3个以上有投标资格的法人或者其它组织发出投标邀请书。

投标人少于3个的，招标人应当依照本办法重新招标。

第十八条 招标人应当根据国家有关规定和标准文本或者省水利厅依据国家发布的标准文本结合本省实际制定的电子招标文件示范文本，结合项目特点和需要编制招标文件。

招标文件中设定的资格合格条件和否决性条件应当清晰、明确，以醒目方式标明，并集中单列。否决性条件应当意思表示明确、易于判断。未列明的否决性条件，不得作为否决投标或者判定无效标的依据。

第十九条 招标人应当按照招标公告或者投标邀请书规定的时间、地点发售招标文件。招标文件的发售期不得少于5日。

第二十条 依法必须进行招标的项目，自招标文件开始发出之日起至投标人提交投标文件截止之日止，最短不得少于20日。

招标文件中明确投标人无需编制施工组织设计、服务大纲或者设备安装调试方案等技术标评审内容的，自招标文件开始发出之日至递交投标文件截止之日不少于10日。

第二十一条 招标人可以对已发出的招标文件进行必要的澄清或者修改。澄清或者修改的内容可能影响投标文件编制的，招标人应当在提交投标文件截止时间至少15日前，无技术标评审内容的至少3日前，以书面或者网上公告等形式通知所有获取招标文件的潜在投标人；不足15日或者3日的，招标人应当顺延提交投标文件的截止时间。

第二十二条 潜在投标人或者其他利害关系人对招标公告、招标文件有异议的，应当在投标截止时间10日前，无技术标评审内容的至少3日前提出。招标人应当自收到异议之日起3日内作出答复；作出答复前，应当暂停招标投标活动。

第二十三条 招标人发售招标文件收取的费用应当限于补偿印刷、邮寄的成本支出，不得以营利为目的，应当按其制作成本确定售价，一般可按500～3 000元人民币标准控制。招标人如须收回未中标人的招标文件，可加收1 000～2 000元的抵押金。全程电子招标投标的，招标文件原则上售价不得超过1 000元人民币。

第二十四条 招标文件中应当明确投标保证金的形式和金额，投标保证金不得超过招标项目估算价的2%，但最低不少于1万元人民币，其中勘察设计项目最多不超过10万元人民币，施工项目最多不超过80万元人民币。投标保证金有效期应当与投标有效期一致。投标保证金一般应优先选用银行保函、专业担保公司担保或综合保险的保证担保形式，以现金或者支票形式提交的投标保证金应当从投标单位基本账户转出。

招标人不得挪用投标保证金。

第二十五条 招标人可以自行决定是否编制标底。一个招标项目只能有一个标底。标底必须保密。

接受委托编制标底的中介机构不得参加受托编制标底项目的投标，也不得为该项目的投标人编制投标文件或者提供咨询。

招标人设有最高投标限价的，应当在招标文件中明确最高投标限价或者最高投标限价的计算方法，最高投标限价应合理设置，不应过低，并附具编制说明，若与相应概算有较大出入的应说明理由并向招标投标行政监督部门备案。设置最高投标限价的可不编制招标人标底。招标人不得规定最低投标限价。

第二十六条 招标人可以将下列情形列入资格审查条件，拒绝投标人参加投标：

（一）近2年内因违反工程建设项目招标投标规定受到行政处罚的；

（二）近2年内被人民法院生效裁判认定存在工程建设违约情形的；

（三）在履行招标人以往的工程建设合同中存在严重违约行为的。

招标人将前款第三项作为资格审查条件的，应当在招标公告中公布违约单位名单及其违约行为。

第四章 投　　标

第二十七条 潜在投标人是指在招标公告或投标邀请书发出后，所有有意参加该工程投标的法人或其它组织；投标人是指获得招标文件并提交投标文件参加投标竞争的法人或其它组织。投标人必须具备水利工程建设项目所需的资质（资格）和信用等级。

第二十八条 投标人应当按照招标文件的要求编写投标文件，并在招标文件规定的投标截止时间之前密封或加密送达招标人。

在投标截止时间之前，投标人可以撤回已递交的投标文件或进行更正和补充，但应当符合招标文件的要求。投标人撤回已提交的投标文件，应当在投标截止时间前书面通知招标人。招标人已收取投标保证金的，应当自收到投标人书面撤回通知之日起5日内退还。投标截止后投标人撤销投标文件的，招标人可以不退还投标保证金。

第二十九条 两个或两个以上单位联合投标的，由同一专业单位组成的联合体，应当按资质等级较低的单位确定联合体资质（资格）等级。不同专业的单位组成联合体，各单位只能承担各自资质类别及等级范围的工程。联合体应当签定协议书，并确定责任方（牵头人），由其代表联合体参加投标，履行合同。招标人不得强制投标人组成联合体共同投标。

第三十条 与招标人存在利害关系可能影响招标公正性的法人、其他组织或者个人，不得参加投标。

单位负责人为同一人或者存在控股、管理关系的不同单位，不得参加同一标段投标或者未划分标段的同一招标项目投标。

第三十一条 招标人最迟应当在书面合同签订后5日内向中标人和未中标的投标人退还投标保证金及银行同期存款利息。

第三十二条 有下列情况之一的，可视为招标失败，招标人在分析招标失败原因，并采取相应措施后，应当按规定重新组织招标：

（一）至投标截止时间，提交投标文件的投标人少于3个的。

（二）经评标委员会评审，有效投标人不足3家且明显缺乏竞争的；所有投标文件均不符合招标文件实质性要求的。

（三）其它特殊情况。

第二次招标仍失败的，报招标投标行政监督机构批准后可以不再进行招标，可以邀请2～3家符合相应资格的承包人进行谈判，但应当优先邀请已提交投标文件的投标人。

投标人存在无正当理由放弃投标或者中标资格，或者其他违法违规行为造成招标人重新招标的，不得再参加该工程的投标。

第三十三条 逾期送达或者不按照招标文件要求密封、加密的投标文件，招标人应当拒收。招标人应当如实记载投标文件的送达时间和密封、加密情况，并存档备查。

第三十四条 招标人应当在招标公告或者投标邀请书中载明是否接受联合体投标。

联合体各方在同一招标项目中以自己名义单独投标或者参加其他联合体投标的，相关投标均无效。

第三十五条 招标人或者其委托的招标代理机构在招标过程中有下列情形之一的，属于与投标人串通投标：

（一）招标人在开标前开启投标文件并将有关信息泄露给其他投标人；

（二）招标人直接或者间接向投标人泄露标底、评标委员会成员等信息；

（三）招标人明示或者暗示投标人压低或者抬高投标报价；

（四）招标人授意投标人撤换、修改投标文件；

（五）招标人明示或者暗示投标人为特定投标人中标提供方便；

（六）直接或者间接向投标人泄露已经获取招标文件的潜在投标人的名称、数量的；

（七）直接或者间接向投标利害关系人泄露资格审查或者评标情况的；

（八）故意损毁、篡改特定投标文件内容的；

（九）法律、法规、规章规定的其他串通投标行为。

第三十六条 投标人在投标过程中有下列情形之一的，属于投标人相互串通投标：

（一）投标人之间协商投标报价等投标文件的实质性内容；

（二）投标人之间约定中标人；

（三）投标人之间约定部分投标人放弃投标或者中标；

（四）属于同一集团、协会、商会等组织成员的投标人按照该组织要求协同投标；

（五）按照相互约定不实质性响应招标文件的；

（六）按照相互约定制定投标方案的；

（七）相互约定给予未中标的投标人费用补偿的；

（八）法律、法规、规章规定的其他相互串通投标行为。

第三十七条 投标人在投标过程中有下列情形之一的，视为投标人相互串通投标：

（一）不同投标人的投标文件由同一单位或者个人编制；

（二）不同投标人委托同一单位或者个人办理投标事宜；

（三）不同投标人的投标文件载明的项目管理成员为同一人；

（四）不同投标人的投标文件异常一致或者投标报价呈规律性差异；

（五）不同投标人的投标文件相互混装；

（六）不同投标人的投标保证金从同一单位或者个人的账户转出，或者不同投标人的投标保证金虽然经由投标人自己的基本账户转出，但所需资金均是来自同一单位或者个人的账户的；

（七）不同投标人的电子投标文件出自同一台电脑的；

（八）不同投标人的投标文件由同一投标人的附属设备打印、复印的；

（九）不同投标人的投标报价用同一个预算编制软件密码锁制作或者出自同一电子文档的；

（十）不同投标人编制的投标文件存在两处以上一致性错误的；

（十一）法律、法规、规章规定的其他视为相互串通投标的行为。

第三十八条 投标人有下列情形之一的，属于投标人弄虚作假骗取中标的行为：

（一）使用伪造、变造的许可证件；

（二）提供虚假的财务状况或者业绩；

（三）提供虚假的项目负责人或者主要技术人员简历、劳动关系证明；

（四）提供虚假的信用状况；

（五）由其他单位或者其他单位负责人在自己编制的投标文件上加盖印章或者签字的；

（六）项目负责人或者主要技术人员不是本单位人员的；

（七）投标保证金不是从投标人的账户缴纳的；

（八）投标文件中有与事实不符的承诺材料的；

（九）隐瞒招标文件要求提供的信息，或者提供虚假、引人误解的其他信息的；

（十）法律、法规、规章规定的其他弄虚作假行为。

第五章 评标标准和方法

第三十九条 评标标准和方法应当在招标文件中载明，在评标时不得另行制定或修改、补充任何评标标准和方法。招标人在一个项目中，对所有投标人评标标准和方法必须相同。

第四十条 评标标准分为技术标准和商务标准。

（一）勘察设计评标标准主要包含以下内容：

1. 技术部分（包括勘测设计方案的可行性、经济技术合理性、创新性，项目进度计划安排，工程造价及分析等）；

2. 商务部分（包括投标人业绩、资信和财务状况，项目管理及质量保证体系，项目人员配备及服务方式，主要技术负责人业绩与资历，投标服务费报价等）。

（二）监理评标标准主要包含以下内容：

1. 技术部分（主要为监理规划或大纲等）；

2. 商务部分（包括投标报价、投标人的业绩、资信和信用等级、项目总监理工程师经历及主要监理人员情况、财务状况等）。

（三）施工评标标准主要包含以下内容：

1. 技术部分（主要包括施工方案或施工组织设计、工期、主要施工设备、质量标准、组织机构及主要管理人员、质量和安全管理措施等）；

2. 商务部分（主要包括投标报价、投标人的业绩、施工项目经理及技术负责人的经历、类似工程经历、信用等级、安全生产标准化达标等级、财务状况等）。

（四）设备、材料评标标准主要包含以下内容：

1. 技术部分（主要包括质量标准、质量管理措施、组织供应计划、售后服务等）；

2. 商务部分（主要包括投标报价、信用等级、财务状况等）。

第四十一条　评标方法可采用综合评估法（综合积分法、最低评标价法）、经评审的最低投标价法等。

第四十二条　鼓励采用暗标、两阶段评标方式。

第六章　开标、评标和中标

第四十三条　按照分级管理原则，招标投标行政监督机构应指派监督人员对开标、评标现场活动进行监督。

第四十四条　开标由招标人主持，邀请所有投标人参加。

第四十五条　开标应当按招标文件中确定的时间和地点进行。

第四十六条　开标一般按以下程序进行：

（一）主持人在招标文件确定的投标截止时间宣布停止接收投标文件，开始开标；

（二）宣布开标人员名单；

（三）确认投标人法定代表人或授权代表人是否在场；

（四）设有招标人标底的，公布招标人标底；

（五）宣布投标文件开启顺序；

（六）依开标顺序，先检查投标文件密封、加密是否完好，再启封投标文件；

（七）宣布投标要素，并作记录，同时由投标人代表确认；

（八）对上述工作进行纪录，存档备查。

第四十七条　评标工作由评标委员会负责。评标委员会由招标人的代表和有关技术、经济等方面的专家组成，成员人数为 5 人以上单数，其中有关技术、经济等方面的专家不得少于成员总数的三分之二。

第四十八条　评标专家应当从省政府组建的省综合评标（评审）专家库中抽取。

第四十九条　评标专家的选择应当采取随机的方式抽取。根据工程特殊专业技术需要，经批准，招标人可以指定部分评标专家，其数量应在招标文件中明确，但不得超过专家人数的三分之一。参加评标的招标人代表一般应当具备评标专家的资格。项目主管部门和业主单位主要负责人不得参加本单位管理招标投标项目的评标委员会进行评标。

第五十条　评标委员会成员不得与投标人有利害关系。所指利害关系包括：是投标人或其代理人的近亲属；或者有其他社会关系或经济利益关系。

评标委员会成员名单在中标结果确定前应当保密。

第五十一条　评标前，招标人应当组织进行下列评标准备工作，并向评标委员会提供相关信息：

（一）根据招标文件，编制评标使用的相应表格；

（二）对投标报价进行算术性校核；

（三）以评标标准和方法为依据，列出投标文件相对于招标文件的所有偏差，并进行归类汇总；

（四）核实投标人和项目负责人的资质和资格、经历和业绩、在建工程和信用状况等方面的情况。

招标人应当依据招标文件，采用同样的标准对所有投标文件进行全面的审查，但不对投标文件作出评价。

招标人认为投标人的投标价有可能无法完成招标文件规定的所有工程内容，招标人可以提请评标委员会要求该投标人作出书面说明并提供相关证明材料。

评标委员会应当根据招标文件规定，全面、独立评审所有投标文件，并对招标人提供的上述相关信息进行复核，发现错误或者遗漏的，应当进行补正。

第五十二条 评标工作一般按以下程序进行：

（一）宣布评标委员会成员名单、评标纪律，确定主任委员；

（二）在主任委员主持下，根据需要，讨论通过成立有关专业组和工作组；

（三）听取招标人介绍招标文件、组织评标人员学习评标标准和方法；

（四）经评标委员会讨论，并经二分之一以上委员同意，提出需投标人澄清的问题，以书面形式送达投标人；

（五）对需要文字澄清的问题，投标人应当以书面形式送达评标委员会；

（六）评标委员会按招标文件确定的评标标准和方法，对投标文件进行评审，确定中标候选人推荐顺序；

（七）在评标委员会三分之二以上委员同意并签字的情况下，通过评标委员会工作报告，并报招标人。评标委员会工作报告附件包括有关评标的往来澄清函、有关评标资料及推荐意见等。

第五十三条 招标项目设有标底的，招标人应当在开标时公布。标底只能作为评标的参考，不得以投标报价是否接近标底作为中标条件，也不得以投标报价超过标底上下浮动范围作为否决投标的条件。

第五十四条 有下列情形之一的，由评标委员会初审后按否决投标处理：

（一）投标文件未经投标单位盖章和单位负责人签字；

（二）投标联合体没有提交共同投标协议；

（三）投标人不符合国家或者招标文件规定的资格条件；

（四）同一投标人提交两个以上不同的投标文件或者投标报价，但招标文件要求提交备选投标的除外；

（五）没有按照招标文件要求提供投标担保或者所提供的投标担保有瑕疵；

（六）投标报价低于成本或者高于招标文件设定的最高投标限价；

（七）投标文件没有对招标文件的实质性要求和条件作出响应；

（八）投标人为失信被执行人或者有串通投标、弄虚作假、行贿等违法行为。

第五十五条 评标委员会经过评审，认为所有投标文件都不符合招标文件要求时，可以否决所有投标，招标人应当重新组织招标。

第五十六条 评标过程应当保密，评标委员会成员和工作人员不得泄露评审过程、中标候选人的推荐情况以及与评标有关的其他情况。

第五十七条 在评标过程中，评标委员会可以要求投标人对投标文件中含义不明确的内容采取书面方式作出必要的澄清或者说明，但不得超出投标文件的范围或者改变投标文件的实质性内容。

第五十八条 评标委员会经过评审，从合格的投标人中排序推荐中标候选人1-3名。

第五十九条 评标委员会完成评标后，应当向招标人提出书面评标报告。招标人应当对评标报告进行复核，发现评标委员会未按照招标文件规定评审的，应当向有关招标投标行政监督部门报告。经核查，评标报告遗漏必要的内容或者存在错误的，原评标委员会应当进行复审、补充或者纠正。

第六十条 招标人可授权评标委员会直接确定中标人，也可根据评标委员会提出的书面评标报告和推荐的中标候选人顺序确定中标人。当招标人确定的中标人与评标委员会推荐的中标候选人顺序不一致时，应当有充足的理由，并按项目管理权限报招标投标行政监督机构备案。

第六十一条 招标人应当自收到评标报告之日起3日内公示中标候选人，公示期不得少于3日。中标候选人公示文本应加盖招标人公章。公示的内容应当包括：

（一）评标委员会推荐的中标候选人、投标总价（含暂估价、暂列金额）、投标文件提供的类似工程业绩、奖项的具体情况及其排序；

（二）中标候选人资格预审的相关信息；

（三）无效投标文件的投标人和判定依据；

（四）评标委员会对投标报价修正的原因、依据和修正结果；

（五）投标人及其拟派项目负责人类似工程业绩、奖项、投标报价、投标报价合理性等得分情况；

（六）评审技术标的评标委员会成员为各投标人技术标部分的评分情况（评标委员会成员的名单不公布）；

（七）各投标人的最终总得分；

（八）拟定中标人；

（九）法律、法规、规章规定的其他必须公示内容。

投标人或者其他利害关系人对依法必须进行招标的项目的评标结果有异议的，应当在中标候选人公示期间提出。招标人应当自收到异议之日起3日内作出答复；作出答复前，应当暂停招标投标活动。经核实异议成立，原拟定中标人丧失中标资格，招标人重新确定拟中标人的，应当公示。

中标候选人公示结束后，招标人应发布中标结果公告。

第六十二条 自中标通知书发出之日起30日内，招标人和中标人应当按照招标文件和中标人的投标文件订立书面合同。招标人和中标人不得另行订立背离招标文件实质性内容的其他协议。

招标文件要求中标人提交履约保证金的，中标人应当提交，履约保证金不得超过中标合同金额的10%；凡拒绝提交的，视为放弃中标。

招标人不得擅自提高履约保证金，履约保证金提交后，不得收取差额保证金等其它形式的保证金。不得强制要求中标人垫付中标项目建设资金。

第六十三条 招标人应当确定排名第一的中标候选人为中标人。排名第一的中标候选人放弃中标、因不可抗力不能履行合同、不按照招标文件要求提交履约保证金，或者被查实存在影响中标结果的违法行为等情形，不符合中标条件的，招标人可以按照评标委员会提出的中标候选人名单排序依次确定其他中标候选人为中标人，也可以重新招标。

第六十四条 招标人应当自确定中标人之日起15日内向招标投标管理部门提交招标投标情况的书面总结报告。内容包括：招标报告、招标代理工作报告、已发布的招标公告复印件、投标人报名和投标文件购买情况、补充通知（或澄清通知）、开标记录、招标文件中投标人须知、技术条款、评标标准和方法、合同主要条款；最高限价及标底编制说明、评标委员会的组成、评标报告;中标候选人公示、中标通知书等内容。

第七章 投诉与投诉处理

第六十五条 投标人或者其他利害关系人认为招标投标活动不符合法律、行政法规规定的,可以自知道或者应当知道之日起 10 日内向有关行政监督部门投诉。投诉人投诉时,应当提交投诉书。投诉书应当包括下列内容:

(一) 投诉人的名称、地址及有效联系方式;

(二) 被投诉人的名称、地址及有效联系方式;

(三) 投诉事项的基本事实;

(四) 相关请求及主张;

(五) 有效线索和相关证明材料。

对招标投标法实施条例规定应先提出异议的事项进行投诉的,应当附提出异议的证明文件。已向有关行政监督部门投诉的,应当一并说明。

投诉人是法人的,投诉书必须由其法定代表人或者授权代表签字并盖章;其他组织或者自然人投诉的,投诉书必须由其主要负责人或者投诉人本人签字,并附有效身份证明复印件。

第六十六条 投诉处理依据《中华人民共和国招标投标法实施条例》《工程建设项目招标投标活动投诉处理办法》和《江苏省国有资金投资工程建设项目招标投标管理办法》执行。

第八章 附 则

第六十七条 在招标投标活动中出现的违法违规行为,按照《中华人民共和国招标投标法》《中华人民共和国招标投标法实施条例》和其他有关规定,追究法律责任并进行失信惩戒。

第六十八条 农村水利重点工程项目,按照《江苏省农村水利重点工程项目招投标管理工作指导意见(试行)》(苏水农〔2012〕45 号)执行。

第六十九条 本办法由江苏省水利厅负责解释。

第七十条 本办法自 2019 年 11 月 22 日起施行,《江苏省水利工程建设项目评标专家管理实施办法》(苏水基〔2008〕51 号)、《省水利厅关于江苏省重点水利工程建设项目进入交易中心集中交易的通知》(苏水基〔2013〕49 号)、《江苏省水利工程建设项目招标投标管理办法》(苏水规〔2017〕3 号)同时废止。

省水利厅关于印发《江苏省水利工程建设从业单位履约考核信用管理办法》的通知

苏水规〔2019〕6 号

各设区市水利(务)局,厅直各有关单位,省各重点水利工程建设管理局:

《江苏省水利工程建设从业单位履约考核信用管理办法》已经厅党组扩大会议(厅长办公会议)审议通过,现予印发,请贯彻执行。

江苏省水利厅

2019 年 10 月 22 日

江苏省水利工程建设从业单位履约考核信用管理办法

第一章 总 则

第一条 为加强全省水利工程建设市场主体诚信管理，规范建设市场秩序，保障质量安全和生产安全，根据《国务院关于建立完善守信联合激励和失信联合惩戒制度加快推进社会诚信建设的指导意见》（国发〔2016〕33号）、《江苏省公共信用信息管理办法（试行）》（苏政发〔2018〕23号）等有关规定，结合本省实际，制定本办法。

第二条 本办法适用于参加本省行政区域内重点水利工程基本建设项目的从业单位在建设全过程中的履约考核信用管理。其它水利工程建设项目可参照执行。

第三条 本办法所称水利工程建设履约考核信用管理，是指江苏省水利厅（以下简称省水利厅）对参加江苏省重点水利工程建设的从业单位在建设全过程中的履行合同情况进行动态记录，实行履约考核信用等级评定、应用等管理。

第四条 省水利厅负责全省水利工程建设履约考核信用管理，省水利厅基本建设行业管理部门负责日常工作。设区市（以下简称市）水利（务）局协助省水利厅开展履约考核信用管理工作，其基本建设行业管理部门（或机构）负责日常工作。

第二章 履约考核信用档案管理

第五条 信用档案包括以下内容：

（一）从业单位和人员基本情况；

（二）从业单位履约考核记录；

（三）从业单位、从业人员受到有关政府或者行政主管部门的奖励、表彰记录；

（四）从业单位、从业人员受到有关政府或者行政主管部门处罚或者通报、被司法机关追究法律责任的失信记录；

（五）“信用中国”或“信用江苏”等信用管理机构出具的信用报告。

第六条 信用档案中的基本情况由从业单位在《江苏省水利工程建设企业信用信息管理系统》（以下简称《系统》）中自主填报。从业单位对所填报内容的真实性、准确性、完整性和及时性负责。

第七条 省水利厅在从业单位填报或者更新基本情况时，可要求从业单位提交所填报内容的主要证明材料原件进行校验。从业单位在《系统》中录入的信息存在虚假或不符合实际情况的，依据《江苏省水利厅社会法人和自然人失信惩戒办法（试行）》（苏水规〔2014〕3号，以下简称《失信惩戒办法》）进行认定和处理。

第八条 从业单位应当在购买招标文件前建立信用档案。采用直接发包的项目应当在签订合同前建立信用档案。

第九条 参加江苏省重点水利工程建设项目招标投标活动的从业单位，应当通过电子招标投标平台进行投标报名。

第十条 招标人在评标前应当查询投标人是否为“失信被执行人”以及是否存在其他联合惩戒行为记录，并按照相应规定进行处理，处理结束后及时报省水利厅记入投标人信用档案。

第十一条 各市水利(务)局应当将从业单位参与本区域内重点水利工程的奖励、处罚等信息，以及从其他有关部门采集的奖励、处罚等信息及时报省水利厅，并记入从业单位信用档案。

第十二条 省水利厅每年将履约考核等相关信息记入从业单位信用档案。

第三章 履约考核信用等次评价

第十三条 履约考核信用等次分为“优”“良”“中”“差”。以项目的中标合同为考核单元，考核总分为100分。考核等次依据考核评分按照如下标准确定：

(一) 评分在90分及以上的，评为优等次；

(二) 评分在80分及以上，小于90分的，评为良等次；

(三) 评分在60分及以上，小于80分的，评为中等次；

(四) 评分在60分以下的，评为差等次。

第十四条 履约考核信用等次评价每季度进行一次。考核评分由项目法人评分和水行政主管部门评分组成，分值分别为50、50分。其中：省、市两级监管的项目，省、市评分值分别为20、30分；省直管项目由省水利厅或其委托的机构评分，计50分。

第十五条 市、县(市、区)组建的项目法人应当在每季度开始后10个工作日内完成上季度履约考核评分工作，并将评分结果报送工程所在地市水利(务)局；市利(务)局在10个工作日内考评后汇总上报省水利厅。省水利厅组建的项目法人应当在10个工作日内将评分结果直接报送省水利厅。

水利工程建设工期调整的，按照调整后的工期进行考核。项目法人应将调整工期及时报省水利厅、市利(务)局备案。

第十六条 省水利厅、市利(务)局对项目法人报送的评分结果应结合该季度开展的各类监督检查、稽察审计等情况进行初审，初审发现项目法人考核结果与实际情况明显不符的，应当要求项目法人重新组织考核。

第十七条 项目法人和各级水行政主管部门应制定履约考核赋分内部工作规则，赋分结果应经集体决策，并存档备查。具体赋分标准可按照《系统》中的《履约考核参数表》，也可根据各地实际情况进行细化。

第十八条 履约考核信用等次由省水利厅在《江苏水利网》上定期公示并公布。

第四章 履约考核信用等级评定

第十九条 履约考核信用等级分为“AAA”“AA”“A”“B”“C”“D”“E”七个等级。履约考核信用等级评审工作在四个季度履约考核基础上开展，每年度开展一次。

第二十条 省水利厅组织厅有关部门和单位集体评审履约考核信用等级，并邀请省纪委监委驻厅纪检监察组参加，评审结果在网上公示和公布。履约考核信用等级在从业单位的信用档案中予以记录。

第二十一条 履约考核信用等级评定依据：

(一) 从业单位年度四个季度履约考核结果；

(二) 国家和省、市、县(市、区)有关部门组织的监督检查、稽察、监察、审计等情况；

(三) 经调查核实的社会舆论和群众来信来访情况；

(四) 省水利厅公布的奖惩情况，市政府及以上有关部门涉水事务奖惩情况；

(五) “信用中国”和“信用江苏”公布情况；

（六）其他情况。

第二十二条 从业单位履约考核信用等级按照下列情形确定：

（一）履约考核记录5个及以下的，获得3个及以上优为AA级；1个及以上优为A级；无优为B级。

（二）履约考核记录大于5个小于等于10个的，优的比例100%为AAA级、70%及以上为AA级、40%及以上为A级、40%以下为B级。

（三）履约考核记录大于10个的，优的比例90%及以上为AAA级、60%及以上为AA级、30%及以上为A级、30%以下为B级。

根据本条前款，履约考核记录每出现1个中下降1个等级，每出现1个差下降2个等级。无差的最低降到D级，有差的最低降到E级。

第二十三条 从业单位在履约考核期内有下列情形之一的，信用等级评为E级：

（一）在两个不同项目均出现一次履约考核等次为差的；

（二）在一个项目出现两次履约考核等次为差的；

（三）根据《失信惩戒办法》规定被列入严重失信行为的；

（四）在履约合同中发生重大、特大质量事故的，或者发生较大、重大、特大安全事故的；

（五）在其他省或者其他行业被公布或者记录为严重失信行为的，或者存在其它被查处的严重违法行为的；

（六）存在法律、法规、规章规定的其它情形。

第五章 信用等级的应用和管理

第二十四条 省水利厅将履约考核信用等级作为市场准入、资质管理、招标投标、评优评奖的重要依据，对市场主体及从业人员实行动态管理。

第二十五条 项目法人应当将履约考核信用等级作为资格审查、评标阶段对从业单位进行信用评价的重要依据，并在招标文件中明确规定信用等级分值，在资格审查、评标阶段履约考核信用等级赋分为4分（百分制，下同）。

（一）履约考核信用等级为AAA级的，赋分值为4分；AA为3.5分；A为3分；B为2.5分；C为2.0分；D为1.5分。

（二）履约考核信用等级评为E级的从业单位，省水利厅依据《失信惩戒办法》进行失信惩戒处理。

信用等级赋分值在信用等级公布时同时公布。

第二十六条 进入本省水利建设市场参与招标投标活动的从业单位，在本省上一年度无履约考核信用等级的，投标时其信用等级赋分值取上一年度本省履约考核信用等级赋分的平均值，由省水利厅在履约考核信用等级结果公布时明确。

第二十七条 从业单位在履约考核信用等级评价期内，具备下列情形的，信用等级赋分值可进行调整（同一单位因同一工程同时获得两项及以上荣誉的，仅取其最高赋分值）。

（一）获得中国建设工程鲁班奖（水利类）、中国水利工程优质（大禹）奖、江苏省"扬子杯"优质工程奖（水利类），每一个获奖项目赋分值上调0.3分；

（二）获得江苏省水利工程建设优质工程、江苏省水利工程建设文明工地、江苏省设区市政府及以上等级水利工程建设（含防汛抢险）表彰的，每一个获奖项目赋分值上调0.2分。

依照前款，各奖项可根据评选周期确定赋分值上调年限，累计最多不超过3年应用期。赋分值上调累计最多0.5分，最终赋分值不超过4分。

第二十八条 履约考核信用等级及其赋分值实行动态管理，省水利厅经查验实际履约情况与履约考核信用等次或者等级不符的，省水利厅依据本办法规定予以调整。

第二十九条 履约考核信用等级及其赋分值结果由省水利厅在《江苏水利网》上进行公示后公布。从业单位对结果有异议的，可以在公示之日起 5 个工作日内向省水利厅提出书面复核申请（附具项目法人和市水利局签署的意见）。省水利厅收到书面复核申请后进行调查核实，并在收到复核申请之日起 20 个工作日内按实际情况作出是否变更决定，并通知从业单位。

第三十条 履约考核信用等级的应用期为每年信用等级评定结果公布之日起（不含当日），至次年信用等级评定结果公布之日止。

第三十一条 在水利施工招投标过程中，项目法人应当将水利安全生产标准化等级作为评标阶段对施工单位进行评价的重要依据，并在招标文件中明确规定水利安全生产标准化等级赋分值。

（一）水利安全生产标准化一级的赋分值为 1 分，二级为 0.8 分，三级为 0.5 分。

（二）非本省评定的安全生产标准化二级、三级参照执行。

第三十二条 信用等级应用期间内，从业单位受到水行政主管部门依据《失信惩戒办法》规定进行失信行为处罚的，对于一般失信行为，信用等级降一级，直至 E 级；对于较重失信行为，原信用等级高于 D 级的降为 D 级，原信用等级为 D 级的降为 E 级；对于严重失信行为信用等级一律降为 E 级。

信用修复按照《失信惩戒办法》执行。

第三十三条 项目法人应当在招标文件中载明对从业单位履约考核信用等级的要求，承担省重点水利工程的从业单位信用等级至少在 C 级及以上。

未纳入履约考核类型的从业单位可不作此要求，从业单位考核类型由省水利厅在信用等级结果公布时明确。

第三十四条 两个或者两个以上从业单位组成联合体投标时，按联合体中较低的从业单位信用等级作为联合体的信用等级。

第三十五条 企业资质管理中信用等级按以下规定应用：

（一）企业资质申报、动态核查和专项检查中，发现或者有实名举报并经调查核实，存在隐瞒有关情况、提供虚假材料的，在申报资质不予通过或者取消已批准资质的同时，将其信用等级降为 D 级，情节严重的降至 E 级。

（二）企业在上一年度的信用等级评定中为 C 以下的或近四个季度履约考核等次中有一个以上差等次的，不得申请晋升资质。

（三）对于拒不配合资质动态核查或专项检查的从业单位，将其信用等级降一级，情节严重的降至 D 级。

（四）信用等级为 C 级以下的从业单位为资质动态核查的重点检查单位。信用等级评定为 D 级及以下等级的从业单位，应在信用等级公布之日起 30 个工作日内将企业资质所有材料报送省水利厅复核，复核结论为资质不合格的企业，限期整改，逾期不改或者整改仍不合格的，省水利厅将建议由资质许可机关依法处理。

第三十六条 申报评优评奖的项目履约考核等次均在良及以上的，方可进行评优评奖。

第六章 评审纪律

第三十七条 信用等级评审过程中，从业单位弄虚作假或者从事违纪违规活动的，一经查实，将其记录在信用档案内，并视其情节轻重进行信用等级降级处理和失信行为公示。

第三十八条 信用等级评审成员及有关工作人员应秉公办事、严格纪律、自觉抵制不正之风。如有违反，一经查实，视情节轻重，给予批评、警告，直至取消参加评审的资格。

第七章　附　　则

第三十九条　本办法由江苏省水利厅负责解释。

第四十条　本办法自 2019 年 11 月 23 日起施行。《江苏省水利工程建设信用管理实施细则》(苏水规〔2017〕1 号)自本办法发布之日起废止。

重要讲话

坚定不移践行水利改革发展总基调 加快推进水利治理体系和治理能力现代化

——在2020年全国水利工作会议上的讲话

鄂竟平

（2020年1月9日）

同志们：

这次会议的主要任务是：坚持以习近平新时代中国特色社会主义思想为指导，全面贯彻党的十九大和十九届二中、三中、四中全会以及中央经济工作会议、中央农村工作会议精神，深入落实“节水优先、空间均衡、系统治理、两手发力”的治水思路，总结2019年水利工作，分析当前水利改革发展形势，部署2020年重点任务，进一步统一思想、明确目标、落实责任、转变作风，不断推动“水利工程补短板、水利行业强监管”总基调向纵深发展，加快推进水利治理体系和治理能力现代化，为夺取全面建成小康社会伟大胜利、实现“两个一百年”奋斗目标提供坚实水利支撑和保障。

下面，我讲三点意见。

一、积极践行水利改革发展总基调，2019年水利工作取得明显成效

2019年是新中国成立70周年，是决胜全面建成小康社会的关键一年，也是践行水利改革发展总基调的开局之年。党中央、国务院高度重视水利工作。过去一年，习近平总书记专门主持召开黄河流域生态保护和高质量发展座谈会，对黄河流域生态保护和高质量发展作出重大战略部署，多次就水利工作作出重要指示批示，对农村饮水安全、水旱灾害防御、水资源管理保护、河长制湖长制、水利建设等提出明确要求；李克强总理多次召开国务院有关会议，研究部署农村饮水、防汛抗旱等工作，亲自主持召开南水北调后续工程工作会议，部署加快水利工程建设；胡春华副总理多次深入实地考察指导水利工作、推动解决水利重大问题。一年来，在习近平新时代中国特色社会主义思想指引下，各级水利部门认真贯彻落实党中央、国务院决策部署，坚持以政治建设为统领，坚持水利改革发展总基调，坚持目标导向、问题导向、结果导向，真抓实干、攻坚克难，推动各项水利工作取得明显成效。

（一）水利工程补短板提速提质

面对经济下行压力，按照中央扎实做好“六稳”工作的要求，水利部与发展改革委、财政部等有关部门和地方共同努力，千方百计落实水利建设资金，全年共落实资金 7 260 亿元，达历史最高水平。年度中央计划投资完成率超过 90%，充分发挥了水利建设的有效投资拉动作用。

一是水利扶贫攻坚扎实推进。聚焦“两不愁三保障”，坚持把农村饮水安全作为底线任务，解决了 101.6 万建档立卡贫困人口的饮水安全问题。协调落实“三区三州”以及云南昭通等深度贫困地区水源工程建设资金，加快推进 31 处大型灌区骨干灌排工程改造及用水计量设施配套、19 个大中型病险水库（水闸）除险加固、44 座小型水库等工程建设。深入实施定点扶贫“八大工程”，投入和引进帮扶资金超过 1 亿元，定点扶贫县区人均增收 2 719 元，扶贫责任书指标任务全部超额完成。落实滇桂黔石漠化片区脱贫攻坚牵头联系责任，协调相关部委帮助解决片区困难和问题 24 项。建立重大水利工程移民搬迁进度协调机制，开展水库移民美丽家园建设行动，探索“飞地经济”“物业经济”等新型扶持方式，促进库区和移民安置区经济社会发展。水利援藏、援疆、援青工作深入推进，三峡库区对口支援和南水北调对口协作取得新的进展。

二是重大水利工程建设进度超预期。年内批复 37 项重大水利工程可研，南水北调东线一期北延应急供水、珠江三角洲水资源配置等 23 项重大水利工程顺利开工建设，重大工程在建投资规模达到 1.12 万亿元，大藤峡工程提前 35 天实现大江截流，河南出山店水库、江西廖坊灌区二期等一批工程建成并发挥效益。完成三峡升船机竣工验收和南水北调 31 个设计单元工程完工验收，三峡水运新通道项目前期工作以及南水北调中线尾工项目和配套工程建设步伐加快。印发《防汛抗旱水利提升工程实施方案》，加快防洪重大项目建设，完成中小河流治理 7 000 多千米，对 77 座大中型病险水库、3 511 座小型水库实施除险加固。商发展改革委制定了 2020—2022 年重大水利工程建设实施方案，为开展更大规模水利建设奠定了基础。

三是农村水利建设全面提速。抓好农村饮水安全巩固提升工程建设，年初即全部下达“十三五”中央剩余补助资金 76.7 亿元，年内又下达新增补助资金 45 亿元，巩固提升 5 480万农村人口供水保障水平，解决 615 万氟超标人口饮水问题，提前超额完成年度目标任务。统筹推进灌区续建配套与节水改造，完成 150 处大中型灌区、455 处重点中型灌区节水配套改造及 20 处大型灌排泵站更新改造年度目标，新增、恢复、改善灌溉面积 3 100万亩*，新增年节水能力 12.4 亿立方米。宁夏率先开展现代化生态灌区建设。实施农村水电增效扩容改造，累计完成 1 067 条河流、1 900 多个生态改造项目，修复减水脱水河段 2 500 千米，创建 173 座绿色小水电示范电站。启动农村水系综合整治试点县建设，打造水美乡村。

四是水生态治理修复初见成效。开展河北地下水回补试点，滹沱河断流 40 年后重现水流，试点河段周边地下水水位较补水未影响区域相对上升 0.93 米。印发实施《华北地区地下水超采综合治理行动方案》，采取“一减、一增”综合措施，推进地下水超采治理。截至 2019 年 11 月底，通过南水北调中线和东线北延、引黄入冀补淀工程和永定河综合治理与生态修复等，累计向京津冀地区 14 条河流、7 个湖泊生态补水 32.12 亿立方米，在京津冀降水偏枯的情况下实现部分地区地下水水位止跌回升。南水北调受水区年压减地下

* 1 亩≈666.67 平方米

水开采量40亿立方米。北京密云水库最大蓄水26.8亿立方米，为近20年来最好水平。强化水资源调度，实现黄河连续20年不断流，东居延海连续15年不干涸。开展东北黑土区、长江经济带坡耕地、黄土高原等重点区域水土流失治理成效评估，圆满完成年度5.4万平方千米水土流失治理任务。在广西等10省区开展水土保持以奖代补试点，带动1倍以上的社会投入，工程建设成本降低20%，治理面积增加21%。江河湖库水系连通加快推进，完成重要饮用水水源地安全保障达标建设及评估，加强全国重要饮用水水源动态监控。总结推广水生态文明城市建设试点经验。建设了一批群众身边的水利风景区。

五是水利信息化水平逐步提升。印发实施《智慧水利总体方案》，启动水利网信水平提升三年行动（2019—2021年）。基本完成国家地下水监测、水资源监控能力、防汛抗旱指挥系统二期、水利安全生产监管等信息化工程建设，290个水管重要饮用水水源在线监测水质数据全部接入国控系统，270个水文测站和48个水文监测中心完成先进仪器设备更新，53条跨省江河省界监测站网建设完成，建设改造一批大江大河水文测站，水文测报新技术应用水平得到提升，水利信息感知网进一步完善。建立健全水利信息资源更新、共享与服务机制，发布2019版"全国水利一张图"，实现与四川、吉林等21个省级河长制湖长制、农村水利等系统数据联通。应用基于遥感影像的巡查、详查、核查、复查技术，有效支撑监管暗访行动。建设完善水利督查、河湖监管、水库大坝运行管理等APP，以及全国大型水库大坝安全监测监督平台、水利建设市场监管服务平台、水利科技成果信息平台、三峡库区综合管理服务平台等应用，智慧水利建设加快推进。

（二）水利行业强监管有力有效

坚持以问题为导向，以整改为目标，以问责为抓手，从法制体制机制入手，基本建立务实管用的水利监管体系，实现水利行业强监管的平稳起步和重点突破。

一是监管法制体制机制加快健全。制定《水法规建设规划（2020—2025年）》，加快《长江保护法》立法进程，配合完成两轮《地下水管理条例》征求意见和审查修改，起草《河道采砂管理条例》（送审稿）并报国务院，加大《珠江水量调度条例》《节约用水条例》《河道管理条例（修订）》《农村供水条例》等立法工作力度，有序开展相关法律法规立改废释工作。构建"2＋N"水利监督制度体系，《水利监督规定》《水利督查队伍管理办法》2个基础性制度、《水利部特定飞检工作规定》等7个专项制度办法，以及一批重点领域监督制度印发实施。组建部本级198人的督查队伍，各流域管理机构采用"1＋1＋N"模式（1个监督内设机构、1个监督专职事业单位、N个支撑单位）组建395人的督查队伍。省级水利部门基本上都设置了监督机构，福建建立"9个设区市＋2个机动督查队＋4个联勤保障队"的监督架构，组建800多人的省级督查专家库。建成"12314"监督举报服务平台并上线试运行，织密自上而下与自下而上相结合的监督网。

二是水利专项监督检查全面铺开。水利部全年共开展2 035组次（批次）专项监督检查，涵盖水利安全生产、水利工程质量、水利项目建设、小型水库安全运行、安全度汛、水闸安全、河湖管理、水资源管理、节约用水、南水北调运行管理、华北地区地下水超采综合治理等重点领域，发现各类问题48 145个。加强水利扶贫监督检查，建立22个司局对22个省级水利部门的"一对一"水利扶贫工作监督机制，对22省的64个贫困县、186个村、1 062个农户进行明察暗访，对6个水利定点扶贫县区和帮扶组长单位扶贫任务落实情况开展专项督查，有力推进了水利脱贫攻坚年度任务的完成。开展大规模农村饮水安全暗访和靶向核查，覆盖全国28个省份和新疆兵团3 109个村、10 454个用水户和2 238处工程、889个水源地，设立监督举报电话和"红黑榜"，有力促进了农村饮水工程建设与良性运行。对6 549座小型水库和1 092座水闸开展运行安全专项检查，进一步摸清了风险底数。开展2轮河湖暗访督查，覆盖全国所有设区市的6 679条河流(段)、1 612个湖泊，督促推动了各级河长湖长履职尽责，各地问责河长湖长和有关部门责任人3 961人次。完成水文测站"百站大检查"和地下水监测井"千眼大检查"，提升了水文测报质量和规范化管理水平。

三是水资源管理和节约保护力度加大。联合发展改革委启动实施国家节水行动，首次给20个地区安排5亿元节水补助资金。明确国家层面四大类147项节水标准定额体系，年内共编制修订国家和省级用水定额4 920项，发布实施330项。构建节水评价制度框架，对1 138项规划和建设项目开展节水评价审查，从严叫停25个节水不达标项目。大力推进高校合同节水和水利行业节水机关建设，年平均节水率分别为21%和29%。266个县区节水型社会建设达标，8处灌区被遴选为区域水效领跑者。发布第一批96项农业和服务业国家成熟适用节水技术目录、第三批128项国家鼓励的重大工业节水工艺、技术和装备目录。组织开展全国节约用水知识大赛等宣传教育活动，促进了全社会参与节水。新启动30条跨省江河水量分配工作，年内批复洮河等5条跨省江河水量分配方案。新启动8条跨省江河统一调度。选取41个重点河湖逐一确定生态流量保障目标，编制实施方案，落实责任主体和保障措施。制定《关于做好河湖生态流量确定和保障工作的指导意见》。建立第一批2 500个全国重点监管取水口名录和台账，率先在长江流域核查登记17.5万个取水工程，筛选出1 498个国家级重点监控用水单位。明确内蒙古西辽河流域水资源管控目标，制定地下水管控指标确定技术要求。优化最严格水资源管理制度考核内容和指标，改进考核方式方法，强化问题整改。水污染防治攻坚战等相关任务全面落实。

四是河湖和水土保持监管持续发力。印发进一步强化河长湖长履职尽责的指导意见，编制完成省级"一河(湖)一策"，压实河长湖长责任。加强正向激励，对真抓实干、成效明显的浙江、福建、广东、贵州、宁夏等5省份分别给予5 000万元奖励，落实中西部贫困地区河长制湖长制补助资金2.5亿元。全力开展河湖"清四乱"专项行动，全国共清理整治河湖"四乱"问题13.4万个，长江岸线、黄河生态、大运河岸线、南水北调中线交叉河道等方面的突出问题得到清理整治，河湖面貌明显改善。实施河湖执法三年攻坚战，首次开展水事违法陈年积案"清零"行动，分级挂牌督办72件重大水事违法案件，现场制止违法行为10.8万起、立案查处违法案件2.2万件，向公安等机关移交涉黑涉恶线索1 103条，陈年积案结案率达到76.5%。印发河道采砂管理指导意见，公布2 339个重点河段和敏感水域4个责任人名单，以长江为重点开展非法采砂专项整治行动、"清江行动"、联合专项执法行动，查处了一大批涉砂违法案件，有力维护了长江河道采砂秩序。以生态流量为切入点开展长江经济带水电清理整改，10省市已有75%的电站完善了泄放设施，其他地区也开展了突出问题清理整改。印发全面加强水土保持监管的意见，创新手段大力推行水土保持遥感监管，覆盖全国647万平方千米，目前已认定未批先建、未批先弃项目5.5万个，查处5.2万个，查处数量是2018年的3.9倍。首次对省级政府年度落实《全国水土保持规划》情况进行评估，评估结果报告国务院并作为全国生态文明建设年度评价水土保持指标的依据，水土保持方案审批和验收报备数量分别较上年增长27%和33%,实现了从“被动查”到“主动管”的转变。

五是水利工程“重建轻管”状况逐渐扭转。首次安排农村饮水工程维修养护中央补助资金14.5亿元,提前下达2020年中央补助资金20.08亿元,建立补助资金与水费收取、管护机制挂钩的激励机制,农村饮水安全工程税收优惠政策执行期限延长到2020年底。紧紧扭住水费收缴这个“牛鼻子”,加快推进成本核算、水价制定、财政补贴等,目前已有81%的县制定了水价政策,81%的千人以上工程完成定价,浙江、宁夏水费收缴率超过90%。启动农村供水工程规范化建设。首次安排小型水库维修养护中央补助资金14.5亿元,撬动地方各级财政投入8.9亿元。启动深化小型水库管理体制改革示范县创建,浙江、福建、重庆等地积极探索政府购买服务、社会化规范化管理模式。开展堤防工程险工险段排查,强化堤防工程安全管理。在150处大型灌区、160多处灌排泵站开展标准化规范化管理试点。加快信用体系建设,构建以信用为基础的水利建设市场监管机制,严格资质资格管理,建立“不良行为量化赋分”“重点关注名单”和“黑名单”制度,对48家水利工程建设监理单位和甲级质量检测单位开展“双随机、一公开”抽查,对问题严重的18家单位进行通报批评,对存在违法行为的9家单位给予行政处罚。水利建设质量管理处于可控状态,安全生产形势稳定向好,全年未发生重特大质量和安全事故。

六是三峡、南水北调大国重器综合效益进一步发挥。加强三峡工程运行安全管理,自蓄水以来,连续第十年达到175米正常蓄水位,库区库岸整体稳定,三峡枢纽各建筑物工作性态和设备运行正常,汛期累计拦洪运用51次、拦洪总量达到1 533亿立方米,枯水期为下游补水2 057天、补水总量2 665亿立方米。大力推进南水北调工程运行管理标准化、规范化建设,东线已连续6年完成调水任务,中线已不间断安全供水1 800余天,东、中线累计调水超300亿立方米,水质分别稳定保持地表水Ⅲ类和Ⅱ类以上标准,直接受益人口超过1.2亿,中线工程已成为京津冀豫4省市受水区的主力水源,从根本上改变了受水区的供水格局,为京津冀协同发展、雄安新区建设等重大战略实施,改善华北地区生态提供了可靠支撑。2019年是三峡工程完成初步设计任务十周年、南水北调东中线一期工程全面通水五周年,两个大国重器发挥了巨大的经济、社会和生态效益,充分彰显了中国特色社会主义制度的显著优势。

七是水旱灾害防御夺取重大胜利。2019年,长江等流域共发生14次编号洪水,全国共有615条河流发生超警以上洪水,119条河流发生超保洪水,35条中小河流发生超历史洪水。东北、华北、西南等地部分地区发生春夏旱,江南、江淮等地出现夏秋冬连旱。各级水利部门积极践行“两个坚持、三个转变”防灾减灾救灾理念,强化部门协同,精心组织水雨情监测预报,科学精细调度水工程,严格水库汛限水位监管,全力做好各项防御工作。七大流域2 690座大中型水库(湖泊)参与汛期防洪调度,拦蓄洪水1 518亿立方米,有效减轻下游防洪压力。湖南省科学调度五强溪、柘溪等骨干水库提前预泄、精准拦蓄,有效降低下游洪峰水位。干旱时期加大三峡、丹江口以及长江上游水库群下泄流量,保障长江、汉江中下游及两湖周边抗旱用水需求。狠抓山洪灾害防御,向180万名相关防汛责任人发送预警短信2 195万条,启动预警广播55万次。2019年全国大中型和小(1)型水库无一垮坝,主要江河堤防无一决口,旱区群众饮水安全得到有力保障,最大程度减轻了洪涝干旱灾害损失。

八是水利行业发展能力不断增强。印发并跟踪落实京津冀协同发展、长江经济带发展、长江三角洲区域一体化发展、粤港澳大湾区建设水利工作落实方案，加快黄河流域生态保护和高质量发展水利专项规划编制工作，批复洮河等5项流域综合规划，印发珠江—西江经济带岸线保护与利用规划，为国家重大战略实施提供有力支撑。国家重大水利工程建设基金征收标准降低50%并延长至2025年底。深化“放管服”改革，大幅压缩行政审批时间，完成在线政务服务平台建设和“互联网＋监管”阶段性目标，开展取水许可电子证照应用试点。稳步推进水权水价水市场改革，完成水资源税改革和水流产权确权试点总结评估，新增实施农业水价综合改革面积约1.2亿亩，继续推进中国水权交易所市场交易。大力提升水利科技支撑能力，启动21个重大科技问题研究，设立长江水科学研究联合基金并落实2.5亿元经费，加强重点实验室、工程中心、野外科学观测研究站建设，完成现行854项水利标准评估，新发布标准33项，推广转化113项先进实用技术。印发网络安全管理办法，开展水利网络安全实战攻防演练。水利国际交流合作成果丰硕，印发推进“一带一路”建设水利合作规划，成功举办首次澜湄水资源合作部长级会议等13次多双边高层交流会议，稳步开展跨界河流合作。建成“1＋2＋3＋N”(1个办法、2个措施、3个细则、N个专项督查督办制度)的政务督办制度体系，水利公文、值守应急、会议培训、建议提案办理、安全保密、信访档案等管理进一步加强，绩效管理、预算执行、审计问责、国有资产监管力度不断加大。

(三) 从严管党治党不断引向深入

一是党的政治建设全面加强。深入学习贯彻习近平新时代中国特色社会主义思想和党的十九届四中全会精神，切实强化思想理论武装，引导广大党员干部进一步树牢“四个意识”，坚定“四个自信”，做到“两个维护”。制定《习近平总书记重要指示批示办理和督办办法(试行)》，开展党的十八大以来习近平总书记重要指示批示贯彻落实情况“回头看”。印发水利部党组关于加强党的政治建设的落实措施、全面从严治党主体责任清单、贯彻落实《中国共产党重大事项请示报告条例》实施细则，严明党的政治纪律和政治规矩。出台水利部党建督查办法和党建考核办法，明确京外直属单位党建工作“双重领导、划清权责，加强协调、形成合力”机制，压实管党治党政治责任。以强烈的政治担当抓好中央脱贫攻坚专项巡视整改，针对巡视指出的35个问题分解制定91项整改措施，逐项明确了整改时间、责任领导、责任单位及责任人，做到时间、任务、责任、措施“四到位”，50项年度整改任务全部完成，41项长期整改任务进展顺利。积极配合中央脱贫攻坚专项巡视“回头看”。

二是“不忘初心、牢记使命”主题教育实现预期目标。按照中央统一部署，分两批开展“不忘初心、牢记使命”主题教育。水利部党组紧扣主线、聚焦主题，贯彻“十二字”总要求、围绕五个方面目标，派出12个指导组督促指导，部属58家单位共计2 800多个基层党组织和4.5万多名党员参加主题教育。以“横不攀、竖不比，刀尖向内扎自己”的精神检视整改问题，水利部党组针对检视出的6个方面问题明确了35项具体整改措施，围绕8个方面专项整治制定了23项细化任务，部机关司局和直属单位领导班子检视问题1 400多个，班子成员检视问题4 000多个，在整改落实中取得一大批实践成果和制度成果。通过主题教育，水利系统广大党员干部提高了真信笃行、知行合一的能力，增强了守初心、担使命的自觉，提振了干事创业、担当作为的精气神。福建长汀水土流失治理和木兰溪生态文明建设实践、浙江生态治水、江苏苏州生态美丽河湖建设等入选中组部“不忘初心、牢记使命”主题教育案例。

三是整治形式主义官僚主义取得阶段性成果。水利部党组采取“四上四下”方式深入查找形式主义官僚主义具体表现，部机关司局和直属单位共认领查出问题 3 233 条次，拟重点解决的问题 108 个，制定整改措施 2 134 条次。水利部党组梳理反映比较集中、带有普遍性、亟待研究解决的 6 方面突出问题，制定可量化、可操作的措施办法，建立完善正面引导和负面鞭笞工作机制。认真落实中央解决形式主义、为基层减负有关要求，制定 13 条贯彻落实具体措施。印发《中共水利部党组贯彻落实中央八项规定精神实施办法》，对部直属系统出差人员交纳伙食费和市内交通费作出规定，认真开展违反中央八项规定精神突出问题专项整治、党员领导干部利用名贵特产特殊资源谋取私利问题整治、领导干部违规经商办企业问题专项治理。

四是廉政建设和反腐败工作不断深化。根据全面从严治党新要求和机构改革后职责任务新变化，全面深入排查廉政风险点，加强党规党纪教育和廉政警示教育，编制修订廉政风险防控手册。水利部党组先后 3 轮对 11 家部属单位开展巡视监督，共发现各类问题 177 个，提出整改意见 63 条，向有关部门移交问题线索 65 条，对 31 名司局级干部进行问责。制定监督执纪工作程序清单、职责清单及处理办法，组织对 12 家在京直属单位纪委和 7 家流域管理机构机关纪委执纪审查工作开展专项检查，梳理形成 50 条问题意见、44 条建议。从严监督执纪问责，共立案 17 件，按程序给予 17 名司局级干部党纪政务处分。

五是基层党组织和干部队伍建设进一步加强。全面启动支部达标和先锋创建工作，开展软弱涣散基层党组织集中整顿，发挥支部战斗堡垒与党员先锋模范作用。印发水利部党组贯彻落实干部任用条例实施意见和选拔任用干部议事规则，将中央选人用人新要求落实到干部选拔任用各环节。印发《水利部年度考核办法（试行）》和《水利部机关公务员轮岗交流工作实施暂行办法》，改进干部考核方式方法，加强干部交流培养锻炼，激励干部担当作为。印发《新时代水利人才发展创新行动方案（2019—2021 年）》，实施“1121”人才创新计划。利用国家留学基金资助首批 40 名水利高层次人才出国研修访学。全年共有 24 人入选国家级高层次人才，入选数量创历史新高。大力实施《贫困地区水利人才队伍建设帮扶方案》，全年共培训贫困地区干部 4 600余名，水利部党组选派 21 名干部到基层挂职扶贫。通过“订单式”等人才培养方式，着力提升水利人才能力素质。

六是新时代水利精神得到大力弘扬。正式公布“忠诚、干净、担当，科学、求实、创新”的新时代水利精神，通过全国巡回讲演、主题征文、原创歌曲歌词征集、文学作品创作等方式，进行全方位、多层次、立体式宣传，得到水利系统干部职工的广泛认知认同。遴选出大禹等 12 位“历史治水名人”，选树郑守仁等 12 位“最美水利人”，组织开展向“时代楷模”“最美奋斗者”余元君同志学习活动，联合开展全国水利系统先进集体和先进工作者、劳动模范评选表彰，激发广大干部职工干事创业热情。扎实推进水利精神文明建设和水文化建设，内蒙古河套古灌区和江西抚州千金陂灌渠入选世界灌溉工程遗产名录，水利宣传、出版、科普和文博工作成果丰硕，离退休干部、社团管理、后勤保障等工作有力有效。

2019 年水利改革发展取得的成绩，得益于习近平新时代中国特色社会主义思想的正确指导，得益于党中央、国务院对水利工作的高度重视，得益于各有关部门、地方各级党委政府的鼎力支持，也得益于各级水利部门和广大干部职工的辛勤奋斗。在此，我代表水利部党组向各有关部门和地方各级党委政府表示衷心的感谢，向广大水利干部职工表示诚挚的问候！

我们也要看到，与中央要求和人民期盼相比，水利工作还有不少问题和差距，总基调的落地见效还存在不平衡现象，有的省份、有的单位差距还比较大。比如：在工程建设资金保障方面，湖北、安徽、福建、浙江等省份地方配套资金到位率、中央投资计划执行率都超过了 90%，年度落实资金都在 390 亿元以上，其中湖北的地方配套到位率和中央投资计划执行率均达到 100%；但部分省份投资计划执行率较低，个别省份地方配套资金到位率不到 55%。在饮水安全监管方面，浙江、新疆、宁夏、重庆、安徽等省份总体较好，但部分省份问题较为突出，存在建设进度慢、运行管理不到位、供水保证率不达标等情况。在水资源监管方面，水资源监督检查发现，山东、重庆、浙江、广东等省市取用水管理、节水管理方面问题数量较少；但有一些省区问题数量超过 100 个，最多的省份是最少省份的 10 倍以上。在节约用水监管方面，山东建立了以省领导为召集人的省节约用水工作联席会议制度，各项工作比较扎实；但有的省份工作推进不力，县域节水型社会达标建设滞后，个别省份至今未开展高校合同节水工作。在河湖监管方面，黑龙江、山东、广东等省清理整治河湖“四乱”问题都在 1.3 万个以上；但有的地方对问题排查不用力、整改不到位，甚至存在虚假整改现象，个别地方对规模以下河湖没有按要求开展“清四乱”工作。在管理范围划定工作中，黑龙江、贵州、河南等 19 个省份规模以上河道、湖泊的划界完成率都达到 100%；但有的地方划界进度严重滞后，政府公告完成率不到 5%，个别地区为 0。在水事违法陈年积案“清零”行动和河湖执法行动中，北京、河北、安徽、浙江、湖北等省份结案率均超过 90%，但有的地方结案率仅为 50% 左右。在水土保持监管方面，水土保持遥感监管以及暗访检查表明，贵州等省份查处违法违规行为较好，查处项目 2 000 个以上，查处率超过 99%；但有的地方遥感监管现场复核工作滞后，违法违规项目查处不及时不到位，有的地方淤地坝安全运行管理还存在突出问题。在水利工程运行监管方面，对小型水库安全运行专项检查中发现的问题，天津、山西、福建等省份重视度较高，整改到位率都在 70% 以上；但一些地方只有 12%。在落实监管要求方面，北京、山西、安徽等省份厅领导对暗访工作较为重视，主动带队暗访超过 30 人次，其中北京达到 70 人次；但个别省厅领导带队暗访还不到 5 人次。北京、山东、广西督查队伍建设力度比较大，督查人数都超过了 140 人；但有的省厅还不到 5 人。广东、广西、贵州、北京、海南、西藏、福建等地注重监管制度建设，出台制度文件都在 8 个以上；但有的地方还没有相关制度出台。这些问题，有的是受客观条件制约产生的，但多数是因为一些地方在践行水利改革发展总基调过程中，认识跟不上、行动有温差、措施不给力、工作不到位。各有关地区务必要深刻反思，认真整改。

二、牢牢把握水利改革发展新形势新机遇新要求，坚持和深化水利改革发展总基调

2019 年是践行水利改革发展总基调的第一年，也是总基调接受实践检验的第一年。总基调这条路到底对不对、行不行、好不好，是水利部党组最为关心的重大问题。为此，水利部党组部署开展了覆盖 16 个省市区和全部流域管理机构的总基调贯彻落实情况实地调研，面向全行业开展了 10 万多人参与的线上匿名调查，这次会前又邀请 10 个省市水利部门的同志到部里分别座谈，逐一听取了机关司局的汇报，深入了解水利行业的所思所做所盼，力求把总基调搞准做实抓好。

综合分析各方面情况，水利部党组形成了一个基本判断，那就是水利改革发展总基调方向是对的，符合“十六字”治水思路；路子是可行的，符合治水管水工作实际；效果是明显的，符合人民群众期盼和水利部党组预期。总基调践行一年来，行业上下高度认同，社会各界普遍支持，人民群众纷纷点赞，水利工作发生了深刻变化，一些变化可以说是根本性的。

一是思想认识和行为方式发生了深刻转变。行业上下对水利改革发展总基调热烈响应，总基调日益深入人心，践行总基调的意识明显增强。不少同志认为，总基调体现了“十六字”治水思路的精髓，把握住了新时代治水的矛盾变化，确立了水利工作正确的主攻方向。大家普遍反映，总基调践行一年来，用事实教育了大家，用实践提升了认识，用成效统一了思想，从最初的不理解或有抵触到现在的形成共识、高度认同，从开始时的等待观望、被动执行到现在的踊跃参与、主动作为，促使自己在思想深处进行了一场自我革命。

二是发展路径和发展方式发生了深刻转变。各级水利部门工作重心从只重视补短板开始向更加注重强监管调整，工作思路更多放在谋划监管上，工作精力更多投入到督促落实上，加快建立健全法制体制机制，组织开展史无前例的大规模暗访督查，强监管开始成为各流域、各地区水利工作的主旋律，重视水利监管的良好氛围逐渐形成。不少同志反映，总基调践行一年来，长期以来形成的水利发展方式和惯性路径正在发生根本扭转，正在从“重建轻管”向“以管促建、建管统一”转变，从行业监管整体弱向逐步强转变。

三是河湖面貌和行业形象发生了深刻转变。各级水利部门针对督查、稽察、检查发现的重点问题，采取了通报、约谈、曝光、问责等一系列“动真格”的措施，释放了强监管、严追责的强烈信号，及时发现和推动整改了大量突出问题，有效消除了隐患、化解了风险。各地纷纷反映，总基调践行一年来，推进解决了一大批长期想解决而没有解决的难题，河湖面貌、水资源管理面貌、水利工程面貌正在发生多年未有的大变化，行业形象得到重塑，行业地位得到提升，各方面对水利工作的认可度和支持率明显提高。

四是工作作风和精神状态发生了深刻转变。各级水利部门围绕践行总基调，力戒形式主义、官僚主义，在务实管用上下功夫，出实招、求实效，用真抓实干的行动开创水利工作的新局面。大家普遍认为，总基调贯彻落实一年来，太平官当不下去了、老好人行不通了、老套路不管用了，水利行业不敢管不愿管不会管的积弊正在加快破除，广大水利干部职工普遍感到行业有奔头、事业有干头、工作有劲头。实践充分证明，水利改革发展总基调是完全正确的，是经得起各方面检验的，必须巩固良好态势，保持足够气势，把握正确趋势，坚定不移践行。

当前和今后一个时期，是水利建设新一轮高潮期、水利行业监管持续攻坚期、水利发展方式深刻转型期。党中央、国务院高度重视水利工作，就水利改革发展作出了一系列重大决策部署，为水利工作赋予了新内涵、新任务。要坚持用习近平总书记关于治水工作的重要论述精神指导治水管水实践，全面贯彻落实党中央、国务院决策部署，牢牢把握水利工作转型升级的重大战略机遇，进一步深化认识，坚定不移地推动水利改革发展总基调落地生根。

（一）从深入贯彻“3・14”重要讲话精神看，水利改革发展总基调贯穿了调整人的行为、纠正人的错误行为这一主线，必须坚定不移践行。

习近平总书记“3・14”重要讲话是新时代水利工作的根本遵循，也是水利改革发展总基调的理论来源，水利改革发展总基调是贯彻落实“3・14”重要讲话精神的根本保障。“3・14”重要讲话内涵丰富、指向明确，贯穿其中的一条主线就是要调整人的行为、纠正人的错误行为。深入贯彻落实“3·14”重要讲话精神，必须清醒认识治水主要矛盾的深刻变化，正确处理人与自然的关系，在通过补短板治河理水、调整自然关系的同时，把工作重心转移到强监管纠偏扶正、调整社会关系上来。水利改革发展总基调就是奔着这个方向去的，一年来的实践取得了有目共睹的成效。

调整人的行为、纠正人的错误行为，意味着治水管水的思路必须实现革命性转变，水利行业的工作必须进行系统性重塑，加强行业监管必须作为长期性任务。各级水利部门都要从这个角度来认识和把握水利改革发展总基调。

一是要从革命性来认识水利改革发展总基调。长期以来，征服自然、改造自然的思想根深蒂固。习近平总书记明确提出“节水优先、空间均衡、系统治理、两手发力”的治水思路，强调要调整人的行为、纠正人的错误行为，这是针对新老水问题开出的治本之方，是对传统治水思路的革命性转变。明确总基调特别是强监管主调，本质上就是按照习近平总书记的要求，把治水思路的革命贯彻到水利工作之中，从兴建水利工程为主，转为更加重视强监管。一年来，我们通过一系列刀尖向内的雷霆措施，初步扭转了行业监管弱的被动局面，但也有一些地方一些同志不适应、有怨言。有的管别人行，轮到真正扎自己时就怕疼，担心对自己不利；有的把难题推给别人去管，自己想找缝隙躲避、找捷径溜号；有的认为搞暗访、强监管不仅容易得罪人，也把自己弄得灰头土脸、又苦又累。所有这些，根子上都是没有深刻理解习近平总书记“3·14”重要讲话的精髓，没有准确把握总基调的革命性特征，没有认识到不得罪少数人就会得罪广大人民群众。践行总基调绝不可能是轻轻松松、敲锣打鼓就能实现的，需要我们从思想、行动、方式、作风上都来一个革命性的大转变。

二是要从系统性来认识水利改革发展总基调。调整人的行为、纠正人的错误行为，意味着人水关系的变革、生产关系的调整。因此，践行总基调是一项十分复杂的系统工程。从工作领域看，不仅水利业务工作需要强监管，党的建设、行政管理、干部人事、廉政建设等方面也需要强监管。从工作层级看，不仅中央层面、省级层面的水利部门要强监管，市县一级、基层水利单位也要强监管，形成上下联动、同频共振的格局。部机关司局、流域管理机构，包括多数省级水利部门都动起来了，但个别省份还相对滞后、市县一级普遍薄弱，需要整理行装、加紧跟上。从工作环节看，督查暗访和整改问责是最直接的强监管，其他工作，比如机构设置、人员调配、制度建设、技术支撑、资金保障、精神激励、后勤服务等各方面各环节都要服从总基调大局、为总基调出力。各级水利部门都要把自身摆到总基调中去，搞清楚践行总基调需要做什么、靠什么做，按照总基调要求，对水利工作进行理念更新、业务重塑、流程再造。

三是要从长期性来认识水利改革发展总基调。处理好人与水的关系是人类生存发展的永恒课题。调整人的行为、纠正人的错误行为，不可能一蹴而就，必须持之以恒、久久为功。补短板、强监管特别是强监管，不是刮一阵风，更不是一句口号。总基调对准的是治水主要矛盾变化，解决这个主要矛盾，使水资源水生态水环境问题根本好转，充分满足人民群众对水资源水生态水环境的需求，需要相当长时间的艰苦努力。当前，践行总基调还处于开局起步阶段，有一定成绩但不能估计过高，接下来还要爬坡过坎、滚石上山。必须做好打攻坚战、打持久战的准备，绝不能有见好就收的想法，绝不能有歇脚松气的想法，绝不能有骄傲自满的想法。这是事关水利事业长远发展的斗争，是一场不能输也输不起的斗争。

这里，我还要特别强调，坚持和深化总基调，必须正确认识两个关系：一是补和强的关系。调研座谈中发现，一些同志对总基调是认同的，但是担心强监管会干扰补短板。对于这个问题，我在2019年全国水利工作会议上已经作过分析，补短板、强监管是解决新老水问题的“两翼”，相互联系，相互支撑，相互补充。水利部党组提出的水利改革发展总基调，包括水利工程补短板、水利行业强监管两个方面，两者不是矛盾对立的关系，更不是非此即彼的关系。我们强调强监管这一主调，绝不是要忽视补短板。实际上，2019年水利部党组对这一块工作从来没有放松过，反而抓得更紧、更实。一年来的实践也充分证明水利部党组的判断是科学的，把“补”与“强”割裂开来甚至对立起来是完全错误的。从全国看，2019年水利投资规模创历史新高，投资计划执行效果最明显，重大工程开工数量也远超预期，这一组“新”“最”“超”就是最好的诠释。之所以能有这么好的结果，就是因为水利改革发展总基调抓住了水利相关的痛点、堵点、难点，特别是通过强监管，相关部门深切感受到把资金投向水利有成效、能放心，赢得了各方的有力支持。从地方看，凡是强监管有力的地区，补短板成效也比较明显。比如福建，强监管工作走在前，补短板工作也位列第一方阵，2019年落实水利投资超过390亿元，投资完成率超过95%。反之，强监管乏力的地区，补短板也比较弱，有的地方工程、河湖管的不好，投资计划完成率也不高。强监管是总基调的主旋律，是当前和今后一个时期水利工作的首要任务，是现在就要花主要精力抓紧办的事，各级水利部门在工作布局上一定要牢牢把握这一条。二是监和管的关系。监管就是“监＋管”，既有行业监督，要“刀刃向内”，也有社会管理，要“长牙带电”。但是有的同志认为强监管就是搞明察暗访、追责问责等监督工作，把强监管等同于强监督，忽视了水资源、河湖、工程等方面的日常管理。有的同志认为强监管要“枪口对外”，重点抓对社会的监管，不能“自己人搞自己人”。这些想法都是片面的。无论是行业监督，还是社会管理，目的都是调整人的行为、纠正人的错误行为。各级水利部门认真履行管理保护职责，严格执行法规制度，守护河湖、保护水资源、维护工程，这是社会管理。水利部、各流域管理机构、地方上级水利部门对下级水利部门进行明察暗访，这是行业监督，是通过加强行业监督促进各级水利部门加强社会管理，并非不信任基层水利单位，而是“信任不能代替监督”。各级水利部门对此要有正确的认识。

（二）从建设造福人民的“幸福河”看，水利改革发展总基调反映了我国治水主要矛盾变化，必须坚定不移践行。

习近平总书记在黄河流域生态保护和高质量发展座谈会上的重要讲话，深刻阐述了事关黄河流域生态保护和高质量发展的一系列根本性、方向性、全局性重大问题，发出了“让黄河成为造福人民的幸福河”的伟大号召。在今年1月3日召开的中央财经委员会第六次会议上，习近平总书记强调，黄河流域必须下大气力进行大保护、大治理，明确提出了黄河流域生态保护和高质量发展的“四个坚持”重大原则，为解决六个突出重大问题指明了方向。习近平总书记的重要讲话思想十分深邃、内涵十分丰富、导向十分鲜明，蕴含了对治水规律的深刻揭示与科学把握，具有很强的政治性、思想性、理论性和指导性，不仅是黄河流域、与黄河有关的工作要认真遵循，全国其他流域、其他地区水利工作都要认真遵循。习近平总书记关于黄河的重要讲话与“3·14”重要讲话一脉相承，不仅告诉我们大江大河治理的使命是为人民谋幸福，大江大河治理的定位事关中华民族的伟大复兴和永续发展千秋大计，还告诉我们大江大河治理不仅要满足人民群众对除水害兴水利的需求，也要满足人民群众对水资源水生态水环境的需求，再次昭示治水的主要矛盾发生了重大变化。

水利改革发展总基调的提出，就是基于治水主要矛盾从人民群众对除水害兴水利的需求与水利工程能力不足的矛盾，转变为人民群众对水资源水生态水环境的需求与水利行业监管能力不足的矛盾这一判断。践行水利改革发展总基调的目的，就是要通过水利事业的高质量发展，更好满足人民群众对美好生活的向往。从这个角度来看，习近平总书记关于黄河的重要讲话精神，赋予了水利改革发展总基调新的内涵，也坚定了水利行业积极践行总基调的决心。

一是坚持和深化总基调要把握一个总体目标。这个总体目标就是建设造福人民的幸福河。实现这一目标，就必须做到防洪保安全、优质水资源、健康水生态、宜居水环境、先进水文化，一个都不能少。防洪保安全，就是要着眼保障江河长治久安，加快实施防汛抗旱水利提升工程，完善防洪减灾工程体系，提高江河洪水的监测预报和科学调控水平，全面提升水旱灾害综合防治能力。优质水资源，就是要统筹生活、生产、生态用水需求，兼顾上下游、左右岸、干支流，通过强化节水、严格管控、优化配置、科学调度，为经济社会高质量发展提供优质的水资源保障。健康水生态，就是要把河流生态系统作为一个有机整体，坚持山水林田湖草沙综合治理、系统治理、源头治理，坚持因地制宜、分类施策，统筹做好水源涵养、水土保持、受损江河湖泊治理等工作，做到还水于河，促进河流生态系统健康。宜居水环境，就是要通过部门、流域、区域的联防联控、共保共治，进一步加大对江河湖泊的监管力度，努力实现河畅、水清、岸绿、景美，建设美丽河湖，打造美好家园。先进水文化，就是要宣传展示我国长期治水实践形成的灿烂文化，深入挖掘水文化内涵及其时代价值，讲好治水故事，营造全社会爱水节水惜水的良好氛围，进一步坚定文化自信。

防洪保安全、优质水资源、健康水生态、宜居水环境、先进水文化，是造福人民的幸福河的内在要求。无论是补短板，还是强监管，都要按照这一总目标和大方向来聚焦用力。是不是造福了人民，是不是建成了幸福河，人民群众最有发言权，不能光靠水利部门说了算。坚持和深化水利改革发展总基调，必须把人民满意不满意、赞成不赞成、答应不答应作为评判工作成效的最高标准，让人民群众在水利改革发展中体验到真真切切、实实在在的获得感、幸福感、安全感。

二是坚持和深化总基调要把握一项战略要求。这项战略要求就是“重在保护、要在治理”。“重在保护”是指，江河治理最重要的是生态保护，不能有水生态问题，水质不仅不能超标还应向好，水土流失不仅不能加重还应减轻，建成绿水青山，实现人民幸福、河湖健康、人水和谐。“要在治理”是指，江河治理最关键的是针对群众有意见、河湖不健康、人水不和谐的情况，重塑人与水的关系，加快完善水利工程网络体系，不断调整人的行为、纠正人的错误行为，既防止水对人的侵害，又防止人对水的侵害。

“重在保护、要在治理”，体现了当前和长远的辩证统一、目标和路径的辩证统一、去存量和遏增量的辩证统一、治已病和防未病的辩证统一。落实好“重在保护、要在治理”的战略要求，必须坚持和深化水利改革发展总基调，遵循自然规律、经济规律、社会发展规律，摒弃征服水、征服自然的冲动思想，综合运用行政手段、法律手段、工程手段、科技手段、经济手段，把工程短板补齐，让行业监管强起来，推进水资源节约集约利用，加强水生态环境保护，保障河湖长治久安。落实“重在保护”，关键是要提出实现人民幸福、河湖健康、人水和谐的量化指标，当前要重点做好河湖生态流量确定、不同区域水土保持率确定工作。落实“要在治理”，关键是要通过实施深度节水控水行动，合理分水、节水评价、管住用水以及河湖监管、水土流失监管，遏制水资源过度开发利用，管住人为新增水土流失行为。同时，针对河湖萎缩、地下水超采、水土流失等长期积累形成的问题，加快推进水生态修复工程建设，通过综合治理、系统治理、源头治理，遏制问题发展势头，补上历史欠账。

三是坚持和深化总基调要把握一条重要原则。这条重要原则就是“把水资源作为最大的刚性约束”。当前我们面临的水资源短缺、水生态损害、水环境污染三大新问题，既相互关联、相互交织，也有因果关系。水资源是水生态水环境的基本依托，没有了水资源，水生态和水环境都无从谈起。很多水生态、水环境问题的产生，都是由水资源过度开发利用造成的。坚持和深化水利改革发展总基调，解决四大水问题特别是三大新问题，必须抓住问题产生的症结所在，厘清矛盾的主要方面和次要方面，不折不扣落实好“把水资源作为最大的刚性约束”这一要求。

“刚性约束”就是必须这么做，而不能那么做。落实最大刚性约束的核心要义是“以水而定”，促进经济社会“量水而行”。过去之所以造成水资源过度开发利用，根本上就是没有以水定需，而是以需定水。不能把水当作无限供给的资源，必须做到以水定需，也就是以水定城、以水定地、以水定人、以水定产，防止和纠正过度开发水资源、无序取用水等行为。一方面，要把“最大的刚性约束”落实到补短板中。统筹考虑上下游、左右岸、干支流，统筹考虑生活、生产、生态用水，统筹考虑调出区和调入区，按照确有需要、生态安全、可以持续的原则，在充分节水的前提下，研究谋划优化水资源配置的战略格局。另一方面，要把“最大的刚性约束”落实到强监管中。在全国可用水总量的框架下，统筹考虑自产水和外调水，明确各地可用水量，研究清楚不同区域条件下每个用水单位所需要的用水量。在此基础上，结合当地经济社会发展战略布局，提出每个区域城市生活用水、工业用水、农业用水的控制性指标。以此为依据，加强对取用水行为的监管，坚决抑制不合理用水需求，推进水资源节约集约利用，真正做到以水定需、空间均衡，确保人口规模、经济结构、产业布局与水资源水生态水环境承载能力相适应、相协调。

（三）从贯彻党的十九届四中全会精神看，水利改革发展总基调突出了制度治水制度管水，必须坚定不移践行。

党的十九届四中全会就坚持和完善中国特色社会主义制度、推进国家治理体系和治理能力现代化作出重大部署。全会作出的《决定》，全面回答了在我国国家制度和国家治理系统上应该“坚持和巩固什么、完善和发展什么”这个重大政治问题，为推动各方面制度更加成熟更加定型明确了时间表、路线图。水利治理体系和治理能力是国家治理体系和治理能力的重要组成部分。一方面，我们要深刻认识到，确立总基调，目的是从根本上扭转水利行业重工程项目轻法规制度、重建设轻管理的问题，推动实现“制度治水”“制度管水”；另一方面，我们要深刻认识到，践行总基调，也要靠制度来规范，否则就会走偏、走不下去。这正是坚持和深化水利改革发展总基调的核心要义。

受多重因素影响，长期以来，水利行业在水资源节约保护、江河湖泊管理、水利建设和运行管理等领域的监管失之于宽松软，积累了一大批矛盾和问题。究其原因，根子上还是制度建设滞后，突出表现在四个方面：一是少而不够用，一些重要领域和关键环节还存在制度空白，导致有的问题说不清道不明，监管起来腰杆不那么硬；二是老而不适用，部分已有的制度跟不上形势发展需要，有的甚至几十年没有修订，执行起来会引发一系列问题；三是粗而不实用，有的制度过于原则、宽泛，实践中无法操作；四是软而不管用，一些制度不长牙、不带电，震慑力不足，对社会违法行为缺乏约束。坚持和深化总基调，必须按照十九届四中全会要求，把制度建设摆在更加突出的位置，这是事关水利长远发展的根本性问题。

一是要抓紧补上重点领域制度空白。总体上看，治水管水的制度空白还比较多，不仅在行业监管中发现很多领域缺乏制度规定，比如节水标准、定额、评价方面的制度，水资源管理中的生态流量管控制度等等，就是在补短板中也有不少制度亟待修订，比如规程、规范、造价、定额等等，有的已经严重脱离当前水利建设实际；不仅省级层面的治水管水制度建设普遍薄弱，就是国家层面的涉水制度建设也比较滞后。为此，我们要在抓好制度建设顶层设计的同时，本着急用先行的原则，认真梳理制度建设中存在的突出问题，聚焦水旱灾害防御、水资源管理、河湖管理保护、水生态水环境治理、水利工程建设和运行管理等五个方面，抓紧填补制度空白，及时修改完善相关制度，加快构建系统完备的涉水法律法规体系、务实管用的规章制度体系、科学有效的行业标准体系，使各项工作都有法可依、有规可守、有章可循，使法规制度长牙、带电、有震慑力。

二是要发挥强监管在促改革方面的重要作用。通过开展大规模暗访督查和集中整治行动，我们发现和解决了大量问题。这是践行总基调取得的重要成果，但并不是我们的最终目的。发现问题、整改问题只是治标，防止同一问题再次发生、解决多地都有的共性问题才是治本。对于那些反复出现的问题、带有普遍性的问题要格外注意，必须找出其背后存在的体制机制方面原因。比如：农村饮水安全工程建设和管理方面的问题，资金不到位、工程不配套、管护跟不上只是问题的表象，其深层次原因是水费收缴没做好；比如灌区“最后一千米”问题，其深层次原因是产权不明晰。解决这些问题，治本之策是要靠改革。因此，要通过强监管发现问题、举一反三、形成概念，针对存在的顽固性、普遍性、长远性问题，深入分析问题产生的根源，有针对性地提出解决措施，推动相关领域改革，破解深层次体制机制问题。

三是要推动专项监督向常态监管转变。水利行业监管缺失问题积弊很深、强监管任务极其繁重，在践行总基调的开局之年，我们只能先抓住最薄弱、风险最大、必须保底线的领域进行重点专项监督，比如对小型水库、农饮工程、河湖“四乱”等开展大规模暗访。今年还要抓住几个重点问题开展专项行动。但这只是应急之举，长久之计是必须推动强监管常态化、规范化、法治化，向更高层次、更高水平迈进。因此，要在继续突出重点专项监督的同时，总结一年来水利行业强监管的实践，把行之有效的监管做法固化为制度，进一步建立健全“2＋N”的监督制度体系，防止监管的随意性，减少自由裁量权，实现水利强监管从整体弱到全面强的根本性转变。

（四）从推动经济高质量发展看，水利改革发展总基调符合党和国家的战略部署，必须坚定不移践行。

水利工程补短板，是解决水灾害和水资源水生态水环境问题、保障国家水安全的重要途径，同时具有覆盖范围大、产业链条长、带动能力强的优势，没有重复建设的弊端，能有效拉动相关产业发展，促进就业和农民增收，对经济拉动作用十分明显。因此，加快水利工程补短板，供需共同受益，在推动经济高质量发展中可以发挥乘数效应。在当前形势下，坚持水利改革发展总基调，抓好水利工程补短板，十分重要也非常迫切。

一是支撑经济社会持续健康发展必须加快补短板。当前，我国经济由高速增长阶段转向高质量发展阶段，经济运行稳中有变、稳中有忧，"六稳"任务十分艰巨。中央经济工作会议明确提出要着眼国家长远发展，加强战略性、网络型基础设施建设，加快自然灾害防治重大工程实施，加快水利等设施建设。习近平总书记对做好"三农"工作作出重要指示，要求集中资源、强化保障、精准施策，加快补上"三农"领域短板。李克强总理专门主持召开南水北调后续工程工作会议，强调要以历史视野、全局眼光谋划和推进南水北调后续工程等具有战略意义的补短板重大工程，要求把水利工程及配套设施建设作为当前扩大有效投资的突出重点，抓紧启动和开工一批成熟的重大水利工程及管网、治污设施等配套建设，促进项目早建成早见效。中央农村工作会议对加大水利建设力度作出了安排部署。这些都是中央对水利工程补短板提出的明确要求，必须不折不扣地落到实处。

二是补短板的根本目的是完善水利基础设施体系。当前，我国水利基础设施体系还不完善，防洪减灾、供水保障、水资源配置等还存在不少薄弱环节，部分地区河湖萎缩、地下水超采、水土流失等水生态损害问题突出，水利工程体系的综合作用还没有充分发挥。一方面要立足当前，快上项目、多上项目，一方面要着眼长远，针对解决四大水问题，谋划应对大江大河特大洪水、水资源优化配置的战略布局，形成布局合理、设施完备、质量优良、运行规范、保障有力的水利基础设施网络，为国家重大战略实施和经济高质量发展提供有力支撑。水利部结合"十四五"规划编制，以全面提升国家水安全保障能力为目标，明确了今后一个时期水利工程补短板的方向和重点。各地也要立足当前、着眼长远、服从全局，深入研究水利工程补短板的阶段目标、总体布局和重点任务，形成水利工程补短板的"全国一盘棋"。

三是加快补短板要抓住重大历史机遇。机遇从来都只会青睐有准备的人。做好准备，抓住机遇，水利基础设施体系就会再上一个大台阶。能不能抓住机遇，是对我们政治意识、担当精神、能力水平、工作作风的重大考验。我们要抢抓机遇，乘势而上，掀起新一轮水利建设高潮，加快补齐水利工程短板，完善水利基础设施网络体系，增强水安全支撑保障能力，同时更好发挥水利建设对拉动有效投资、稳定经济增长、增加就业、造福民生的重要作用。

三、对标对表全面建成小康社会目标，扎实做好2020年水利各项工作

2020年是全面建成小康社会和"十三五"规划收官之年，必须深刻认识做好全年水利工作的特殊重要性。2020年水利工作，要以习近平新时代中国特色社会主义思想为指导，全面贯彻党的十九大和十九届二中、三中、四中全会精神，全力落实中央经济工作会议、中央农村工作会议部署，深入学习贯彻习近平总书记关于治水工作的重要论述精神，坚持以党的政治建设为统领，对标对表全面建成小康社会和"十三五"规划目标任务，主动担当作为、忠实履行职责，推动水利工程补短板再掀新高潮、水利行业强监管再上新台阶，为全面建成小康社会和圆满完成"十三五"规划提供坚实的水利支撑。

（一）抢抓机遇补齐水利基础设施体系短板

按照高质量发展要求，牢牢把握将水利工程建设作为当前扩大有效投资突出重点的重大机遇，补齐补强水利工程短板。

1. 聚焦六个方向，加快推进水利基础设施建设第一，聚焦脱贫攻坚补短板。打赢脱贫攻坚战是全面建成小康社会的重中之重，必须坚决完成水利脱贫攻坚硬任务。一是全面解决贫困人口饮水安全问题。按照“两不愁三保障”目标，把全面解决贫困人口饮水安全问题作为水利扶贫头号工程，紧盯剩余未解决饮水安全问题的建档立卡贫困人口，建立台账，重点督战，确保2020年6月底前贫困人口饮水安全问题全部解决。二是全面推进重点区域水利扶贫工作。加大“三区三州”深度贫困地区水利扶贫力度，如期完成水利定点扶贫三年工作方案任务，抓好滇桂黔石漠化片区牵头联系、对口支援和支持革命老区水利帮扶工作，增强贫困地区内生动力，巩固脱贫攻坚成果。按照中央接续推进减贫工作的要求，谋划2020年后解决农村相对贫困问题长效机制方面的水利保障思路和措施。三是全面落实“十三五”水利扶贫专项规划和水利扶贫行动三年实施方案。加快推进贫困地区农田灌排、水旱灾害防御、水土保持和重大水利工程建设，加大资金、项目、人才、技术等倾斜支持力度，持续改善贫困地区水利基础设施条件。四是全面推进移民后期扶持工作。坚持“政策导向、经验导入、信息导出”，拓宽移民增收渠道，加大后期扶持资金倾斜力度，做好三峡库区对口支援和南水北调对口协作，推动水库移民与全国人民同步迈入全面小康社会。

第二，聚焦防洪安全补短板。积极推进防汛抗旱水利提升工程建设，着力解决大江大河防洪、病险水库、中小河流和山洪灾害等方面的安全问题。一是继续推进大江大河大湖防洪治理，加快大江大河堤防达标建设和河道整治，推动控制性枢纽建设和蓄滞洪区建设与调整，完善流域防洪体系。二是继续推进病险水库除险加固，抓好水库除险加固遗留问题整改，尽早实施已完善前期工作的病险水库除险加固，制定《病险水库除险加固指导意见》，编制小型水库除险加固攻坚行动方案，力争用2～3年时间全面解决存量问题，建立除险加固长效机制，彻底消除水库安全隐患。三是继续推进中小河流治理，制定《中小河流系统治理指导意见》，按照整体性规划、全流域推进、整河流治理、分阶段实施的思路，推进中小河流治理工作。四是继续推进山洪灾害防御，系统分析典型山洪灾害特点，制定相关防御标准，提出应对措施；科学谋划“十四五”山洪灾害防治，加强山洪灾害防治建设，做好山洪灾害监测预警，推动山洪灾害防治体系从“有”到“好”的转变，全面提升预警系统防灾避灾效益。

第三，聚焦重大战略补短板。围绕京津冀协同发展、黄河流域生态保护和高质量发展等五大国家战略，牢牢抓住基础设施建设机遇期，抓紧推进一批战略性重大水利工程。要及时开工前期工作已全部完成的项目；对已完成可研的项目，要尽快协调环评、用地等审批工作，力争南水北调东线二期、中线调蓄水库以及黄河古贤水利枢纽、引江补汉等重大工程顺利开工建设。加快实施南水北调东线一期北延应急供水、引江济淮、滇中引水等工程建设，逐步完善全国水资源配置总体格局。加快重大水利工程验收工作进度，力争完成南水北调34个设计单元工程的验收任务。

第四，聚焦农村水利补短板。全面建成小康社会最突出的短板在“三农”。要着力抓好农村水利基础设施建设，全面完成“十三五”规划的各项农村水利建设任务。一是完成农村饮水安全巩固提升任务。坚持水源保护和水质处理并重，大力推进城乡供水一体化和农村供水工程规模化建设，基本完成饮水型氟超标改水任务，农村集中供水率达到87%，自来水普及率达到83%，圆满完成6 000万农村人口供水保障水平目标任务。二是完成大中型灌区续建配套节水改造任务。

按期完成434处大型灌区、358处重点中型灌区续建配套节水改造目标任务。推进灌区泵站标准化规范化管理，力争150个以上灌区、泵站标准化规范化管理取得明显效果。三是完成农村水电增效扩容改造任务。组织开展“十三五”农村水电增效扩容改造总结验收工作，会同财政部审核绩效等次，清算奖惩资金。

第五，聚焦水生态保护修复补短板。水生态保护修复需要做的事很多，要突出重点。一是抓好地下水超采综合治理。落实华北地下水超采治理行动方案，开展治理区现状地下水超采评价，加快南水北调东中线一期工程受水区地下水压采，补充水文监测站网，有序做好内蒙古西辽河流域“量水而行”工作。二是抓好水土流失治理工作。研究制定进一步加强长江经济带坡耕地水土流失综合防治的指导意见，编制黄河流域水土流失治理专项规划，抓好长江、黄河中上游坡耕地治理，加大东北黑土区侵蚀沟和6度以上坡耕地治理力度，做好贫困地区小流域综合治理，总结推广以奖代补试点经验，完成年度5.4万平方千米新增水土流失治理任务。三是抓好农村水电绿色发展。长江经济带省份要全面落实小水电站生态流量，完成生态流量泄放设施改造，积极稳妥实施“退出类”电站退出工作，力争年底前完成清理整改任务。再创建一批绿色小水电示范电站。四是抓好水美乡村建设。做好水系连通及农村水系综合整治试点县实施方案编制、申报立项等工作，开展水系连通及农村水系综合整治试点县建设，各地要抓好组织实施和建设管理，确保试点成效。

第六，聚焦水利信息化补短板。水利信息化建设的顶层设计已基本完成，今年要重点抓好各项任务的落地见效。一是落实智慧水利建设任务。推进遥感监测、视频监控智能应用。总结智慧水利经验，形成一批可复制、可推广的优秀案例和解决方案，并在全国推广。二是落实大数据共治共享任务。启动国家水利大数据中心和水利部综合监管平台建设，建立信息资源协同共享与更新机制，完善水利数据目录服务体系，率先实行水库、水闸、堤防、农村供水工程四类基础数据动态更新。实施国家水文数据库建设。推广应用“全国水利一张图”、水利蓝信。扩大信息资源整合共享范围，完成主要业务系统整合，实现一张网、一张图、一套基础数据、一个门户。三是落实信息技术应用和推广任务。充分运用云计算、大数据、物联网、移动互联、人工智能、5G、BIM、电子签章、区块链等技术，推动信息技术与水利业务深度融合。实施《水利网信水平提升三年行动方案（2019—2021年）》，加强关键信息基础设施保护，提升水利行业网络安全整体防护水平。

2. 狠抓四个环节，提高补短板的质量和水平

第一，抓好顶层设计。科学编制“十四五”水安全保障规划，编制完成黄河流域生态保护和高质量发展水利专项规划、长三角区域一体化发展水安全保障规划，加快编制七大江河主要支流流域综合规划，抓紧完善粤港澳大湾区水安全保障专项规划、大清河流域综合规划。加快全国水资源配置总体布置格局研究，全面开展水利基础设施空间布局规划编制，努力将涉水空间纳入国土空间“一张图”。

第二，抓快前期工作。围绕国家区域发展战略、国家安全、粮食安全、脱贫攻坚、防灾减灾能力提升等要求，聚焦流域和区域发展全局，落实“确有需要、生态安全、可以持续”和“三先三后”原则，以“打基础、管长远、迟早要干、早干比晚干好”的项目为重点，综合考虑建设需要、基础条件等因素，深入做好南水北调西线规划方案比选论证，加快推进雄安供水工程、海河流域重要蓄滞洪区、黄河古贤水利枢纽、淮河入海水道二期等一批具有战略意义重大项目前期工作，加强移民管理，协

调解决移民征地工作中遇到的重大问题，为加快工程建设提供充足的项目储备。

第三，抓实资金保障。紧紧抓住当前投资拉动的大好形势，加强与发展改革、财政等部门沟通协调，争取各级财政投入。目前，水利工程建设利用地方政府专项债券、金融信贷和社会资本仍然偏少，各地要切实用好水利融资政策，争取加大信贷资金投入规模，用好金融资金、地方政府专项债券，吸引社会资本投入，保证大规模水利建设资金需求。继续做好投资计划执行调度会商，抓好中央水利投资计划执行，提高投资使用效率和效益。

第四，抓强工程质量。水利工程关系人民群众生命财产安全和社会稳定，水利工程质量管理永远不能放松。当前，大规模水利工程建设正在进行，工程质量更要抓得紧而又紧。要出台水利工程项目法人管理指导意见，改革完善建设监理制，启动《水利工程质量管理规定》《水利工程建设项目招标投标管理规定》修订，改进水利建设质量工作考核方式，强化水利建设市场准入和行为监管，推进水利建设市场信用体系建设，严查各类违法违规行为，切实保证水利工程建设质量。

（二）持续发力全面强化水利行业监管

坚持标本兼治重在治本、长短衔接防止反弹、点面结合实现联动，抓重点、强弱项、打基础、带全面、促长效，坚定不移推进水利行业强监管。

1. 突出六大领域，推动行业强监管取得更大成效

第一，突出水资源监管。坚持“节水优先”，落实国家节水行动方案，按照“把水资源作为最大的刚性约束”要求，抓好八个方面的重点工作。一是抓节水标准。加快制定修订节水标准定额，开展省级用水定额评估，对重点高耗水行业开展用水定额执行情况检查。二是抓节水评价。修订完善《建设项目水资源论证导则》《水利水电工程可行性研究报告编制规程》等制度规定，开展规划和建设项目节水评价和节水评价监督检查，完善节水评价工作机制。三是抓生态流量。抓好41个重点河湖生态流量目标落地实施，强化水量调度管理，提高生态流量保障水平。制定全国河湖生态流量确定工作方案，编制生态流量保障重要河湖名录，推进重点跨省江河和地方管理的重点河湖生态流量目标确定。四是抓江河分水。做好跨省江河水量分配工作，加快推进跨市县河流水量分配，做到应分尽分。划定地下水水位、水量双控指标，构建地下水超采治理监管体系。五是抓取用水管控。针对水资源管控指标不清、取用水管理不严、取用水数据不实等突出问题，开展取用水管理专项整治行动。做好长江流域取水工程核查登记整治提升工作，实施用水统计调查制度。以钢铁、宾馆、高校等用水大户为重点，做好用水定额和计划监督管理，加强用水统计管理。强化水资源管理监督检查，做好最严格水资源管理考核。对新增用水严格水资源论证和取水许可管理，抑制不合理用水需求。全面推行取水许可电子证照。六是抓水文支撑。加快调整水文站网布局，强化水资源监测体系建设，组织做好水生态水环境监测评价，加强江河水量分水水文水资源监测与分析，为合理分水、管住用水提供支撑。七是抓节水载体。推进县域节水型社会达标建设，加大评估考核监管力度。全面推进节水型机关建设，县级以上水利机关要全面建成节水标杆单位，出台水利职工节约用水行为规范。推进节水型高校建设，调动社会资本和专业技术力量参与节水。八是抓节水宣传教育。开展“世界水日”“中国水周”和节水科普周等宣传活动，推进节水护水志愿行动，推动节水进教材、进校园、进机关、进社区，引领社会形成珍惜水、节约水和爱护水的良好风尚。

要全面贯彻黄河流域生态保护和高质量

发展座谈会及中央财经委员会第六次会议精神，把以水而定、量水而行的要求落实到黄河流域水资源监管过程中。一是明确各地区可用水量。尽快确定黄河干流及重要支流生态水量，加快推进跨行政区河流水量分配，确定地下水水位、水量管控指标，明确黄河流域各地市可开采利用的地表水量、地下水量和非常规水利用量。二是确定务实管用的用水定额。黄河流域各省区要尽快修订完善地方用水定额，建立覆盖主要农作物、工业产品和生活服务业的务实管用的用水定额体系。三是健全水资源监测体系。以黄河干支流重要断面、重点取退水口、地下水水位作为主要监测对象，分析监测需求，优化监测站网和设施布局，提升动态监测能力，尽快实现流域内重要断面、规模以上地表取退水口和地下水取水全覆盖。四是严格取用水监督管理。在黄河流域尽快开展取水工程核查登记，摸清取水工程家底，推进整改提升，促进规范取用水行为。对纳入取水许可管理的存量用水，通过抽查、暗访等方式进行监督检查，督促问题整改。对增量用水，严格水资源论证和取水许可审批，根据可用水量指标严格约束，坚决抑制不合理用水需求。对当前水资源过度开发利用问题突出的河流和地区，要尽快摸清问题现状，提出问题清单，相关地区要制定治理目标和措施，加快推进治理。

第二，突出河湖监管。河湖管理是水利强监管的一张名片，必须通过立规矩、固基础、建机制、强督查、求创新，巩固深化河湖监管成果。一是发挥好河长湖长作用。加强河长湖长考核，促进各级河长湖长履职尽责，鼓励每位河长湖长多走“一千米”。推动各级河长办机构设置规范化。开展优秀河长湖长表彰、“寻找最美河湖卫士”、“逐梦幸福河湖”等活动。二是划定好管理范围。2020 年基本完成河湖划界工作，明确河湖管控边界，利用“全国水利一张图”及河湖遥感本底数据库，加快推进划界成果上图，同步推进水利工程划界工作。三是编制好河湖规划。抓紧编制完成大江大河大湖岸线保护利用规划和河道采砂管理规划，以及《大运河河道水系治理管护规划》，强化规划约束，落实河湖空间管控要求。严格规范涉河建设项目许可，按照谁审批、谁监管的原则，加强许可项目实施的全过程监管。四是巩固好治理成果。深入推进“清四乱”工作，将清理整治重点由大江大河向中小河流、农村河湖延伸。组织开展 17 条示范河湖建设，总结提炼成熟先进做法，指导全国河湖建设。对重要河湖涉及的 8 个省份开展进驻式专项督查。加强河道采砂综合整治，探索疏浚砂综合利用，推广机制砂应用，推动河道砂石资源科学有序开发，严厉打击非法采砂。开展河湖健康评价体系研究，推动水利风景区建设提质增效。

第三，突出水土保持监管。以提高水土保持率为目标，重点健全三方面体系，推进水土保持监管工作，坚决遏制人为水土流失。一是健全制度体系。修订《生产建设项目水土保持方案编报审批管理规定》，健全水土保持方案承诺、区域评估等制度。制定生产建设项目水土保持监测“三色”评价管理办法、黄土高原淤地坝工程安全度汛监督检查办法。建立水土保持信用评价机制，实施联合惩戒。二是健全责任体系。开展水土保持履职情况逐级督查，确保监管责任落实到位。以黄河流域为重点，开展生产建设项目水土保持专项整治。各地要切实履行生产建设活动监管责任，严肃查处人为水土流失违法违规行为，对一批重大违法违规案件要挂牌督办。要落实水土保持工程监管责任、淤地坝安全运用管理主体责任、“三个责任人”责任，对发现问题严格追责。三是健全支撑保障体系。开展全国水土保持规划 2019 年度实施情况评估，推动省级政府对市县级政府的水土保持目标评估。继续开展全国水土流失动态监测，推进监测点优化布局。抓好人为水土流失卫星遥感常态化监管，组织开展覆盖全国范围的生产建设活动卫星遥感监管，各地要至少加密一次，确保人为水土流失违法违规行为都能及时发现并依法查处。

第四，突出水旱灾害防御监管。以水工程防洪抗旱调度为核心，全力做好水旱灾害防御工作，确保大江大河、大型和重点中型水库防洪安全，努力保证中小河流和一般中小型水库安全度汛，切实保障人民群众生命安全和城乡居民生活用水安全，最大程度降低水旱灾害损失。一是加强工程调度监管。抓紧修订完善《水工程防洪抗旱调度运用监督检查办法》《汛限水位监督管理规定》，加强线上线下全方位监管，确保水工程调度运用规范科学高效。继续推进水工程防灾联合调度系统建设，修订完善水工程防洪抗旱联合调度及应急水量调度方案，开展防洪调度演练。二是抓好监测预报预警。开展水文测报汛前准备工作，完善测报方案等。监督检查水文站网运行及信息报送情况，做好有关问题整改，保障信息监测和信息报送达到规定要求。加强督导检查，确保山洪灾害监测预警平台运行正常。三是做好灾害防范应对。组织开展汛前检查，及时修复各类水毁工程，压实水旱灾害防御相关责任，作出防御工作部署，做好堤防、水库、闸坝、蓄滞洪区等工程运用准备。系统分析历史大洪水、特大干旱和山洪灾害特点，深入研究各流域特大洪水致灾风险，提出现状防御体系下的应对措施。汛期密切关注雨情、水情、汛情、旱情和工程运行、出险等情况，及时有效处置各类突发事件。

第五，突出小型工程运行监管。水利工程的最大风险点集中在小型工程，特别是小型水库、农村饮水工程、灌区“最后一千米”工程，运行管理隐患多、问题比较普遍。必须坚持底线思维，增强风险意识，着力防范化解这些风险。一是加强小型水库运行管理。全面落实小型水库防汛“三个责任人”和“三个重点环节”，逐库明确责任人、落实重点环节工作，确保“三个责任人”有名有实。做好小型水库专项督查发现问题整改。组织实施水库大坝水闸安全鉴定，开展水库降等报废，推进水利工程标准化管理。二是加强农村饮水工程运行管理。按照水费必须收、要按成本收、不足部分由地方补齐的原则，下大功夫做好算成本、定水价、收水费、财政补的工作。制定农村供水工程水费收缴工作问责实施细则，积极争取中央财政支持，发挥财政资金激励机制作用，督促地方各级财政加大维修养护经费投入力度，努力实现到 2020 年底农村集中供水工程基本收费、用水户基本缴费的目标，集中供水工程收费处数占比 95%以上，水费收缴率达到 90%以上。三是加强灌区末端运行管理。针对近年来旱情暴露出的灌区突出问题，深入研究灌区“最后一千米”管理方面的难题，进一步划清事权，落实配套工程和运行维护主体、责任和经费，创新管理体制和机制，打通灌区毛细血管，发挥灌区应有效益。推进重点中型灌区供水成本测算，结合灌区改造进一步完善供水计量设施，并维护这些设施正常可用。

第六，突出三峡和南水北调工程监管。三峡、南水北调工程的效益发挥好不好，关系国家经济社会发展全局，必须将这两大工程打造成水利工程的样板、大国重器的品牌。一是加强三峡工程有关工作管理。深入开展运行安全检查和蓄退水安全巡查，完善三峡工程运行安全综合监测系统，提升工程综合管理能力。积极推进三峡工程整体竣工验收，组织修编三峡后续工作规划，加快三峡水运新通道和葛洲坝航运扩能工程有关前期工作。科学实施三峡工程和长江上游水库群联合调度，深化库区生态环境监测和支流系统治理，开展生态调度试验，加强下游崩岸治理，发挥工程综合效益，助推长江经济带发展。进一步加强三峡后续工作项目实施管理，促进三峡移民安稳致富。二是加强南水北调工程管理。定位“高标准样板”，进一步提升工程运行管理水平，完善相关制度规定，落实运行安全监管责任，严格实施水量调度，全力做好冰期、汛期等重要节点输水工作。健全工程运行安全监管工作体系，强化日常监督和过程监管，持续推进工程运行管理标准化、规范化，稳妥做好工程检修工作，确保完成 2019—2020 年度东线一期向山东调水 7.03 亿立方米，中线一期调水 70.84 亿立方米的任务，保持供水水质稳定向好。

2. 紧盯四个风险，保持行业强监管的高压态势

今年，水利部将紧紧围绕防范化解水利关键风险，紧盯大个头问题，统筹资源、集中力量、重拳出击，开展重点专项监督行动，查处整改违法违规行为，巩固拓展强监管成果。一是紧盯农村饮水和水利扶贫风险开展专项监督行动。以农村供水工程水费收缴为重点，聚焦贫困人口饮水安全问题，关注饮水型氟超标改水工作，抽查暗访农村供水工程水价制定和水费收缴情况，对氟超标改水任务较重省份和地区进行暗访抽查。开展水利扶贫综合监督检查，加大对水利定点扶贫工作的监督检查力度，加强水利扶贫日常监督检查。二是紧盯工程质量和资金风险开展专项监督行动。对 15 个省级水利部门质量监督工作情况开展巡查，对 40 项重大水利工程组织开展 80 组次以上水利项目稽察，同时以内控建设监督检查为重点，进一步扩大水利资金使用情况检查覆盖面，现场检查单位数量在 2019 年的基础上增加 50%。三是紧盯河湖管理风险开展专项监督行动。围绕“四乱”、采砂、河长湖长履职等情况进行暗访，重点查处虚假履职、虚假整改、久拖不改等问题，在“清四乱”方面全年检查河湖总数不少于 6 000 条(个)。四是紧盯水利工程安全运行风险开展专项监督行动。开展不少于 6 500 座小型水库、4 000 座水闸、1 000 处堤防工程险工险段运行安全重大问题检查，做好南水北调东中线运行督查和在建项目督查，统筹抓好水利工程安全度汛督查，对重点大中型水库防洪调度、山洪灾害防治开展专项督查暗访。针对这几个方面风险，地方各级水利部门也要结合本地实际开展相应的监督行动。

3. 打牢四个基础，推动强监管工作规范化常态化

第一，加快监管体系建设。紧紧围绕涉水制度不够用、不适用、不实用、不管用问题，积极推进水利制度建设。一是加快补齐水利立法欠账。实施水法规建设规划，配合做好《长江保护法》起草审议和《河道采砂管理条例》审查工作，力争 2020 年上半年出台《地下水管理条例》，形成《珠江水量调度条例》《节约用水条例》等立法项目送审稿并报国务院。推进《河道管理条例(修订)》《农村供水条例》重点问题研究和草案审查工作，加快水利工程建设和运行管护规章制定修订工作。开展水法修订和黄河法立法前期工作。二是继续推进行业监管体制机制建设。制定出台关于加强省级水利部门强监管工作的指导性意见，进一步明确监管权责清单、工作流程和评价依据。各级水利部门都要加强监管队伍建设，建立、优化监督机构设置和内部配置，有条件的地方要加快水利监督综合信息平台建设，配齐现代化监管装备，为强监管提供可靠保障。强化年度监督工作统筹，优化资源配置，加强沟通协调，引入社会监督，做好 12314 监督举报问题办理，提升监管效能。

第二，强化水行政执法。强化水法规执行及监督，维护水法规权威性、严肃性。一是加强水行政综合执法。梳理水行政执法权责清单，做强做实流域和地方执法队伍，推动水行政执法领域地域全面覆盖。健全完善流域与区域、区域与区域、水利部门与其他部门联

合执法机制，推进水行政执法与水利行业强监管有效衔接，完善水行政执法与刑事司法衔接机制。二是严格规范公正文明执法。全面推行水行政执法“三项制度”。制定出台水行政执法监督检查办法。制定水行政执法装备配备标准，持续推进水政监察队伍执法能力建设。在长江、黄河两大流域开展水行政执法情况专项调研监督，解决执法“宽松软”的问题。三是加大违法行为查处力度。把查案办案结案作为重点，持续推进河湖执法三年行动，案件查处率超过 90%；完成水事违法陈年积案“清零”行动目标任务。落实水利扫黑除恶专项斗争各项任务。

第三，深化重点领域改革。推进“放管服”改革，实施 6 项涉企行政许可事项“证照分离”，整治各类变相审批。强化水行政审批事中事后监管，提高水利行业“互联网＋监管”水平。深化小型水利工程管理体制改革，开展改革示范县创建，健全小型水利工程管理体制和运行机制，解决管护责任不实、资金投入不足等问题。加强农田水利工程运行维护监管，保障工程良性运行。加快实施农业水价综合改革，2020 年底前，北京、上海、浙江等要率先完成改革任务。推进水资源税改革，实行差别化税率，完善税收征管模式，探索税收优惠政策，妥善处理好水资源费改税过程中水资源管理保护工作经费问题。完善水利工程供水价格形成机制，积极培育水市场，完善水权交易规则。开展调水机制改革，深化跨流域跨区域调水工程论证，说清楚哪些水可以调出、能调多少，说清楚哪些区域需要调水、为什么调水。

第四，提升行业支撑能力。实施水利标准化工作三年行动计划，发布不少于 30 项水利技术标准，修订发布《水利技术标准体系表》。深入开展水利重大问题研究，启动实施长江水科学研究联合基金，加强科技创新基地建设，新建一批水利重点实验室和野外科学观测研究站。围绕节水和水生态修复等重点领域，推广运用一批成熟适用水利技术成果。加快国家基本水文站提档升级，填补大江大河主要支流、重点中小河流和中小水库水文监测设施空白，加大水文现代化技术装备应用力度。制定加快水利人才创新发展的指导意见，完善人才培养、使用、评价和激励等机制，建设水利高层次人才库，组建部级人才创新团队，建设人才培养基地，加快推进水利人才队伍建设。继续发挥中国-欧盟水政策对话机制、中欧水资源交流平台、澜湄水资源合作工作机制作用，深化水利国际合作，服务“一带一路”建设。进一步加强水利政务督办、档案、信访、后勤服务等工作，推动综合政务标准化、规范化建设，保障各级水利机关有序高效运转。

（三）坚定不移推动水利系统全面从严治党向纵深发展

党的十九大以来，以习近平同志为核心的党中央带领全党重整行装再出发，全面贯彻新时代党的建设总要求，开创了全面从严治党新局面。全国水利系统各级党组织要深入贯彻落实中央全面从严治党的部署要求，切实履行好管党治党主体责任，以永远在路上的执着把全面从严治党引向深入。

一是提高政治站位，坚决做到“两个维护”。中央和地方各级机关本质上都是政治机关，有着鲜明的政治属性。要增强“四个意识”，坚定“四个自信”，做到“两个维护”，坚持用习近平新时代中国特色社会主义思想武装头脑，深入学习习近平总书记关于治水工作的重要论述精神，坚决贯彻习近平总书记重要指示批示，全面落实党中央、国务院决策部署。落实党中央《关于加强党的政治建设的意见》，严格执行党内政治生活、重大事项请示报告等制度，始终在政治立场、政治方向、政治原则、政治道路上同以习近平同志为核心的党中央保持高度一致。要持续推进中央脱贫攻坚专项巡视整改，发挥好水利部党组负总责、扶贫领导小组协调抓、整改调度会督促推进的联动机制作用，把讲政治的要求落实到具体行动上、贯穿于日常工作中、体现在实际成效上。

二是牢记初心使命，持续深化作风整治。始终把不忘初心、牢记使命作为加强党的建设的永恒课题，作为全体党员、干部的终身课题，紧盯水利部党组专项整治方案和整改落实方案，逐项盘点梳理任务清单，毫不含糊兑现承诺，巩固深化主题教育成果。进一步强化政务督办，推动各单位以务实高效的作风，抓好中央和水利部党组各项决策部署贯彻落实。扎实推进形式主义、官僚主义集中整治，聚焦查找的带有普遍性、大个头、影响全局的6类共性问题，采取可量化、操作性强的措施，着力解决部直属系统职责范围内、工作领域内存在的形式主义官僚主义问题，确保集中整治工作取得实在成效。坚决落实中央八项规定及其实施细则精神和水利部党组实施办法，旗帜鲜明纠治“四风”，对部直属各单位伙食费和市内交通费收交管理情况开展集中检查，严肃查处违反中央八项规定精神问题。积极开展“让党中央放心、让人民群众满意的模范机关”创建活动，推动改认识、改态度、改方法，转文风、转会风、转作风，建立健全作风建设的长效机制。

三是强化组织建设，不断夯实基层基础。突出政治功能、强化政治引领，深入推进党支部标准化、规范化建设，开展首届“水利先锋党支部”评选表彰，组织党支部达标创优，严格执行“三会一课”等制度，推动基层党组织全面提升、全面进步、全面过硬。充分发挥水利部党组对党建工作的领导作用，加强对京外直属单位党建工作的指导，完善水利国有企业、水利社团党的组织体系，扩大党的组织覆盖和工作覆盖。以直达基层支部、直面党员干部的方式开展党建督查，着力发现和解决党支部建设中的弱化、虚化、边缘化问题，推动形成大抓基层大抓支部的良好态势，切实发挥基层党组织战斗堡垒作用。进一步抓好工青妇等组织建设，提高服务能力。强化社团管理，积极发挥社团作用。

四是抓好廉政建设，严格监督执纪问责。正确认识当前水利行业反腐倡廉严峻复杂的形势，坚持把管行业和管行风结合起来，加强对基层单位的指导监督，层层压实党风廉政建设政治责任。加强廉政警示教育，大力培育倡导廉政文化，进一步增强广大党员干部的党章意识、纪律意识、规矩意识。用好廉政风险防控手册，针对关键领域、关键环节、关键岗位完善防控措施，加强对权力运行的制约和监督。加大巡视巡察工作力度，狠抓巡视发现问题的整改，严肃追究有关责任人的责任，发挥震慑遏制作用。注重抓早抓小，运用好监督执纪“四种形态”，对苗头性倾向性问题及时进行约谈函询、诫勉谈话，实现惩处极少数、教育大多数的政治效果。突出抓好扶贫领域腐败和作风问题专项治理，进一步减轻水利扶贫领域基层负担。坚持惩防并举、打防结合，落实“一案双查”，严格责任追究，一体推进不敢腐、不能腐、不想腐，严肃查处顶风违纪行为，坚决惩治各类腐败问题。

五是坚持党管干部，加强干部队伍建设。深入贯彻新时代党的组织路线，突出选人用人政治标准，加强政治监督。注重干部一贯表现，选拔贯彻执行中央路线方针政策和水利部党组决策部署坚决、忠诚干净担当、水利事业发展需要的新时代好干部。加大优秀年轻干部发现培养选拔力度，优化领导班子结构，增强整体功能。强化正确导向，健全干部考核评价体系，严管厚爱、奖优罚劣，推进干部能上能下。认真执行《中国共产党党员教育管理工作条例》，严把发展党员关口，深化党员教育管理，严肃党内组织生活。继续选派优秀干部到脱贫攻坚一线，落实好保障支持政策和相关待遇。用心用情做好离退休干部工作，引导老同志为水利改革发展增添正能量。

六是突出文化引领，弘扬新时代水利精神。认真落实意识形态工作责任制，着力强化水利宣传工作，充分展示水利改革发展成就，统筹做好出版传媒、文博科普、舆情监测、舆论引导、水情教育工作，主动发出水利声音，努力讲好治水故事，全面弘扬管水治水正能量。着力推进水文化建设，充分发掘和弘扬黄河、大运河等江河水文化，宣传治水历史名人，延续历史文脉，坚定文化自信。推荐一批水利系统全国文明单位，确认一批全国水利文明单位，深化群众性文明创建活动。持续弘扬“忠诚、干净、担当，科学、创新、求实”的新时代水利精神，广泛宣传郑守仁等“最美水利人”的感人事迹和崇高精神，发挥先进典型引领作用，凝聚起新时代水利改革发展的强大力量。

同志们，党和人民对水利寄予殷切希望，我们肩负的使命艰巨而光荣。让我们更加紧密地团结在以习近平同志为核心的党中央周围，不忘初心、牢记使命，积极践行“节水优先、空间均衡、系统治理、两手发力”的治水思路，以更加坚定的决心，更加饱满的干劲，更加扎实的措施，把“水利工程补短板、水利行业强监管”水利改革发展总基调推向纵深，把治水兴水这一关系中华民族永续发展的大事办好，为全面建成小康社会、实现中华民族伟大复兴中国梦而努力奋斗！

完善体系 提升能力 探索开启水利基本现代化新征程

——在全省水利工作视频会议上的讲话

陈 杰

（2020 年 2 月 26 日）

这次会议的主要任务是：以习近平新时代中国特色社会主义思想为指导，贯彻中央经济工作会议、农村工作会议精神，落实省委十三届七次全会、省“两会”以及全国水利工作会议部署，总结 2019 年工作，分析形势，部署 2020 年重点任务，加快水治理体系和治理能力现代化，为实现全面建成小康社会目标、谱写“强富美高”新江苏建设新篇章提供坚实的水利支撑和保障。

一、充分肯定 2019 年全省水利工作成绩

2019 年是新中国成立 70 周年、决胜全面建成小康社会的关键之年，也是江苏水利攻坚克难、全面冲刺“十三五”规划的重要一年。全省水利系统深入践行新时代治水方针，认真贯彻省委、省政府决策部署，推动水利各项工作取得新成效。

（一）河湖“两战”全面打响。省委、省政府召开河湖长制工作暨“两违”专项整治推进会，省委书记娄勤俭、省长吴政隆发布打赢打好碧水保卫战、河湖保护战的“两战”总河长令。国家交办的 68 个长江干流岸线拆除取缔项目全部完成、整改规范项目完成 477 个，退出岸线 44.5 千米，复绿 583 万平方米；省级排查下达的 1250 个“三乱”项目完成 93%，各地排查的 21404 个“三乱”项目完成 98%；排查重要河湖水域“两违”项目 15830 个、完成 95%，基本实现两年任务一年完成。率先出台《生态河湖状况评价规范》地方标准，评定首批 10 个生态河湖样板。制定首批 16 个重点河湖生态水位，打造 360 条农村生态河道、15 个省级生态清洁小流域，推出 40 个“最美水地标”，新增 6 家省级水利风景区；开展“寻找大运河江苏记忆”活动，推选 26 名“最美基层河长”“最美民间河长”。推进退圩还湖，探索生态清淤聚泥成岛，新增自由水面 50 平方千米，湖泊成岛 12 个。实施洪泽湖治理保护三年工作计划，太湖连续十二年实现“两个确保”。苏州生态美丽河湖建设入选中组部“不忘初心、牢记使命”主题教育案例，南京全面实施入江支流治理，无锡 6 个河湖综合治理项目集中开工，泰州对履职缺位的河长进行曝光、问责处理相关责任人。

（二）“三抗”斗争全面胜利。面对苏北地区 60 年一遇气象干旱、新中国成立以来登陆华东地区第三强台风、沂沭泗地区 1974 年以来最大洪水，全省水利部门主动承接调整回归的防汛抗旱相关职能，依托长期构建的水利工程体系和防汛抗旱运行机制，通过精准监测预警、优化工程调度和完善应急处置，连续打赢抗旱、抗台、抗洪三场硬仗，实现大旱情无旱灾、大台风无伤亡、大洪水无洪灾，为保障全省经济社会发展与粮食丰收增产作出了贡献。省委、省政府专题向党中央、国务院汇报"三抗"工作情况。各级防办坚决落实省防指调度指令,水文系统全天候开展水情监测预报,省防抢中心、骆运管理处突击完成临时抗旱机组架设任务,省江都、总渠、引江河等管理处满负荷持续开机运行,通过江水北调、江水东引调引江水 206 亿立方米。统筹省内抗旱与省外调水,通过南水北调和江水北调工程联合运行,完成 8.04 亿立方米调水出省任务。扬州严控沿运用水保障江水北送,连云港、宿迁严密开展巡堤查险,抗洪期间投入 17.21 万人次巡堤查险。

(三) 建设任务全面完成。完成水利重点工程投资 126 亿元、农村水利投资 53 亿元,全社会投资 399 亿元,我省唯一连续两年获得国务院"真抓实干"激励,在中央财政水利发展资金绩效评价中获得全国第二名。流域治理新沟河工程基本建成,新孟河、望虞河西岸控制工程加快实施;长江镇扬河段三期、干流崩岸应急治理工程即将完工,八卦洲汊道整治工程有序推进;黄墩湖滞洪区调整和建设工程基本完成,淮河行蓄洪区和干流滩区居民迁建全面实施,重点平原洼地近期治理工程开工建设;南水北调年度工程扫尾和完工验收全面完成。区域治理滁河近期防洪治理完善、海堤巩固、小型病险水库除险加固等工程扎实推进。农村水利工程建设全面加快,完成 30 个大中型灌区节水改造续建工程;10.22 万人农村饮水氟超标问题彻底解决,农村区域供水入户率达 98.4%;疏浚县乡河道土方 1.7 亿立方米,全省农村河道"五位一体"综合管护覆盖率达 83%以上;完成 16 个水土保持重点工程,治理水土流失面积 233 平方千米;丰县湖西片区整体帮扶实现五年目标四年完成,再完成 30 个经济薄弱移民村脱贫攻坚。

(四) 水利监管全面发力。出台《关于加强江苏省水利行业强监管的指导意见》,初步构建"统一领导、分级负责、上下联动"的监督体系。水资源节约管理更加严格,全面落实最严格水资源管理制度,全省用水总量控制在 524 亿立方米以内,万元 GDP 用水量较 2015 年下降 23%;完成淮河、太湖等河湖水量分配,全省 3.2 万个取水工程全部登记在册;完成工业、服务业、生活用水定额第五次修订,我省多个高校合同节水项目在全国推介,省厅节水型机关建设接近满分通过水利部验收,并在全国首届节水知识竞赛中被水利部表彰为"特别组织奖"第一名。南京率先全面开展生态流量和水位确定工作,苏州推行八大高耗水行业合同节水,盐城推进高校合同节水试点,淮安周桥灌区全省唯一入选全国首批灌区水效领跑者。工程管理更加精细,突出招投标、履约考核信用等的管理,将 3 家失信被执行人列入"黑名单",对稽察发现的 502 个问题全部闭环销号,6 个项目获得水利部优质工程大禹奖,累计获奖项目总数全国第一;安全生产监管、工程质量监督等规范有序,在全国首推水文监测、防汛物资储备安全生产标准化,组织开展为期一年的全省水利行业安全生产专项整治,与全省 27 个重点整治领域同步推进;小水库规范化管理形成江苏模式,水利工程精细化管理得到水利部肯定,国家级水管单位创建数量全国第一;水土保持监管实现水土流失区域、生产建设项目和重点治理工程信息化监管"三个全覆盖"。常州常态化推进小水库规范化管理,市内 84 座小水库将实现省级规范化创建全覆盖。依法管理更加规范,完成农村水利条例、洪泽湖保护条例等 4 部地方性法规和水域保护办法的起草,出台《江苏省河道管理条例》处罚自由裁量标准,长江、洪泽湖、骆马湖联合执法机制基本构建。南通成立长江河道采砂管理机构,并与苏州、泰州实现执法巡查联合联动;连云港出台《水利工程管理条例》,镇江开展省内首个航道疏浚砂石资源综合利用试点。

(五) 水利改革全面深化。按照中央和省

机构改革部署，顺利完成部分职能划转和人员转隶。水利改革不断深化，系统完备、科学规范、运行有效的水利发展体制机制得到完善。率先实施国家节水行动，14个县（市、区）通过国家级县域节水型社会达标建设验收，市县级示范区占比超过80%，提前2年完成省政府确定的节水型社会示范区建设任务；在全国率先发放首批取水许可电子证照，创新开展“节水贷”绿色金融服务，纵深推进节水型机关建设。率先出台农业水价综合改革工作验收办法，完成改革面积2101万亩、占年度计划的105%，全省农民用水合作组织管理灌溉面积实现改革区全覆盖。率先完成重点河湖和水利工程管理范围划定，并与自然资源部门实现矢量成果一张图。徐州水流产权确权国家级试点通过评估。完成“放管服”改革各项任务，继续推广代建制、集中监理制等建设模式，不断强化水利融资改革，省级财政水利投入同比增长7%，全省涉水政策性贷款达105亿元。

（六）党的建设全面抓实。全省水利系统深入落实新时代党的建设总要求，扎实开展“不忘初心、牢记使命”主题教育，切实把学习贯彻习近平新时代中国特色社会主义思想体现到学习教育、调查研究、检视问题、整改落实各方面，引导广大党员干部树牢“四个意识”、坚定“四个自信”、做到“两个维护”。抓实主题教育各项工作，坚决做到“规定动作”不走样、“自选动作”有特色，得到省主题教育领导小组的肯定，省委书记娄勤俭在全省主题教育总结大会上予以表扬。切实抓好基层减负，出台精简会议文件、激励干部担当作为等若干措施，全面排查整治形式主义、官僚主义问题。稳步推进党风廉政建设和反腐败工作，基本完成省委巡视反馈问题整改，省厅巡察工作经验在省级机关推广；认真落实省纪委《纪律检查建议》整改要求，制定出台全面加强基层水利系统党风廉政建设的意见，形成8项制度文件，行业党风廉政建设持续深化。厅党组被评为党委（党组）理论学习中心组示范点，省秦淮河管理处党委获得“江苏省先进基层党组织”称号，徐州水文分局陈磊同志被水利部评为“最美水利人”。水利系统党建工作取得显著成效，省厅在省级机关党建工作会议上作大会发言。

2019年水利改革发展取得的成绩，是省委、省政府坚强领导的结果，是地方党委政府、有关部门鼎力支持的结果，也是各级水利部门、广大干部职工拼搏进取的结果。我代表厅党组，对全省水利系统广大干部职工表示衷心的感谢和诚挚的问候！

近年来，我们不断深化对系统治水的科学认识、不断强化对系统治水的科学实践，探索积累了一些成功的做法和经验。归纳起来，主要是三个方面：一是始终坚持以新时代治水方针为指引。习近平总书记提出的新时代治水方针，是习近平新时代中国特色社会主义思想在水治理领域的具体体现，是保障国家水安全的根本遵循。我们按照学懂弄通做实的要求，深入学习贯彻，立足省情特点和水情实际，研究确立“六大水利”发展目标，出台生态河湖三年行动计划，作为江苏系统治水的总纲领。我们必须一以贯之地落实下去，以生态河湖行动的重大成果，展现江苏践行新时代治水方针的显著成效。二是始终坚持以河湖长制为统领。全面推行河湖长制是以习近平同志为核心的党中央作出的重大决策部署，是完善水治理体系的重大制度创新，核心是构建以党政领导负责制为核心的河湖治理保护责任体系。我省迅速构建了省委、省政府主要领导任总河长，省市县乡村5级全覆盖的河湖长责任体系；省委、省政府明确将河湖长制工作纳入全省高质量发展综合考核内容，将河湖长履职情况作为干部综合考核依据，形成了党政主导、齐抓共管的治水格局。在全国率先启动河湖“两战”，专项开展

"两违""三乱"整治，推动河湖治理保护取得显著成效。我们必须充分发挥河湖长作用，通过党政主导、部门发力、社会参与，系统推进河湖治理保护，确保我省河湖长制工作和河湖治理保护工作高质量发展走在全国前列。三是始终坚持以人民为中心。以人民为中心的发展思想，是贯穿习近平新时代中国特色社会主义思想的一条根本原则，是我们的工作导向，也是根本出发点和落脚点。我们始终牢记水利人的初心和使命，全力打好防汛抗旱主动仗，取得抗旱、抗台、抗洪全面胜利，确保人民生命财产安全与区域经济社会发展；全力打好"3·21"事故后续处置攻坚战，确保污染水体不外泄、安全处置到位，得到国务院现场处置组和省委、省政府主要领导的肯定；全力打好非法采砂阻击战，殊死与涉黑涉恶势力较量，实现"一江两湖"平稳可控。这些都是我们践行以人民为中心发展思想的生动实践，也是水利事业发展的重要基础，必须为了人民，也必须依靠人民打赢治水这场持久战。

二、准确把握水利基本现代化发展方位

党的十九届四中全会就坚持和完善中国特色社会主义制度、推进国家治理体系和治理能力现代化作出全面部署，为当前和今后一个时期党和国家各项工作指明了方向。省委十三届七次全会提出，要积极探索开启基本现代化新征程，奋力开拓"强富美高"实践新境界。站在"两个一百年"奋斗目标历史交汇点上，我们既担负新使命，也面临新挑战，需要从治水所处的阶段特征出发，固根基、扬优势、补短板、强弱项，推动水治理体系和治理能力现代化走在前列、努力在探索基本现代化新征程上走在前列。

（一）贯彻水安全战略新部署。党的十八大以来，以习近平同志为核心的党中央高度重视治水工作，并将水安全上升为国家战略，明确提出十六字治水方针，是做好水利工作的科学指南。近年来，习近平总书记多次就全面推行河湖长制、长江共抓大保护、黄河流域生态保护和高质量发展、大运河文化带建设等发表重要讲话、作出重要指示批示，为深化江河流域治理保护把脉定向，是保障国家水安全战略的理论升华。一要找准治理症结。习近平总书记指出，当前水安全中的老问题仍有待解决，新问题越来越突出、越来越紧迫。这在我省的表现更直接、反映更深刻，一方面水旱灾害防御体系还有短板，老问题尚未得到根本解决；另一方面水资源管护压力大、水生态修复任务重、水环境治理要求高，三大新问题逐渐成为新时代治水的重点和难点。我们要针对新时代治水主要矛盾的变化，在统筹水旱灾害防治的同时，更加注重新问题的研究解决。要正确看待水资源的基础作用，如果没有水资源，就谈不上水生态和水环境；要深刻理解水生态、水环境与水资源的依存关系，很多水生态、水环境问题就是由于水资源过度开发利用和管理保护不到位造成的；要认真落实"把水资源作为最大的刚性约束"这一要求，围绕经济社会发展布局，统筹生活、生态、生产用水，统筹上下游、左右岸、干支流，统筹调出区和调入区，在充分节水的前提下，坚持确有需要、生态安全、可以持续的原则，优化水资源配置格局，抑制不合理用水需求，推进水资源集约节约利用和严格管理保护。二要瞄准治理目标。习近平总书记强调，要打造造福人民的幸福河，这是推进江河流域治理的总体目标。实现这一目标，必须做到防洪保安全、优质水资源、健康水生态、宜居水环境、先进水文化，这是目标指向，也是重点任务。防洪保安全，就是加快完善防洪减灾工程体系，着力提高洪水监测预报预警和工程优化调度水平，全面提升水旱灾害综合防治能力；优质水资源，就是通过强化节水、优化配置、严格管控和科学调度，为经济社会高质量发展提供优质水资源；健

康水生态，就是坚持山水林田湖草系统治理，统筹水源涵养与受损河湖生态修复，促进河湖生态系统健康；宜居水环境，就是通过联防联控、共保共治，打造生态河湖、实现绿水青山；先进水文化，就是挖掘历史水文化、弘扬现代水文化，营造全社会护水节水惜水的良好氛围。三要把准治理路径。习近平总书记指出，治理黄河，重在保护、要在治理。这既是治黄基本方略，也是新时代江河流域治理的根本指南。重在保护，就是突出生态保护在河湖治理中的根本作用，以长江、大运河、太湖、洪泽湖等为重点，强化河湖系统保护，促进水质稳中向好，维护河湖健康生命；要在治理，就是针对河湖不健康、人水不和谐、群众有意见的情况，通过源头治理、系统治理、依法治理，综合运用行政、法律、经济等手段，重塑人水关系，实现人水和谐。

（二）紧扣高质量发展新要求。习近平总书记强调，既要看到经济运行中的困难和问题，又要看到我国经济长期向好的趋势没有变，扎扎实实推动经济高质量发展。省委、省政府要求推进“六个高质量”发展，推动高质量发展走在全国前列。服务和保障经济社会高质量发展，必须充分发挥水利的基础性、战略性和先导性作用。一要聚焦区域协调发展战略提质效。近年来，为增强发展的整体性、推进高质量发展，中央围绕区域协调发展科学布局了一系列重大国家战略。其中，“一带一路”建设、长江经济带发展、长三角一体化发展、大运河文化带建设、淮河生态经济带发展等战略在我省交汇叠加，水利必须先行一步，加快构建标准较高、功能齐全、安全可控的区域水利工程体系，着力提升水利基础支撑能力、战略保障能力和公共服务能力。要按照《长三角一体化发展规划纲要》《大运河文化保护传承利用规划纲要》等要求，统筹推进国家重大区域发展战略涉及水利任务的“一体化”落实。重点是强化工程一体化建设，突出长江、淮河、大运河、太湖、洪泽湖等骨干河道和重要湖泊，推动实施一批重大水利工程，提升防洪、供水等安全保障能力；推进河湖一体化管护，推动全域建立跨界河湖共治机制，在太湖流域率先建立调水补偿机制，在长江流域试点水污染赔偿机制，推动河湖共管、共治、共享；推进区域一体化治理，完善水利治理与保护体制机制，打破行政分割和行业壁垒，探索从项目协同走向区域一体化制度创新，推进一体化示范区引领工程。二要聚焦乡村振兴战略补短板。中央明确将乡村振兴战略作为新时代“三农”工作的总抓手。我省乡村振兴战略实施规划明确，2020年乡村振兴要取得实质性进展，以县为单位高水平全面建成小康社会。我们要紧紧围绕实施规划明确的工作任务，着力加快补短板步伐，切实提升水利服务“三农”工作水平。要强化农村水利工程建设，加快大中型灌区节水改造，加强农村水利工程建设管理，切实提高农业物质装备水平，服务现代农业发展；全面实施苏北地区农村饮水安全巩固提升行动，加快解决供水管网老化失修、小水厂分散供水等问题，让农村居民喝上放心水、安全水；落实兴水惠民政策举措，大力实施水利精准帮扶，放大“美丽库区·幸福家园”的品牌效应，示范带动贫困地区脱贫，以便民惠民新举措赢得行业富民新成效。三要聚焦“强富美高”实践固基础。省委十三届七次全会强调，“强富美高”是管根本、管全局、管长远的，是开展现代化建设的方向指引，要以更自觉的认识和行动沿着习近平总书记指引的方向前进，推动江苏发展不断迈上新的台阶。要围绕提升水利综合保障能力，加快水利基础设施建设和安全运行管理，健全标准较高、协调配套的防洪减灾工程体系；针对沿海部分垦区、丘陵山区、高亢地区水资源保证不足问题，实施调配水工程，完善优化配置、高效利用的水资源保障体系；坚持节约优先、保护优先，加强水资源节约利用和管理保护，系统推进河湖治理保护与农村河道综合管护，满足人民群众对良好生态环境和宜居生活家园的新期盼。

（三）加快水行业治理新实践。党的十九届四中全会系统回答了在我国国家制度和国家治理体系上应该“坚持和巩固什么、完善和发展什么”这个重大政治问题。省委十三届七次全会提出，要紧扣高质量发展“急需”、民生关切“必备”的制度建设，着力解答推进治理体系与治理能力现代化建设的时代命题。我们要坚持问题导向，针对水利行业工程体系不够完备、监督管理不够到位、人才结构不够合理、基层小微腐败仍有发生等薄弱环节，着力强化系统谋划，研究推进水治理体系和治理能力现代化。一要完善水利规划体系。规划是龙头，必须通过科学的顶层设计，对水利改革发展中的全局性、关键性问题进行全面分析，对水利重点领域和关键环节的改革进行统筹谋划。要制订省级水利规划体系名录，补充水利基础设施空间布局规划，强化资源管理保护规划，尤其是抓好“十四五”水利发展规划的编制，并推动水利约束性指标纳入经济社会发展规划体系。科学确定规划目标指标，按照发展与改革统筹、建设与管理并重、近期与远期结合、需要与可能兼顾的原则，精准谋划发展目标体系，并与“十四五”时期全省经济社会发展规划目标相衔接、与全国水利发展规划目标相对接；合理设置建设管理改革任务，围绕重大战略布局和经济社会发展需要，充分研究土地、资金等各类要素，科学布局重大水利工程建设重点。在“十四五”期间，将重点推进淮河入海水道二期、南水北调二期等流域工程和骨干河湖治理、河湖生态修复和民生水利等区域工程，各地都要深入研究工程建设目标和任务，加紧完善水利工程体系；同时，抢抓国家把水利工程及配套设施建设作为当前扩大有效投资的突出重点的机遇，抓紧启动和开工一批成熟的重大水利工程。二要完善法规制度体系。当前，我省虽然建立了较为完善的水法规制度体系，但仍然不同程度存在不够用、不实用和不管用的问题，必须加快补强弱项，着力构建系统完备、科学规范、运行有效的水法规制度体系。对一些脱离当前水利建设实际的规程、规范、造价、定额等，要抓紧修订完善；对制度规定不够健全的节水评价、生态流量管理、水生态环境治理等，要抓紧补齐短板；对机构改革发生职能调整的水旱灾害防御、农田水利管理等，要根据工作需要及时制定出台相关配套制度。总之，要加快构建系统完备的涉水法律法规体系、务实管用的规章制度体系、科学有效的行业标准体系，确保各项工作有法可依、有规可守、有章可循。三要完善改革创新机制。深化“放管服”改革，持续推进“双随机”抽查，切实强化水行政审批事项事中事后监管，有效解决涉水行政许可与监管权责脱节的问题。健全跨区域、跨行业联合执法机制，完善水行政执法与刑事司法衔接和公益诉讼协作机制，以执法基地、执法船艇和执法装备建设为重点，提升执法能力。深化重大问题研究，加强先进技术推广运用，加大水利标准化工作力度；加快推进“智慧水利”建设，着力构建智能感知体系，健全智慧业务应用系统，提升水利服务能力。

三、扎实做好2020年水利改革发展各项工作

2020年是全面建成小康社会和“十三五”规划的收官之年，也是“强富美高”新江苏建设再出发的起步之年，必须深刻认识做好全年水利工作的特殊重要性。2020年水利工作的总体思路是：以习近平新时代中国特色社会主义思想为指导，全面贯彻党的十九大和十九届二中、三中、四中全会精神，深入践行新时代治水方针，紧紧围绕探索开启基本现代化新征程、奋力开拓“强富美高”实践新境界部署，以高质量发展为主线，以河湖长制为统领，以系统治水为导向，以生态河湖行动为抓手，以“补短板、强监管、提质效”为基调，以改革创新为动力，全力打造“六大水利”，加快推进水治理体系和治理能力现代化，为全面建成小康社会和圆满完成“十三五”规划提供坚实的水利支撑和保障。

（一）着力提高水旱灾害防御能力。做好水旱灾害防御工作是水利部门的重要责任，也是全省水利系统的头等大事。我们必须时刻绷紧防汛抗旱这根弦，牢固树立防大汛、抗大旱、抢大险的思想，从最不利情况出发，做足最充分准备，最大程度减轻水旱灾害损失。一要全力蓄水保水供水。密切关注天气形势和水情状况，切实加强水文监测预报，严格执行用水计划管理，充分利用江水北调、江水东引、引江济太等跨流域、跨区域调水工程，有序做好调水供水和湖库蓄水保水工作，保障春耕灌溉用水，满足水稻栽插高峰用水需求。强化调水运行管理，按时保质保量完成南水北调调水出省任务。二要全力做好防御工作。及早部署开展汛前检查，扎实推进安全隐患排查整治，切实加快水毁灾损工程修复和病险工程治理，有序安排工程维修养护；全面落实防汛抗旱责任制，补充更新防汛物资，修订完善各类方案预案，组织开展培训和演练，充分做好汛前准备各项工作。坚持大中小并举、工程措施与非工程措施结合，统筹防汛、抗旱和生态用水需求，科学调度水利工程，突出加强工程安全运行管理，充分发挥水利工程的减灾兴利效益。三要全力提升防御能力。贯彻落实国务院办公厅关于健全防汛抗旱体制机制的意见，健全防汛抗旱调度指挥和协调会商机制。抓紧完善水利监测监管体系，提档升级防汛抗旱指挥决策支持系统，加强洪水风险图编制成果运用；整合共享气象、自然资源、生态环境等部门信息，落实预警信息社会发布平台，做好突发水旱灾害事件预警防范，组织好洪涝台风灾害期间危险地带人员和财产的转移避险，确保度汛安全。

（二）着力完善水利基础设施。2020 年，安排重点水利工程建设投资 126.5 亿元、农村水利工程建设投资 55 亿元。一要加快流域治理。淮河治理全面完成黄墩湖滞洪区调整和建设工程，加快实施重点平原洼地近期治理、淮河行蓄洪区和淮河干流滩区居民迁建工程，启动实施淮河入海水道二期先导段工程。长江治理全面完成长江干流崩岸应急治理和南京八卦洲汊道整治工程。太湖治理全面完成新沟河工程，基本完成望虞河西岸控制工程，加快实施新孟河工程，全面实施环太湖大堤后续剩余工程。全面完成南水北调省际边界计量监测与管理设施工程建设。二要加快区域治理。全面完成溧河洼灾后重建应急治理工程，基本建成郑集河输水扩大、黄河故道后续工程，继续实施京杭大运河苏州段堤防加固等工程，启动实施旱涝灾后应急治理和中型病险灌排泵站除险加固工程。三要加快农村水利建设。全面完成农村饮水安全巩固提升行动，更新改造农村供水管网 4200 千米，基本实现城乡集中供水，供水保证率达到 95%、区域供水入户率达到 98%以上。完成 30 个大中型灌区续建配套与节水改造项目，治理水土流失面积 200 平方千米，建成 17 个省级生态清洁小流域。持续开展县乡河道综合整治和保护修复，疏浚土方 1.6 亿立方米，建成农村生态河道 300 条。牵头抓好丰县湖西片区整体帮扶，统筹做好其它片区以及 12 个重点县和革命老区水利帮扶；完成 20 个移民村“美丽库区·幸福家园”居住环境综合整治和 10 个移民村产业扶持，巩固提升经济薄弱村脱贫致富成果。

（三）着力增强水资源刚性约束。全面落实国家节水行动和我省实施方案，切实加强水资源管理，促进水资源承载能力与经济社会发展相协调。一要推进水资源双控。强化最严格水资源管理制度执行和考核，管控水资源用水总量和用水效率，确保全省用水总量控制在524亿立方米以内，万元GDP用水量、万元工业增加值用水量分别较2015年分别下降25%、20%，农田灌溉水有效利用系数提高到0.615以上。压减地下水开发利用，完成长江以北8市封井5726眼压采任务。开展水资源“两违三超”专项整治，完成取水工程核查登记整改提升，严格取水监管。二要推进节约用水管理。严格用水定额管理，落实节水评价，强化用水审计；加强用水计划监管、取用水计量监控和水资源信息管控，完善重点用水户监控名录，强化重点监控用水户调查评估。完成县级以上水利部门节水型机关建设，完成5个以上国家级县域节水型社会达标建设。发布省级水效领跑者名单，研究节水园区创建标准，探索开展高速公路节水型服务区创建，推广一批管用实用的节水技术和设备，落实“节水贷”政策，全面提高节水水平。三要推进河湖水量分配。开展长江干流、青弋江、水阳江和南四湖、高邮湖等跨省河湖以及骆马湖、苏北灌溉总渠、通榆河等跨市河湖水量分配；针对平原水网地区特点，推进生态水位和流量确定，制定第一批16个河湖生态水位保障方案；推进省内跨行政区水量分配和省市县际断面水文工程建设，各市至少完成一条跨行政区河湖水量分配。巩固提升水源地达标建设成果，完成7个剩余应急备用水源地建设。

（四）着力强化河湖与工程管理。全面落实《全省河湖长制工作高质量发展指导意见》，充分发挥河湖长制制度优势和河湖长核心作用，打赢打好河湖“两战”，维护河湖综合功能、保障工程效益发挥。一要抓好突出问题整治。对“两违”“三乱”专项整治进行再部署、再排查，敢啃硬骨头，全力抓整改，切实化解河湖与水利工程管理范围内的疑难问题；同步推进长效管护机制建设，防止出现增量问题，基本杜绝重大水事违法行为。统筹抓好江河湖库治理、河湖非法采砂整治等专项行动，部署开展“水面漂浮物”歼灭战，推进违建别墅清理整治专项行动和陈年旧案“清零”行动，推动长江采砂管理秩序稳中向好，巩固骆马湖、洪泽湖“双清零”成果，实现河湖岸线空间与水面形象的显著改观。二要抓好河湖治理保护。出台生态河湖建设指导意见和考核办法，完成重点流域性河道和省管湖泊保护规划编制，优化河湖水域岸线功能布局和资源利用方式，探索运西“一河四湖”流域化治理保护模式。严格按照《生态河湖状况评价规范》，全面把脉河湖健康状况；对流域性河道和省管湖泊的管理，要以县为单元严控水域面积率，逐步提高河湖生态岸线保有率，保障河湖基本功能不衰退；强化水利风景区等水美载体建设，再开工一批退圩还湖、生态清淤和水系连通工程，新增自由水面50平方千米。突出重点河湖治理的带动作用，在长江治理方面，落实好共抓大保护相关任务，尽快出台岸线保护利用规划，按期完成干流岸线剩余51个清理项目整治，促进岸线资源集约节约利用，切实加快《长江岸线保护条例》立法进程，探索构建网格化管理机制；在大运河治理方面，落实好省人大常委会关于加强大运河文化带建设的决定，突出河道水系规划和治理，建立负面清单，实施长效管理，促进大运河水空间持续向好、水生态接续向善；在太湖治理方面，落实好太湖应急度夏各项水利措施，持续加强“湖泛”巡查，切实强化生态清淤和省际边界地区水葫芦打捞，减少入湖污染负荷，促进水体有序流动，实现“两个确保”；在洪泽湖治理方面，落实好《三年行动计划》，充分发挥管委会平台优势，以洪泽湖住家船餐饮船清理和生态示范工程建设为重点，统筹推进7大类22项任务落实落地，确保洪泽湖治理见行动、见成效，打造流域性湖泊治理保护的样板。三要抓好工程安全运行。

合理划分省、市、县管理事权，建立完备的管理技术标准和操作规程体系；推进新一轮规模以下河湖与水利工程确权划界，加密河湖与水利工程管理矢量“一张图”；全域推行精细化管理，规范工程检查观测、维修养护和控制运用等运行管理行为，建立病险工程除险加固机制，推动病险工程除险加固及时立项实施，及时消除工程安全隐患；开展工程智能化运行管理，完善监测设施，开展泵站、水闸智能化控制运行和大中型水库大坝远程监测，推进运行管理现代化和高质量发展。

（五）着力提升行业监管能力。坚持标本兼治、综合施策，上下联动、协同发力，完善监督机制、创新监督方法、提升监督质效，保持行业强监管的高压态势。一要健全监管体系。为加快形成强监管的运行机制，省厅专门成立了强监管领导小组，健全了监督机构，配备了专业监督力量。各地要认真落实《关于加强江苏省水利行业强监管的指导意见》，健全监督管理机构，配强专业监督人员，配齐现代化监管装备，全面提升监管能力和水平。二要把握监管重点。今年，水利部将围绕防范化解水利关键风险，部署开展农村饮水和水利扶贫风险、工程质量和资金风险、河湖管理风险、水利工程安全运行风险4个专项监督行动，查处整改违法违规行为，巩固拓展强监管成果。各地要全面排查整改，聚焦节约用水、河湖管理、工程运行、建设管理、安全生产、水土保持等重点领域，加强日常监管和专项监督，强化审计监督，坚决防范化解各类风险，推动行业强监管取得更大成效。三要提高监管质效。强化水利立法，出台农村水利条例、水域保护办法，加快洪泽湖保护、长江岸线保护立法，制定一批规范性文件。深化“放管服”改革，建立规范统一的政务服务体系，强化审批事项监管。加强水利综合执法，抓好“一江两湖”禁采等专项执法行动，确保水事秩序稳定可控。推进规划体系建设，完成“十四五”水利发展规划编制和上报，基本完成水利基础设施空间布局规划，做好骨干水利工程用地预留，加快河湖库管护规划编制，开展浅水型湖泊生态修复及功能提升规划研究。深入推进“互联网＋监管”，引入社会监督，强化执法监管和问责，做到“查、认、改、罚”闭环运行。

（六）着力加快水利改革与管理创新。坚持问题导向和目标导向，紧盯重点领域和关键环节，切实深化水利改革，加快管理创新。一要全面完成农业水价综合改革。按照国家部署，今年我省要在全国率先完成农业水价综合改革。各地要加快改革进度，有计划、分阶段做好改革验收工作，保障工程良性运行，提升基层水利服务水平。二要全面深化农村水利基础设施管护体制改革。按照国家部署，今年将启动实施农村公共基础设施管护体制改革，涉及水利部门的主要是农村河道、农村供水和大中型灌区三类。省厅将按照部署要求，组织开展水利领域农村公共基础设施管护情况排查，制定管护制度、标准和规范。各地要强化组织实施，提升农村水利基础设施管护水平。三要全面推进水权机制改革。加强高校用（节）水诊断，加大合同节水管理试点力度，提升用水效率；加快水资源税费改革和地下水水权交易试点，完善水利工程供水价格形成机制，积极培育水市场，健全水权交易规则。四要全面推进管理机制创新。创新水利行业管理手段，强化智慧水利建设，运用互联网＋、大数据等技术，完善遥感、网格化巡查、水生态监测、河湖与水利工程智能感知体系，构建水陆空一体化管控网络，提升防汛抗旱、水资源管理、河湖管理、安全生产监管等水平。加快小型水库规范化建设，编制好大中型水库管理保护规划，再创建一批国家级、省级水管单位，提高工程安全运行管理和监督水平。强化建设管理机制创新，加大招投标、建设管理、工程质量、安全生产等重点领域创新力度，探索水利部门与项目法人共同确定招标代理机构和第三方检测单位，加强质量管理第三方检测成果的运用；深化安全生产专项整治行动，确保完成30家以上安全生产标准化二级达标单位创建；加强项目稽察和履约信用等级考核，省级要完成50个以上稽察项目、实现重大项目稽察全覆盖，市县要建立稽察制度、开展全覆盖稽察。同时，加快构建水利稳定投入机制，保障全省水利建设投资需求。

四、切实担负水利基本现代化时代重任

做好今后一个时期的水利工作，关键在各级党组织的组织领导，关键在各级干部队伍的奋力拼搏。全省水利系统必须坚持以党的政治建设为统领，全面加强各级领导班子建设，努力打造高素质专业化水利人才队伍，更好担负水利基本现代化时代重任。

（一）全面加强党的建设。深入贯彻新时代党的建设总要求，准确把握中央纪委十九届四次全会精神，切实把全面从严治党要求落实到水利工作的全过程和各领域。一要增强政治领导力。党的政治建设是党的根本性建设，是新时代党建的重中之重。要以政治建设为统领，以践行“三个表率”、建设模范机关为目标，以与中心工作融合为导向，引领党员干部职工在履行职责、开展工作中自觉同党的基本理论、基本路线、基本方略对标对表，同党中央治水重要决策部署对标对表，始终保持政治清醒的定力和敏锐性，切实做到“两个维护”。二要增强思想引领力。认真落实中央和省委部署要求，巩固深化“不忘初心、牢记使命”主题教育成果，着力构建不忘初心、牢记使命的长效机制。各级领导班子要坚持用科学理论武装头脑、指导实践、推动工作；各级党员干部要发挥好引领和榜样作用，带头在学懂弄通做实习近平新时代中国特色社会主义思想上下功夫，稳住理想信念的压舱石，把牢意识形态的定盘星。三是增强组织带动力。基层党组织是党的建设的“最后一公里”，也是各类风险隐患的易发点。今年1月，中央印发实施《中国共产党党和国家机关基层组织工作条例》，对机关基层党组织工作作出全面规范。各级党组织要切实履行管党治党主体责任，认真抓好《条例》学习宣传和贯彻落实，坚持问题导向，深入解决一些基层党组织党建工作不重视、不规范，号召力、带动力不强的问题，有针对性地加强和改进基层党建工作。

（二）突出干部人才建设。高度重视队伍建设，打造一支适应新形势新任务新要求的生力军。一要科学选人用人。围绕“怎么选人”，认真落实好干部标准，将制度执行力和治理能力作为干部选任的重要依据，把坚决贯彻中央和省委、省政府决策部署，在谋划推动水利行业发展上领向带头的干部选出来、用起来；围绕“怎么配班子”，树立重视基层、重视实践的导向，及时培养选拔优秀年轻干部，加大培养力度，拓展培养方式，不断优化专业、经历、来源结构，增强各级班子的整体功能；围绕“怎么管干部”，将重点考察与日常研判、以事察人、“凡提四必”等结合起来，研究完善制度机制，全面提升监管质效。二要加强能力提升。坚持引育并举、以用为本，在抓好人才引进的同时，通过实践锻炼和素质培养，引导各类人才不断自我学习、自我提升，增强政策研究和制度设计的能力，在水利发展关键领域下好先手棋；增强调查研究和发现问题的能力，能真正掌握实情、解决问题；增强创新发展和务实突破的能力，善于把握规律、改革创新，努力为水利高质量发展蓄势加力。三要激励担当作为。加强干部人才的实践历练和品格磨炼，有计划地压担子、育苗子，让干部人才在一线、在风口增长本领、坚强意志；注重给各类人才搭建平台、提供舞台，让想干事、能干事的人看到光明前景、增添成长信心，与事业发展同频共振。

（三）营造良好政治生态。水利事业发展需要风清气正的政治生态，打造干事创业的良好环境。一要加强依法行政。牢固树立法治思维、底线思维，严格遵守法律，严格规范行政权力运行，坚持法定职责必须为、法无授权不可为，特别是在河湖库监管、河湖长制等工作中，要善于运用法律利器，充分依据河道管理条例、湖泊保护条例等法律法规，规范公正执法，提升水利行业依法加强社会管理的能力和水平。二要加强作风建设。持之以恒抓好中央八项规定及其实施细则精神的落实，增强知敬畏、存戒惧、守底线的思想自觉和行为自觉，深入治理贯彻党中央决策只表态不落实、维护群众利益不担当不作为、困扰基层的形式主义官僚主义等问题。继续发扬艰苦奋斗的工作作风，低调务实不张扬，撸起袖子加油干，高标准推进各项工作，不断提升人民获得感和水利影响力。三要加强正风肃纪。坚持把纪律和规矩挺在前面，遏制水利行业违法违纪案件居高不下势头，解决好基层微腐败问题。市县水利部门主要负责人要落实好管行业必须管党风廉政建设的要求，层层压实责任，狠抓教育管理，用好“四种形态”，注重抓早抓小、做实日常监督，严肃查处顶风违纪行为。强化巡察监督，加强对权力运行的制约和监督，特别是财务、审批、执法、招投标等重点领域和关键环节，要实行全过程、全覆盖监督，通过强有力的正风肃纪反腐举措，树立水利系统务实清正廉洁的良好形象。

同志们，在冲刺“十三五”收官、“强富美高”新江苏建设再出发的历史关头，做好水利工作使命光荣、责任重大。我们要始终保持斗争精神，以决战决胜的精神状态、一往无前的奋斗姿态，不断开创水利改革发展新境界，为推进高质量发展走在前列、建设“强富美高”新江苏提供更加坚实的水利支撑和保障！

水 利 法 制

水 利 法 制　095～099 页

政策法规

【水行政审批制度改革】 深入推进“放管服”改革。(1)全面推行区域评估。完成《江苏省开发区水土保持方案区域评估工作方案》《江苏省开发区洪水影响评价区域评估工作方案》及其实施细则编制工作，开发区区域评估工作加快落地。(2)推进“不见面审批”。组织开展不见面审批标准化建设，编制完成“不见面审批”和公共服务事项标准化服务指南。(3)及时动态调整权力清单。根据机构改革和法律、法规、规章的立改废情况，对权力清单进行修改完善并印发，推行六类行政权力“四级四同”，编制《调整后部门六类权力事项表》。(4)全面清理证明事项。全面完成厅证明事项清理工作，并通过厅网站向社会公布。(5)加强事中事后监管研究。组织开展“放管服”改革背景下水利部门监管模式调查，完成《“放管服”改革背景下全省水利系统加强事中事后监管研究报告》，起草《关于深化“放管服”改革加强事中事后监管的实施意见》。(6)推进工程建设项目审批制度改革。配合制定《江苏省工程建设项目审批制度改革实施方案》，编制完成工程建设项目审批制度改革涉及水利部门审批事项清单，完成“取水许可审批”“洪水影响评价类审批”等4项审批事项办事指南的编制审核和修改工作。(7)推行自贸区“证照分离”改革和赋权工作。编制《江苏省落实中央层面设定的涉企经营许可事项清单(水利部门)》和省水利厅六项行政权力赋权清单，开展电子证照目录与电子印章确认。

高效构建审批服务体系。(1)调整行政审批办理模式。经厅党组研究决定，明确厅行政审批处具体负责行政审批受理、行政审查、起草行政许可决定书、送达等工作；相关业务处室负责行政审批的技术审查、项目实施的事中事后监管工作，实现所有行政审批事项全部进驻，所有行政许可事项全部集中。(2)完成行政权力的标准化。行政许可由7项调整为16项，服务事项新增37项，由原来5项增加到42项，并及时维护、完善实施清单和办事指南，扩大厅公共服务事项的覆盖面，提升服务能力和质量。(3)努力提升窗口服务质量。受理、办结事项60件，满意率达到100%；各类行政审批事项均无超期，提前办结率达90%。(4)加强审批监督管理。所有行政审批事项的受理、承办、批准、办结和告知等环节均实行全程网上审批、网络全程监控。(5)加强业务指导和督查。举办一期全省市县水行政审批业务培训班，对洪水影响评价类(河道管理范围内建设项目审批)、取水许可、水土保持方案审批以及水行政许可案卷评析等有关内容进行培训；检查各设区市及所辖一个县(市、区)水利(务)局政务服务窗口服务情况，了解存在问题及建议。

【水法规制订】 (1)完成立法起草工作。《江苏省农村水利条例》《江苏省水域保护办法》起草完成；《江苏省洪泽湖保护条例》《江苏省长江岸线保护条例》完成初稿。(2)规范自由裁量权标准。制定出台《江苏省河道管理条例》行政处罚自由裁量权参照执行标准，对行使条件、运用范围、裁决幅度、实施种类等予以细化和分解。(3)完成法规规章及规范性文件清理。对12件省级地方性水法规、3件省政府规章按照机构改革要求进行全面清理，对《江苏省水利工程管理条例》等11件法规以及1件省政府规章提出了具体修订方案。组织对厅规范性文件进行全面清理，废止15件，宣布失效2件，修改11件，继续有效69件。(4)加强规范性文件制定管理。出台《江苏省泰州引江河管理办法》《江苏省水利工程建设从业单位履约考核信用管理办法》等6件厅规范性文件，报备率、报备及时率、规范率均达 100%。开展《江苏省水工程建设规划同意书制度管理办法(试行)》后评估。

【政策研究】 (1) 开展习近平关于治水的重要论述研究。全面分析总结党的十八大以来习近平总书记关于治水的一系列重要论述，分析其中蕴含的马克思主义立场观点方法，对运用习近平治水兴水思路指导新时代治水实践进行深入思考。(2) 开展河湖空间管控体制机制研究。总结江苏河湖空间管控的实践经验，分析生态文明时代河湖空间管控面临的新形势新任务，提出强化河湖空间管控的目标和思路，并对进一步推进河湖空间管控工作提出具体措施建议。(3) 开展长江岸线保护立法研究。分析江苏长江岸线开发利用和治理保护的现状和存在的问题，梳理现有长江岸线管理保护的法规制度，找寻立法空白和不足，提出加强长江岸线管理、治理和保护的法律制度建议。(4) 开展江苏河湖滩地开发利用研究。回顾江苏开垦河湖滩地发展农业生产、推动经济繁荣的历史，对河湖滩地开发利用过程中的人水关系、发展理念、治水模式和开发方式进行辩证思考，提出推动河湖资源科学利用和长效保护的实践探索路径。(5) 开展大运河文化带建设水利立法课题研究。分析水利工作在大运河文化带建设中的使命、责任和任务，确立大运河文化带建设立法的水利思路。

【水利普法和法制宣传教育】 紧密结合依法治水工作要求，确定普法目标，做优宣传品牌，使水法律法规借助更广泛的渠道传播，不断扩大社会影响力。(1) 总体部署。制定全省水利普法宣传教育工作年度实施意见，指导全省水利系统开展纪念“世界水日”“中国水周”集中宣传。(2) 开展活动。开展纪念“世界水日”“中国水周”集中宣传，组织表彰 2018 年“河湖卫士”、志愿者骑行宣传、《新华日报》开辟纪念专版、省政府网站在线访谈、节水增效进企业进学校进社区进机关等系列活动。(3) 拍摄视频。组织拍摄《守护宪法珍爱水流》公益广告片和《法治节水新时代》动漫短视频，并在商业人流密集区进行投放。(4) 开展网络普法知识答题活动。运用水利手机报、厅政务微博和扬子晚报微信等新媒体，推进“互联网+法制宣传”行动。(5) 举办一期水法治培训班。各设区市、县水利局、厅直管理处分管政策法规工作负责人或政策法规工作部门负责人以及厅各处室单位法治水利建设联络员参加培训。

【水行政复议】 办理行政复议申请 1 件，应对行政诉讼 3 件次。

【法治水利建设】 (1) 完善依法行政部署推动机制。制定下达全省法治水利建设年度计划和厅机关法治水利建设任务分解落实方案，并按时间节点督促。(2) 规范重大行政决策管理。将起草制定《江苏省农村水利条例》《江苏省节水行动实施方案》列为厅年度重大行政决策事项，履行公众参与、专家咨询、风险评估、合法性审查、集体讨论决定等法定程序。(3) 做好法治监督。开展全省水利系统行政许可案卷评查，继续推进行政执法公示、全过程记录和重大行政执法法制审核三项制度的落实，与省检察院联合印发《关于加强水利领域检察监督与行政执法协作配合的意见》，加强检察监督与水行政执法的协作配合，推动厅法律顾问委员会履行法律监督职责。

(陈 文)

水 政 监 察

【水利综合执法】 加强流域联动，促进部门联合，不断完善综合执法机制，提高水行政执法整体效能。(1) 完善违法行为发现机制。针对大量非法采砂船涌入长江的实际，组织执法人员溯源排查，发现多地涉嫌非法改装、建造采砂船，及时上报省政府，省政府主要领导作出批示。(2) 完善联合执法机制。与长江委、淮委、太湖局等流域机构联动配合，形成合力，有效推动一批重点疑难案件顺利查处。与公安、海事等部门建立联席会议制度，重点加强一江两湖禁采执法的联合联动。(3) 完善挂牌督办机制。结合陈年结案"清零"行动，对重大案件加大督办力度。全省 163 件陈年积案，已办结 136 件，办结率 83.4%。对 33 起情况严重、影响恶劣的典型水事违法案件实行挂牌督办，结案 31 起。跟踪督查长达 7 年之久的骆马湖一线大堤三里人家违建项目整治取得重大进展，拆除 26 幢楼房 119 户近 1.5 万平方米违法建设。省水利厅、长江办、交通运输厅、工信厅联合约谈长江违法项目整改缓慢的政府或主管部门负责人，并多次深入违法案件现场督导。(4) 完善舆论监督机制。在《新华日报》公告长江河道采砂管理责任人和重点河湖禁止采砂责任人名单。在《扬子晚报》、江苏水利网等主流媒体和公共平台曝光的淮河干流盱眙段违法建设案，拆除地面违法建筑平方米，清理外运建筑垃圾及滩地填土 33.9 万立方米，平整恢复淮河滩地 114 亩。《中国房地产报》曝光的句容仑山水库管理范围内 13 幢违法建筑全部拆除。

结合"两违"整治、河湖"清四乱"、长江岸线开发利用项目整治等行动，采取挂牌督办、通报约谈、两法衔接、清单管理等办法，加速推进河湖"三乱"专项整治行动。省级排查并下达的 1 250 个"三乱"整治项目，完成 1 167 个，完成率 93%，实现削减存量问题 85%的年度目标；各地自行排查河湖"三乱"问题 21 404 个，完成 21 129 个，完成率 98.7%。排查上报水利部"清四乱"问题 2 050 个，全部完成整治(其中纳入中央纪委国家监委专项整治的 69 个重点整改事项，全部按期完成整治)。国家长江办下达江苏省的 596 个长江岸线开发利用整治项目中，68 个要求取缔项目全部按期拆除到位。宿迁市党政主要领导挂帅河湖"清四乱"工作指挥部，亲自研究部署，多次会商协调，现场指挥调度，有力推动了"清四乱"工作的开展。泰州市对"三乱"整治进度缓慢、履职缺位的 80 名河长进行曝光，问责处理 20 名责任人。徐州市退出占用京杭运河岸线 90 多千米。南京、南通、泰州等地打造一批长江岸线生态修复示范段。扎实开展违建别墅清查整治，形成 1 495 条河道、346 座水库、131 个湖泊、128 个饮用水源地的重点整治区域清单，排查涉及重要河湖库水源地问题 105 个，全部完成整治。在做好存量问题整改的同时，对新近发生的违法行为"零容忍"，发现一起，曝光一起，查处一起。

采取多种方式提升水行政执法安全生产水平。(1) 强化制度设计。明确执法安全责任制度，落实专人负责安全工作。与省财政厅联合出台《水行政执法资产配置标准》，要求配置水行政执法安防设备。完善《江苏省水行政执法工作规范》安全生产内容。(2) 突出源头防控。深入开展"安全生产百日大检查"行动，组织力量对执法现场、采砂管理、船艇车辆等进行逐一排查，查实查清每一个环节，对重点领域、重点对象，制订切实可行的防控预案，确保防得了、控得住。特别对河湖"两违三乱"整治拆除项目，水利和公安、维稳等部门多次会商，制订方案，安全评估，委托专业技术单位实施。(3) 加大巡查力度。结合日常工作，2019 年省级共开展"四不两直"突击检查 38 次，发现安全生产隐患及时要求相关单位整改，并作"回头看"。(4) 启动执法实践。加强安全生产法学习和研究，安排 6 个水政监察支队重点补全安全生产执法短板。积极开展扫黑除恶工作，突出河湖采砂、水域岸线开发利用等 5 个重点领域的线索排查，做到底数清、情况明。全省水利系统向公安机关移送涉黑涉恶线索151条，其中省级2次直接移送7条线索。2019年2月，省水利厅获中央扫黑除恶专项斗争领导小组办公室通报表扬。

【河湖采砂管理】 结合扫黑除恶专项斗争，突出长江、洪泽湖、骆马湖等重点水域，加强全面管控，持续保持长江采砂管理平稳可控秩序和洪泽湖、骆马湖“双清零”成果。(1)在执法巡查方面，坚决贯彻《江苏省人民政府关于长江江苏水域禁止采砂的通告》，落实执法巡查制度，特别加大夜间巡查力度，在部分重点水域实行24小时驻守监管。对近期出现的隐型采砂船，加强针对性研究，组织科技攻关。沿江地区共出动执法人员51 129人次，执法船艇5 836航次，查处109起非法采砂案件。《长江12小时:水政执法人员巡查非法采砂》在江苏卫视播出。(2)在专项整治方面，联合公安、海事等部门，先后部署开展节假日非法采砂整治行动、江阴大桥水域“双查”执法行动(即白天开展采砂船舶清理排查，夜间实施非法采砂执法巡查)等专项整治行动，采取依法扣船、移送公安机关等严厉措施，保证整治效果。(3)在区域协作方面，与上海市签订合作备忘录，与上海、安徽等地多次开展联合巡江巡河行动。日常巡查中发现境内有1条在上海水域非法采砂并抗法逃逸的涉砂船舶，连夜实施必要措施，历时12小时，顺利移交，上海市水务局专门发来感谢信。在省内市、县交界和敏感水域，组织相关市、县集中执法力量，打破辖区限制，实施交叉巡查、跨境执法。(4)在指定停泊方面，对105条采砂船采取指定停泊管理或扣押措施。推动沿江各地加快采砂船去功能化，共拆除采砂机具118套，拆解6条采砂船。同时，加强对沿江船舶修理厂的监管，南京、扬州等地工信、市场监管部门等联合部署，禁止非法改装采砂船。镇江市安监部门以安全执业资格为抓手，依法查处擅自维修、改装采砂船的企业。镇江查获隐形采砂船，在央视13频道新闻直播间播出。(5)在疏浚砂综合利用方面，积极推进长江航道、码头疏浚砂综合利用，经省水利厅批准，镇江市将长江航道疏浚砂用于重点工程、市政设施建设，取得初步成效。石梁河水库非法采砂专项整治成果显著，整治采砂船约1 800条，拆除沿湖砂场、码头等违建13.18万平方米，拆除洗砂机214台，恢复水库滩地360万平方米，库区生态环境得到明显改善。

(李广林)

【边界水事纠纷调处】 调处水事矛盾纠纷1件，对政府信息公开事项进行合法性审查25件次，信访事项答复合法性审查2件次。

(陈　文)

【执法队伍建设】 深入开展“不忘初心、牢记使命”主题教育，引导广大水政监察员坚定理想信念、树牢宗旨意识。以《关于加强全省水行政执法能力建设的意见》和《江苏省长江河道采砂管理现代化规划(2015—2020)》为指引，切实加强以基地标准化提升、装备系列化配置、巡查信息化保障、队伍规范化管理、机制常态化建立为主要内容的能力建设。队伍建设方面，对全省4 266名水政监察员开展执法资格审验；210名水政执法人员参加省司法厅组织的执法资格考试，通过率98.2%，高分段列34个省级机关第3名，3名同志名列全省前10。基地建设方面，2019年在建15座，共计已有38座建成运行。信息化建设方面，完成全省水政执法暨河湖采砂信息化系统可行性研究报告，加强重点河湖水域无人机监控。南京、泰州、苏州等市加快推进重点水域定位监控系统建设，强化对非法采砂的全过程、全方位、全天候监控。

(李广林)

水 利 建 设

水 利 建 设　　101~112页

省重点水利工程

【太湖治理工程】 年度建设任务 194 591 万元，实际完成投资 194 604 万元。

新沟河延伸拓浚工程 该工程是《太湖流域水环境综合治理总体方案》安排的水环境综合治理近期引排工程项目之一和《太湖流域防洪规划》确定的流域洪水北排长江的骨干工程之一，对改善太湖水环境和提高流域、区域防洪除涝能力有重要作用。国家发改委核定工程概算总投资 52.33 亿元，省发改委批复概算总投资 56.47 亿元。工程于 2012 年 12 月开工建设，计划工期 48 个月。工程全线 97.47 km 河道主体工程全部完成。枢纽建筑物中，江边枢纽工程泵站通过机组启动验收，船闸、闸站工程通过投入使用验收并移交管理单位；无锡市西直湖港南枢纽、北枢纽、闸站枢纽等 3 座工程通过合同完工验收；常州市武进区遥观南枢纽工程通过投入使用验收并移交管理单位，遥观北枢纽工程正在准备机组启动验收，马杭枢纽工程完成试运行；常州市石堰闸工程通过合同完工验收。跨河桥梁工程中，江阴市于门桥、新沟口大桥工程完成投入使用验收，无锡市境内 15 座跨河桥梁全部完成并通过合同完工验收，常州市境内 11 座跨河桥梁完成 8 座，另 3 座正在扫尾；武进区境内 14 座跨河桥梁全部完成。江边枢纽工程档案通过专项验收；江阴市、无锡市惠山区、常州市天宁区完成征地补偿和移民安置档案专项验收，惠山区完成移民安置自验工作，其余县、区正在做自验准备；工程全线水保、环保、档案专项验收正在积极推进，水保评估单位、环保调查单位已开展现场查勘工作，档案整编工作同步进行；工程造价审计正在开展。

新孟河延伸拓浚工程 该工程是《太湖流域水环境综合治理总体方案》、《太湖流域防洪规划》和《水资源综合规划》等规划的流域骨干工程，也是 2014 年国务院明确的 172 项节水供水重大工程之一。工程任务为改善太湖和湖西地区的水环境，提高流域和区域防洪排涝标准，增强流域和区域水资源配置能力，同时兼顾地区航运。2015 年 7 月 7 日，国家发展改革委批复新孟河工程可研报告，批复估算总投资 120.03 亿元；2016 年 4 月 11 日，省发展改革委批复新孟河工程初步设计报告，概算总投资 134.62 亿元。工程累计完成投资 108.5 亿元，其中征迁投资 76.1 亿元，工程投资 32.4 亿元。2019 年建设任务 11.9 亿元，实际完成投资 11.9 亿元，占年度建设任务的 100%。①征迁移民：工程计划拆除民房 3 894 户，已签约 3 855 户，占总数的 99%；计划拆迁企事业单位 388 家，已签约 379 家，占总数的 98%；文物保护等专项工作全部完成，专项设施迁改建工作基本完成，正在扫尾。②枢纽工程：界牌枢纽工程泵站已经完成，正在进行设备安装和主厂房及安装间屋面结构安装，节制闸主体工程已完成，船闸工程部分闸室墙体及内外侧导航墩正在施工，其余已完成，累计完成土方挖填 330 万方，砼 18.6 万方，钢筋制安 1.45 万吨，累计完成 80%的工程量；奔牛枢纽立交地涵工程南北涵首、洞身段底板混凝土浇筑完成 28 块(共计 32 块)，正在进行南北侧引河段土方开挖。船闸、节制闸工程正在准备水下验收工作，孟九桥工程正在准备交工验收工作，累计完成土方开挖 231 万方，砼 9 万方，钢筋制安 0.75 万吨，累计完成 72%的工程量；前黄枢纽工程累计完成土方开挖 93 万方，砼 8 万方，钢筋制安0.61 万吨，闸室底板完成 70%，引航道帽梁完成 50%，靠船墩完成 65%，累计完成 68%的工程量。③常州市境内工程：新北区境内河道工程共有 11 个标段，其中运南段河道Ⅰ标基本

完成并通过水下阶段验收，其余标段正在实施，7个桥梁工程标正在实施，其中老S338新孟河桥已完成投入使用验收，土方开挖总计完成40%；钟楼区境内河道工程共有2个标段，南延段河道工程Ⅱ标基本完成，Ⅰ标土方开挖完成90%，1个桥梁工程标基本完成，土方开挖总计完成94%；武进区境内11个河道工程标和2个桥梁工程标正在实施，其中南延段3个河道工程标土方开挖均达90%，土方开挖总计完成54%；金坛区河道工程共有4个标段，其中先导段工程全部完成，河道Ⅱ标土方开挖已完成，其余标段正在实施，桥梁工程共有2个标段，其中金武路桥已建成通车，剩余1个标正在实施，土方开挖总计完成79%。④无锡市宜兴市境内工程：河道整治工程共有4个标段，其中2个标段基本完成，其余标段正在实施；桥梁工程共有2个标，其中桥梁Ⅰ标基本完成，其余正在实施，土方开挖总计完成78%。⑤镇江市丹阳市境内工程：河道工程共有4个标段，其中3个标段的土方开挖基本完成，剩余1个标段正在实施；水系调整工程共有2个标段，其中Ⅰ标已全部完成，永红河泵站通过完工验收，Ⅱ标正在实施；桥梁工程共有1个标段，其中皇蒋线公路桥、蒋奔公路桥已建成通车，土方开挖总计完成92%。

望虞河除险加固工程　工程主要建设任务为消除望虞河险工隐患，在恢复工程原有功能基础上，统筹考虑与望虞河西岸控制工程、拓宽工程有效衔接，尽量避免今后出现废弃工程；有条件段兼顾地方经济社会发展要求，按照水利现代化要求进行建设，保障望虞河持续发挥流域防洪、增强水资源配置能力和改善太湖水环境等方面作用。2016年5月3日，省发展改革委批复望虞河除险加固工程初步设计，批复概算总投资5.32亿元。工程累计完成投资5.32亿元，2019年建设任务0.05亿元，完成投资0.05亿元，完成比例100%。工程于12月31日通过竣工验收。

望虞河西岸控制工程　该工程是《太湖流域水环境综合治理总体方案》和《太湖流域综合规划》批复实施项目。工程任务是对望虞河西岸口门进行控制，有效增加“引江济太”入湖水量，改善入湖水质和太湖水环境，提高太湖水环境容量，结合水资源配置、防洪等综合利用，同时兼顾地区排涝和航运功能。工程建设包括新建伯渎港杨安港、九里河卫浜、锡北运河、羊尖塘等4座枢纽工程，新建伯渎港坊桥港、中泾塘、道林河3座套闸工程，新建古市桥港、丰泾河、黄塘河3座闸站工程，新建节制闸18座、涵闸4座，拆除重建老节制闸1座，对望虞河西岸控制影响区域排涝水系进行调整。2016年11月2日，省发展改革委批复望虞河西岸控制工程初步设计，批复概算总投资7.31亿元。工程累计完成投资6.16亿元，2019年建设任务2亿元，完成投资2亿元，完成比例100%。苏州市相城区境内工程共有1个施工标，丰泾河泵闸工程已通过完工验收；常熟市境内工程共有6个施工标、2个水系调整标，其中1个施工标已完成，其余标段正在实施，水系调整标已完成；无锡市锡山区境内工程共有6个施工标，其中4个标通过合同完工验收，卫浜枢纽工程通过水下阶段验收，其余标段正在实施；新吴区境内工程共有2个施工标，施工Ⅰ标通过合同工程完工验收，Ⅱ标正在扫尾。

江苏省环太湖大堤剩余工程　2019年11月6日，省发改委以苏发改农经发〔2019〕1012号文批复工程初步设计，概算总投资129 471万元。工程主要建设内容为环太湖大堤加固58.93 km，包括堤防加高培厚23.96 km，护岸加固50.56 km，新建挡浪板37.98 km，加高挡浪板13.32 km，防渗处理0.70 km，堤脚排水沟29.52 km；修改建堤顶道路48.97 km；新建跨港渎桥梁11座；处理口门建筑物9座，其中新建1座，扩建4座，拆除重建1座，加固3座；岸线防护加固10.29 km。宜兴段包港堤护岸加固4.36 km，新建3.01 km。湖西滨湖地区影响处理工程内容包括入湖河道整治2条及圩区达标建设37个。无锡滨湖段、宜兴段已开工建设；常州段施工、监理标于12月13日发布招标公告。2019年度建设任务6 000万元，实际完成6 013万元，完成比例100%。

东太湖综合整治后续工程（环太湖大堤七都至大缺港段） 2017年5月3日，省发改委以苏发改农经发〔2017〕489号文批复工程初步设计，概算总投资142 965.52万元。工程主要建设内容为环湖大堤堤防加固培厚24.428 km、改建3.768 km，堤防新建护坡8.994 km、拆除重建13.794 km，新建堤顶道路22.011 km、上堤路（腾飞中路）1.616 km，拆除重建穿堤口门建筑物27座、新建2座、恢复1座，新建避风港4座；疏挖贯通行洪供水通道12.2 km；疏挖入湖河道（20条）38.541 km、护岸整修46.9 km。截至2018年底完成投资65 000万元，占总投资的45%。2019年度建设任务49 000万元，实际完成投资49 000万元，完成比例100%。①吴江区2018年已完成约9.6 km大堤达标加固和大浦口避风港建设。2019年计划实施戗港段及戗港避风港段大堤达标加固约6.56 km，包含沈家路闸、新开路闸及戗港闸3座口门，已开工建设。戗港段大堤Ⅰ标（包括沈家路闸、新开路闸）完成100%，Ⅱ标完成85%，戗港闸已全部结束，准备验收。出入湖河道外苏州河完成工程量的40%，沈家路港、新开路港、亭子港12月24日开标，行洪通道正常推进，完成工程量的5%，七都镇庙港大桥—丁家港闸段大堤（含口门建筑物）正在编标，剩余丁家港闸以西6座口门及避风港正在调整最终设计方案。②吴中区已完成环湖大堤工程，完成入湖河道天鹅港工程，其余入湖河道正在进行施工图设计。2019年计划完成入湖河道施工图设计和顺堤河整治建设，4条入河河道基本完工。

（陆雪琴）

【长江治理工程】 年度建设任务122 745万元，实际完成投资125 745万元。

镇扬河段三期工程 2016年11月9日，省发展改革委以苏发改农经发〔2016〕1263号文批复工程初步设计，批复投资86 990万元，其中扬州段51 389万元，镇江段35 601万元。工程主要任务是在充分发挥长江镇扬河段一期、二期等整治工程作用的基础上，通过世业洲左汊口门护底和潜坝工程抑制世业洲左汊的发展，新建和加固护岸工程，使镇扬河段河势进一步趋于稳定和改善。主要建设内容为，护岸总长39.37 km，其中新建护岸工程18.35 km，加固护岸工程21.02 km。截至2018年底完成投资62 030万元，占总投资的71%。2019年建设任务24 960万元，实际完成24 960万元，完成比例100%。扬州段工程2017年2月开工建设，已全部完成。镇江段工程2016年12月开工建设，已全部完成。

长江干流江苏段崩岸应急治理工程 2017年12月15日，省发展改革委以苏发改农经发〔2017〕1515号文批复工程初步设计，批复投资127 393万元。工程主要建设内容包括应急治理护岸长72.28 km。截至2018年底完成投资70 821万元，占总投资的56%。2019年度建设任务56 572万元，实际完成投资56 572万元，完成比例100%。南京市2018年度工程已完工并通过合同完工验收，2019年度工程4个标段均已完工。常州市市区段和新北区境内工程全部完成并通过完工验收。苏州市工程已完工。南通市崇川区境内工程和如皋市境内工程全部完成并通过完工验收。扬州市江都区境内工程全部完成并通过完工验收，仪征段工程已完工。镇江市京口区境内工程、扬中市境内工程已完工，镇江新区境内工程水下抛石及陆上护岸已完工。泰州市工程已完成并通过完工验收。

长江八卦洲汊道河道整治工程 2018年11月9日，省发展改革委以苏发改农经发〔2018〕1087号文批复工程初步设计，批复投资47 562万元。工程主要建设内容为加固八卦洲洲头水下鱼嘴310 m；实施洲头右缘深槽防护工程16.91万 m^2；右汊护底工程顺水流向长450 m，面积36.9万 m^2；加固洲头左右缘、上坝、燕子矶、天河口等原有护岸工程长7 270 m。工程分两个年度实施，第一年度工程包括八卦洲头鱼嘴加固和左缘护岸加固工程、八卦洲右汊进口护底和燕子矶段护岸加固工程、上坝段护岸加固工程及天河口段护岸加固工程，第二年度工程包括八卦洲右缘深槽防护工程上段、八卦洲右缘深槽防护工程下段及八卦洲头右缘护岸加固工程。第一年度工程4个施工标段于2018年12月开工建设，第二年度工程中的施工五、六标段正在开展航道海事手续办理等开工准备工作。第一年度工程中施工一、三、四标段已完工，施工二、五、六标段正在实施。累计完成网兜抛石36.8万 m^3，沙袋抛填68.3万 m^3，水下抛石8.6万 m^3，系混凝土软体排22万 m^2。2019年度建设任务20 000万元，实际完成投资20 000万元，完成比例100%。

长江堤防能力提升及崩岸应急治理工程 ①镇江新区大路姚桥长江干流堤防防洪能力提升工程。工程初步设计经镇新经发〔2016〕319号文批复，概算总投资93 390万元，主要建设内容为加固长江主堤长度21.31 km、港堤1.11 km；翻建排水低涵6座，小型排水泵站9座，中型闸站5座。工程基本完工。截至2018年底完成投资69 000万元，占总投资的74%。2019年度建设任务15 000万元，实际完成投资18 000万元，完成比例120%。②镇江新区大路姚桥长江干流堤防防洪能力提升一期工程（“五圩埭”南—太平河口段）。工程初步设计于2017年10月经镇发改农经发〔2017〕389号文批复，概算投资9 640万元。主要建设内容为加固姚桥镇境内“五圩埭”南一太平河口4.127 km长江堤防，拆建涵洞两座，新建护岸1.88 km，护坎1.52 km。工程已全部完成。截至2018年底完成投资5 000万元，占总投资的52%。2019年度建设任务4 640万元，实际完成投资4 640万元，完成比例100%。③镇江市长江镇扬河段和畅洲东北角应急治理工程。工程初步设计于2018年6月20日经苏发改农经发〔2018〕574号文批复，概算投资3 573万元。主要建设内容为和畅洲东北角护岸工程长1.1 km（加固680 m、新建420 m），抛石量14.6万 m^3。2018年12月开工，2019年3月完工。截至2018年底完成投资2 000万元，占总投资的56%。2019年度建设任务1 573万元，实际完成投资1 573万元，完成比例100%。

（陆雪琴）

【淮河治理工程】 年度建设任务234 473万元，实际完成投资234 473万元。

黄墩湖滞洪区调整和建设工程 2017年10月20日，省发改委以苏发改农经发〔2017〕1257号文批复工程初步设计，批复总投资75 973万元。截至2018年底完成投资41 000万元，完成比例54%。2019年建设任务34 973万元，实际完成34 973万元，完成比例100%。①徐州市工程，建设内容包括加固、拆建、新建穿堤建筑物21座，配套道路建筑物145座，加固堤防2.51 km，修建撤退道路47.6 km，建设管理设施、预警系统等。工程总投资64 854万元（含耕地指标交易费10 762万元），其中，邳州市境内工程投资45 258万元（含耕地指标交易费9 876万元），睢宁县境内工程投资19 596万元（含耕地指标交易费2 405万元）。邳州、睢宁境内工程基本结束。②宿迁市工程，建设内容包括加固废黄河北堤0.47 km，拆建滞洪区建筑物7座，建设撤退道路共22.98 km，建设撤退道路配套建筑物 41 座，建设堤顶防汛道路 0.47 km。工程投资 22 400 万元(含耕地指标交易费5 669 万元)。工程基本完成。③省骆运水利工程管理处工程，建设内容包括加固进洪口门黄墩湖滞洪闸、退洪口门新邳洪河闸，建设滞洪预警、反馈通信系统等。工程投资6 721 万元(含耕地指标交易费 27 万元)。新邳洪河闸、黄墩湖滞洪闸加固、滞洪预警与反馈通信系统建设已基本完成。

江苏省淮河流域重点平原洼地近期治理工程 2019 年 8 月 19 日，省发改委以苏发改农经发〔2019〕740 号文批复工程初步设计，批复概算投资 673 199 万元。主要建设内容包括拓浚干河河道 364.58 km、排涝支河(干沟) 47.25 km，新建、退建、加固堤防 198.73 km，新建防汛道路 21.4 km；新建护岸 40.07 km；新建、拆建、扩建、加固各类建筑物 582 座，其中涵闸 272 座、泵(闸)站 222 座、桥梁 87 座、船坞 1 座。2019 年建设任务 150 500 万元，实际完成 150 500 万元，完成比例 100%。全省共 16 个县区(扬州江都区、泰州姜堰区、盐城市水利工程管理处 3 家未安排年度建设任务除外)共完成工程、设备招标 50 个。盐城市盐都区向阳河下段河道疏浚工程已完成并通过通水验收；宝应大溪河、杨家河全面实施；丰县、沛县、铜山正在实施河道疏浚；滨海、射阳、建湖、阜宁建筑物工程全面开工建设。其他县区正在进行建筑物拆除施工、围堰填筑等临时工程建设。

淮河入海水道二期工程 工程估算总投资约 317 亿元。通航安全影响评价已经交通部批复。先导段实施方案已审查，正在按照审查意见修改完善。连镇铁路跨淮河入海水道补偿工程已基本完成。截至 2018 年底完成投资 16 000 万元。2019 年建设任务 2 000 万元，实际完成 2 000 万元，完成比例 100%。

淮河行蓄洪区及淮河干流滩区居民迁建 2018 年度实施方案 2019 年 5 月 24 日，省发改委以苏发改农经发〔2019〕493 号文批复初步设计。中央补助 3.3 万元每户、省级补助 1.32 万元每户，省级以上共补助 30 746 万元，整体实施方案投资约 120 000 万元。主要建设内容为对鲍集圩行(滞)洪区团结河以南、淮河以北堤之间区域内不安全人口，以及淮干滩区腰滩和蛤滩的全部人口、居住在城根滩现状圩堤外侧的人口进行搬迁，共计 6 655 户、26 940 人。已签订协议 4 249 户，拆除房屋 4 002 户。城根圩安置小区(枕水人家)施工已招标。2019 年建设任务 47 000 万元，实际完成 47 000 万元，完成比例 100%。

(陆雪琴)

【沿海水利工程】 年度建设任务 20 236 万元，实际完成投资 20 286 万元。

盐城市大丰区四卯酉闸下移工程 2018 年 2 月 24 日，省发改委以苏发改农经发〔2018〕180 号文批复工程初步设计，概算总投资 32 206 万元，其中四卯酉新闸及堤防工程投资 19 819 万元，河道等工程投资 12 387 万元。工程主要建设内容包括拆除老闸，在现状四卯酉闸下游约 4.0 km 处新建挡潮闸 1 座；疏浚、开挖新老闸之间引河 3.9 km，新筑堤防 7.8 km 等。工程新闸基本完成，新老闸间港道疏浚和老闸拆除正在实施。截至 2018 年底完成投资 17 200 万元，完成比例 53%。2019 年建设任务 13 000 万元，实际完成 13 050 万元，完成比例 100%。

海堤巩固工程 省第一、二轮海堤建设资金均为省及省以下资金，从 2010 年开始，水利部在下达中央投资计划中每年都安排一定的建设资金，并要求地方按三分之二配套，在此背景下，水利厅根据两轮海堤建设情况结合新出现的情况，按轻重缓急原则，逐年安排海堤加固项目。2012 年，根据省里指示，水利厅有关部门对全省海堤情况进行全线调研，在了解沿海滩涂围垦及新围海堤建设管理情况的基础上，编制完成了《江苏省海堤重点堤

段补充完善工程实施方案》并转报省发展改革委审批，作为今后海堤项目的安排依据。该实施方案仍维持现有主海堤格局及原50年一遇高潮位加10级风浪的设防标准，项目安排的重点主要为已达标海堤损坏段、新暴露险工患段，以及未能列入两轮海堤达标建设的遗漏项目等共43项，估算投资约9.2亿元。2017年7月27日，国家发改委、水利部联文印发了《关于印发〈全国海堤建设方案〉的通知》。江苏省纳入《全国海堤建设方案》的主要建设项目为连云港市、盐城市、南通市海堤加固及涵闸整治工程，海堤建设标准为50～100年一遇，计划加固海堤114.02 km，估算投资26.89亿元。2010年后安排的项目原则上均在该实施方案及海堤建设规划内。至2018年底累计完成投资100 173万元，累计下达中央投资38 262万元。2019年海堤建设因投资方向调整，按照一事一议原则进行项目安排。2019年建设任务7 236万元，实际完成投资7 236万元，完成比例100%。2019年建设任务涉及4个项目。南通市启东市新港闸拆建工程，2018年6月开工建设，2019年1月29日完成通水阶段验收，已全部完工。连云港市柘汪河挡潮闸拆建工程，2018年10月开工建设，已通过竣工验收。盐城市滨海翻身河北段(28＋818—30＋740)海堤水毁修复工程，2018年4月开工建设，已全部完工；射阳县夸套河口南侧海堤保滩工程，已全部完工。

【省属水利工程】 年度调整后建设任务16 886万元，实际完成投资16 888万元，完成比例100%。(1) 厅生态河湖处：河湖资源与水利工程管理信息系统，工程总体进度30%。数据Ⅰ标(49座大中型水库)、数据Ⅱ标(省管32条河流15个湖泊)已开工，已完成部分数据采集和入库。应用系统软件4个标段、运行环境建设2个标段，正在准备招标。(2) 省水文局：①江苏省水文基本站达标建设工程，总体进度98%。土建项目省招标标段总计18个标段，已全部完成，17个标段已完工验收。土建项目地方招标标段总计8个标段，其中6个已完工验收，2个已开工建设。仪器设备总计5个标段，其中2个完工验收。②省水土保持监测与管理信息系统，总体进度99%。信息采集系统计2个标段，Ⅰ标已基本完成；Ⅱ标已完工验收。应用系统计2个标段，Ⅰ标已通过技术审查，完成历史数据录入；Ⅱ标已上线试运行。③省水环境监测中心徐州、淮安、南通分中心设施及装备达标建设工程。已完成监理招标，完成徐州分中心实验用房采购，完成三个分中心设施施工图编制并委托咨询审查。(3) 骆运管理处：刘老涧泵站加固改造工程。2018年12月18日，省发改委以苏发改农经发〔2018〕1273号文批复工程初步设计，2019年7月底开工建设。已完成变电所、配电房房建基础及基础墙施工；完成主厂房电缆沟、厂房外墙脚手架、下游清污机桥护底底板桥墩，上游清污机桥及起吊便桥钢筋模板施工；完成电机、主水泵安装，完成清污设备出厂验收。(4) 总渠管理处：①淮阴抽水站加固改造工程。2019年12月17日，省发改委以苏发改农经发〔2019〕1160号文批复工程初步设计。②阮桥闸拆建工程。2019年12月17日，省发改委以苏发改农经发〔2019〕1161号文批复工程初步设计。(5) 淮沭新河管理处：沭新闸拆建工程。2019年11月5日，省发改委以苏发改农经发〔2019〕1013号文批复工程初步设计。工程已完成场地平整、树木砍伐、征地拆迁等项目前期工作。

【国家专项规划建设项目】 年度建设任务346 275万元，实际完成投资347 224万元。

水利灾后薄弱环节建设——江河支流治理 ①新洋港治理工程。2016年10月20日，省发展改革委以苏发改农经发〔2016〕1166号文批复初步设计，批复概算总投资75 934万元。主要建设内容为疏浚蟒蛇河中段河道21 km，加固两岸堤防总长30 km，全

线防护总长 44.67 km(含支河口段),拆建、新建建筑物 56 座,拆除重建跨河桥梁 4 座;疏浚新洋港盐城城区段河道 9.4 km,钻孔灌注桩排桩式护岸 1 848 m、挡墙式护岸 6 185 m,拆建、新建 8 座建筑物,接长桥梁 1 座;新洋港沿线口门封闭,拆建、新建、扩建 88 座建筑物。工程已全部完成。截至 2018 年底完成投资 73 500 万元,完成比例 97%。2019 年建设任务 2 434 万元,实际完成 2 434 万元,完成比例 100%。②滁河近期防洪治理完善工程(六合区段)。2018 年 12 月 10 日,省发改委以苏发改农经发〔2018〕1223 号文批复初步设计,批复总投资 52 564 万元。工程主要建设内容为堤防加固 46.17 km,其中保江圩滁河干流堤防长5.87 km,红山窑闸下左右岸滁河干流堤防长 26.04 km,霸王圩老滁河堤防长 3.51 km,陶庄大坝至杨河口老滁河左右岸堤防工程长 9.92 km,划子口河左岸堤防长 0.83 km;改造穿堤涵洞 7 座,新建、拆建泵站 13 座;新建桥梁 1 座;滁河入江口切滩 5 km;征地拆迁。完成堤防加固 26.87 km,大河口切滩 5 km,拆建泵站 5 座,新建桥梁 1 座,改造穿堤涵洞 2 座。2019 年建设任务 30 000 万元,实际完成 30 000 万元,完成比例 100%。③滁河近期防洪治理完善工程(浦口区、江北新区段)。省发改委以苏发改农经发〔2018〕1224 号文批复初步设计,批复概算投资 33 238 万元。工程主要建设内容为堤防加固 9.08 km、防渗处理 8.51 km,新建护坡 6.775 km,新建堤顶道路 8.28 km,白蚁防治 9.08 km;改建穿堤涵洞 2 座,拆建泵站 1 座;岳子河、划子口河入口切滩 1.3 km 等。浦口区三合圩堤防治理全部完成,朱家斗门涵洞接长、五四涵洞改造、余家湾泵站已完工,北城圩堤防治理已完成清基 1 km 和格埂浇筑 300 m。江北新区段工程全部完成。2019 年建设任务 27 400 万元,实际完成 27 738 万元,完成比例 101%。

水利灾后薄弱环节建设——小型病险水库除险加固 江苏省列入水利部、国家发改委、财政部印发的《加快灾后水利薄弱环节建设实施方案》的小型病险水库除险加固项目共计 20 座,其中小(1)型 6 座、小(2)型 14 座,项目集中分布于盱眙县(19 座)和东海县(1 座)。20 座水库主体工程全部完成,其中 6 座完成竣工验收,14 座完成蓄水验收。截至 2018 年底完成投资 10 249 万元,完成比例 87%。2019 年建设任务 1 624 万元,实际完成 1 624 万元,完成比例 100%。

水利灾后薄弱环节建设——重点区域排涝能力建设 ①南京市溧水区三丫圩、章西圩、凌庄圩排涝站工程。2019 年 7 月 31 日,省发改委以苏发改农经发〔2019〕667 号文批复初步设计,批复概算 7 556 万元。工程主要建设内容为拆除老站,新建 3 座排涝站,其中三丫圩排涝站设计流量 13 m^3/s,章西圩排涝站设计流量 10 m^3/s,凌庄圩排涝站设计流量 7 m^3/s。2019 年 10 月开工建设,完成土方开挖 5 万 m^3,完成比例 51%;完成全部沉管灌注桩施工;完成钢筋制安约 210 吨,完成比例 28%;完成机电、金结等设备采购,生产进度 70%。2019 年建设任务 1 098 万元,实际完成 2 100 万元,完成比例 191%。②南京市鼓楼区大陡门、金陵乡泵站扩容改造工程。2019 年 10 月 16 日,省发改委以苏发改农经发〔2019〕935 号文批复初步设计,批复概算 1 680万元。工程主要建设内容为大陡门泵站排涝流量由 3.0 m^3/s 扩容至 3.7 m^3/s,更换水泵机组、电气设备等,改造管理及生产用房;金陵乡泵站排涝流量由 6.0 m^3/s 扩容至 10.0 m^3/s,新增 2 孔泵室、改造自排涵,并配套 2 台水泵机组,更换原现状水泵及电气设备等,改造管理及生产用房。已完成建设监理、土建施工及设备采购安装招标,完成环评等前置要件,完成智慧工地、临时设施建设。2019 年建设任务 600 万元,实际完成 600 万元,完成比例 100%。③锡澄运河(黄昌河—

长江段)整治工程江边枢纽(定波水利枢纽)。2019年7月5日,省发改委以苏发改农经发〔2019〕602号文批复初步设计,批复概算43 486万元。工程主要建设内容为新建定波水利枢纽,包括节制闸和双向泵站各一座;节制闸设计流量385 m^3/s,总净宽48 m,共5孔;泵站设计流量120 m^3/s,选用4台套竖井贯流泵(双向),单机设计流量30 m^3/s,配套总装机容量7 200 kW。2019年8月23日开工建设,完成基坑土方开挖(含清淤)13.8万方,完成预制方桩施打2 287根、灌注桩施工66根、防渗搅拌桩施工430根;完成节制闸、泵站侧地连墙施工39副;完成节制闸中孔底板、清污机桥临闸侧底板砼浇筑。2019年建设任务10 000万元,实际完成10 000万元,完成比例100%。④张家港常沙河闸站改建工程。2019年6月24日,省发改委以苏发改农经发〔2019〕579号文批复初步设计,批复概算4 663万元。工程主要建设内容为拆除老闸,采用闸站结合方式改建节制闸和泵站;节制闸为单孔闸,净宽12 m,设计排泄流量39.06 m^3/s;泵站设计流量20 m^3/s。完成建设监理和土建施工招标,施工单位已进场。2019年建设任务2 000万元,实际完成1 000万元,完成比例50%。⑤扬州市瓜洲泵站工程。2016年9月7日,省发改委以苏发改农经发〔2016〕1008号文批复初步设计,批复概算40 302万元。主要建设内容包括新建瓜洲泵站,开挖引河。工程已实施完成。截至2018年底完成投资30 000万元,完成比例74%。2019年建设任务10 302万元,2月份完成10 302万元,完成比例100%。

病险水闸加固工程　江苏省列入《专项规划》的病险水闸为114座,其中三类闸33座,四类闸81座,分布长江、淮河、太湖流域10市37县(区)境内。已批复101座,批复投资242 731万元。至2018年底累计完成投资238 028万元。2019年建设任务4 703万元,实际完成4 703元,完成比例100%。

水利灾后薄弱环节建设——中小河流治理工程　水利部、国家发改委、财政部联合印发了《加快灾后水利薄弱环节建设实施方案》,江苏省纳入该实施方案的主要建设项目包括中小河流治理、小型病险水库除险加固、重点区域排涝能力建设和农村基层防汛预报预警体系建设等4项内容。其中中小河流治理规划投资49亿元,重点区域排涝能力建设规划投资18亿元,总体要求"十三五"末基本完成各项建设任务。流域面积200～3 000 km^2的中小河流治理项目共96项,规划投资约49亿元,其中41项为上轮中小河流规划项目,工程投资约11.2亿元,已完成,仅补计划;另55项为本轮新增项目,规划投资约37.8亿元(6项为上轮规划调整项目1.8亿元)。新增项目中,已批复46项,8项需要调整,1项正在审查。2019年建设任务137 466万元,实际完成138 075万元,完成比例101%。

【省补重点项目】

区域骨干引排竞争立项项目　年度建设任务20 590万元,实际完成投资21 040元,完成比例102%。①徐州市刘山北站更新改造工程,已全部完成。②南通市如泰运河接通工程,2018年9月5日正式开工建设,2019年8月26日通过完工验收,正在进行资料整编。③盐城市川东港影响处理工程,基本完成。④镇江市扬中市万福桥站工程,完成基础施工。⑤泰州市蚌蜒河(渭水河—西塘港段)整治工程,施工单位已开始沈二大桥灌注桩施工、仿木桩施工等工作。⑥宿迁市泗阳县总六塘河整治工程,河道工程土方全面开工,完成土方130万方,二标3座排水涵洞完成基础施工。

京杭大运河苏州段堤防加固工程　2017年12月14日,省发改委以苏发改农经发〔2017〕1518号文批复初步设计,批复概算482 513万元。主要建设内容为加固堤防长

155.261 km，新建防汛道路 65.877 km、上堤道路 9.4 km，支河口堤防整治 12.693 km；新、拆建口门建筑物 36 座；新建跨运河人行桥 4 座、跨支河桥梁 23 座。已开工建设堤防 152.11 km(单侧)，已完工 111.42 km(单侧)，绿化景观工程正在有序推进，拆迁方面累计拆除民房 206 户、企业 107 家。至 2018 年底累计完成投资 50 000 万元，占总投资的 10%。2019 年建设任务 45 000 万元，实际完成 46 000 万元，完成比例 102%。

郑集河输水扩大工程　2018 年 9 月 25 日，省发改委以苏发改农经发〔2018〕910 号文批复初步设计，批复概算 83 194 万元。主要建设内容为拓浚郑集河 13.3 km、郑集南支河 11.0 km、郑集北支河 6.5 km、徐沛河 0.5 km，疏浚沛敬大沟、崔孟大沟、徐丰公路沟、阎六字中沟、石楼中沟总长 30.9 km；加固堤防 25.1 km、新建堤顶防汛道路 23.4 km；增容改造郑集东站（55 m^3/s）、梁寨闸站（37 m^3/s），拆建侯阁闸站（14 m^3/s），新建吴河站（3 m^3/s），拆建郑集河口坝，结合泵站增容改造拆建梁寨闸、侯阁闸；新建朱新楼闸等。各县（市）区主体工程均已基本完成，正在进行防汛道路、绿化、电气安装等扫尾施工。至 2018 年底累计完成投资 16 000 元，占总投资的 19%。2019 年建设任务 54 000 万元，实际完成 54 000 万元，完成比例 100%。

溧河洼灾后重建应急治理工程实施方案　2019 年 5 月 5 日，省发改委以苏发改农经发〔2019〕434 号文批复初步设计，批复概算 21 495 万元。主要建设内容为拓浚溧河洼七里沟—付圩河段河道 6.2 km，新建大寨河闸站、拆建青阳西闸上闸首。河道基本开挖完成，青阳西闸闸室墙正在实施砼浇筑，大寨河闸正在实施底板浇筑。2019 年建设任务 15 000 万元，实际完成 15 000 万元，完成比例 100%。

东海龙门翻水站拆建工程　2019 年省发改委以苏发改农经发〔2019〕909 号文批复初步设计，批复概算总投资 1 951 万元。主要建设内容为原址拆建龙门站，设计流量 5.7 m^3/s，选用 6 台单机双吸离心泵，总装机功率 1 680 千瓦。完成场地平整、施工围堰填筑，机电设备已订购。2019 年建设任务 851 万元，实际完成 851 万元，完成比例 100%。

黄河故道后续工程　至 2018 年底累计完成投资 70 000 元，占总投资的 45%。2019 年建设任务 66 755 万元，实际完成 68 475 万元，完成比例 103%。①徐州市工程：2018 年 1 月，省发改委以苏发改农经发〔2018〕52 号文批复初步设计，批复概算投资 30 548 万元。工程主要建设内容为疏浚河道 38.8 km，河道护砌 1.7 km；黄河故道及大沙河分洪道沿线堤顶新建防汛道路 45.8 km；新建范楼南站，更新邹庄站电气设备，拆建官庄引河闸，加固魏工分洪闸，新建周庄滚水坝，新、拆建灌溉泵站 7 座、涵洞 11 座、跨河桥梁 19 座，桥下防护 7 座，沿线新、拆建沟口防护 41 处，配套水文及管理设施、设备等。各县（市）区境内工程均已完成。②淮安市工程：2018 年 1 月，省发改委以苏发改农经发〔2018〕122 号文批复初步设计，批复概算投资 22 707 万元。工程主要建设内容为疏浚河道 31.03 km；新建干河堤顶防汛道路 60.11 km，上堤道路 5.358 km；新建松林荡排涝站，拆建唐松河圩口闸，拆建沿线泵站 16 座、涵闸 8 座、跨河桥梁 12 座、渡槽 2 座等配套建筑物，新建防汛仓库、管理房、水文站等管理设施。工程已完成。③盐城市工程：2018 年 11 月，省发改委以苏发改农经发〔2018〕1091 号文批复初步设计，批复概算投资 25 220 万元。工程主要建设内容为疏浚河道总长 50.77 km；新建防护工程 7.52 km，防汛道路 45.58 km；拆建闸、站、桥 13 座，新建穿路管涵 22 座；新建防汛仓库、管理房等管理设施。工程已完成。④宿迁市工程：2018 年 11 月，省发改委以苏发改农经发〔2018〕

1090号文批复初步设计，批复概算投资77 936.14万元。工程主要建设内容为拓浚整治五河分洪道15.05 km，疏浚西条堆河12.12 km，新建堤顶防汛道路192.75 km、上堤道路14.5 km，配套沿线建筑物及管理设施等。西条堆河全部完成；完成五河分洪道河道疏浚13.15 km、新开河道1.7 km及沿线36座建筑物；防汛道路工程完成灰土铺设47 km、水稳铺设37 km、混凝土路面23 km。正在全力推进跌水及全线防汛道路工程建设。

（陆雪琴）

农村水利建设

2019年，全省农村水利共完成投资53.1亿元，占计划任务的102%。新增有效灌溉面积39万亩，新增旱涝保收农田48万亩，新增节水灌溉面积84万亩。共建成省级生态清洁小流域15个，治理水土流失面积233平方千米。完成农业水价综合改革面积2 101万亩，乡镇水利站改革不断深化，基层水利服务体系进一步完善。

【农业水价综合改革】 坚持高位推动，农业水价综合改革实现新突破。按照组织领导、水价核定、工程管护、用水管理、资金落实、绩效考核"六个到位"要求，把准农业用水定额管理、计量设施建设、水价形成机制、工程管护组织建设以及节水奖励和精准补贴等关键环节，全面推进农业水价综合改革工作。出台《江苏省农业水价综合改革工作验收办法》，选取部分具备条件的县（市、区）开展验收工作。全年新增完成农业水价综合改革面积2101万亩，占计划任务的105%。全省累计完成改革面积4 650万亩，占"应改"面积的85.5%。

【农村饮水安全工程】 省水利厅会同财政厅、与相关县（市、区）人民政府签订了责任书，按照城乡供水一体化的要求，继续实施农村饮水安全巩固提升工程建设，全省共完成投资5.95亿元，受益人口100万人，彻底解决了10.22万人饮水型氟超标问题。

【农村河道疏浚治理】 （1）加快农村河道综合治理，着力改善农村河网水系的引排能力和水生态环境。全省共疏浚农村河道土方1.7亿 m^3，占年度计划任务的106%。新打造农村生态河道360条。（2）加强农村河道长效管护。坚持建管并重，全面推行河道、交通、绿化、垃圾、公共设施"五位一体"以及政府购买服务管护模式，全省农村河道管护覆盖率达83%。

【灌区节水改造】 按照"工程设施标准化、灌排沟渠生态化、调度运行自动化、长效管护规范化"的要求，加快实施灌区节水配套改造和标准化建设。东海沭新渠、淮安渠南等12个大型灌区项目完成投资5.76亿元，占计划投资的100%；2018年度立项的四联河、沂南等8个重点中型灌区项目以及2019年度新立项的三岔、邳城等10个重点中型灌区项目全部完成，完成投资3.13亿元，占计划投资的100%。显著改善了当地灌溉条件，大幅提高了渠道输水能力和用水效率，切实化解了农村用水矛盾，使灌区成为全省高标准农田的示范基地。

【水土保持】 全省各级审批生产建设项目水土保持方案1377个，完成生产建设项目水土保持设施验收备案81个。实施高淳、六合等16个国家水土保持重点工程项目，完成水土流失综合治理面积233平方千米，新建成15个省级生态清洁小流域。水土保持监测与信息化工作加快推进，实现区域水土流失动态监测、生产建设项目遥感监管和重点治理工程信息化监管"三个全覆盖"，省级水土保持监测与管理信息系统建成运行。

（农水处）

城市水利建设

2019年，城市水利建设紧紧围绕"保障城市防洪安全、供水安全和改善人居水环境，加快城市水系综合整治，引导建立与城镇规模、功能和地位相适应的现代城市水利工程体系"的规划思路，突出补强城市防洪工程短板，基本完成新一轮城市防洪规划修编，持续推进城市防洪排涝骨干工程建设，城市防洪排涝减灾能力进一步提升。

（1）新一轮城市防洪规划编制（修编）工作基本完成。南京、扬州、连云港、徐州、镇江、泰州等12市城市防洪规划获政府批准实施，苏州市城市防洪规划已完成审查并报市政府审批。县级城市防洪规划编制（修编）工作也已基本完成。

（2）省辖市城市防洪工程建设持续推进。各市根据城市防洪规划，持续开展城市防洪排涝骨干工程建设。建设内容和主要措施包括：通过新建或加固防洪堤，构建城市外围防洪屏障或形成城市防洪保护圈；拓浚城区及其周边河道，增设排涝泵站，合理布置排水管网，提高城市排水能力；加快低洼地区改造，控制城区适宜水面率；对地处丘陵地区受山洪威胁的城市，采取蓄洪、撇洪、挡洪相结合的措施；防洪建设与改善城市水环境和城市景观有机结合，并加强非工程措施建设。经过全面城市防洪工程建设，各地城市防洪排涝减灾能力进一步提升。

（3）省级通过竞争立项激励奖补市县城市防洪建设。对通过竞争立项的市县城市防洪排涝项目，经核查取得省级补助资格后，实行"先建后补、以奖代补"，激励引导各地加快防洪排涝工程建设。2019年，各市共13项防洪除涝项目获奖补资格，省级奖补资金约6 000万元；省补助范围内的城市防洪排涝工程完成投资约8.3亿元。

（诸晓华）

信息化建设

水利信息化建设项目顺利实施。年初拟安排投资计划3 632万元，其中省级投资3 632万元，年底投资计划全部完成。

协调推进重大项目建设。完成国家水资源监控能力建设江苏项目，实现了2 000多个规模以上取用水户、96个重点大中型灌区渠首取水的实时监控，占全口径用水量的50%以上，实时采集97个县城以上集中式饮用水源地水质数据。建成大型灌区信息化管理平台，实现了灌区可视化集中展示、灌区管理一张图、灌区业务管理和灌区管理移动智能终端。建设规划计划管理信息系统，实现了规划管理、项目前期工作管理、投资计划管理、统计直报管理、办公辅助、系统管理和移动应用等功能。建成省移民管理信息系统，实现了大中型水库、"美丽库区 幸福家园"建设、重点水利工程移民安置数据"一张图"展示、查询和管理。水土保持监管系统基本建成，初步实现了水土流失现状监测和工程建设项目水土流失防治的监管。河湖与水利工程管理系统和省级河长制平台已完成工程招标，全面开工建设。

（陆　明）

水 利 管 理

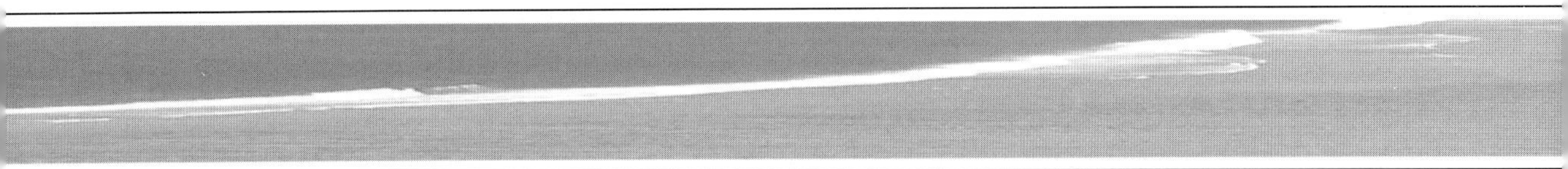

水 利 管 理　113～130页

规 划 管 理

【水利规划概述】 围绕水利高质量发展要求，查找规划工作中缺、短、软问题，努力健全水利规划体系，为水利工程补短板、水利行业强监管提供规划依据。(1) 开展“十四五”水利发展规划编制工作。根据国家和省政府有关“十四五”规划编制工作部署，及时组织开展全省“十四五”水利发展规划编制工作，制定印发规划编制工作意见，完成规划思路报告，分别报送水利部与省发改委。(2) 推进水利空间规划编制工作。积极对接“多规合一”和国土空间规划编制，完成长江经济带水资源保护与利用空间布局方案报送长江委；开展江苏省水利基础设施空间布局规划编制工作，护好一条基准线，划好一条预留线，协调一条生态线。(3) 全面完成区域水利治理规划。全省16个片区的水利治理规划全部完成，《江苏省区域水利治理规划》通过水利厅与省发改委联合审查，即将联文印发，为系统开展区域治理提供依据。(4) 形成多个专项规划成果。《江苏省骨干河道名录(2018年修订)》经省政府批复公布。完成《洪泽湖退圩(围)还湖专项规划》，省政府即将批复。完成《江苏省入海河道河口治导线规划》并印发实施。完成《江苏省长江堤防防洪能力提升工程规划》上报水利部。完成《江苏省大运河文化带规划水利专题报告》。(5) 开展重大专题研究工作。根据淮委编制的沂沭泗河洪水东调南下提标工程规划，组织开展江苏省相关工程规划方案研究。开展浅水型湖泊生态修复及功能提升规划研究，指导湖泊治理。

(赵立梅)

【部分规划成果简介】 (1) 完成“十四五”水利发展规划思路报告编制。根据省政府、水利部关于“十四五”规划工作部署，完成思路报告编制工作。《思路报告》总结了“十三五”水利发展状况，评估了规划目标指标完成情况，分析了水利发展现状问题与面临形势，明确了“十四五”水利发展的指导思想、基本原则及规划目标，提出了全省“十四五”水利规划的总体思路。围绕“强富美高”新江苏建设要求和“高质量发展走在前列”的目标定位，《思路报告》提出水利基础设施网络建设、水利管理、水利改革等3类发展任务，节约用水、水资源、河湖、水利工程建设与运行、水土保持、水旱灾害防御6项管理，以及“放管服”、水资源税与水权水市场改革、投融资3项重点水利改革事项。《思路报告》还明确了政策、投入、科技、人才4个方面的保障措施，梳理了规划项目，匡算了规划投资，为编制全省“十四五”水利发展规划创造了条件。

(2) 完成江苏省区域水利治理规划。江苏省地处江淮沂沭泗诸河下游，受流域性行洪河道分割，内部划分为17个水系相对独立的水利分区。随着城镇化、工业化的推进，区域水利治理日益不适应经济社会发展的需求，成为全省水利工程体系中的薄弱环节。为此，省水利厅决定开展区域水利治理规划编制工作，为加快区域水利治理提供依据。

规划于2013年7月启动编制，按17个水利分区分别编制区域水利治理规划，在此基础上形成汇总规划文本。江苏省水利厅与江苏省发展与改革委员会以苏水计〔2020〕8号文联合印发了该规划。规划基准年为2017年，规划水平年为2030年。规划调查评价了区域水利治理情况，分析了区域水利治理存在的问题，研究了经济社会发展对水利治理的需求，构建了河网水文水动力模型并进行了水文水利计算，在综合比选的基础上确定了区域防洪治涝、调配水、水生态保护与修复工程布局方案，并提出了区域水利治理管理意见。成果包括《江苏省区域水利治理规划》

和17个片区水利治理规划报告。

规划主要安排对143条骨干河道、45座重要湖泊和39座重要水库进行治理。“十四五”期间，沂沭泗水系地区重点实施丰沛运河、不牢河、房亭河、龙王河、鲁兰河、一帆河、大涧河等河道治理，加快研究埒子口综合整治、盐东控制下移扩建治理方案，推动实施；淮河水系地区重点实施西民便河、老三河、公道引水河、斗龙港、白马湖下游引河、通榆河、兴盐界河，白马湖、宝应湖、里下河腹部地区湖泊湖荡等河湖治理，积极推进新洋港、黄沙港、斗龙港和射阳河四港后续治理工程；长江水系地区重点实施乌塔沟、古马干河、通启运河、栟茶运河、皂河、秦淮河、秦淮新河、秦淮东河、水碧桥河、官溪河、秦淮河蓄滞洪区、固城湖等河湖治理工程；太湖水系地区重点实施通济河、中河、洛阳胜利河、锡澄运河、白屈港、锡北运河、白茆塘、八荡河、元和塘、滆湖、长荡湖、阳澄湖、澄湖等河湖治理。

(3) 完成《洪泽湖退圩(围)还湖专项规划》。为落实江苏省人民政府批复的《洪泽湖保护规划》，加强洪泽湖管理保护，恢复湖泊调蓄能力、改善水生态环境，推动生态文明建设，支撑区域经济社会可持续发展，省水利厅于2018年9月开展洪泽湖退圩还湖规划编制。规划以2017年为基准年，2022年为近期规划水平年，2030年为远期规划水平年，在调查洪泽湖圈围现状、分析存在问题的基础上，基于提升洪泽湖防洪、供水、生态等综合功能的目标，提出了退圩还湖布局方案，洪泽湖湖区蓄水范围线内共有圈圩面积347.16 km^2，规划清退圈圩面积317.92 km^2。同时结合退圩还湖土方利用，提出了堤防加固与综合利用、湖泊生态修复方案，并提出了规划政策建议与实施安排。2019年3月规划通过水利厅审查，征求省相关部门意见后，对规划进行了修改完善。2020年1月省政府以苏政复〔2020〕1号批复《江苏省洪泽湖退圩还湖规划》。

(4)《江苏省水利基础设施空间布局规划》形成初步成果。为贯彻落实中央关于统一规划体系、建立国土空间规划体系并监督实施的有关部署，适应国家规划体制改革、“多规合一”的要求，做好水利规划与国土空间规划之间的衔接，为水利工程补短板、水利行业强监管提供规划基础和依据，水利部部署编制水利基础设施空间布局规划，省人民政府要求编制水利专项规划。依据上位要求，省水利厅在全省范围内启动了规划编制工作。

《江苏省水利基础设施空间布局规划》是国土空间规划体系中基础设施专项规划之一，现状基准年为2018年，规划近期水平年为2025年，中期水平年为2035年，展望到2050年。规划任务是全面开展水资源承载能力、水利基础设施保障情况、河湖管理等情况分析评价，科学确定规划总体思路和目标，合理划定涉水生态空间，完善水利基础设施规划空间布局，合理划定涉水生态空间，提出涉水空间管控和保护措施。到2020年底，全省各级基本编制完成水利基础设施空间布局规划，完成与各级国土空间总体规划的对接协调工作，形成定位清晰、分类保护、功能互补、管控得力的一张水利空间蓝图。围绕“护好一条管理线，划定一条保留线，协调一条生态线”的水利空间规划总路线，管护好河湖与现状水利工程，预留好水利基础设施规划项目用地空间，协调好重要涉水生态空间范围，落到全省国土空间规划“一张图”上，提出行之有效的空间管控措施，明确水生态保护修复重点任务，形成包括规划报告、空间蓝图、数据台账、项目清单等四大类的成果体系。

省、市、县三级正在编制规划，省级水利基础设施空间布局规划已形成初稿。

(欧建锋　袁文秀　毛媛媛　兰　林)

建 设 管 理

【水利事权划分】 为贯彻落实省委省政府《关于加快苏北振兴推进全面建成小康社会的若干政策意见》(苏发〔2016〕20号)精神,进一步规范江苏省水利基本建设项目投资管理,实行统一、规范、透明的水利投资省以上财政补助政策,体现依法行政、依法理财和公正、公开、公平的精神,促进事权与支出责任相统一,根据中共江苏省委江苏省人民政府《关于深化财税体制改革加快建立现代财政制度的实施意见》(苏发〔2014〕16号)、省政府《关于调整完善省以下财政管理体制的通知》(苏政发〔2017〕51号)、水利部《关于深化水利改革的指导意见》(水规计〔2014〕48号)、《江苏省水利基本建设投资计划安排及执行情况考核管理暂行办法》(苏发改规发〔2013〕7号)等相关要求,参照《关于印发〈江苏省市县财政保障能力分类分档办法(2016—2017年)〉的通知》(苏财办预〔2016〕2号)有关分类分档标准,省财政厅、发展改革委、水利厅对原《江苏省水利基本建设项目投资省以上财政补助政策》进行了修订,报经省政府领导同意后正式印发,从2017年1月1日起执行,作为今后全省水利基本建设项目安排省以上投资补助的政策依据。

(董正兴)

【前期工作】 以节水供水重大水利工程为重点推进项目前期工作,为全省"十三五"重点水利工程建设提供项目支撑。(1)节水供水重大水利工程前期工作有序推进。进一步治淮,淮河入海水道二期工程可研报告已经国家发展改革委技术评估;洪泽湖周边滞洪区建设工程可研通过水利部淮委许可,已报省发改委待批。太湖治理,环太湖大堤剩余段可研已经省发改委批复,初步设计已通过技术审查;望虞河拓浚工程可研已报水利部审查;吴淞江整治工程可研经水利部初审,修订稿已完成;配合太湖局开展太浦河治理方案研究。(2)服务区域发展的重点水利项目前期工作进展顺利。围绕省委省政府加快沿海开发、黄河故道农业综合开发等一系列区域发展战略部署,全力推进区域重点水利项目前期工作。沿海水利新洋港闸下迁工程可研报审,海堤巩固完善工程按年度计划有序推进。(3)民生水利项目前期工作进展超前。国家专项规划内中小河流治理、病险水库加固、大型灌排泵站改造等项目基本完成,大中型病险水闸加固重新启动,灾后水利薄弱环节建设全面实施,大中型灌区续建配套、水资源水环境、城市防洪建设稳步推进,高效节水、小农水重点县等农村水利工程按国家和省下达目标任务加快推进。

(赵一晗)

【水利建设管理改革】 2019年,全省各地积极探索代建、集中监理、专职建管机构等改革措施。(1)大力推进代建制。通过购买市场服务,新孟河桥梁工程以及地方基建工程试行了代建制,全省累计11个市26个基建建设项目进行了代建,有效解决建管力量不足的问题。(2)集中组建项目法人。针对近年来工程项目多、战线长、投资大的特点,大多数设区市以及建设任务较多的县区共设立57个基建项目专职机构,统一承担基本建设任务,有效保证了建管队伍的稳定、建管经验的传承和建管水平的提高。(3)完善竣工验收制。重点突出强化落实专项验收,制定印发消防设施专项验收指导意见,力求解决多年来水利工程消防设施"不会验收、不予验收"问题。对过去多年没有竣工验收的项目开展专项清理,提出分类处理方案,全年85个项目清理65项。(4)加快信息化建设。研发建成水利工程建设现场视频管理平台,实时传输工程建设现场视频。全面应用“e路阳光”信息系统，对全省重点工程进展情况进行实时信息化管理。全面推广质量监督移动APP，及时掌握、分析、研判质量监督工作开展情况和工程质量管理状况。

（基建处）

【工程建设管理】 通过进一步落实“项目法人制、建设监理制、招标投标制、合同管理制和竣工验收制”五项建设管理核心制度，压实项目法人首要主体责任。在验收管理方面，各级水行政主管部门积极沟通协调项目法人，共同研究落实工程度汛安全措施，全年省、市两级共组织验收活动263次，其中竣工验收79次，机组启动、通水、投入使用等阶段验收184次，验收合格率100%。在招标投标方面，继续全面实行电子化招标投标，全年完成399个标段招标投标，交易金额68.92亿元。编制印发10个类别标准电子招标文件，对国家颁发的标准文本进行电子化、本土化、补充完善，指导规范招标条件设置、招标文件编制等。在市场监管方面，编制质量检测单位审批技术标准，规范行政许可决定。考核、培训施工企业三类人员约8 000人次，累计发放14 638本有效证书。推选出21个省级水利文明工地、7个优质工程，创建1个“扬子杯”工程，6个“大禹”奖工程。开展市场公平竞争审查7件增量规范性政策文件，清理清查存量文件97份。在信用管理方面，引入省公共信用信息中心大信用数据，完成2018年从业单位信用等级评定，公示3家失信被执行人“黑名单”，向4家单位发出信用提醒通知书。对部分水利局、项目法人、施工单位、监理单位和责任人进行了通报、约谈、责令整改、经济处罚、作出书面检查和清除出场等处罚措施。在建设稽察方面，2019年，省水利厅完成稽察项目56个，其中检测单位3家、质量专项项目8个，安全生产和农民工工资项目4个，整改复查项目7个，对19个项目进行实体质量稽察抽检，形成项目稽察报告48份。

（基建处）

【施工质量管理】 围绕质量提升行动计划，全省扎实开展一系列质量提升活动。（1）开展质量考核。省水利厅制定年度质量工作考核标准，组织5个考核组对设区市进行考核，各市组织对辖区县进行考核，全省累计抽查考核项目151个。部对省下发的“一省一单”、省对市下发的“一市一单”，均进行了有效整改。（2）开展质量统计分析。完成2018—2019年度省水利建设工程质量状况统计分析报告编制，采用大数据方式分析比较质量管理工作成果。（3）开展质量监督。省站累计开展质量监督检查、巡查142次，发出质量监督检查意见87份，提出质量管理意见与建议806条，数量分别比2018年度提高15%、9%、84%。（4）提升监督能力。颁布实施《微劈裂真空预压加固软土地基技术规范》，编制《土工袋生态护坡技术规范》《排泥场泥水快速分离技术规范》，地标数量继续保持全国领先。2019年省市两级共举办45次培训班，培训人数达6 700多人次。

（基建处）

工 程 管 理

【工程运行管理】 强化运行管理，确保安全运行。2019年，江苏省水利工程运行管理工作紧紧围绕安全、高效、创新总目标，开展隐患排查整改，及时进行工程维修，切实加强运行管理，在抗御苏北地区60年一遇气象干旱、强台风和沂沭泗洪水等水旱灾害斗争中发挥了巨大的经济、社会、生态效益。

国家级水管单位创建全国省市区领先。国家级、省级水管单位和规范化管理小水库创建成绩突出。全省省级以上水管单位共

306家，其中国家级水管单位20家，在全国各省领先。创建规范化小水库503座，规范化小水库创造“江苏经验”。通过“规范化小水库”创建，打造小型水库管理精品，“规范化小水库”创建经验被水利部在全国推广。

河湖和水利工程空间管控形成“江苏模式”。全省121个有划界任务的实施单元均通过同级政府验收并向社会公布，厅直属管理单位的8个实施单元通过省厅验收。累计完成1 486条河道、137个保护名录湖泊、685座水库的管理和保护范围线划定任务，划定管理和保护范围线6.7万千米，埋设界桩45.6万根，超额完成省委、省政府既定工作任务。“高位推动、部门协同、精准测量、信息化管理”的管理范围划定“江苏模式”被水利部作为典型在全国进行经验推广，为推动空间规划“多规合一”、有力保护河湖生态健康、系统解决复杂水问题打下了坚实的基础。

精细化管理树立“江苏品牌”。在运行管理工作中，创新水利工程运行管理方式，通过构建精细化管理的标准体系，确立科学的发展方向、优化的操作流程、可行的衡量标准、严格的考核机制，促进工程运行管理效率和水平全面提高。

工程补短板强力推进。积极争取投入，及时开展工程维修养护，补齐工程短板。每年安排一批省级水利工程维修养护项目，确保工程在兴利防灾减灾中发挥根本性作用。在全国率先开展并基本完成小型病险水库除险加固建设任务，着力补齐小型水库这一短板，认真落实国家关于小水电清理整改。做好小水电清理整改。

运行管理强监管工作有力推进。加强监督管理，强化安全意识，牢牢守住安全运行底线，坚持问题导向，采取“四不两直”方式按时开展运行管理检查督查十多批次，主要包括省级水管单位复核检查、全省小型水库安全运行、运行管理专项检查、全省重点闸站工程安全运行专项检查、省级水利工程管理单位飞检抽查、水利工程运行管理督查、抗御特大干旱期间水利工程安全运行专项检查等，并对水利部和水利厅暗访检查发现问题下发清单，督查及时整改落实，确保了全省水利工程运行安全。

（罗伯明）

【省属闸站工程管理】

1. 防汛防旱工作

根据省防汛防旱指挥部《关于开展水利工程汛前检查的通知》（苏水汛〔2019〕2号）文件要求，2019年4月8日至19日，省河道管理局组织4个检查组，对8个厅属水利工程管理单位和省防汛防旱抢险中心进行了汛前准备工作检查和安全生产工作检查，共检查了全省流域性防洪、排涝、抗旱骨干泵站、涵闸、堤坝等136座水工建筑物（变电所）和3支抗旱排涝队（机动抢险队）。通过听取汇报、察看现场、查阅资料、交流质询等方式，对省管水利工程水工建筑物、机电设备、安全设施的技术状况，预案档案、工程观测、安全生产等管理工作情况，维修养护、除险加固等项目实施情况，进行了全面检查，现场整理形成汛前检查意见报告单反馈给被检单位。

2019年苏北遭受60年一遇罕见气象干旱，省管闸站全面完成防汛抗旱、生态调水、江水东引、南水北调等任务，全年泄洪排涝、调水引水累计690亿m^3，其中：泵站累计引水调水209亿m^3、抽排涝水2亿m^3，涵闸引水321亿m^3、泄洪排涝158亿m^3，为抗御洪涝灾害、保障供水安全、促进全省经济社会发展，发挥了关键性作用。

（1）防汛抗旱方面。省骆运管理处全力应对台风“利奇马”及沂沭泗地区大洪水，中运河、徐洪河两个洪水南下通道安全行洪7.77亿m^3，大中型涵闸累计泄洪30亿m^3；组织50余名抢险队员，投入90台套抗旱机组，经过24天的连续奋战，圆满完成淮河入江水道金湖控制线临时机组应急抗旱翻水任务，累计翻水 2 594 万 m^3。省淮沭新河管理处首次启动淮沭新河和通榆河“双线”调水，抗击 60 年一遇大旱。调度运行淮阴二站、滨海抽水站、二河闸、蔷薇河地涵、灌河地涵等众多节点工程，累计抗旱供水 75 亿 m^3。8 月份，新沂河大流量行洪，沭阳闸、沭新闸、沭阳控制工程、叮当河控制工程等均创历史新高水位，新沂河海口控制工程实测泄洪最大流量 5 480 m^3/s，10 天安全排泄洪水 18 亿 m^3。省灌溉总渠管理处泵站累计抽水 50.4 亿 m^3，抽水量创历史同期新高。其中淮安站安全运行 232 天，累计抗旱抽水 35.6 亿 m^3；淮阴抽水站安全运行 181 天，累计抗旱抽水 14.8 亿 m^3，为淮北地区经济社会发展提供了坚实的水利支撑和保障。省洪泽湖管理处石港站开机 117 天，累计抗旱抽水 3.95 亿 m^3。省江都管理处 4 座泵站累计抗旱运行 235 天、抽水 75 亿 m^3，抽水量均创历史新高；省太湖管理处常熟水利枢纽累计排水 20.30 亿 m^3，新沟河江边枢纽累计排水 2.98 亿 m^3。省抢险中心启动应急排水车在淮河入江水道金湖控制线西偏泓共架设 85 台套潜水电泵向洪泽湖抗旱补水，累计运行 18 056 小时、共翻水 2 156.72 万 m^3。

（2）引水调水方面。省江都管理处自流引江 58 亿 m^3，引水量均创历史新高。省秦淮河管理处精准调度处属工程，秦淮新河泵站开机运行 248 天，武定门节制闸开闸运行 344 天，抽引江水 5.9 亿 m^3，调水 12.4 亿 m^3，相当于每 3 天往外秦淮河注满一个玄武湖的水量。省太湖管理处常熟枢纽引水 10.51 亿 m^3，其中泵引 5.45 亿 m^3，入太湖 3.89 亿 m^3；新沟河江边枢纽引水 0.99 亿 m^3。省泰州引江河管理处向苏北地区及里下河累计引水 59 亿 m^3，同比增长超 50%，为赢得 2019 年里下河及苏北地区抗旱胜利作出积极贡献；高港泵站向通南地区开机 7 次，送水 3.03 亿 m^3。

（3）向省外供水方面。省骆运管理处严格执行调度指令，大型泵站运行 294 天，克服机组长期运行、疲劳运行、超工况运行等困难，累计抽水 51.5 亿 m^3，顺利完成南水北调向省外供水任务。

2. 维修养护工作

2019 年共安排厅属管理单位省级水利工程维修养护及防汛经费 1.6 亿元，其中：维修经费 9 618 万元，养护经费 3 977 万元，防汛项目经费 2 355 万元。

3. 技术管理工作

（1）精细化管理持续深化。厅属各管理单位务实开展精细化管理工作，通过对工程管理全流程作业的优化细化、技术控制指标量化、运行操作管理流程化，切实有效推进精细化管理落地生根。①全面规范汛前检查。坚持高质量运行与高标准维养相结合，强化泵站、水闸工程监测巡查，扎实开展工程设备等检查维修保养，完善设备评级，全面掌握设备状态，分解压实责任到岗到人。深入推进“周检月试”，构建防汛抢险设备三级养护模式，同步升级调度平台，改进仓库信息系统，实现了信息实时提示与响应。②达标创建持续推进。积极推进工程规范化管理，推动工程管理提档升级。2019 年，皂河抽水站管理所、房亭河地涵管理所成功创建省一级水管单位，石港抽水站管理所成功创建省二级水管单位，泰州引江河管理处顺利通过国家级水管单位复核。③技术规范日益完备。各管理单位积极参与编写大中型水闸工程自动化系统检测规程、精细化管理丛书、工程管理考核指导手册等技术规范，修订省水闸、泵站管理办法。骆运管理处组织开展了“精细化管理全面推进年活动”，精细化管理由工程管理向财务管理、党务管理等工作全面、全方位推进。淮沭新河管理处修订报批了 32 座工程管理细则、10 余项规章制度，编制了一系列精细化标识标牌设计方案和专项水系图。骆运管理处制定完成了各专业业务指导书16册，实现了管理标识标牌、岗位责任、操作流程、工作步骤等全面规范化、精细化。

（2）划界确权工作基本完成。省河道局积极推进省管水利工程管理范围划定项目实施进度。2019年3月，组织项目各实施单位到省测绘局对划界成果进行统一完善和修正。2019年8月，印发《关于做好省管水利工程管理范围划定项目成果整改的通知》，召开省管水利工程划界确权成果审核会议，组织项目各实施单位对划界范围未完全满足法律法规要求的个别闸站工程进行再次复核和调整，协调推进问题整改，整理归档验收相关材料。2019年9月组织召开集中整改划界项目成果和完工验收准备资料会议，完成土地权属桩埋设，划界项目成果通过省测绘局省级内业审核，完成项目实施档案整理。2019年10月，根据不动产权证书新领进展情况，及时调整修改实际完成工程量，修改完善竣工验收报告汇编。2019年12月，在南京组织召开项目竣工验收会议。

经第三方服务单位审核，省管水利工程管理范围划定项目最终实际完成划界测图划界测图215.26幅（部分地形图比例尺调整，图幅计量方式调整，实物图519幅），界线测绘398.8 km，埋设控制点346个，埋设界桩、界牌、告示牌3 663个（界桩3 051个、界牌304个、告示牌308个），管理区域分界牌564个（实际埋设时，根据现场实际局部优化调整），权籍信息化34.13 km^2（原土地证中部分水域面积本次换证国土部门不认可，原土地证测图误差、因房改产权变更为个人、经批复划拨给地方、上级批复核减等），埋设权属界桩1 283个（部分工程的划界管理范围线与确权范围线重合，划界桩与确权桩重合共桩，不再另行埋设确权桩），工作基点复核78处，完成了批复的工作任务和内容。

（3）智慧水利建设扎实推进。厅属管理单位将科技创新作为推进水利现代化的重要抓手，以工程实际和生产运行为导向，加强水利基础研究和科技推广力度，进一步提高工程管理科技含量、运行管理效能和工程管理水平。①切实加强信息化建设。江都管理处组织编制闸站工程管理智能化规划，加强信息化系统维护和更新，深度融合现有信息化平台，谋划构建安全、先进、实用的一体化监控和管理平台。淮沭新河建设信息化展控中心和标准化机房，开发信息化综合平台软件，对4个基层站所自动监控系统进行提档升级，基本实现全处重要工程运行监测数据整合展控。②切实加强课题研究。积极开展项目合作和新技术研究，在加固改造技术、自动化、智能化、信息化及工程控制运用与应急处置等领域挖掘自身潜力，提高现代化水平。总渠管理处申报的“7～10 m扬程贯流泵水利模型设计以及稳定性研究”和秦淮河管理处申报的“秦淮河流域水生态（环境）调度研究”都获得省水利科技进步三等奖；江都管理处在中国水利教育协会组织开展的水利创新成果评选活动中，有6个项目获奖，其中“大型立式同步机组不安全因素研究及解决方案”“泵站智慧巡检系统”获水利职工创新成果一等奖；秦淮河管理处主导的“水工钢闸门监测关键技术示范建设”科技项目，被水利部确定为科技示范项目，在全国推广，“河长制河道灯网智慧监管系统”获水利部先进实用技术科技推广证书，闸站智能巡检系统实现日常巡查工作由人工向电子智能化的转变；泰州引江河管理处编写的《智慧船闸》《河长制下泰州引江河及里下河湖区水生态水环境保护研究》等专著正式出版发行。③切实加强成果运用。太湖管理处主导的涡流传感技术在水闸安全检测中的应用技术研究、常熟枢纽清污机配套污物收集处理装置研究及应用等科技项目先后验收投用，各项成果为工程安全高效运行提供了有力保障。

4. 除险加固工作

经统计，省管病险水利工程共 18 座，其中，安全鉴定为三类工程的有 11 座（泵站 4 座、涵闸 7 座），需进行除险加固；安全鉴定为四类工程的有 7 座（泵站 1 座、涵闸 6 座），需降低标准运用或者报废重建。

2019 年，省管闸站按照现代化规划目标，除险加固工作全力推进，软件硬件建设不断强化，管水兴水能力有效提升，在建工程共计 13 项，完成基本建设投资 8 169 万元。皂河闸、沭新退水闸、车轴河闸、淮阴浮箱闸孔电站四期工程、月城河控制工程等除险加固工程完成竣工验收，沙集站、新沂河海口南北深泓闸、淮沭闸、沭新北闸等工程除险加固前期工作有序开展，已完成可研上报。

（王震球）

【水利风景区管理】 截至 2019 年底，全省已建成省级以上水利风景区 157 家，其中国家水利风景区 61 家，景区数量和品质均居全国前列。

（1）高站位引领景区发展。抓住大运河文化带建设契机，将水利风景区建设分别纳入《江苏省大运河文化保护传承利用实施规划》和地方性法规《关于促进大运河文化带建设的决定》。编制《江苏省大运河河道水系治理管护专项规划》，启动江苏省水利风景区高质量发展思路研究，引领景区高质量发展。（2）高品位推进景区建设。按照“努力实现县级层面全覆盖”的目标导向，对 2019 年 15 家提出省级水利风景区申报意愿单位进行创建辅导，南京市象山湖、新沂市高塘水库、盐城市盐都区仰徐、兴化市沙沟古镇、省沙集枢纽、省高良涧闸等 6 家景区成功创建省级水利风景区。完成省域范围水文化遗产调查工作，共登记梳理出水文化遗产 8 332 处（个），建成全国首个水文化遗产管理信息系统。完成“江苏省水文化遗产的认知、分布与价值研究”“江苏省城市河湖生态修复与景观改造技术研究”等课题。（3）高标准提升景区管理。2019 年共复核通过无锡市滨湖区长广溪、张家港市环城河、连云港市花果山大圣湖、连云港市赣榆区小塔山水库、淮安市清晏园、淮安市古淮河、盱眙县天泉湖、盐城市大纵湖、泗阳县泗水河、南京市蟠龙湖、南京市方便水库、徐州市九里湖、徐州市玉龙湾、沛县沛沿河、溧阳市塘马水库、泗阳县运河印象、省二河闸等 17 家水利风景区。筹备水利风景区行业协会，搭建水文化传播和水利风景区服务平台。《江苏省水利风景区评价规范》通过厅专家技术审查。（4）多渠道开展景区宣传。联合省委宣传部、省交通厅、省文旅厅、省文物局等部门举办“寻找大运河江苏记忆”活动，推选出南京胥河（高淳段）等 40 处最美运河地标。在中国水利报开辟专栏，连续推出《水利风景区为大运河文化带增光添彩》《水利风景区助推长江经济带发展》等专题报道。全年向部、省、厅网站共推送水利风景区建管新闻信息近百篇次。强化交流培训，2019 年共组织景区从业人员参加业务培训 6 个批次，受训人员达 200 人次。

（王新儒）

【水利工程移民管理】 （1）水利工程移民安置。组织南京市高淳区水阳江干流左岸（小蔡河—乌溪河段）堤防加固和右岸永丰圩堤防加固工程、高邮市状元水库工程、环湖大堤剩余工程、扬州市长江防洪能力提升堤防加固二期工程移民安置规划大纲或规划审核。完成溧阳抽水蓄能电站工程移民安置省级终验。对宿迁黄河故道、徐州郑集河输水扩大工程移民安置情况开展检查。指导淮河流域重点平原洼地治理等重点工程移民安置。

（2）水库移民后期扶持。水利部核定从 2018 年起新增句容抽水蓄能电站农村移民 203 人纳入大中型水库移民后期扶持范围（水移民函〔2019〕106 号），截至 2019 年底，国家核定江苏省大中型水库移民后期扶持人数255 204人，其中，大中型水库移民243 964人、三峡移民11 240人（三峡移民原迁人口10 383人、三峡净增人口706人，三峡自主外迁人口151人）。2019年下达移民扶持资金95 901万元，其中，中央大中型水库移民后期扶持资金87 726万元、国家重大水利工程建设基金（三峡工程后续工作）3 540万元、省级小型水库移民扶持资金4 635万元。2019年批复核备中央水库移民后期扶持基金项目223项，其中，实施18个移民村产业项目扶持、53个移民村“美丽库区 幸福家园”项目建设。全省65个省定经济薄弱移民村精准帮扶任务圆满完成，当年30个经济薄弱移民村脱贫。

（3）水利移民工作监管。印发《江苏省大中型水库移民后期扶持项目管理办法》《江苏省水库移民后期扶持资金绩效评价办法》。水利部对江苏省和常州溧阳市、连云港赣榆区近三年来水库移民后期扶持政策实施情况开展稽察。全省水库移民后期扶持政策实施情况监测评估和后期扶持资金绩效评价全面覆盖，水利部抽查复核连云港赣榆区、常州溧阳市2018年水库移民后期扶持资金绩效自评价情况，通报江苏省水库移民后期扶持资金绩效评价列第一等次。驻水利厅纪检监察组对睢宁县水库移民精准帮扶工作开展专题调研检查。采取“四不两直”暗查暗访、检查调研等方式，对27个县（市、区）水库移民后期扶持政策实施情况和扶持项目安全生产开展检查。完成水利移民信息系统电脑端和手机客户端建设并试运行。

（4）水库移民信访工作。水利部三峡工程管理司李铁平督察专员到江苏省检查三峡移民信访工作。组织开展三峡移民信访矛盾集中排查，厅领导带队深入三峡移民安置区检查调研，召开移民信访稳定工作座谈会。省政府办公厅转交中央第九巡视组巡视水利部交办三峡移民信访件，水利厅组织调查后向省政府办公厅报送《关于做好三峡移民信访稳定工作情况的报告》。下达2019年三峡移民维稳工作经费460万元。

（移民处）

水资源管理

【节水型社会建设】 （1）率先印发江苏省节水行动实施方案。积极落实国家节水行动，在全国率先编制印发江苏省节水行动实施方案，建立省级节约用水工作联席会议机制，明确部门分工和联络员制度，协调解决节水重大问题。全省13个设区市全部出台实施细则。

（2）全面强化节约用水监督管理。省委省政府将万元GDP用水量、万元工业增加值用水量等指标纳入高质量发展考核。落实《江苏省节约用水条例》要求，修订了国家、省、市三级重点监控用水户名录。对224个单位开展用水审计，核查26个企业用水审计情况。强化用水产品水效标识管理，联合省市场监管局全面启动以列入《水效目录》的用水产品为重点的检查行动。

（3）持续推进各类节水载体建设。大力推进国家级县域节水型社会达标建设，常州武进区、淮安洪泽区等14个县（市、区）通过验收，超额完成水利部下达江苏省的目标任务；建成105个省级节水型学校，150多个省级节水型企业、单位、灌区、社区等载体，完成738家2016年命名的省级节水型载体复查；树立节水标杆，开展用水效率对标达标活动，在火电、炼钢等为代表的重点用水行业、公共机构和大中型灌区中评选出第二批省级水效领跑者，树立节水标杆；推进节水教育基地建设，2019年全省建成14个省级节水教育基地。

(4) 全面完成节水攻坚战“四个一”任务。强化用水定额管理，印发新一轮农业灌溉用水定额修订，第4次工业、服务业、生活用水定额修订已上报省政府。开展规划和建设项目节水评价，制定下发节水评价实施意见，全面建立节水评价和台账登记制度，完成48个项目的节水评价，完成数量全国领先。积极推进合同节水项目，将高校合同节水工作纳入最严格水资源管理考核，高质量实施4个高校合同节水项目，常州工学院巫山路校区作为典型在全国推介，企业单位等其他类型合同节水顺利推进。高质量推进节水型机关建设，全面完成省水利厅机关大楼节水改造，厅机关大楼年节水20%以上，率先高分通过水利部组织的验收；联合省机关事务管理局，将水利行业节水机关标准推向全省，高标准开展各类公共机构节水型单位建设。

(5) 开展节水奖励和宣传教育。联合省财政厅、南京银行、杭州银行在全国创新推出“节水贷”业务，促进金融资本进入节水领域，解决企业节水改造融资难题。推进节水教育进党校、进课堂、进社区、进学校、进家庭活动，形成节水宣传全覆盖态势。在《中国水利报》“县委书记谈节水”栏目刊登江苏省徐州铜山区、淮安清江浦区等7个县(区)节水经验和做法。积极组织参加全国节约用水知识竞赛，全省参赛人次全国第一，被水利部评选为“特别组织奖”第一名。制定并落实节水宣传教育制度，“世界水日”期间积极组织开展专题公益节水宣传活动，联合省教育厅联合开展水情教育进校园活动，在全国率先推选出一批小学生作为“节水大使”。

(节水办)

【水功能区管理与水源地保护】 (1) 推进城市水源地规范化管理。建立长效管护标准化建设机制，规范水源地名录核准和注销。县城以上98个集中式饮用水水源地全部完成达标建设，建立长效管护年度评估机制，统一标识标志牌设置。(2) 加快新建水源地达标建设和应急备用水源建设。各地积极推进应急备用水源地建设，75个城市独立供水单元已有68个实现双源供水；80%的市县实现“多源”供水或建成应急备用水源。各地还按要求摸清全省农村“千吨万人”以上水源地情况。建成跨部门的水源地信息共享平台，重要水源地水质实现在线监测预警和定期监测评价双监控。

【取水许可管理】 (1) 严格取水许可审批、验收、发证、延续等全过程管理。严格水资源论证报告书审查，继续推进规划水资源论证。(2) 强化取水许可等审批事项事中事后监管，发文部署建立取水许可抽查考核制度，组织开展省级审批许可的取水项目核查，加强取水户事中事后监管，对部分取水户开展现场检查。对发现问题分类统计汇总并反馈各地整改，强化依法依规管理。(3) 严把论证和许可审批关，规范取水许可验收、发证和延续程序，完善管理台账，加强跟踪督促，强化事中事后监管。

【最严格水资源管理制度与考核】 全面落实最严格水资源管理制度。建立由分管副省长、相关单位为成员的实行最严格水资源管理制度和节约用水联席会议，协调推进考核重大事项。在全国率先制定出台2019年实行最严格水资源管理制度考核文件，细化考核内容和要求，并推动13个设区市全部下发市级2019年实行最严格水资源管理制度考核文件。全面组织县(市、区)开展水量分配和取用水管控、取水口取水及监管、水源地管理、节约用水等自查，省、市组织开展重点抽查，逐项全面落实考核各项要求。全面推进“合理分水”，将太湖、淮河、沂河、沭河等4个跨省河湖水量分配至市县，完成秦淮河、骆马湖2个跨市河湖水量分配，全面启动跨县河湖水量分配工作。

【水资源管理与能力建设】 (1) 加大水资源费征收力度。审核下达2019年省级水资源费项目和省级水资源费征收任务，继续加大“两费”征缴力度，2019年征收水资源费14.5亿元，完成任务的145%。(2) 颁发全国首批省级取水许可电子证照，率先完成全省范围内31 966个取水工程(设施)核查登记，确定81个全国首批重点取水口监管名录，制定印发《取用水管理手册》，开展“四不两直”监督检查，落实水资源有偿使用制度，规范取用水管理。(3) 在全面完成大型和重点中型灌区农业取水许可发证基础上，加快推进一般中型和小型灌区发证，部分市县提前完成农业取水许可发证任务。(4) 加强地下水资源管理和地下水超采区综合治理，按照《江苏省水资源管理条例》《江苏省地下水超采区划分方案》等规定，认真做好地下水管理工作，苏北苏中8市继续落实省政府地下水压采要求，截至2019年底，累计封填深井6 949眼，其中名录内4 847眼。委托省地调院开展2018年度地下水压采第三方核查和地下水压采效果评估，规范封井，建立健全台账资料。优化全省地下水监测网络布设，定期编发地下水监测季报、年报。严格地下水取水总量和水位双控制度，探索建立地下水监测预警机制。(5) 全面建成水资源管理信息监控平台并通过国家验收，90%工业和生活用水、60%农业用水实现在线监控，处于全国领先水平。(6) 完成全国水资源第三次调查江苏成果审查。

(李　伟)

太湖水环境应急治理

【太湖蓝藻应急治理】 强化蓝藻打捞处置与水草管控，全年累计打捞蓝藻172万吨；无锡市投资近4.2亿元，建成年处理10万吨藻泥压滤干化项目，解决了藻泥后续处置瓶颈问题；宜兴市投入近两亿元实施蓝藻打捞处置能力提升工程，蓝藻打捞点与藻水分离设施全面实现管道化连接，建成年处理3万吨藻泥蒸汽干化项目。环湖蓝藻打捞基本实现了打捞藻水全收集、全处理，藻泥全面实现无害化处置目标。科学研判管控太湖水草，有效消除了梅梁湖、贡湖藻草交织、威胁水源地安全的隐患，东太湖水草恢复情况总体良好。及时采取加密湖泛巡查监测、曝气复氧、水质异常区蓝藻应急打捞、污染土方应急清除，以及水质异常区围隔围挡等应急处置的综合措施，有效应对太湖局部水质异常现象。扎实推进新一轮太湖清淤，完成太湖二轮一期第2年度120万方清淤任务，梅梁湖清淤试点工程顺利开工实施。指导无锡市按程序加快推进前期工作，工程于10月份正式开工建设，进一步探索淤泥处置经验。

(李　伟)

【太湖引流应急调度】 2019年，按照国家防总批复的《太湖流域洪水与水量调度方案》，省水利厅会同太湖防总综合分析太湖地区水情、雨情、水质和天气趋势等因素，将防洪、防污、水资源调度有机结合，合理调控太湖水情，及时组织开展“引江济太”，确保Ⅲ类及以上优质水体入湖。10月，根据太湖流域雨水情变化，为保障流域秋冬季节供水安全和第二届中国国际进口博览会顺利召开，启动2019年度首次“引江济太”，并开展跨年度“引江济太”水源调度，全力保障流域水安全。10月21日，调度望虞河常熟水利枢纽日引江水量按1 200万m^3控制；开启望亭水利枢纽按50 m^3/s控制引水入湖。2020年1月17日，调整常熟水利枢纽为节制闸适时引排，关闭望亭水利枢纽，停止引水入湖。本轮“引江济太”，常熟水利枢纽累计引长江水12.8亿m^3，望亭立交枢纽入湖水量6.97亿m^3。

(省防办)

【太湖水环境整治骨干工程】

（1）新沟河工程。江边枢纽工程泵站通过机组启动验收，船闸、闸站工程通过投入使用验收并移交管理单位，即将申请竣工验收；无锡市西直湖港南枢纽、北枢纽、闸站枢纽等3座工程通过合同完工验收；常州市武进区遥观南枢纽工程通过投入使用验收并移交管理单位，遥观北枢纽工程准备机组启动验收，马杭枢纽工程完成试运行；常州市石堰闸工程通过合同完工验收。江阴市于门桥、新沟口大桥工程完成投入使用验收，无锡市境内15座跨河桥梁全部完成并通过合同完工验收，常州市境内11座跨河桥梁完成8座，另3座正在扫尾；武进区境内14座跨河桥梁已全部完成。

江边枢纽工程档案已通过专项验收；江阴市、无锡市惠山区、常州市天宁区已完成征地补偿和移民安置档案专项验收，惠山区完成移民安置自验工作，其余县、区正在做自验准备；新沟河全线水保、环保、档案专项验收正在积极推进，水保评估单位、环保调查单位已开展现场查勘工作，档案整编工作同步进行；工程造价审计正在开展。

（2）新孟河工程。界牌枢纽工程泵站已完成，正在进行设备安装和主厂房及安装间屋面结构安装，节制闸主体工程已完成，船闸工程部分闸室墙体及内外侧导航墩正在施工，其余已完成；奔牛枢纽船闸、节制闸工程正在准备水下验收工作，孟九桥工程正在准备交工验收工作。前黄枢纽正在进行桥梁施工。丹阳市桥梁工程皇蒋线公路桥、蒋奔公路桥、312国道桥已通车，水系调整工程Ⅰ标已全部完成；水系调整工程Ⅱ标、河道工程Ⅰ～Ⅳ标正在实施。宜兴市桥梁Ⅰ标、河道整治Ⅰ标基本完成，桥梁Ⅱ标、河道整治Ⅱ～Ⅳ标正在实施。钟楼区南延段施工Ⅱ标、桥梁标基本完成，施工Ⅰ标正在施工。新北区运南河道Ⅰ标已全部完成，其余10个运南河道标、7个桥梁工程标正在实施，其中老S338新孟河桥已完成投入使用验收。金坛区先导段工程已全部完成；金武路桥已全部完成并通车，河道Ⅱ、Ⅲ标、北干河标正在实施。武进区南延段施工Ⅰ～Ⅲ标、北干河Ⅰ标、太滆运河Ⅰ～Ⅴ标、漕桥河Ⅰ、漕桥河Ⅱ标、S239省道桥正在实施。

新孟河工程已完成民房签约3 855户，占总数99%，完成企事业单位签约379家，占总数98%。

（3）望虞河西岸控制工程。无锡市锡山区境内计划拆除民房3户，已全部签约，计划拆迁企业单位1家，暂未签约；工程Ⅰ、Ⅱ、Ⅲ、Ⅵ标通过合同完工验收；工程Ⅴ、Ⅵ标正在实施。无锡市新吴区境内计划拆除民房32户，已全部拆除，拆迁企业单位5家，已全部拆除；新吴区境内工程Ⅰ标已完成，Ⅱ标正在实施。苏州市相城区境内丰泾河泵闸已通过合同完工验收。常熟市境内计划拆除民房36户，已全部签约，计划拆迁企业单位17家，已全部完成；常熟市境内工程Ⅰ标、Ⅵ标完工；工程Ⅱ、Ⅲ标正在实施、Ⅳ、Ⅴ标完工待验收；水系调整工程已完成。

（侯立新）

河长制湖长制

【河长制湖长制工作】 坚持以习近平新时代中国特色社会主义思想为指导，深入贯彻落实习近平生态文明思想，坚持生态优先、绿色发展，高位部署推进河湖长制工作，人民群众对水生态环境的满意度不断提升。

（1）强化责任担当，凝聚治水合力。省委、省政府召开全省河湖长制工作推进会，省委书记娄勤俭、省长吴政隆发布省总河长令，部署全省全力打赢打好碧水保卫战、河湖保护战。省河长制工作领导小组印发《全省河湖长制工作高质量发展指导意见》。省委书记、省总河长娄勤俭巡查长江、大运河苏北段、洪泽湖、淮河入海水道；省长、省总河长吴政隆巡查太湖、长江，多次采用“四不两直”方式检查各地水污染防治情况；省级河湖长巡河14人次、签发任务交办单57份，市县级河湖长巡河1.5万余人次，全省形成了省级河长做示范、市县河长抓治理、镇村河长抓管护的格局。各级河长办发挥平台枢纽作用，积极服务河长湖长履职，对河长湖长批示、巡查发现和群众反映问题及时转办交办，协调各相关部门推动河湖长制工作有序运转。

（2）强化问题导向，精准发力攻坚。推进黑臭水体治理，连续3年将城市黑臭水体治理纳入省政府十项民生实事，基本实现设区市和太湖流域县级城市建成区消除黑臭水体目标。推进城镇生活污水处理提质增效，出台《江苏省城镇生活污水处理提质增效三年行动实施方案（2019—2021年）》，积极推进省级示范城市建设。开展河湖违法圈圩和违法建设专项整治，累计排查出“两违”项目15 830个，已整改14 753个，完成率93.2%，基本实现了“两年任务一年完成”。推进非法码头整治。全省内河干线航道沿线700余个非法码头基本完成整治，其中拆除非法码头465个，规范提升267个。沿江117个非法码头整治全部完成并验收。

（3）强化系统治理，综合施策提效。深入推进生态河湖建设，开展生态河湖建设中期评估，发布《生态河湖状况评价规范》地方标准，评选全省首批10个生态样板河湖。推进水污染防治，明确年度主要水污染物总量减排目标，统筹推进工业、城镇生活、农业农村、船舶港口等水污染治理。制订县级水质排名办法，向相关地方主要领导通报水质情况。探索区域共治，省级与浙江省、上海市建立了太湖淀山湖湖长协作机制，苏州市吴江区与浙江嘉兴市秀洲区共建联合河长制，徐州市沛县与山东市微山县建立“五联机制”。

（4）强化宣传引导，凝聚社会力量。面向全社会征集江苏河长制标志，在高校开展河湖故事讲述活动，让水文化、大运河文化走进校园，建成4所国家水情教育基地。开通江苏省河长制热线“96082”，畅通公众参与渠道，在全国率先拟订《河湖长公示牌设置规范》省级地方标准。开展2019年省河湖长制工作满意度第三方评估，举办江苏首届“最美基层河长”“最美民间河长”推选活动，开展“保护母亲河 争当河小青”志愿服务活动，引导全社会广泛参与河湖治理保护。

（河长制处）

【生态河湖样板打造】 深入实施生态河湖行动计划，水利部将江苏省生态河湖建设经验转发全国借鉴。组织开展生态河湖建设中期评估，发布全省首批10个生态样板河湖。在全国率先出台《生态河湖状况评价规范》地方标准，开展重点河湖生态状况评估，全省近七成主要河流和近六成省管湖泊达到优良水平。推动生态流量管控，制定发布全省第一批16个河湖生态水位，制定管控措施。制定《关于做好河湖生态流量确定和保障工作的指导意见》，组织市县开展重点河湖生态流量（水位）确定，13个设区市均开展生态流量确定探索。

（李　伟）

【河湖水域岸线管理】 （1）开展河湖保护规划编制工作。完成《湖泊保护名录2019》修编，出台《全省河湖保护规划工作大纲》《全省河湖保护规划报告参考提纲》，召开专题会议全面部署，明确规划事权、工作节点和编制要求，开展10个省管湖泊保护规划及长江、京杭运河（苏北段）保护规划编制工作。

（2）规范河湖空间管控。开展新一轮河湖遥感监测比对和岸线利用动态监测，定期印发《省管湖泊巡查月报》《省重点河道巡查月报》。启动全省第三轮水域面积监测，以县为单元分析水域面积增减数量。《洪泽湖管理能力建设项建书》《滆湖水生态监测站项目建议书》已编制完成待审查。进一步完善洪泽湖网格化管理机制，推动各省管湖泊网格化管理布局，明确河湖各网格单元空间管控的具体责任。

(3) 创新推进湖泊流域化管理试点。试点洪泽湖湖泊管委会、联席会议机制下流域化管理。按照生态河湖行动计划要求，在全国创新推进湖泊流域化管理试点，以长荡湖及白马湖宝应湖流域对象，探索水陆共治系统化管理新模式。

(4) 做好长江大保护工作。加快推进国家下达长江岸线清理整治，截至2019年底拆除取缔项目全部完成，整改规范类项目稳步推进。《2018年长江经济带生态环境警示片》披露问题涉水利牵头处理的5个已经完成。落实环保督察"回头看"问题整改，省专项整治排查发现的违规占用项目，纳入国家长江干流岸线利用项目清理整治，其余项目参照国家岸线清理整治要求推进整改。

(5) 做好洪泽湖治理工作。组建分管副省长担任省长的洪泽湖管理委员会，11个厅局和淮安、宿迁两市政府作为管委会成员单位，管委会办公室设在水利厅，统筹协调洪泽湖治理保护工作。出台省级《洪泽湖治理保护三年工作计划》，提出了7大类22项治理任务；省政府办公厅印发《加强洪泽湖生态保护与科学利用的实施意见》，推动洪泽湖系统治理和科学保护。规范项目推动，梳理细化清单化、属地化整治重点生态修复示范工程，对照治理任务，形成重点项目内容明确时间节点和整治线路图，积极向财政厅、省人大预算委争取省级财政资金。出台会商、工作交办督办、工作报告、约谈、联络员信息报送等五项制度和水利公安联合执法指导意见，实施"一月一调研，两月一会商，三月一通报"的量化管理模式。

(6) 推动堤防安全运行管护。在技术管理方面。完成《江苏省堤防工程技术管理规程》编制工作。组织各地要结合工情、水情，抓紧修订完善技术细则，规范堤防检查观测、维修养护、生物防护等管理行为，确保工程技术管理规范有序。在堤防运行管护方面。开展五级以上堤防隐患专项排查，规范堤防工程维修养护、水利林木采伐等行为，有序做好堤防工程安全运行管理，切实防范和遏制安全事故发生。

(河湖处)

【水生态修复】 在湖泊退圩还湖方面，提请省政府批复金湖县高邮湖宝应湖规划、新沂市骆马湖规划，开工长荡湖(金坛)、洪泽湖(泗阳)、固城湖、平旺湖等10个退圩还湖工程，还湖水域面积达60平方千米。在聚泥成岛方面，积极推进9个河湖生态清淤、聚泥成岛试点，完成成岛12个，成岛面积超过1 780亩。在河湖监测评估方面，组织开展12个省管湖泊水生态监测健康评估，分湖编制健康评估报告，客观评估湖泊健康状况，探索湖泊治理保护的科学思路，启动流域性河道水生态监测健康评估工作。

出台《水生态文明城市建设评价导则》地方标准，在9个设区市、18个县(市、区)分别建成国家级、省级水生态文明城市的基础上，大力推进南京市溧水区、泰兴市等县(市、区)开展水生态文明建设。实施完成徐州市贾汪区潘安湖片区水系连通等5个中央补助和连云港市新沭河西盐大浦河断面达标工程等4个省级补助水系连通项目，累计完成总投资9.04亿元，其中中央、省级奖补2.03亿元，为改善区域水环境起到了重要作用。组织编制"十四五"省级以上江河湖库水系连通项目库，启动江河湖库水系连通项目评估。

(河湖处、水资源处)

安全生产工作

【综述】 2019年，全省水利行业深刻汲取响水“3·21”特别重大爆炸事故教训，始终坚持“安全第一、预防为主、综合治理”的方针，牢固树立安全发展理念，强化安全生产责任落实，深化隐患排查治理，较好地完成了各项工作任务，全省水利安全生产形势保持总体稳定态势。

落实安全生产责任制。及时调整厅安委会组成人员，制定厅领导班子成员安全生产职责任务清单，修订厅安委会工作规则，层层签订2019年安全生产责任状和承诺书，明确各自监管责任和主体责任。印发年度全省水利安全生产工作要点，明确总体要求和21项主要工作任务。印发《省水利厅关于进一步加强水利行业重大安全风险标本兼治的通知》，明确水利生产经营单位主体责任和行业监管责任。

开展安全生产专项整治。组织开展百日安全生产大排查大整治等专项行动7项，制定安全生产监督检查清单，组织安全督查4次，突出抓好重大节日、重要时段、重点领域安全监管工作，强化安全风险管控和隐患排查治理。对标全省安全生产专项整治要求，制定《江苏省水利行业安全生产专项整治实施方案》，部署开展为期一年的全省水利行业安全生产专项整治，与全省27个重点整治领域同步推进。联合省公安厅、省交通厅开展排查治理农村地区道路交通安全隐患工作。

做好安全生产标准化工作。新增水利部安全生产标准化一级单位8家，全省一级单位达17家；组织对申报标准化二级的46家单位进行初审、评价报告审查和现场核查，审定通过2批次44家二级达标单位，全省二级单位达130家；各设区市全面推进安全生产标准化三级达标创建工作，三级单位共114家。研究制定《江苏省水文监测单位安全生产标准化评价标准》《江苏省水利防汛物资储备单位安全生产标准化评价标准》，强化标准化建设成果应用。

加强安全生产宣传教育。部署开展全省水利系统和厅机关“安全生产月”活动，举办全省水利安全生产知识竞赛和“6·16”安全宣传咨询日等特色活动，厅监督处被省安委会评为全省“安全生产月”活动优秀单位。组织参加全国水利安全生产知识网络竞赛，省水利厅等14家单位获得单位组织奖，58人获得个人竞赛奖，个人获奖比例占全国72.5%。组织参加全国水利安全生产标准化建设成果展评，省水利厅获组织奖，12个参展成果分获一、二、三等奖和鼓励奖。

推进安全生产信息化建设。参与“互联网＋监管”信息系统建设，梳理水利安全生产监管事项，制定安全生产检查实施清单。推广应用水利部安全生产监管信息系统，2 600多个单位开户使用，录入工程4.05万个，做好基础数据采集和定期汇总上报等工作。举办全省水利安全生产监管信息系统应用培训班，近100人参加培训，采用专家授课和在线模拟相结合的方式，提升系统应用能力。

（监督处）

【水利建设】 全省水利工程建设安全监督工作围绕水利工作中心任务，坚持“安全第一、预防为主、综合治理”的方针，根据“水利工程补短板，水利行业强监管、系统治水提质效”总基调，全面贯彻落实全省市县水利局长会议及全省水利安全生产电视电话会议精神，全省水利工程建设安全生产形势保持了总体稳定、持续向好的态势。

①明确安全生产职责任务。印发了《2019年全省水利安全生产工作要点》《2019年水利工程建设安全监督检查计划》。②全

面深入开展安全生产监督检查。收集工程位置定位点 254 个,保证“四不两直”检查的进行。组织开展在建水利工程安全生产大检查,对 13 市全覆盖开展安全生产飞行检查,对省水利厅及厅属单位组建项目法人的 5 个水利重点工程开展了安全监督活动,累计组织检查 27 次,印发意见 26 份,检查水利在建项目 39 个,排查隐患 281 条。加强导流及度汛安全管理,印发了《关于做好水利建设工地春节后复工安全生产及安全度汛工作的通知》,累计统计公示度汛责任人共计 461 个水利工程标段,工程建设、设计、监理、施工等参建单位责任人 1 844 人次。③安全生产标准化工作扎实推进。指导新孟河枢纽工程完成项目法人安全生产标准化一级达标创建工作,为全省项目法人安全生产标准化工作提供借鉴。《江苏省水利工程建设安全生产标准化及常见隐患图集》获得水利部水利安全生产标准化建设成果展评一等奖。《江苏省水利工程建设设备设施安全信息标识系统》通过验收。④深入开展 2019 年“安全生产月”系列宣传活动。向水利工地一线赠送安全生产法律法规、技术标准、宣教挂图、安全视频等,宣传安全生产和职业健康知识。组织开展夏季“送安全、送清凉、送法律”活动。⑤举办全省水利工程建设安全生产现场教学培训班,共 120 多人参加培训。

(陆雪琴)

【省属工程】 2019 年 4 月 8 日至 19 日,根据水利部水旱灾害防御工作会议精神和江苏省水利安全生产暨水库安全度汛工作电视电话会议、全省水利工程运行管理暨厅属管理单位工作会议部署安排,为确保汛期省管工程安全运行及汛前准备工作落实,省河道局组织开展了对 8 个厅属水利工程管理单位和省防汛防旱抢险中心的工程安全运行和汛前准备工作检查,全面地查验汛前准备各项工作、突出检查运行安全工作。6 月,及时收集汇总厅属管理单位检查问题整改情况,拟定《厅属管理单位汛前检查整改情况总结》。按照 2019 年维修养护项目计划安排,在经费尚未下达期间,重点督促做好可先行推进实施的项目管理,保障汛期省管水利工程运行安全及工程效益正常发挥。7 月,印发《省水利厅办公室关于加强省管水利工程汛期安全运行管理的通知》及《关于开展省管工程排水设施专项排查工作的通知》。强化汛期省管工程安全运行管理指导,印发《关于加强危险化学品使用管理的提醒函》,完成省管水利工程排水设施专项排查工作,拟定省管水利工程排水设施专项排查工作报告。8 月,完成省管运行管理工程百日安全生产大排查大整治督查,拟定《关于开展省属水利运行管理工程百日安全生产大排查大整治工作督查情况的报告》,送厅监督处。9 月,印发《关于做好重大节日期间省管工程安全工作的提醒函》,进一步加强省管水利工程运行管理安全工作。10 月,印发《关于做好省管水利工程汛后运行管理工作的通知》。

厅属各管理单位按照省委、省政府和厅党组安全生产工作会议和文件精神,及时研究部署安全生产工作,同步建立健全“党政同责,一岗双责”的工作机制,逐级签订安全生产责任状,确保安全生产责任有效落实。严格落实安全生产责任及各项措施,全面排查在建工程、运行工程和人员密集场所、危险部位,部署隐患排查治理及安全检查,实行闭环销号管理。省管工程现代化发展的要求,实行建设与管理并重,合理安排实施项目和实施时机,着力夯实工程基础,切实提高省管水利工程的完好率。(1) 认真开展专项排查整治。洪泽湖管理处组织开展“百日安全生产大排查大整治”活动,全面排查安全风险点和隐患,同步设立三河闸禁捕区,联合洪泽区人民法院召开洪泽湖生态环境保护宣判大会,切实保障三河闸工程安全运行。(2) 进一步强化安全标准化建设。骆运管理处、总渠管理处、高良涧闸管理所成功创建水利安全生产标准化二级单位，泰州引江河管理处、防汛抢险中心荣获全国水利安全生产标准化建设成果展评活动二等奖。(3) 切实织密综合防控网。江都管理处率先编制反恐防暴预案，并率先完成监控系统网络安全三级等保测评工作，人防技防有效结合，建设核心工程区安防系统。秦淮河管理处率先开展水利工程安全警戒区范围划定，与公安部门开展联合专项执法行动 24 次，及时查处恶意损坏水利设施行为，非法捕(钓)鱼行为得到有效遏制。

2019 年省属闸站工程全年安全生产无生产安全事故。

(王震球)

【机关后勤保障】 安全工作。①消防安全。遵循“预防为主、防消结合”的理念，提升安全防范意识，层层建立消防网络，实现全年安全生产无事故。强化日常检查和专项排查，做好每天、每月、每季度的检查和记录，按季度设备进行联动试验；2019 年 3 月 25 日和 4 月 16 日分别对大厦进行了两次安全生产大排查，修订、完善了《江苏水利大厦灭火及应急疏散预案》《电梯应急措施和救援预案》等；配合“11·9”消防日和安全生产月活动，组织消防联动实际操作技能演练和消防技能专项培训。②大厦安全。严格人员进出登记，实行前台 24 小时值班和巡查制度；完成大厦节水改造和消防道路改造工程，完成大厦玻璃幕墙安全检测和配电房电气设备安全运行预防性试验，配合完成“烟道渗水”“党员之家”“办公用房缩改”等系列工程；做好溴化锂机组内腔清洗和机房 10 台水泵换季维修，做好 3 台电梯的日常维护和年检工作。③驾驶安全。定期对车辆进行维修保养，按时进行年检，对所有机关车辆进行网上平台化管理。2019 年共出车 500 余次，其中长途 320 次，租车 115 次，安全行驶约 32 万千米。

服务保障。①机关服务。广泛开展节能宣传周和节能体验活动；加强对纸张耗材的管理，做好报刊、信件的收发工作，配合做好全省水利局长座谈会、处级干部培训等大型会务工作。组织全厅 45 岁以上职工进行体检；落实五台山、大地建设两处停车位共计 67 个。②公共服务。配合节水办完成厅机关节水型机关建设改造，做好管辖范围内公用部位、公用设备的维修维护及住宅区化粪池清理工作。完成厅科技档案室加固改造和消防改造收尾工作。③物业服务。完成新一轮物业服务合同的招标及进场；加大对物业服务的日常监督管理，每季度对其进行考核评分，对物业及各设备维保单位的工种、岗位强化对口管理。③财务保障。认真做好厅机关和各委托单位 2019 年度部门预算编报和执行工作。配合完成 2019 年度各类检查、审计工作。做好省河湖资源和水利工程管理信息系统等基建项目的财务工作，完成国家防汛指挥系统二期工程等竣工决算编制和审计工作。对江苏水利工程交易中心严格执行“收支两条线”管理，全年收缴非税收入 8 000 多万元，正常收退投标保证金近 10 亿元，收取交易费 300 多万元。

(后勤中心)

防 汛 防 旱

2019年雨情、水情、旱涝灾情

【雨情】 2019年，全省面平均雨量797 mm，较多年平均偏少2成。按地理分区：淮北地区705 mm，较多年平均偏少2成；江淮之间733 mm，较多年平均偏少2.7成；沿江苏南920 mm，较多年平均偏少1.5成。按行政分区：南京、扬州偏少3成以上，泰州、镇江、淮安、宿迁、徐州、盐城偏少2～3成，其余各市均偏少0～2成。

从空间分布上统计，降雨分布较为不均。全年降雨量由南向北大致呈现递减趋势，1 200 mm以上雨量高值区主要分布在沿江苏南南部地区，600 mm以下雨量低值区主要分布在长江以北、里运河以西地区。600 mm、800 mm、1 000 mm、1 200 mm以上降雨笼罩面积分别占全省面积的95%、39%、12%、3%。站点累计雨量最大为无锡深溪岕1 459.8 mm，其次为常州桃树岑水库(小水库站)1 438.0 mm、无锡杨省庄1 408.6 mm。

从时间分布上统计，降雨分布尤为不均。全省年降雨量主要集中在汛期，为515 mm，约占65%，汛前、汛后分别为193 mm(24%)、89 mm(11%)，三大地理分区年降雨量分布规律与全省总体一致。按月际分析，全省、淮北地区、江淮之间6月、7月、8月降雨较多，其他月份较少；沿江苏南2月、6月、7月、8月、9月降雨较多，其他月份较少。

【水情】 2019年，江苏省沂沭泗地区发生1974年以来最大洪水，沿江苏南部分河流发生超警洪水。

淮河流域：(1) 汛前淮河干流发生小洪水过程。1—2月受上游来水偏多影响，洪泽湖蒋坝水位持续上涨，最高水位13.57 m，超兴利水位0.57 m，2月22—26日三河闸开闸泄洪，最大流量400 m^3/s。(2) 沂沭泗地区发生1974年以来最大洪水。受第9号台风“利奇马”外围和冷空气共同影响，沂沭泗流域自8月9日起普降大暴雨、局地特大暴雨，8月13日骆马湖最高水位涨至23.72 m，超警戒水位0.22 m，入骆马湖最大洪峰流量达8 500 m^3/s，为1974年以来最大值。新沂河沭阳站8月12日出现最大洪峰流量5 900 m^3/s，为1974年以来第二大洪峰流量(历史最大为6 900 m^3/s)，最高水位11.31m，超警戒水位2.31 m，超历史最高水位0.55m。8月11日新沭河石梁河水库最大泄洪3 500 m^3/s，为历史第三大下泄流量(2018年3 950 m^3/s，1974年3 510 m^3/s)。

长江流域：2019年，江苏长江流域水情总体平稳。(1) 长江干流汛情总体平稳、部分河段潮位超警戒。汛期，长江大通站径流量5 488亿m^3，与常年同期(5 393亿m^3)相当。汛期受长江中游来水及天文大潮等影响，长江干流潮位部分河段高潮位超警，南京站最高潮位8.99 m，超警0.29 m，超警天数7天；镇江站最高潮位7.68 m，超警0.68 m，超警天数15天；天生港站最高潮位5.85 m，超警0.25 m，超警天数7天。7月16日、17日分别发布长江南京段、镇江段洪水蓝色预警。(2) 水阳江流域出现超警洪水。受水阳江上游来水及长江高水位顶托影响，石臼湖出现超警洪水，7月19日水位最高涨至10.74 m，超警戒水位0.74 m。7月14日发布石臼湖洪水蓝色预警。(3) 太湖及苏南运河部分站点水位超警戒。受降雨影响，太湖水位9月7日涨至3.84 m，超警戒水位(3.80 m)0.04 m。受“利奇马”台风降雨影响，苏南运河常州、无锡、苏州站水位最高涨至4.58 m、4.46 m和4.34 m，其中常州、无锡站超警戒水位0.28 m和0.56 m，苏州站超保证水位0.14 m。

【台风】 2019年，江苏先后遭遇第9号台风“利奇马”、13号台风“玲玲”和17号台风“塔巴”影响，影响台风的数量接近常年同期，影响程度上“利奇马”为近 58 年来最强。受“利奇马”影响，全省大部分地区最大风力陆上普遍达 7～9 级，太湖及沿海海面 10～12 级；8 月 9 日至 11 日自南向北出现强降雨过程，全省大部分地区暴雨到大暴雨，局部特大暴雨，全省面平均雨量 111 mm，50 mm 以上暴雨区笼罩面积基本覆盖全省范围，过程雨量仅次于历史上“6214”号台风和“6513”台风，为近 54 年来影响江苏全域雨量最大的台风。

【灾情】 洪涝及台风灾情：7 月 23 日，镇江市新区姚桥镇六圩埭段长江滩面发生窝崩险情。据统计，2019 年全省共有无锡、徐州、苏州、连云港、淮安、盐城、泰州、宿迁等 8 个设区市 40 个县(市、区)发生洪涝灾情，52.13 万人受灾，紧急转移 10.64 万人；农作物受灾面积 173.1 万亩，成灾面积 82.1 万亩；损坏水库 1 座，损坏堤防 97 处，损坏水闸 78 座，损坏机电泵站 38 座。因灾造成直接经济损失 10.44 亿元，其中水利设施直接经济损失 1.82 亿元。

干旱灾情：据统计，全省共有徐州、连云港、淮安、盐城、扬州、宿迁等 6 个设区市 28 个县(市、区)受到干旱影响。作物受旱面积 441.29 千公顷，受灾面积 214.71 千公顷，其中成灾面积 153.53 千公顷、绝收面积 1.48 千公顷，因干旱灾害造成直接经济损失 6.28 亿元。

2019 年全省防汛防旱抗台工作

省委、省政府高度重视防汛抗旱工作，娄勤俭书记、吴政隆省长多次作出指示批示，任振鹤副书记两次到省防指指导工作。省委常委、常务副省长、省防指指挥樊金龙多次召开苏北地区抗旱、防御台风“利奇马”和沂沭泗地区抗洪工作会商会、视频会，副省长、省防指常务副指挥费高云深入一线检查指导抗旱抗台抗洪工作，并在沂沭泗地区抗洪关键时期设立前线指挥部，现场指挥部署安排落实。省防指定期会商研判，科学指挥调度，部署落实防御措施，及时派出工作组，分赴沿江苏南、沿海及里下河、淮北地区指定帮助地方开展工作。全省各级党委政府全力以赴，精心组织，狠抓落实，相关部门密切配合，通力协作，全力做好抗旱抗台抗洪各项工作。

(1) 迅速形成新型工作体系。2019 年是新一轮机构改革后的第一年。省委、省政府明确，全省防汛抗旱工作由省水利厅和省应急管理厅分别承担相应职能，省水利厅侧重于防御，省应急管理厅侧重于救灾。省防汛抗旱指挥部办公室职能仍主要由省水利厅承担，并负责省防指的日常运转。在新的防汛抗旱指挥系统刚刚建立的情势下，全省各级党委政府全力以赴，精心组织，狠抓落实；各相关部门密切配合，通力协作，全力做好抗旱抗台抗洪各项工作。在抗旱、抗台、抗洪“三抗”任务十分艰巨的 2019 年，做到了“责任清晰、工作有序、阵地坚守”，夺取了新防汛抗洪体制下的首战胜利。水利部门加强防办日常工作和监测预报预警、洪涝旱调度、工程巡查及抢护、抢险技术支撑等工作，应急部门加强重大险情灾情抢险救援协调、灾情统计报告等工作，公安、交通、住建、农业、自然资源、气象等部门按职责分工各司其职，密切配合，共同做好相关工作。发生水旱灾害时，气象、水利、住建、应急等部门第一时间联合会商研判，防指第一时间作出决策部署，各级各部门第一时间作出响应；发出Ⅱ级以上应急响应时，水利、应急、公安、住建、交通、气象、消防等部门联合值班值守，共同抗御水旱灾害。

(2) 周密组织汛前检查准备。汛前，省政府专门召开全省防汛抗旱工作会议、省防指全体成员会议进行全面部署。全省各地认真贯彻会议精神，从严强化责任落实，从细完善应急预案，从实抓好防汛备战。① 守住安全底线，压实防汛责任。严格落实以行政首长负责制为核心的防汛责任制，汛前省、市、县三级防汛指挥机构和成员全部调整充实到位；明确各类防洪工程行政和技术责任人，并在《新华日报》等媒体公布，主动接受社会监督；开展水库度汛“三个责任人”业务培训；层层签订防汛抗旱工作责任状，做到一级抓一级、层层抓落实，确保责任到位、人员到位、措施到位。② 精心组织排查，加大隐患处置。年初即组织开展防汛大检查，共发现 8 类 985 个风险隐患，4 月初召开全省汛前检查汇报会，专题会商汛前应急处理方案和度汛措施。4 月上旬，组织 6 个由省水利厅厅领导带队的督查组对全省各地汛前准备工作开展专项督查，并分别下发隐患清单和整改通知，督促各地做好除险和隐患处置。汛前，全省各地按时完成年度防洪工程水毁修复任务。③ 坚持以防为主，提升应急能力。梳理淮沂沭泗流域、区域水工程防洪能力，大型水闸、泵站等工程现状和运用条件，并将资料整理成册。修订完善《江苏省防汛抗旱应急预案》及洪涝、干旱、台风、城市防洪、水库调度、蓄滞洪区运用等各类应急预案；修订完善秦淮河流域洪涝调度、里下河地区洪涝调度方案、大中型水库洪水与水量调度方案等，完成新沟河延伸拓浚工程 2019 年度汛应急调度方案、新孟河延伸拓浚工程奔牛水利枢纽施工导流方案批复。核定重要江河湖库防洪抗旱特征值，编制《江苏省水情旱情预警发布管理办法》。建立省级水旱灾害防御专家库，制定并印发《江苏省水利厅水旱灾害防御抢险专家管理办法》。以 2016 年型秦淮河流域暴雨为模拟对象，开展防洪调度演练。组织 2019 年全省军地联合防汛抢险实战演练。省级增储 1 500 万元防汛抢险物资，完成部分超储备期防汛物资报废核销。

(3) 全力抗御罕见气象干旱。5—7 月苏北地区发生 60 年一遇严重气象干旱，9 月中旬至 12 月中旬全省再次发生严重气象干旱。省水利厅超前研判，精心调度，科学调配水源，加强用水管理，于 7 月 16 日启动苏北地区抗旱Ⅳ级应急响应，持续时间达 25 天。① 及早蓄水保水。4 月中旬即启用江水北调泗阳、皂河等泵站实施向骆马湖补水，5 月上旬又调度江都站等抽引江水，引江淮水源补充骆马湖，同时严控湖库出流，最大程度储备水源。② 全力抽引长江水。针对苏北地区旱情，先后调度江水北调、南水北调泵站抽引江水，各梯级泵站累计抽水 252 亿 m^3，其中江都站 75 亿 m^3，均创历史新高。针对苏南地区旱情，及时调度启用秦淮新河站、谏壁枢纽、常熟枢纽、江边枢纽等沿江闸站抽引江水，全年抽引江水量超 67 亿 m^3。③ 突破常规加大江水东引调水力度。江都东闸、高港节制闸合计最大日流量达 908 m^3/s，累计引水 121 亿 m^3，突破历史极值。汛期，对里下河地区水位实施超常规高水位控制，为里下河水源调整、通榆河北延和宝应站抽水运行等提供充足水源。④ 首次全面启用里下河水源调整工程及通榆河北延送水工程。抗旱紧张期，全面启用里下河水源调整工程砍尾泵站，压减里运河扬州、淮安段用水，增加江水北调向北送水量。正式启用通榆河北延送水工程，实行“双线”向连云港送水，压减洪泽湖出流，其中滨海站累计抽水 1.5 亿 m^3。⑤ 应急架设临时泵站增加补洪泽湖流量。当洪泽湖降至死水位的紧要时刻，7 月 25 日起在淮河入江水道金湖控制线架设 175 台套临时机组，增加向洪泽湖补湖流量 50 m^3/s，洪泽站抽水补入洪泽湖最大流量达到 180 m^3/s，临时泵站累计抽水 4 700 万 m^3。⑥ 实施最严格用水管理。根据旱情发展，压减农业用水、严控生态用水，保障城乡居民生活、重点工业等用水需求。实施抗旱应急供水调度，将用水计划细化到各引水口门，并每 5 天进行一次优化调整。加强调水河道市县际断面、部分引水口门水量监测；派出工作组对沿线用水管理情况进行巡查督查，对超计划用水地区进行通报、约谈地方政府。

(4) 积极迎战沂沭泗地区洪水。面对来势迅猛的沂沭泗大洪水，省防指靠前指挥、沉着应对。① 成立前线指挥部靠前指挥。费高云副省长率省水利厅主要负责同志于 8 月 12 日亲赴宿迁沭阳、新沂河等抗洪现场检查指导，并成立沂沭泗抗洪前线指挥部，当晚紧急召开沂沭泗抗洪视频会议，对抗洪抢险工作作出具体部署，要求落实防汛责任，上足人力、备足物料、机械，加强巡堤查险，保证新沂河沿线安全行洪，确保人民群众生命财产安全。沂沭泗地区各级党委、政府认真贯彻省委、省政府决策部署，主要负责同志亲自部署、靠前指挥，分管负责同志全力以赴、狠抓落实，有关部门协调配合，强化各项防汛抗洪抢险措施，各级防汛抗洪责任人全部上岗到位、履职尽责，全力做好辖区防洪抗洪和抢险救灾工作。② 科学安排洪水出路。省防办密切关注水情变化，连夜滚动会商分析，及时调整调度措施：沂沭河洪水尽量东调，商请流域机构调度实施分沂入沭，控制沂河干流南下流量不超过 5 000 m^3/s，在沂河、沭河洪水退水阶段，进一步压减沂河南下流量及关闭沭河胜利堰闸，减轻骆马湖、新沂河防洪压力；提前预降骆马湖水位，在沂河、中运河洪水主体进入骆马湖之前，商请流域机构调度嶂山闸开闸泄洪，降低骆马湖水位，以接纳洪水；实施嶂山闸反控制，密切关注防汛重点新沂河的水情变化，针对其代表站沭阳水位上涨快且即将超历史最高、超设计的情况，11 日深夜及 12 日凌晨多次商请流域机构实施嶂山闸反控制，压减嶂山闸泄洪流量，成功将水位控制在设计水位以下；实施沂水南调，利用淮河干流基本没有来水、洪泽湖蓄水严重不足的时机，实施引沂济淮，不仅帮助分泄骆马湖洪水，也有效地补给了洪泽湖水源。③ 加强巡查和应急值守。省防指先后发出 3 次通知，要求徐州、连云港、宿迁等市做好沂沭泗流域性河道巡堤查险等安全行洪工作，派出 4 支由省水利厅领导带队的防汛工作组及专家组，指导现场安全行洪和险情处置工作。抗洪期间，三市共投入巡堤查险人数 17.21 万人次，其中群众 14.76 万人次，机关干部 2.05 万人次，消防官兵 0.3 万人次，部队官兵 0.1 万人次，新沂河等流域性河道堤防出现 38 处渗水、护坡损毁等一般险情。④ 前置抢险力量和物资。省消防救援总队成立沂沭泗地区防汛抗洪前置备勤总指挥部，在连云港市、宿迁市、宿迁市沭阳县、徐州市新沂市设置 4 个前置备勤点，派出 800 名指战员前置备勤，在沂河入骆马湖口苗圩段、沭河入新沂河口段、沭阳宿城段、新沂河大小陆湖段、新沂河海口枢纽、新沭河老险工段等六个险工隐患点现场，协助地方开展巡堤查险和应急抢护工作。省防指预置防汛抢险物资至新沭河、新沂河等行洪河道险工患段。抗洪期间，累计调运土工布 6 万 m^2、彩条布 13 万 m^2、麻袋 3 万只、钢管 8 t、桩木 80 m^3、救生衣 700 件、应急灯 170 盏，有力支援沂沭泗地区抗洪抢险。

(5) 科学防御台风侵袭。面对超强台风袭击，省防指将保障人民生命安全放在首要位置，科学防御。① 超前预测预报预警。各级气象、水文、海洋、应急等部门建立联合会商机制，密切监视台风动向，及时掌握风情、雨情、水情和海潮变化情况，加强分析研判，滚动预报台风路径、影响范围、降雨量、河湖水位等，及时发布预警信息，为做好防台抗台工作提供了有力保障。气象部门及时发布台风、暴雨预警信息，每小时更新一次。海洋部门加强海洋监测预报，发布海浪预警信息。自然资源部门及时发布地质灾害气象风险预警。通信部门协调三大运营商通过手机短信平台，发送各类防台避台预警短信，增强公众防台避险意识。交通运输部门启动交通运输系统应急响应，下发封湖、封渡、禁航命令，高速公路、桥梁按规定实行限速措施。海事部门及时发布长江航行警告，督促指导船舶安全避风。宣传部门组织主流媒体及时报道省委、省政府决策部署和各地行动情况，营造全社会关注支持防台抗台的浓厚氛围。② 强化责任落实。在台风来临前省防指及时下发通知，全面安排防台抗台各项措施。根据台风动向及防台风应急预案，省防指于 8 月 8 日 18 时启动Ⅳ级应急响应，根据台风影响情况于 9 日 9 时提升至Ⅲ级，又于 10 日 20 时提升至Ⅱ级；派出多个工作组，分赴太湖、沿海及里下河、沂沭泗重点地区指导防台抗台工作。③ 及时转移避险。各地各有关部门紧急组织力量，实行分级负责，开展拉网式排查，采取坚决果断措施，全力做好人员转移避险工作，做到该撤的撤、该转的转，不留死角、不漏一人。受台风影响较大的地区，认真落实出海船只、运输船舶、各类渔船回港避风安全措施，组织力量对海上、江上、湖上作业人员、沿海沿江沿湖景区游客和其他危险区域群众进行转移安置，对居住在低洼地区、简易工棚、危房等人员及时组织转移到安全场所，确保人民群众生命财产安全。经统计，全省共计撤退转移人员 17.9 万人，回港避风船只 2.0 万条，机场取消航班 653 架次，铁路停运线路 7 条。④ 全面落实防御措施。水利部门提前调度水利工程，预降河湖、水库水位；严格执行水库调度运行方案，确保水库不出问题；调度开启沿江口门及里下河地区沿海五大港闸全力抢潮排水，开启泵站抽排区域涝水；加强水利工程巡查，重点强化病险工程和险工患段防守、水库安全运行管理。应急管理部门预置抢险救援力量，指导各地做好群众转移安置工作，及时开展救灾救助工作。住建部门对城市立交桥、地铁、低洼地区、建筑工地等重点部位采取应急排水和安全避险措施，加固城市高楼塔吊、广告牌等高空构筑物，加强市政设施防护巡查。农业农村部门组织力量对设施农业、畜禽棚舍进行安全检查，落实安全防范措施，尽力减少灾害损失。各级各有关部门和单位加强应急值守，严格 24 h 值班和领导在岗带班制度，确保联系畅通、调度及时、指挥有力。

(6) 发挥综合调度效益。省水利厅在做好水旱灾害防御调度的同时，充分发挥水利工程其他综合调度效益。① 实施应急调度，应对水质污染。省水利厅持续跟踪了解响水县化工园区爆炸事件发生后附近水源地水质情况，做好应急水源调度。针对 5 月 29 日里运河高邮段原油泄漏事件，立即调度江水北调泵站停机，只保小流量抽水以维持航运水位；组织里运河、苏北灌溉总渠运东闸以下沿线各地关闭引水口门；减小水流速度，阻止水污染大面积扩散。② 实施生态调度，改善区域水环境。视里下河地区水情调度增加江都东闸、高港闸日均引江流量，为促进区域河网水体流动及沿海港道冲淤提供水源。先后 6 次调度高港站开机向通南地区调水，维持通南地区水位正常，促进水体流动，累计调水 2.44 亿 m^3。③ 实施南水北调，完成调水出省任务。统筹调度南水北调新建工程和江水北调工程，全面完成南水北调东线一期工程 2018—2019 年度向山东调水 8.44 亿 m^3 任务。

2019年省防汛(抗旱)指挥部成员名单

指　　挥:樊金龙　省委常委、常务副省长
常务副指挥:费高云　副省长
副 指 挥:田厚玉　省军区副司令员
徐　莹　省政府副秘书长
陈　杰　省水利厅厅长
陈忠伟　省应急管理厅厅长
朱小明　省武警总队副司令员
成　　员:王建军　东部战区联合参谋部作战局副局长
杨力群　省委宣传部副部长
汤明海　省发展和改革委员会副主任
王成斌　省教育厅副厅长
周毅彪　省工业和信息化厅副巡视员
尚建荣　省公安厅副厅长
徐洪林　省财政厅副巡视员
李　闽　省自然资源厅副厅长
秦亚东　省生态环境厅副厅长、省太湖办主任
陈浩东　省住房和城乡建设厅副厅长
王慧廷　省交通运输厅综合执法局局长
唐明珍　省农业农村厅副巡视员
詹庚庆　省文化和旅游厅巡视员
兰　青　省卫生健康委副主任
沈仲一　省应急管理厅副厅长
董淑广　省粮食和物资储备局副局长
严明良　省气象局副局长
陈夏初　省通信管理局巡视员
周　详　省消防救援总队总队长
郭乃红　省供销合作总社监事会主任
卢路生　中国安能建设集团总公司第二工程局筹备组副组长
岳建军　上海铁路局南京办事处副主任
陈　庆　省电力公司副总经理
李嘉清　中石化江苏石油分公司副总经济师
顾德军　江苏交通控股公司副总经理
秘书长:张劲松　省水利厅副厅长兼省应急管理厅副厅长

(王　建　朱思宇)

水 文 工 作

水文发展规划

【规划工作】 全力推进水文十四五规划编制。组建规划编制工作组，梳理水利十三五规划水文工作项目，按时完成水利规划水文部分中期评估。按照省厅十四五水利规划编制工作要求，组织完成十四五水文发展规划思路报告初稿，提出水文十四五发展初步目标、原则、思路、任务。

落实水利部水规总院工作要求，组织完成水利部水文现代化规划江苏省部分申报。

【前期工作】 徐州、淮安、南通水环境监测分中心项目初步设计已经省发改委批复，批复工程投资 6 000 万元，连云港水环境监测分中心经省发改委批准立项，批准项目估算投资 3 400 万元。

市际断面水文监测工程项目，经公开招标、实地查勘、技术论证，项目建议书暨可研报告已经组织编制完成。

配合推进水文测报业务平台、水情分析评价系统、水资源分析评价系统等信息化项目可研报告编制。

（周瑜粼　张玉洁　陈哲）

水文站网

【站网设置】 2019 年，全省共有 151 处水文站、137 处水位站、237 处雨量站、36 处蒸发站、21 处泥沙站以及环太湖、沿江、新通扬运河、通榆河等省级巡测线。另外，还有苏北水资源供水监测专用站 34 处、环境资源区域补偿专用站 30 处。

【资料整编】 (1) 地表水资料整编。2019 年地表水水文资料复审共完成水流沙 589 站年、降蒸 474 站年，共计 196 万字组的水文资料审查工作。其中包括 151 处水文站、137 处水位站(341 处水位项目)、438 处降水量项目、36 处蒸发量项目、21 处泥沙项目，其中遥测数据直接参加整编的水位项目 316 处(93%)、雨量项目 435 处(99%)，采用走航式 ADCP 测流的站 50 处，采用固定式 ADCP 等自动采集数据进行流量资料整编的站 3 处，其中无锡分局宜兴(南)、镇江分局九曲河闸水文站首次参加整编。

(2) 年鉴复刊。为适应水利建设及国民经济发展对水文服务的需求，保持水文资料系列的连续性，江苏省水文水资源勘测局制定详细的水文年鉴复刊工作方案，开展年鉴复刊工作。至 2019 年底，参编卷册 1989—2005 年度复刊工作已完成；主编卷册 1989—1992 年度水文年鉴已刊印，1993—2000 年度水文年鉴已通过流域审查，即将刊印，2001—2005 年度水文年鉴省内资料已完成补录、校核，计划于 2020 年底全面完成复刊工作。

(3) 地下水资料整编。全省开展地下水监测的总站数为 1 261 个，其中省级以上监测站 630 个(含国家地下水监测工程监测站 523 个)，各市水利局管理的监测站 631 个。全年按照地下水监测规范要求开展监测工作，对全年地下水监测资料进行整编、汇编，刊布各类地下水监测站水位、水温资料共 1 809 站年。资料符合规范要求，达到刊布标准。

(4) 水质资料整编。全省共监测各类不重复水质站点 4 931 个，其中水功能区全覆盖站点 1 937 个，饮用水源地站点 138 个，省管湖泊监测站点 110 个，护水控藻和引江济太监测站点 56 个，地下水监测站点 416 个，入河排污口 824 个，长江支流(入江河道)监测站点 331 个，水生态站点 83 个，其他监测站点 1 750 个，全省共出具各类水质监测数据 70.7 万个。

（周瑜粼、张玉洁、施露 杨西月 李盟）

测 报 工 作

【雨水情监测】 (1) 汛前检查工作。及时部署汛前准备工作，完成工作方案制定、人员分组、线路安排、组织协调、上报总结、下发通报等工作。3月下旬组织7个检查组，通过听取测站介绍、查看测验环境、检查测报设施、制定在站人员现场操作、召开座谈会等多种形式，完成19个水情分中心和120余处测站检查工作。梳理总结汛前检查结果，发文通报汛前检查问题及整改要求，梳理整改意见94条，均在主汛期前整改到位。

水文测验质量专项检查评定工作。11月，水利部水文司组织2019年度水文测验质量专项检查评定，对水利部水文司水文测验质量检查组对苏州和泰州分局所属的枫桥、望虞闸、高港闸和马甸港闸水文站进行了质量检查评定。江苏省4处水文基本测站测验质量均达到优秀等级。

水文测报方式改革。印发自动测流比测率定指导书、闸位计比测报告编制大纲等，规范引领全省自动测流系统应用；推动升级改造，年度完成14处站点自动测流系统升级改造；推动成果应用，年度批复8处(间)校测分析成果、4处新设备应用成果；推动试点先行，组织开展闸位计、雷达侧扫、巡测在线等设备试点应用，组织编制前埠村4种自动测验新技术比测报告。

(2) 水情测报。2019年，江苏省水情洪旱交织特征明显。雨情主要特征表现为年降雨总量较常年偏少2成、梅雨量显著偏少、“利奇马”台风雨致全省暴雨等。水情主要特征表现为：洪泽湖全年长期低水位运行，出入湖水量均比常年偏少7成多；受台风“利奇马”强降雨影响，沂沭泗汛期旱涝急转；沂沭泗和太湖发生编号洪水。

2019年，全省面平均雨量797 mm，较多年平均偏少2成。地理分区面雨量：淮北地区705 mm，较多年平均偏少2成；江淮之间733 mm，较多年平均偏少2.7成；沿江苏南920 mm，较多年平均偏少1.5成。行政分区面雨量：南京、扬州偏少3成以上，泰州、镇江、淮安、宿迁、徐州、盐城偏少2～3成，其余各市均偏少0～2成。与常年同期相比：5月、6月、7月全省及各分区降雨量普遍偏少，5月淮北地区显著偏少8成以上；8月全省及三大地理分区降雨量均偏多1～3成；9月淮北地区和江淮之间降雨量分别偏少8成、5成，沿江苏南较常年同期相当。2019年汛期，江苏省苏北地区遭遇气象干旱。8月9日至11日强降雨过程受超强台风“利奇马”影响，总体呈现分布范围广、暴雨强度大等特征。台风影响期间，全省累计面雨量111 mm，最大点雨量连云港麦坡站362.5 mm；56%站次小时雨量达到暴雨级别，部分站点短历时暴雨超50年一遇，个别站点超100年一遇。

2019年，长江大通站径流量9 232亿m^3，分布较常年(8 886亿m^3)、去年(7 868亿m^3)偏多4%、17%。大通站汛前1—4月来水量2 491亿m^3，比常年同期(1 776亿m^3)偏多42%，汛期来水量5 488亿m^3，较常年同期(5 393亿m^3)偏多2%，汛后10月至12月来水量1 250亿m^3，较常年同期(1 717亿m^3)偏少27%；受上游来水和下游潮汐顶托影响，江苏省长江干线潮位普遍超警。南京、镇江、江阴、天生港最高潮位分别为8.99 m、7.68 m、5.90 m、5.85 m，经省防汛防旱指挥部授权，江苏省水文水资源勘测局7月16日8时、7月17日9时分别发布长江南京段、镇江段洪水蓝色预警。

淮干及区间主要支流全年入洪泽湖总水量95.0亿m^3，较2018年(376亿m^3)偏少约74.7%，比常年同期(361亿m^3)偏少73.6%。

其中，吴家渡年来水量 69.5 亿 m^3，占比 73%，较 2018 年(296 亿 m^3)偏少 76.5%，比常年(276 亿 m^3)均偏少约 74.8%。汛期，里下河地区水情总体平稳，北片短时超警，里下河引排正常，汛期里下河地区未向长江排水；沿海四港(新洋港、射阳港、斗龙港、黄沙港)合计排水 97.22 亿 m^3；北坍抽水站排水 5.70 亿 m^3；大套一站、二站合计排水 8.23 亿 m^3。骆马湖主要控制站全年入湖总水量 42.6 亿 m^3，较 2018 年(34.4 亿 m^3)偏多 2 成多。

台风暴雨洪水影响大。(1) 暴雨量大级强。超强台风"利奇马"是 2019 年登陆我国的最强台风，对江苏省影响主要集中在 10 日至 11 日上午，日降雨量达 50 年一遇，最大累计降雨量连云港麦坡站 362.5 mm；短时强降雨特征明显，部分站点短历时暴雨超 50 年一遇，个别站点超 100 年一遇；50 mm、100 mm 以上暴雨笼罩面积分别占全省的 94%和 55%。(2) 洪水超警超保超历史。太湖流域、沂沭泗流域相继出现超警、超保和超历史洪水。太湖流域 23 个站超警戒，其中 6 个超保证水位，最高超警幅度 0.56 m，最高超保幅度0.25 m。沂河发生 2019 年第 1 号洪水，临沂洪峰流量 7 300 m^3/s，徐州港上站最大洪峰流量 5 550 m^3/s，为 1974 年以来第 2 大洪峰；沭河发生 2019 年第 1 号洪水，沭河大兴镇洪峰 3 850 m^3/s，历史排名第 2 位。骆马湖水位持续超警，嶂山闸持续泄洪，新沂河沭阳站持续超历史最高水位。

年末(12 月 31 日)省 49 座大中型水库蓄水量 7.679 亿 m^3，较年初(1 月 1 日)减少 2.451亿 m^3，与去年同期比偏少 24%，与常年同期比偏少 18%。

(3) 汛前准备。①协助下达报汛任务书。汛前对报汛任务书进行修订，细化内容、规范形式，重点强调了大中型水库的报汛问题，将预报站点首次纳入任务书，并依托雨水情数据综合管理系统实现站点报汛任务的灵活定制和报汛情况的实时监控，为开展报汛质量考核与督查工作提供可靠支撑。②及早做好汛前准备工作。开展全省水文测报汛前检查，分成 7 个小组累计检查 19 个水情分中心和 120 余处水文测站，做到站类、要素全覆盖；开展实时雨水情数据库基本信息类表年度维护，对特征值数据库各类统计表进行及时更新，针对防汛防旱特殊需求开发定制常用水情分析报表；开展水情业务系统安全检查，主动配合信息应用科实施水情专用服务器、数据库安全加固，积极联络开发单位开展水情关键业务系统排障调优，切实筑牢软硬件基础。③重点保障水库安全度汛。对全省各类各级水库工程参数、防洪特征值、汛限水位等基础信息进行多轮次核查；全程监控水库水情传输，保证报汛渠道畅通；以移动 APP 为平台，定制开发水库专题模块，实时展示水库监测预报预警信息；编制出台《江苏省小水库预测预报预警工作指导书》，为小水库水文预报、水情预警、信息化作业提供技术依据与参考；推进"江苏省水库抗暴雨能力实时分析模块"项目，针对全省三分之一以上大中型水库(选取 20 座)开展抗暴雨能力预报相关工作，构建可业务化运行的抗暴雨能力实时分析模块。

(4) 雨水情分析。全省各级水情部门实行 24 h 值班制度，密切监视雨水情信息，及时准确呈送各类分析材料。全年共编制水情快讯 10 期、水情分析 10 期(包括台风分析 3 期)、预报专报 3 期、抗旱应急调水专题 80 期、水库超汛限专题 9 期、梅雨期总结 1 期、汛期总结 1 期等，共发布水情短信 30 余万条。

(5) 水文预报预警服务。①实现水文气象长期预测。补齐水文气象长期预测短板，分阶段(汛前、汛期和汛后)开展降水、墒情气候预测，为提早安排部署苏北地区抗旱减灾工作提供了有力支撑；积极探索水文气象数据共享和业务合作新模式，引进上海中心气象台实况观测数据和模式预报产品，以强化天气趋势预判能力，进一步提高水文预报精度和延长预见期。②提升精准预报能力。分片区成立6个预报组，配备技术支撑专家，提供有针对性的专业预报服务，形成日常化站点和特殊水情事件逐日滚动联合预报机制，及时向有关部门报送预报成果。据统计，2019年，江苏省水情部门累计开展水文预报764站次，报送预报信息1 879条，预报合格率约94.6%。台风“利奇马”影响期间，成功预报风暴潮增水不会导致长江潮位发生超警；精准预报港上洪峰流量，相对误差仅为6%，峰现时间仅相差1小时；准确模拟嶂山闸4 000 m^3/s下泄条件下骆马湖水位变化过程，最高水位误差仅0.04 m。③积极开展预警信息发布工作。据统计，2019年，省水文局及相关分局根据《江苏省水情预警发布管理办法(试行)》累计发布洪水预警19期、枯水预警6期，包括洪水蓝色预警15期、黄色预警3期、橙色预警1期，枯水蓝色预警5期、黄色预警1期。其中，新沂河沭阳段洪水橙色预警为江苏省首次发布该等级预警。

(周瑜鄰　张玉洁　施　露　罗俐雅)

【水资源监测】 南水北调调水输水损失测验。编制《南水北调东线一期2019—2020年度向省外调水期间江苏部分河段输水损失技术方案》，组织调集徐州、宿迁、淮安、扬州分局以及水文系统300余人开展输水干线进出口、支流出入水口及沿线涵闸、船闸、取用水口等调查，并对4个输水河段的50个流量连测断面、79个涵闸漏水量测验断面、68个水位监测断面开展连续72小时的输水损失测验和泵站流量校验工作，顺利完成测验任务。

通榆河北延送水工程抗旱应急调水水文测验。配合通榆河北延送水工程抗旱应急调水工作，组织盐城、连云港分局等水文分局积极开展应急调水期间水量水质监测，共布设流量监测断面7处，水质监测断面16处，掌握调水沿线闸门、泵站、涵洞进出口水位、流量、调水进度及水质状况，为抗旱应急调水调工作提供依据。

里运河沿线抗旱应急调水水文测验。为配合做好江水北调沿线用水管理，受省防指中心委托，组织扬州、淮安分局开展里运河沿线主要交水断面及宝应县主要涵闸流量监测，共布设监测断面20处，累计监测流量700余次，报送实测流量成果简报50余期，为抗旱应急调水提供技术支撑，为沿线涵闸用水计量提供及时准确的水文信息。

水文应急监测演练。5月，组织全省水文系统在泰州引江河高港水利枢纽开展了2019年江苏省水文系统应急监测演练，规模之大为近年来首次，充分检验了全省水文系统应急监测快速反应能力、整体协调能力、测验技术能力及后勤保障能力。

(周瑜鄰　张玉洁　施　露)

【水环境监测】 (1) 水功能区监测。全省共监测水功能区全覆盖站点1 937个，监测项目为《地表水环境质量标准》(GB3838—2002)中的规定项目，并继续开展国家重点水功能区监督性监测工作。全年编发《江苏省重点水功能区水质通报》12期，及时通报水质情况，为全省水环境质量的持续、根本改善提供了重要依据。

(2) 饮用水水源地水质监测。对全省97处集中式地表水饮用水水源地开展监测，每月两次，分别于每月的5、25日实施。监测项目为水温、溶解氧、pH、高锰酸盐指数、氨氮、总磷、氯化物、氟化物等8项，湖库水源地增加总氮、叶绿素a、透明度3项。在此基础上，补充省内主要河湖水情及各监测水源地水位流量信息，编制发布《江苏省集中式饮用水水源地水文情报》，每半月一次。

(3) 省管湖泊水质监测。每季度组织开展省管湖泊水质监测，范围包括：太湖、滆湖、长荡湖、固城湖、石臼湖、洪泽湖、骆马湖、高邮湖、邵伯湖、里下河腹部地区湖泊湖荡、白马湖、宝应湖等 12 个湖泊，编制《江苏省省管湖泊管理季报》4 期及《江苏省省管湖泊管理年报》。

(4) 太湖巡查及护水控藻水质监测。继续对太湖调水引流沿线、太湖主要水源地和环太湖主要出入口门的 34 个断面进行护水控藻水质监测；并于 4 月 1 日至 10 月 31 日，每日对太湖水源地及湖体进行巡查，现场监测气象及水温、溶解氧、透明度、叶绿素、藻密度等水质指标，记录蓝藻生长及发展情况等。

2019 年护水控藻水质监测共计 61 天，累计太湖巡查 214 天，投入人力 5 051 人次，出动车(船)2 764 辆(艘)次，行驶车(船)程 16.0 余万千米，巡湖面积 13.2 万平方千米，完成湖体水质监测 1.36 万站次，获得水质数据 15.0 万个，累计编发《太湖巡查简报》《太湖护水控藻水质简报》《太湖地区水质自动监测结果报告》《太湖安全度夏工作日报》《太湖安全度夏水质周报》及专题分析报告等 753 期。

(5) 调水监测。继续组织开展引江济太及通榆河输水水质监测。太湖局组织实施的引江济太监测工作与江苏省护水控藻监测工作合并执行，详见护水控藻水质监测；通榆河水质监测主要对通榆河沿线 16 个水源地开展 pH、溶解氧、高锰酸盐指数、氨氮、总磷等 5 个项目水质监测并实时评价，累计编发简报 42 期。

(6) 长江省界监测。强化行政区界水体交接制度，关注省界水体，继续开展长江省界水体监测，涉及 5 个站点，监测项目为水位(流量)、水温、pH、溶解氧、高锰酸盐指数、五日生化需氧量、氨氮、总磷、总氮(湖泊)、铜、锌、氟化物、砷、汞、镉、六价铬、铅、氰化物、挥发酚、石油类共 20 项。

(7) 地下水监测。对全省 382 个地下水监测井开展监测，监测项目为 pH、总硬度、溶解性固体、硫酸盐、氯化物、铁、锰、铜、锌、挥发酚、高锰酸盐指数、氨氮、硫化物、总大肠菌群、硝酸盐氮、亚硝酸盐氮、氰化物、汞、砷、硒、镉、六价铬、铅等 24 项。监测频次为每年 2 次。

(8) 水生态监测。每季度针对省管湖泊、大型水库及其他代表性的河湖开展水生态监测，监测项目包括：浮游植物、浮游动物、底栖动物、着生生物及水生维管束植物。

(周瑜鄰　张玉洁　杨西月)

基础建设

【建设管理】 江苏省中小河流水文监测设施(2012—2013 年)工程 2019 年顺利通过省厅组织的竣工验收。

射阳港、东灶港海洋潮位站工程质量监督报告按省厅要求修订完成，基本具备竣工验收条件。

水文基本站达标工程土建工程除淮安外全部完成分部验收，根据工程结余情况，编制项目结余经费处置实施方案报厅审批。

主动配合局秦淮河、水土保持监测系统项目综合及档案管理工作。

组建徐州、淮安、南通水环境监测中心工程项目法人，完成监理招标，报备分标方案，出台工程建设、质量、安全、财务、档案和廉政管理六项制度，规范工程例会制度，工程建设顺利实施。

【维修养护】 全年审批项目 21 个，批复水文设施维修项目经费 900 余万元。跟踪批复维修养护项目，检查调研徐州、宿迁、泰州、盐城等分局的项目管理卡制度实施情况。2020 年局系统新增维修养护经费 1 000 万元。配合兄弟部门审核测报方式改革、水毁项目、党员教育基地项目工程量、造格审核把关。

(周瑜鄰　张玉洁　陈　哲)

南 水 北 调

2019年，江苏南水北调工作在省委、省政府和水利部的正确领导下，在省有关部门和沿线政府的配合支持下，省水利厅、省南水北调办精心组织、真抓实干、攻坚克难，圆满完成年度各项目标任务。(1) 圆满完成调水出省任务。根据年度调水计划，按照新老工程统一调度、联合运行的原则，圆满完成8.44亿m^3调水出省任务。(2) 输水水质稳定达标。省南水北调办协同省有关部门，强化干线水质监测监管，强化危化品船舶禁航监管，强化沿线水体污染防治，监测数据表明调水期间水质稳定达标。(3) 建设管理任务全面完成。南水北调调度运行系统、管理设施专项、南四湖水资源监测和宿迁市尾水导流工程按计划推进，年度完成投资12 700万元，超额完成年度投资任务。完成皂河二站、洪泽站等2项调水设计单元工程完工验收，由江苏负责完工验收的34项设计单元工程已完成29项。(4) 配套及二期工程取得阶段性进展。一期配套工程郑集河输水扩大工程累计完成投资84%；编制完成《江苏南水北调东线二期工程规划报告(初稿)》及水量配置、线路布局、综合影响等专项报告，开展生态保护、环境保障、移民安置等专项研究。(5) 工程管理体制机制进一步完善。省水利厅、省南水北调办统筹新建工程与原有江水北调工程，统筹省外供水与省内用水，加强沟通、协调、会商，工程管理体制机制进一步完善。

工程建设

【工程建设】 江苏南水北调一期工程包括调水工程和治污工程，总投资约267亿元，其中调水工程投资约134亿元，治污工程总投资约133亿元，分两阶段实施。工程自2002年起开工建设，2013年5月建成试通水、8月通过原国务院南水北调办组织的全线通水验收、11月正式投入运行，实现了省委省政府确定的“工程率先建成通水，水质率先稳定达标”的总体目标。截至2019年底，调水工程累计完成投资133.1亿元，占总投资的99.3%；南水北调治污规划确定的第一阶段102个治污项目已全面建成，实际完成总投资70.2亿元；省政府批复的第二阶段新增治污项目已经基本完成，其中由省南水北调办组织实施的4个尾水导流工程已完成3项，宿迁市尾水导流工程正在实施，累计完成投资14.1亿元。

2019年，江苏南水北调工程建设主要包括一期调水工程的扫尾工程(调度运行管理系统、管理设施和南四湖水资源监测等3项专项工程)和第二阶段新增治污工程中的宿迁市尾水导流工程等。全年共计完成投资12 770万元，占年度投资计划的109.4%，其中调水工程完成5 670万元，宿迁市尾水导流工程完成7 100万元。截至2019年底，具体工程建设进展如下：调度运行管理系统工程，做好水质自动监测站合同验收准备，数据中心机房工程及计算机网络标段正开展试运行，进行工程监控与视频监视系统工程、信息采集系统编制招标，完成水质实验室设备安装，年度完成投资5 000万元，累计完成投资49 193万元；管理设施专项工程，南京管理设施和徐州、扬州、淮安二级机构管理设施通过装饰工程合同项目验收，三级机构已完成所有建设内容，扬州二级机构管理设施装饰工程正在施工，年度完成投资204万元，累计完成投资44 505万元；南四湖水资源监测工程，完成土建施工全部建设内容并通过合同项目验收，设备标识已完成设备安装进入试运行，年度完成投资466万元，累计完成投资1 996万元；宿迁市尾水导流工程，完成90.2 km压力管道铺设和22处顶管施工等，年度完成投资7 100万元，累计完成投资44 600万元。

【工程验收】 江苏省南水北调办会同江

苏水源公司、南水北调江苏质量监督站，根据各设计单元工程具体情况，编制了年度完工验收计划。验收中，严守验收程序、严把工程质量，同时协调解决实际问题。全年共组织完成皂河二站、洪泽站等2项设计单元工程的完工验收。截至2019年底，南水北调东线一期江苏境内工程中，由江苏省负责组织完工验收的34项设计单元工程已有29项通过完工验收，完工验收完成率达85%。

【调水运行】 在江苏省政府统一领导下，江苏省水利厅、江苏省南水北调办按照南水北调新建工程和江水北调工程“统一调度、联合运行”的原则，统筹组织南水北调工程向省外调水和投入省内抗旱翻水，充分发挥工程效益。(1) 圆满完成2018—2019年度调水出省任务。通过“强化组织统筹、强化调度优化、强化运行管理、强化水质保障、强化协作联动、强化信息沟通”，2018年12月25日至2019年5月28日期间，分两个阶段圆满完成8.44亿m^3调水出省任务。(2) 全力投入省内抗旱翻水运行。面对苏北地区60年一遇的气象干旱，根据省水利厅统一调度，组织宝应站、金湖站、洪泽站等9座南水北调新建泵站，投入省内新老工程抗旱联合运行。

【配套工程及二期工程前期工作】 (1) 一期配套工程建设按期实施。郑集河输水扩大工程正进行电气设备安装及管理房、进出水涵洞等施工，累计完成投资7亿元，占工程概算总投资的84%。(2) 南水北调东线二期工程前期工作稳步推进。准确把握自身水资源配置条件、现有工程体系能力、沿线社会经济发展等客观实际，统筹考虑国家战略目标实现和本地区水安全水权益保障，按照相对独立专线原则，编制完成《江苏南水北调东线二期工程规划报告(初稿)》及水量配置、线路布局、综合影响等专项报告，开展生态保护、环境保障、移民安置等专项研究。在沿线各省区市配合下，水利部年内汇总完成《南水北调东线二期工程规划报告(报批稿)》报国家发改委。

征迁安置

2019年，南水北调征迁安置工作主要是抓好征迁安置扫尾工作，组织完成泗洪站工程征迁安置完工验收，督促各地做好调水运行期间沿线征迁安置群众的社会稳定。截至年底，由省南水北调办负责的江苏境内27项设计单元工程征迁安置全部完成完工验收。

【征迁安置扫尾】 针对泗洪站工程征迁安置临时用地复垦等难题，在实施方案变更批复后，完成利民河闸下引河开挖、征迁补偿资金结算、临时用地复垦等工作，在当地群众中反响良好。截至2019年底，共计永久征用土地4.39万亩，其中需要办理用地手续3.77万亩，全部通过国家批复；临时征用土地2.3万亩，全部复垦退还原有群众使用。拆迁各类房屋49.6万m^2，搬迁人口1.52万人、4 557户，生产安置人口1.26万人，安置工作已全部结束。

【征迁安置验收】 组织完成泗洪站征迁安置财务决算审计和完工验收工作，至此，由省南水北调办负责的江苏境内27项设计单元工程征迁安置完工验收全部完成。此外，水利部交办的江苏省境内11座南水北调新建泵站工程管理范围和保护范围划定方案，已经省政府同意后向社会公告。

【信访稳定】 按照“谁主管、谁负责”的要求，继续建立健全矛盾纠纷排查化解机制，有效发挥信息员网络作用，关心帮助移民群众解决实际问题，实现矛盾化解发现在一线、解决在基层。2019年共接到省纪委、政府工作平台等渠道转来咨询投诉信件3件，多渠道跟踪、督促、督查信访问题解决情况，均及时得到妥善处理。全年未发生个体和群体上访事件。

【资金使用管理及审计】 2019 年，水利部组织对江苏省境内洪泽站、骆马湖水资源控制、里下河水源调整、泗洪站、南四湖下级湖抬高蓄水位影响处理、文物保护等 6 项设计单元工程开展财务决算复核审计，省、市、县各级机构积极配合，及时提供相关资料，认真解答审计提出的有关问题。对审计提出的问题，省南水北调办及时召集相关单位，分清责任，落实整改。年内 6 个项目的征迁资金审计复核及整改工作全部完成。同时，省南水北调办还组织完成了泗洪站设计单元工程征迁安置完工财务决算审计。

行 政 监 督

2019 年，省南水北调办认真发挥南水北调工程省级层面运行监管主体职能，紧紧围绕“确保工程平稳运行，确保水质稳定达标”总目标，强化运行监管、水质监管和行政监督，确保南水北调工程安全高效平稳运行。

【运行监管】 (1) 加强日常监管。全年组织开展汛前、汛后、调水前、调水期间等重点时段的监督检查和现场调研 13 次，梳理问题和缺陷隐患，督促问题整改；财政和运行管理单位投入维修养护资金 3 000 多万元，保障工程运行安全。(2) 加强安全生产监管。严格落实领导干部安全生产“一岗双责”，抓好安全生产隐患排查整治和风险管控，全面启动省南水北调新建泵站安全生产标准化创建工作。(3) 加快推进标准化建设。全年共完成 5 座泵站的电缆整改，5 座泵站通过“10S 标准化管理体系”验收。(4) 加强尾水导流工程运行监管。下达省级维修资金 300 余万元，组织工程运行管理培训 50 余人次，保障工程的正常运行。

【水质监管】 省南水北调办协调省生态环境、住建、交通、农业农村等主管部门，按照各自工作职责，抓好水质监测、危化品船舶禁运、沿线城镇污水处理厂运行、渔业养殖污染防控等工作，全力保障南水北调输水干线水质。在每月做好 15 个国控断面水质监测与评价的基础上，调水期间加密监测 24 天，出具监测数据 1 232 个，数据表明：2019 年度调水期间，江苏省南水北调调水水质持续稳定达到地表水Ⅲ类标准，部分区段达到Ⅱ类标准。

【招投标行政监督】 2019 年，省南水北调办对江苏水源公司以及市项目法人组织的南水北调工程招标、投标、评标全过程开展行政监督管理工作；坚持依照法律法规和监管办法的程序规定，开展行政监督工作；按照“公平、公正、公开”原则，推进符合条件的标段进入省水利招投标有形市场开展电子招标，为南水北调江苏境内工程建设收尾提供了保障。

创 新 创 优

【运行管理创新】 省南水北调办和江苏水源公司认真贯彻落实“水利工程补短板、水利行业强监管”工作要求，积极探索管理体系、管理能力、管理方式创新。

“10S”标准化管理向纵深发展。在泗洪站成功试点的基础上，再新增 5 座泵站完成标准化建设，江苏水源公司编制出版《大型泵站工程巡检作业指导书》。

管理方式进一步完善。截至 2019 年底，江苏水源公司直接管理宝应站、洪泽站、泗洪站、解台站等 4 座南水北调新建泵站，直接管理大汕子枢纽工程 1 座。同时不断提升委托管理质量，以量化考核为手段，以过程考核为合同金额兑现依据，对工程委托管理合同条款和考核细则进行全面修订，工程管理效果进一步提升。

【科学技术创新】 积极推进南水北调相关科学研究，多项研究课题进展顺利，科研成果显著。“南水北调江苏省后续工程水量配置及工程布局研究”顺利通过课题验收，“南水北调尾水导流工程生态湿地净化尾水效果及不同季节最大水环境承载能力研究”课题完成研究内容并申请验收；江苏水源公司“高性能大流量泵站关键技术及应用”“高效S形轴伸贯流泵装置关键技术研发与推广应用”项目分别获得教育部技术发明二等奖、产学研合作创新成果优秀奖。

运行机制

2019年，省南水北调办以南水北调新建工程、江水北调工程、尾水导流工程三大工程体系为基础，结合省外供水与省内用水双重保障目标、事业单位和省属企业双重管理模式、调水与防洪排涝等多重综合功能特点，继续完善体制机制研究。

【管理体制】 江苏南水北调工程进一步完善“省政府统一领导、省水利厅和省南水北调办统筹协调、江苏水源公司及厅属管理单位分别具体管理新老工程、省各有关部门和沿线地方政府各负其责”的管理体制，在此基础上，扎实做好南水北调东线一期江苏境内工程的调度、运行和管理工作，工程运行平稳，效益充分发挥。

【调水运行机制】 继续完善部省水量调度执行月度会商、省际交接水量检测监督、调水水质监测监督等协作机制；完善省有关部门间的协调会商、巡查检查、联合督查、应急处置、信息共享等工作机制；强化省生态环境、交通运输、水利、南水北调等部门间的调水水质监测与预警、干线航运保障等水质保障机制；健全省与市县之间沟通联络、责任落实、应急处置等工作流程。

【水价政策执行】 建立“谁受益、谁负担、省奖补”的南水北调水费征缴机制。5月份，经省政府同意，省水利厅、省财政厅联文印发了水费征收文件。年内，受水区7市2019年度南水北调3.51亿元基本水费全部到位。

【发展经营机制】 江苏水源公司统筹供水经营与涉水经营发展，构建“1+N”经营业务板块。乌兹别克斯坦泵站主机组安装及技术服务，中国新疆托帕水库、邳州污泥处置等一批重点项目进展顺利；参与组建省环保集团，有效开拓环保市场。

（省南水北调办）

水 利 科 技

科技管理与创新

（1）年度水利科技项目。在全面调研的基础上，围绕江苏水利年度中心工作和主要任务，科学制订年度项目申报指南。全年共接收项目申报324项，经过多轮评审和厅党组审议，最终确定年度科技项目71项，共计安排资金3 000万元。

（2）重大科技攻关。着力于"一江两湖"治理与保护，围绕长江大保护，开展江苏段岸线稳定性及水生态空间监测等研究；围绕太湖治理，开展太湖蓝藻防控及东太湖水生态环境修复研究；围绕洪泽湖保护，开展水资源多目标利用与调控、湖泊生态系统模拟以及湖滨带空间重构等多项重大技术攻关研究。

（3）科技项目管理。以项目合同完成率为重点，持续强化项目管理，定期开展在研项目年度执行情况检查、通报，全年共完成80多个科技项目结题验收。对项目实施中的信用情况进行客观记录，对项目执行不佳、情况严重的单位，由厅领导进行约谈，要求其定期整改。

（朱振荣）

技术标准

《水利地理信息图形标示》《水闸监控系统检测规范》《生态河湖状况评价规范》《雨水情分析特征值数据库表结构与标识符》等4项涉水地方标准被江苏省市场监督管理局批准发布实施。《灌溉用水定额》《湖泛巡测技术规范》《水利工程代码编制规范》《地表水资源分析评价数据库表结构与标识符》《螺杆式启闭机检修技术规程》《水利工程液化地基处理技术规范》《农田管道输水灌溉工程技术规范》等7项涉水地方标准被江苏省市场监督管理局新列入编制计划，正在编制中。

（丁　亚）

对外合作

制订年度出国（境）访问计划，完成省水利厅系统短期出访、培训团组的计划报批、护照签证办理等工作，全年完成8批57人交流、培训出访任务。严格执行保密、安全等外事工作纪律，高度重视出访团组行前教育，确保外事安全。积极参加中欧水资源交流平台等多边交流机制，发挥重要作用。在2019年中欧水资源交流平台政策对话会上，厅领导大会发言分享江苏省河湖治理和生态建设经验和成就，宣传江苏治水方案。

（洪　欣）

省级水利科研

2019年，省水科院以"节水优先、空间均衡、系统治理、两手发力"新时期治水思路为统领，紧紧围绕全省水利中心工作，顺利完成年初制定的目标任务，为全省六大水利建设提供科技支撑。

（1）科研工作。全年共承担各类科研项目59项，其中10项通过鉴定和验收，14项成果具备验收条件。获得各级奖项2项，其中"长江江苏段1∶1万比例尺河道地形(和尚港～鹅鼻嘴)测量项目"获省部级奖"全国优秀水利水电工程勘测设计奖"1项；全年发表论文42篇，其中SCI、EI14篇，中文核心期刊13篇；申请专利25项，获授权10项，其中发明专利6项；申请软件著作权5项；出版专著1部。

结合省科技厅创新能力建设计划—省属公益类科研院所自主科研项目(600万)和院自主科研经费(430万)，共投入1 030万元，首次设立省水科院自主科研经费专项资金项目，立项支持重点科研项目、平台建设项目和青年科研项目共三类28项。2项自主研发技术“平原河网生态过滤系统技术”及“低渗透高密实表层混凝土施工技术”被列入2019年水利部100项重点推荐技术及水利先进实用技术重点推广指导目录。

(2) 业务工作。① 水利遥感。服务河长湖长制、“两违”“三乱”整治工作。验收测量全省河湖“三乱”查处现场1071处；完成2019年度全省省管河湖库遥感监测分析工作，发现占用河道3 063处、湖泊2 112处、水库1 105处；开展省管湖泊网格信息平台建设工作；编制河道、湖泊月报，完成《湖泊手册》样稿。

② 水下检测。承担长江江苏段大型河道整治工程和崩岸应急抢险治理等重点水利项目的水下检测18项；吹填采砂检测项目14项；太湖生态清淤检测技术推广应用于安徽巢湖、沱湖生态清淤底泥探测等业务中。

③ 生态监测。开展河湖水生态监测类项目11项，完成滆湖等9个湖泊水生态监测工作，编制监测报告和湖泊健康报告，作为省长巡湖重要参考；开展秦淮河、徐洪河流域性河道水生态监测工作；完成2019年365个省级节水型载体、2018年124个节水型学校申报资料复核和2016年批复的734家节水型载体资料复审工作。开展白马湖、宝应湖流域化管理检查项目。

④ 农村水利与水土保持。完成每月全省13个市农业水价综合改革进度的汇总整理；编制全省75个县区农业水价改革卡片报告；开展农业水价综合改革实施面积复核工作；编制全省13个市的农村水利和水土保持工作情况报告等；开展全省农田灌溉水有效利用系数测算分析工作；协助完成《江苏省农村饮水安全暗访调研报告》；承担《响水河环境综合整治工程水土保持方案》等水保方案编制工作8项。

⑤ 水利信息化。负责“省河湖资源与水利工程管理信息系统”的代建，完成河湖资源、水利工程、河长制等管理信息系统建设工作；编制“省水政执法及河湖采砂管理系统项目”可研报告；设计省防汛指挥系统升级改造和基层防汛预警监测省级平台建设方案；实现信息化工程咨询乙级资质升级目标。

⑥ 质量检测。围绕厅重点工程及地方水利工程项目，签订水利工程现场检测合同133份。

⑦ 规划咨询。编制采砂可行性论证报告14项、退圩还湖规划和实施方案13项，复核其他单位编制的退圩还湖规划及实施方案5项，编写金坛区长荡湖3个整改方案。

(3) 科研平台建设及科研基础条件建设。11月，沿海试验基地通过竣工验收，为今后开展多方向研究提供了良好的基础试验条件。继续加强省水生态环境工程技术研究中心、省河湖生态健康工程中心、省水利遥感工程研究中心建设，有计划地更新及引进水下三维声呐扫描、新型多波束系统、三维激光扫描仪和倾斜摄影无人机等先进仪器设备，进一步提升了科研能力和科技服务水平。

(赵　璐)

水 利 经 济

水 利 经 济　　155～161页

财 务 管 理

（1）水利投入。2019年全省水利投入约400亿元。① 强化政府投入保障，发挥财政投入主渠道作用。2019年共落实省以上财政水利投入126亿元。② 持续推进金融支持水利。在财政压力较大的形势下，围绕水利工程补短板，加强与国开行、农发行等政策性金融机构协作。2019年使用涉水政策性贷款约105亿元。③ 推进社会资本投资水利，协调地方水利PPP项目入库。2019年入省库污水处理、水环境综合整治等PPP项目11个，总投资约170.2亿元，列入省级PPP试点项目6个，总投资约116.5亿元。④ 结合十四五规划思路编制要求，加强政策研究，谋划金融、社会资本投入水利的新思路，积极寻求水利投入资金新路径。

（2）运行保障。① 完成厅系统直属86个预算单位5批次预算追加，财政对2018年度绩效考核奖、应休未休假补贴等基本支出追加1.25亿元。商省财政厅对省水文局机关、水土保持监测总站、南京水文分局每年增加财政补助600万元，统筹调度规划办、信息中心、洪泽湖、省水文局机关基本运转经费。确保骆运管理处等7个管理处及盐城水文分局现行财政保障政策落实到位，2019年财政补助净增1.16亿元，绩效标准由1.0提高到1.05。2020年总渠、淮沭新河、骆运差额人员经费全额保障，增加财政补助1 600万元。2020年机关及事业单位正常运转经费得到保障。商省财政厅追加省水利厅出国经费指标10万元及增加安排2020年出国预算10万元。② 面对突发台风“利奇马”、洪水及苏北地区持续干旱情况，申请财政动用省长预备费6 500万元，协调财政专项安排水文监测资金816万元，解决了南水北调水源调整工程补水站运行电费来源问题。③ 商省财政厅尽最大可能争取2020年专项预算，在财政“不减即增”的预算政策下，省财政新增安排5.6亿元，其中：洪泽湖治理省级资金4亿元，灌区建设资金8 000万元、南水北调基本水费奖补4 100万元，水资源费1 000万元，农水收费增加4 000万元。2019年调入省应急厅的防汛3 750万元回归水利预算，原一次性安排的水利工程确权划界1亿元继续用于水利。

（3）财务管理。① 及时分解下达财政专项资金。制定出台《江苏省水利厅发展资金管理办法》，落实省财政厅专项资金分配改革，实行“大专项资金＋任务清单”的资金分配方式。牵头分解下达及编制省以上财政专项资金和任务清单、绩效目标。② 完成财政部、水利部对江苏省水利发展资金绩效评价工作。会同财政厅共同举办市县绩效评价培训班，组织全省开展中央水利发展资金绩效评价工作，江苏省绩效评价等级为优秀，排名全国第二。指导业务部门开展省级专项绩效自评价、重点项目绩效监控和绩效目标评审，推动水利资金绩效成果应用和预决算信息公开平稳顺利实施。③ 加强厅直单位财务管理。完成厅直单位新政府会计制度实施，指导基层单位顺利完成新旧会计制度的过渡，实现事业、基建一本账。规范厅直单位自有资金存放，通过竞争性谈判方式确定自有资金定期存款业务银行备选库供厅直单位自行选择，提高资金效益。④ 积极落实省委巡视整改意见。以问题为导向出台《关于进一步加强财务管理的通知》等多项制度，规范厅属单位津补贴发放、政府采购、三公两费管理、竞赛比赛奖励等行为。开展专项清理，从严人员性经费支出管理，清理规范厅直单位津补贴，督促厅直有关单位涉财事项及时整改到位。清理规范厅直事业单位投资企业，清理注销长期经营低效企业18个，对企业资产进行了优化整合。协调省财政厅对部门所办企业集中监管,得到省财政大力支持。

(财审处)

水利审计

2019年,江苏省水利内审工作按照"补短板、强监管、提质效"水利改革发展总基调,紧紧围绕厅改革发展目标任务,强化全方位审计监督,加大审计监督服务力度,不断提高审计质量,努力构建水利"免疫系统",为全省水利事业的持续健康发展提供了有力的保障。全省水利系统全年开展审计项目1 824个,其中:政策落实审计73个,财务收支审计722个,固定资产投资审计256个,经济责任审计152个,内部控制和风险管理审计139个,效益审计75个,信息系统审计1个,其他审计406个。审计总金额为463.63亿元。经审计,发现金额类问题860个,非金额类问题1 442个,提出建议和意见被采纳2 103条,为单位增收节支2.67亿元。给予党纪、政务和内部纪律处分7人,向司法机关移送案件线索1件。

(1) 水利内审机构和人员设置。2019年全省水利系统内审机构共115个,其中:专职内审机构12个,非专职机构103个。审计人员共485人,其中:专职审计人员67人,兼职审计人员共418人。内审人员中本科以上学历的376人,具备中级职称以上的共310人。

(2) 水利基本建设项目审计。工程竣工决算审计制度全面落实,省重点水利工程省以上投资50%以上的项目,由厅财务审计处组织或委托审计,其他项目由市县组织审计。对61项基本建设项目进行了竣工决算审计,审计资金33.57亿元,核减基建支出1.38亿元,促进配套资金到位5 074.83万元,提出审计建议和意见301条。对重点工程项目实施跟踪审计,及早发现问题,及时整改到位;对工程项目进行造价审计,为调整概算和设计变更提供依据;完工项目实施竣工决算审计,为工程竣工验收创造了条件。

(3) 党风廉政巡视督查审计。根据厅党组巡察工作方案要求,每年组织对部分厅属单位进行巡察审计。组织对6个厅直单位开展巡察审计,审计资金34.32亿元,提出审计建议和意见32条。揭示被巡察单位在党风廉政建设方面的问题和管理上的漏洞,要求被巡察单位对财务管理方面存在的问题限期内以书面形式上报整改情况,督促单位对现有内控制度进行修订完善并有效执行。巡察审计作为工作亮点,得到省委巡视办的充分肯定,多家省级机关到水利厅考察学习。

(4) 经济责任审计。离任审计做到100%,任中审计逐步推开。共对13名厅管干部进行了离任经济责任审计,审计资金117.84亿元,提出审计建议和意见60条。分管厅领导参加审计意见交换会,经济责任联席会议成员单位通力协作,有力地促进了干部民主决策和勤政廉政。

(5) 企事业单位财务收支、内控审计。按照厅党组提出的"对所花的每一分钱必须经过审计"的要求,以制度审计、管理审计为主要内容,组织力量对厅属所有事业和企业单位进行预算执行审计、效益审计等。2019年组织对11个厅直企事业单位进行了审计,审计资金24.77亿元,提出审计建议和意见49条。对审计发现的问题督促被审单位及时整改,并将整改情况书面报厅。对存在问题较多、整改不及时的,约谈单位领导班子。年中和年末将审计发现的主要问题汇总后向厅主要领导汇报,为领导决策提供依据。

(6) 水利专项资金审计。继续整合系统内财务审计力量,组织设区市水利财务审计部门对县(市、区)中央和省下达的专项资金进行全面审计，并直接对4个县进行审计，调增固定资产203万元。审计结束，邀请被审单位财审负责人一起讨论审计问题，力求通过审计，提高管理水平。对问题较多的县实行精准指导，帮助建立完善相关管理制度，实现面上规范管理。新增已审单位“审计回头看”，人员经费得到落实，促进完善管理，堵塞漏洞。

（7）利用网络等现代技术手段开展审计。利用已建成的水利财务审计信息系统对厅直27家单位电子账目进行在线审计、关口前移和实时审计监督，实现了对厅直单位审计全覆盖。带着问题进点核实，提高审计效率。利用互联网对建设项目和专项工程的部分内容开展审计。核查施工、监理、设计单位及人员资质，查找投标关联方，审查票据的真实性，扩大审计覆盖面。

（8）加强水利系统内审指导工作。根据新批准的省水利厅“三定”职能，认真指导水利系统内审工作。通过举办培训班、内审工作标准化建设和“以审代训”等方式，加大对全行业内审人员的业务指导，不断提高内审人员业务水平。在审计业务安排方面，省与市县水利主管部门加强联系，既分工又合作，上下目标一致，形成严密的监督体系。

（9）加大审计发现问题整改力度。对下达的审计报告和决定建立台账，明确被审单位主要负责人为审计整改第一责任人，要求其亲自汇报整改情况，并限期书面上报整改报告。组织开展整改执行情况检查，对未及时上报和整改措施不力的被审单位，督促其认真落实整改措施。对存在问题较多，整改不及时的，约谈单位领导班子。

（10）努力实现审计工作规范化、标准化。为提高水利项目审计质量，防范审计风险，有效发挥水利审计监督职能，出台《江苏省水利审计项目质量控制办法》，制定《社会中介机构委托确定办法（试行）》等，对审计项目中介机构委托采取比价方式确定和流程审批，对中介机构审计质量进行考核，规范中介机构委托行为，有效防范廉政风险，合理降低审计费用。对近年来各级政府和部门等相继制定了加强建设管理的法律法规和规章制度汇编成册。

（11）形成齐抓共管内部审计机制。巡察审计、经济责任审计实行三责联审，驻厅纪检组、人事、机关党委及有关部门全程参加，建设项目和专项审计与业务部门共同组织，从审计进点、问题定性、问题整改全过程参加。邀请业务部门人员参加审计交换意见会，共同商定审计发现问题的处理意见，为下一步修订制度、加强管理创造条件，重要审计项目请分管厅领导参加交换意见会。下达审计决定时实行会签制度，相关部门签字确认。合力内审机制初步形成。

（财审处）

水利规费工作

落实国家降税减费政策，降低事业性水利过闸费、水土保持设施补偿费标准，减轻企业负担同时兼顾水利单位发展。在严格执行国家减费政策的同时，水规费做到应收尽收。2019年全省征收水资源费14.65亿元，全省水土保持补偿费1.7亿元，水利工程水费6.33亿元，水利过闸费5.29亿元。

（财审处）

水利物资储备工作

（1）防汛物资管理调运工作。① 备汛工作有力有序。面对水利事业机构改革，中央级、省级防汛物资管理事权及财权均有变更的局面，中心按照厅党组“宁可抓重，不可抓漏”的原则，切实提高政治站位，勇于担责、不等不靠，积极与上级部门沟通交流，主动做好工作衔接，认真履行防汛责任。科学制定防汛预案，并适时进行预案演练，5 月份所属苏州分中心接受国家防总太湖流域防汛抗旱防台风检查，得到肯定。为提升防汛实战能力，抽调 13 名精干职工参加 2019 年省防汛应急抢险演练。

② 物资调运及时高效。贯彻执行 24 小时值班制，汛情紧张时刻，中心领导、相关职能科室、各分中心负责人全部带班在岗，各分中心在岗人员加强库区巡查，对所储防汛物资做到了然于心，并根据预案联系确定好运输车辆和装卸人员，为防台防汛战斗做好充分准备。8 月 11 日接到调令后，徐州、苏州、扬州三个分中心立即启动调运预案，迅速组织装运，全员上下连续奋战至深夜，共计发运 5 个区域、20 车次的防汛物资，高效完成了省防指下达的防汛物资紧急调运任务。

③ 能力建设稳步提升。仓储基地建设取得新突破。2019 年，镇江分中心仓储基地建设项目已经省发改委批复立项，投资匡算 5 600余万元，列入省重点水利建设项目，力争 2020 年动工实施。苏州分中心已完成枫桥老库拆迁资产置换，徐州分中心正复制苏州分中心成功模式同步推进老库资产置换工作。科技创新和信息化建设取得新进展。找准规范化建设的突破口，聚焦重点全面发力，编制完成《江苏省省级防汛物资管理手册》(上下册)供业内使用和参阅；编制《江苏省水利防汛物资储备单位安全生产标准化评价标准(试行)》通过厅审查，并在徐州分中心先行先试，为全省水利防汛物资系统安全标准化建设探路；围绕“智慧水利”积极开展新材料新技术新工艺研发与应用，完成 4 项水利科技课题的申报工作。队伍建设积极适应新常态。紧密围绕转型发展和业务能力提升，不断完善专业人才和防汛物资专业设备配备，将“防汛物资管理工作业务培训”列入年度计划，加强教育培训、经验交流和总结提升，着力打造专业化队伍。

(2) 经营工作。市场经营转变新思路。国内钢贸经营，以做好重点水利工程材料供应为主，逐步停止国内市场钢贸经营以规避重大风险。2019 年，在国内经济下行压力加大，国内投资和需求萎靡不振的严峻形势下，保质保量完成重点水利工程供应。共为新孟河界牌水利工程供应 6 100 吨，奔牛水利工程供应 7 500 吨钢材，有力保障了我省水利工程建设材料供应；市场经营重点参与了中江国际旧城改造项目，完成供应 13 000 吨，未发生经营风险。

稳慎做好国内外公司运营管理。时代公司，立足服务水利信息化，积极搭乘“智慧水利”快车，主动融入“河长制”信息化建设，承担了厅系统多个部门、网站、应用系统的建设和维护，为水利系统提供了较好的信息化支持和服务。外经公司，积极融入“一带一路”建设，紧密结合自身实际调整经营策略，借助“江苏水利对外合作联盟”的力量奋力开拓市场，推进经营区域和经营领域的多元化，竞争能力与经营业绩实现新提升，全年完成总产值 9 436 万元人民币。其中，莫桑比克公司完成总产值 4 200 万元人民币，预计净利润 840 万元人民币，西非公司完成总产值 5 236 万元人民币，新签利比里亚波托塔变电站项目合同金额为 1 372 万元人民币，工程正在有序开展。2019 年 9 月 17 日，在南京成功举办外经公司与莫桑比克高等科学远程教育学院 10 所学校签约仪式，充分践行了“一带一路”倡议思想，进一步提升了公司海外形象与竞争力。

(3) 基础保障能力建设。加强安全生产工作，始终把安全生产摆在突出位置，从严从实做好安全生产工作。探索建立防汛物资仓库安全生产标准化建设，完成《江苏省水利防汛储备单位安全生产标准化评价标准》，在徐州分中心试行，力争成为水利物资储备行业安全地方标准。创新安全检查方式，围绕汛前安全生产、厅系统安全隐患大排查大整治、“防风险保平安迎大庆”消防专项行动等，实行联合监督检查，在落实检查工作同时，切实为基层减负。开展“安全生产宣传月”“安全生产法宣传周”等活动，运用微信公众平台推送、开展安全生产讲座、发放安全宣传手册、组织参加安全警示教育、组织安全事故应急演练等方式，筑牢安全生产思想基础。强化安全生产教育培训，中心安委会成员均参加培训机构安全生产继续教育培训，并取得相应资格证书，做到安全管理持证上岗；分中心负责同志、安全员、特种设备操作人员均参加安全生产培训并持证上岗；通过邀请培训老师授课、内部职工分享经验等方式加强安全生产知识学习，提升安全意识和安全技能。制定出台《省防储中心系统危险源辨识与风险评价导则（试行）》，科学辨识与评价中心系统危险源及风险等级，有效防范安全生产事故。

管理基础实现新提升。坚持内务与主业相结合，制度与管理相配套，队伍与发展相适应，工作与宣传相协调，着力在规范财务管理，加强人才建设，增强宣传力度上下功夫，取得较好成效，为事业发展提供了良好的服务和保障。制度建设上，修订完善各项规章制度 24 条，严明纪律规矩，加强制度执行力，切实让制度力量更好地转化为治理的效能、发展的动能。财务管理上，开展中心系统资产状况和经营管理调研，梳理财政缺口、排查管理风险；完成由企业会计制度向事业会计制度转轨；理顺盘活固定资产，完成上海路 3 号房产过户，为中心发展积累良性资产；按照省厅要求，完成所属公司清理和人员清退工作，为轻装上阵减负，为换挡提速清障。人才建设上，推进岗位设置聘任，进一步调动干部职工积极性，新聘用高级职称 2 名，岗位晋级工人 6 名，新招聘 3 名大学生到机关和基层一线，为队伍注入新鲜活力；组织实施多层次教育培训，提升人才能力素质；争取福利保障、提升绩效工资、完善考核体系、扎实做好老干部服务工作。

（4）党建及精神文明建设工作。坚持“抓好党建就是最大政绩”理念，以政治建设为统领，通过开展主题教育给党员干部固本培元，为事业发展查漏补缺，全力用习近平新时代中国特色社会主义思想武装党员干部头脑，不断强化纪律规矩意识，积极扭转原有的“理解不深入、行动跟不上、落实缺乏创造性”思维惯性，着力推动党委班子认识统一，党员干部思想转变，事业发展重心转移。

发展思路更加清晰。认真开展“不忘初心、牢记使命”主题教育，在完成规定动作的基础上，更加突出“找不足、抓落实”后半篇文章。党委班子逐步厘清工作思路，停止国内市场钢材经营以规避重大风险，开展调查研究，系统梳理中心现状和存在问题，谋划转型发展，切实把主要精力转入单位规范管理上，把党员干部思想统一到新时期厅党组治水思路上，把工作重心转移到服务水利高质量发展上来。

党风作风常抓不懈。用好主题教育成果，扎实做好厅巡察整改工作，根据巡察反馈的 5 大类 24 条意见，经过逐项梳理、认真研究反思，深入剖析原因，研究制定《巡察整改党委领导班子整改方案》，形成 40 条整改措施，正在逐步推进。巡察整改工作，为中心发展营造良好的政治生态；落实意识形态工作责任制，做好形势分析，把握意识形态方向；压实党风廉政建设责任，用好《党风廉政建设主体责任履责记实手册》，深入开展“四个专项”专项整治工作，认真纠治作风顽疾，完善廉政风险防控体系；组织党风廉政建设培训班等多形式廉政宣教，进一步强化党员干部纪律规矩意识，提升中心党委的政治能力和公信力。

职工风貌明显提振。党委班子领导作表率，党员干部起示范，在中心系统内积极营造干事创业的良好氛围。招聘、安排年轻干部到基层以及相关单位进行学习锻炼，为发展积蓄储备力量。通过积极组织、鼓励职工参加全厅活动，宣传党员干部良好风貌；选送优质节目参加厅春节联欢会并表现出彩；参加厅“安全隐患随手拍”“定向越野”等活动获得好成绩，着力提振职工精气神，凝聚发展正能量。

（省防储中心）

行业发展能力建设

党建与精神文明建设

【党建工作】 （1）层层压实党建责任。组织召开全省水利系统全面从严治党暨党风廉政建设会议、厅系统党建工作座谈会、党建专项工作培训会和群团工作会议，研究部署党建工作重点任务，推动全面从严治党向纵深发展、向基层延伸。针对机关处室、厅属单位、改制企业、市水利局等不同责任内容，分类签订责任状、承诺书312份，一级抓一级、层层抓落实。制定下发厅党组领导党建工作、厅机关党委负责党建工作、党支部落实党建工作的“三级责任清单”和年度党建工作要点，明确各级党组织工作任务。（2）落实全面从严治党。扎实推进主题教育，基层党组织和党员干部对照省委“六个高质量”发展部署，以及娄勤俭书记“九个有没有”和“发展三问”，深入检视水利系统“理解不深入、行动跟不上、落实缺乏创造性”的问题，确保了主题教育有力有序开展。组织开展厅机关党委换届工作，选举产生第五届水利厅机关党委和机关纪委。结合机构改革，下发《关于抓紧做好党组织换届和补选以及新成立单位党支部选举工作的通知》通过改选和补选，新设立党支部4个，健全党务干部队伍。出台《关于严格和规范党员领导干部双重组织生活制度的实施办法》，建立落实双重组织生活计划、协助、报告、督导机制，提高党内政治生活质量。（3）积极探索融合党建。推进“标准＋示范”党支部建设。编制《党支部标准化规范化建设指导手册》，印发各党支部参照执行；推进党支部标准化规范化建设，在厅系统全面建成党支部“党员之家”，积极培育了一批特色示范党支部。出台“考核积分”管理办法。按照省级机关工委的创新要求，研究制定“党建工作考核评定细则”和“星级党支部评定办法”，发挥指挥棒作用，激发各支部自建动力和党建活力。实现帮建、帮带、帮扶工作。建立厅领导基层党建工作联系点制度，加强对分管单位党建工作的指导和重点帮建。组织31个机关党支部与厅属基层站所党支部结对共建活动，推动机关工作重心下移、工作方式转变。建立厅机关党支部联建联创制度，将职能相通、楼层相近的机关党支部编成11个联建联创小组，努力实现互促共进的目的。积极探索党建带动作用，推进“三带三同步”行动、构建党建“一突出四联动”机制、开展党员教育管理创新探索等11项年度重点任务，明确责任单位和完成时间，相关单位部门结合实际、抓点示范，制定实施方案，积极推进，切实激发党建工作活力、提高党建工作质量。

【精神文明建设】 加强文明单位创建，开展文明单位创建工作情况暗访，及时反馈意见，督促整改到位，积极做好4家省文明单位复审工作和2家省文明单位的推荐工作，提升厅系统文明创建水平。

【工青妇工作】 各级工会组织持续开展“助推绿色发展 建设美丽长江”、全省十大重点工程江苏生态水利建设工程、水质监测等劳动技能竞赛，制定下发了《厅系统劳模先进创新工作室创建工作实施办法》，加强劳模先进示范引领，厅系统有1名职工被授予“全国五一劳动奖章”称号，1个单位和3名个人分别获得“江苏省五一劳动奖状”、“五一劳动奖章”称号。紧扣核心价值观塑造职工思想，举办省水利厅迎新春联欢会，深入走访慰问生病困难职工30余人，及时发放春节、端午等节日慰问品及生日蛋糕券等职工福利。加强青年思想引领，指导厅团委组织团员青年认真学习贯彻习近平总书记在纪念五四运动100周年大会上的讲话，积极开展“青春心向党·建功新时代”特别主题团日活动，引导团员青年围绕中心、立足岗位，大力开展青年文明号、先进基层团组织、优秀团员等争创活动，1个单位荣获“全国青年文明号”称号。

（机关党委）

组织人事

【人事管理】 （1）强化专业技术人才队伍建设。组织完成省“爱国奋斗”精神专题培训相关工作，加强专业技术人才队伍的思想政治建设。开展年度水利工程专业职称评审，通过正高级高级工程师、高级工程师评审的分别为20人、454人。（2）强化技能人才队伍建设。全省水利系统新评水利行业特有工种等级工139人、技师73人。厅系统新增高级技师12人。厅系统1人获江苏工匠资格。完成2个江苏技能大师工作室和1个江苏工匠工作室挂牌。配合水利部完成省2个首席技师工作室考核工作。（3）优化职工队伍结构。2019年度招聘事业单位工作人员120人，其中硕士以上学历11人，学历结构、专业结构得到进一步改善。

【机构改革】 根据《江苏省水利厅职能配置、内设机构和人员编制规定》（苏办〔2009〕30号），省水利厅职能有以下转变：加强水资源的合理利用、优化配置和节约保护；坚持节水优先，从增加供给转向更加重视需求管理，严格控制用水总量和提高用水效率；坚持统筹兼顾，保障合理用水需求和水资源的可持续利用；加强水域和水利工程的管理保护，加强长江治理与保护工作。省水利厅内设：办公室、规划计划处、政策法规处（行政审批处）、财务审计处、水资源管理处、省节约用水办公室、基本建设处、工程运行管理处、生态河湖处、农村水利与水土保持处、工程移民处、监督处、科技与对外合作处、河湖长制工作处、人事处、机关党委、离退休干部处。推进厅属事业单位机构编制等工作，江苏省防汛防旱指挥部办公室更名为江苏省水旱灾害防御调度指挥中心；优化调整了省水文水资源勘测局、省水利工程规划办公室、省水资源服务中心、省淮沭新河管理处、省太湖地区水利工程管理处内设机构；核定省洪泽湖水利工程管理处、省江都水利工程管理处、省泰州引江河管理处等单位的科级职数。

【职工教育培训】 组织完成全省水利系统领导干部学习研讨班、市县水利局长班等主体班次培训。组织14人参加水利部组织的基层水行政主管部门能力提升培训班等培训。完成外派干部赴陕西学习交流活动。联合河海大学部署开展2019年面对水利基层单位择优推荐入学。全年各类培训班次64个，参加培训人员6 000余人次。

【表彰奖励】 省水旱灾害防御调度指挥中心被人力资源和社会保障部、水利部授予“全国水利系统先进集体”称号。省洪泽湖水利工程管理处湖泊监管科科长张敏被人力资源和社会保障部、水利部授予“全国水利系统先进工作者”称号。厅河湖长制工作处被江苏省委省政府表彰为“人民满意的公务员集体”。

【江苏省水利厅领导干部名录】

（截至2019年12月底）

省水利厅

省水利厅党组书记、厅长：陈杰

省水利厅党组成员、副厅长：张劲松

省水利厅党组成员、副厅长：朱海生

省水利厅党组成员、副厅长：叶　健

省水利厅党组成员、省南水北调工程建设领导小组办公室副主任：郑在洲

省水利厅党组成员、驻省水利厅纪检监察组组长：徐　杰

省水利厅党组成员、副厅长：高圣明

省水利厅副厅长：韩全林

省水利厅总工程师：周　萍

省水利工程建设局党组书记、局长：蔡　勇

省水利厅二级巡视员：张春松、季红飞、黄良勇

厅办公室

主任：季红飞(兼)

一级调研员：陈振强

四级调研员：任伟刚

厅规划计划处

处长：喻君杰

一级调研员：朱庆元

副处长、三级调研员：徐卫东

副处长：黄　辉

厅政策法规处(行政审批处)

处长：曹东平

四级调研员：孙　见、游益华

厅财务审计处

处长、一级调研员：徐元亮

二级调研员：张古军

副处长、三级调研员：朱冠余

副处长：管　靖

厅水资源管理处

处长：李春华

副处长、三级调研员：贾永志

省节约用水办公室

主任、一级调研员：刘丽君

副主任：王　嵘

四级调研员：贡丽娟、杜芙蓉

厅基本建设处

处长、一级调研员：黄章羽

二级调研员：顾文菊

四级调研员：杨祖华

厅工程运行管理处

处长、一级调研员：陆一忠

副处长、三级调研员：郭　宁

四级调研员：罗柏明

厅生态河湖处

副处长、三级调研员：刘劲松

副处长：周向华

厅农村水利与水土保持处

处长：沈建强

一级调研员：汤建熙

副处长：刘敏昊

四级调研员：周水生

厅工程移民处

处长：朱德伦

副处长：胡其勇

四级调研员：李桂林

厅监督处

处长：黄俊友

二级调研员：张政田

三级调研员：杨志龙

厅科技与对外合作处

处长、一级调研员：施红怡

二级调研员：陈　辉

副处长：张　鹏

厅河湖长制工作处

处长、一级调研员：黄海田

二级调研员：尹宏伟

厅人事处

处长：王冬生

二级调研员：卢　文

副处长、三级调研员：陈飞
副处长：夏方坤

厅机关党委

副书记（正处级）：吉玉高、沈亚健
副书记（副处级）、三级调研员：周继春
四级调研员：魏　来、张继路

厅离退休干部处

处长、一级调研员：韦普和
四级调研员：蒋　利

省水旱灾害防御调度指挥中心

主任、一级调研员：孙洪滨
二级调研员：于　涛
副主任：朱建英、尤迎华、郑福寿
四级调研员：高杏根、陶娜麒

省水政监察总队（省河湖采砂管理局）

总队长：韩全林（兼）
副总队长兼省河湖采砂管理局局长（正处级）、一级调研员：葛书龙
二级调研员：武慧明
副总队长兼省河湖采砂管理局副局长：李玉松、沈建良
四级调研员：董万华

省水利工程建设局

党组书记、局长：蔡　勇
党组成员、副局长：刘胜松、何　勇、樊峻江
办公室副主任：朱小飞
办公室三级调研员：吴锦旺
政治处处长：孙荣友
政治处三级调研员：徐基龙
项目处二级调研员：郝春明
项目处副处长、三级调研员：陈　健
项目处四级调研员：沙　菲、戴兆婷
工务处（安全监督处）一级调研员：刘建伟、蒋建云
工务处（安全监督处）副处长、三级调研员：王　建
工务处（安全监督处）副处长：高　山
工务处副处长：王　蔚
工务处（安全监督处）三级调研员：张业林
工务处（安全监督处）四级调研员：冯小忠
财物处处长、一级调研员：潘良君
财物处二级调研员：焦爱华

省南水北调工程建设领导小组办公室（省南水北调工程管理局）

副主任：郑在洲
处长、一级调研员：徐忠阳、沈　健
处长：李慧
一级调研员：问泽杭
副处长、三级调研员：刘再国、陈国星
四级调研员：薛刘宇

省河道管理局

局长：张树麟
二级调研员：朱月新
副局长、三级调研员：吴卿凤
四级调研员：曹宏飞

省水利工程质量监督中心站

站长：马志华
副站长、三级调研员：吴　忠
副站长：肖志远
四级调研员：沈德忠

省水文水资源勘测局（省水利网络数据中心）

党委书记、局长兼省水利网络数据中心主任：辛华荣
党委副书记、纪委书记：王文辉
副局长：马　倩、孙永远、耿建萍、陈　静

省水利网络数据中心副主任：高祥涛
南京分局局长：单延功
无锡分局局长：洪国喜
徐州分局局长：李　沛
常州分局局长：陈卫东
苏州分局局长：许仁康
南通分局局长：孟　俊
连云港分局局长：刘沂轩
淮安分局局长：李明武
盐城分局局长：董家根
扬州分局局长：王永东
宿迁分局局长：高玉平
镇江分局局长：张泉荣
泰州分局局长：钱福军

省水利工程规划办公室
主任：陈长奇
副主任：苏长城、常　虹、张　明

厅机关后勤服务中心
主任：蒋寿景
副主任：李　政、李　民、朱友江

省水利信息中心
主任：钱　钧
副主任：曹海明

省水利科教中心
主任：王　俊
副主任：王　苏、刘　伟、聂　杰

省农村水利科技发展中心
主任：樊峻江(兼)
副主任：王滇红、姚俊琪、胡　乐

省水资源服务中心
主任：张建华
副主任：唐运忆、王　菊、张秝湲

省水利防汛物资储备中心
党委书记、主任：周根富
副主任：韦建斌、陈国星(兼)
纪委书记：骆　勇

省水利科学研究院
党委书记、院长：冯桂田
党委副书记、纪委书记：董阿忠
副院长：高士佩

省骆运水利工程管理处
党委书记、主任：李太民
副主任：张合朋、周元斌、王业宇
纪委书记：王正春

省淮沭新河管理处
党委书记、主任：许永平
副主任：钱邦永、王业英
纪委书记：张玉林

省通榆河蔷薇河送清水工程管理处
主任：许永平(兼)
副主任：钱邦永(兼)

省灌溉总渠管理处
党委书记、主任：韩成银
副主任：戴启璠、华学坤
纪委书记：董兆华

省淮河入海水道工程管理处
主任：韩成银
副主任：何光叶、华学坤(兼)

省洪泽湖水利工程管理处
党委副书记、副主任(主持工作)：陈昌仁
副主任：周和平、张友明、万　骏、郭明珠

省江都水利工程管理处

党委书记、主任:冋泽杭(兼)

副主任:魏强林、徐惠亮、王雪芳、周灿华

纪委书记:顾学明

省秦淮河水利工程管理处

党委书记、主任:张加雪

副主任:孙　勇

纪委书记:王　强

省太湖地区水利工程管理处

党委书记、主任:陈卫冲

党委副书记、副主任(正处级):李淮东

副主任:胡有云、孙明权

纪委书记:支鸣强

省泰州引江河管理处

党委书记、主任:唐荣桂

副主任:徐　明、张桂荣、赵林章

纪委书记:黄亚明

省灌溉动力管理一处

主任:唐荣桂(兼)

副主任:徐　明(兼)、陈建标

省防汛防旱抢险中心

党委书记、主任:马晓忠

副主任:刘俭和、王　荣、冯　俊

纪委书记:马卫兵

(人事处)

老干部工作

2019年,水利厅离退休干部工作认真贯彻党的老干部工作路线方针政策,坚决落实中央办公厅、国务院办公厅《关于进一步加强和改进离退休干部工作的意见》和全国、全省老干部局(处)长会议的工作部署,紧盯离退休干部政治生活待遇,充分引导他们在水利事业发展中发挥正能量,广泛开展适合离退休特点和需求的各项活动,创造了积极向上、和谐健康的养老环境,较好地完成了年度工作目标。积极推进离退休党组织标准化建设,"六有一提升"创先争优通过省委老干部局认定,厅离退休党总支入选"全省离退休干部先进集体"。

(1) 落实离退休干部政治待遇。在离退休党员中积极开展"不忘初心、牢记使命"学习教育。分支部分别组织开展主题党日活动,先后组织党员参观雨花台烈士陵园、高淳新四军纪念馆、茅山新四军纪念馆、泰州海军纪念馆、胡锦涛旧居、周恩来故居和纪念馆等红色教育基地,回顾革命先辈的奋斗历程,感受时代发展,憧憬美好未来。根据离退休干部特点,深入推进"两学一做"学习教育常态化制度化。分支部组织召开党员大会3次,集中学习习近平总书记系列讲话和党的十九大、十九届四中全会精神,引导离退休党员干部牢记党员身份,自觉做到党的意识不弱化、党员标准不降低、党内生活不脱离。组织举办党支部书记培训和选送支部书记参加省委老干部局的培训,提高党务工作能力。开展离退休党组织"六有一提升"创优争先活动,离退休党总支所属6个支部通过省委老干部局考核验收。老干部党总支入选"全省离退休干部先进集体"。春季参观江浦新农村建设,秋季参观溧水水库等,分享"美丽库区、幸福家园"水库移民工程建设成就。积极建立阅文制度,收集人事、党建、离退休干部工作等方面的文件供老同志阅读。

(2) 落实离退休干部生活待遇。与在职职工同步发放春节、端午、中秋等节日慰问品。开展重阳节祝寿活动,为所有离退休干部发放生日蛋糕券,为整生日和80周岁以上离退休干部发放生日礼品，为90周岁以上离退休干部发放长寿补贴。积极做好健康体检和特约医疗人员疗养等工作。开展春节慰问、夏季慰问和特困帮扶工作。

（3）开展丰富多彩文体活动。开展游艺会、重阳节敬老日庆祝大会文体表演，庆祝中华人民共和国成立70周年征文、书画、摄影等系列庆祝活动。组织参加省级机关乒乓球比赛、老同志掼蛋比赛、全省老年人健步走大联动活动、老年体育节闭幕式。老干部文体活动获得省老年体协年度“优秀组织奖”。

（4）加强队伍自身建设。认真组织学习习近平新时代中国特色社会主义思想和党的十九大精神，引导离退休干部讲好江苏故事、弘扬新时代江苏水利精神、传播江苏水利好声音，不断增强与党中央保持高度一致的政治自觉、思想自觉、行动自觉。健全处室廉政防控体系，完善责任状和承诺制度，加强资产管理、物资采购等重点环节的管控。

（离退休干部处）

政 务 工 作

2019年，厅办公室以支部党建为统领，以增强集体的向心力、凝聚力和战斗力为支撑，努力克服人少事多等困难，围绕中心勤参谋、强统筹、保运转、善督查、抓落实，办公室各项职能有效运转、取得了积极成效。

【政务保障】 聚焦省委省政府各项涉水决策，紧扣“补短板、强监管、提质效”总基调工作大局，按照厅党组部署安排，主动参与工作谋划研究，全面嵌入政策措施制定，牵头深化实施水利改革。（1）强化以文辅政。把落实党组决策部署安排作为关键目的，以高质量为核心要求，在吃透上级精神和把握领导意图的基础上，较好地完成了各类综合性会议文稿，以及中央、省重要会议发言材料撰写，2019年累计起草各类文字材料100余篇，充分发挥了以文辅政的作用。（2）强化统领作用。全面梳理省委常委会2019年工作要点、省政府十大主要任务百项重点工作、省委改革要点等，形成省委省政府涉水任务清单，印发全厅执行。深入贯彻全省水利市县局长会议精神，对厅党组的决策部署进行分析研判，研究确定厅党组年度要点，将厅党组对水利工作安排具体化、项目化，并强化党组要点对部门工作统领作用，细化分解各项任务时间表、任务书和责任图，服务厅党组决策落到实处。（3）强化改革统筹。充分发挥厅改革领导小组办公室职能，负责做好面上改革的牵头抓总、统筹协调、考核督促等工作，认真谋划水利改革思路和重点任务，推动河湖长制、农业水价改革等纳入省委改革要点。研究制定厅年度6类20项改革重点任务，注重建立统筹推进机制，强化督查督办，坚定不移将改革工作推向深入，省委涉水改革任务和厅各项改革举措顺利落地。河湖长制实现由“见河长”向“见成效”转变，节水方案在全国率先印发，农业水价综合改革面积稳居全国之首，形成了划界确权等江苏模式。

【督查督办】 立足牵头抓总、推进工作、提高效能，开展多层面、多形式、多渠道的督查督办，保障了工作强力落实。（1）省委省政府涉水任务圆满完成。及时制定省委、省政府重点涉水任务以及水利部重要决策部署细化实施方案，明确责任人员，分季度开展督查推进，提醒督促各部门工作进度，狠抓各项任务落实落地，各项涉水任务圆满完成。（2）水利重点工作有力实施。突出抓好厅党组要点督促检查，分解落实责任，建立专人负责和定期通报制度，实行倒逼机制促进效能提升，推动工作扎实开展。进一步健全厅长办公会议和厅党组会议以及厅领导批示件滚动督查工作机制，紧抓不放、严抓不松、常抓不懈，直至事项得到完成,2019 年,累计发布督查通报 11 期,确保任务顺利推进。(3) 建议提案办理获得好评。将建议提案办理工作作为政治任务抓紧抓实,着力规范程序,创新办理方式,分解承办任务,做到定人、定责、定标准、定进度、定时限,努力提高办理实效。59 件建议提案全部按时办结,代表委员满意度均达到 100%。

【信息宣传】 通过多元化载体,重"点"拓面,全方位推进、全覆盖宣传,行业影响力持续增强。(1) 及时编报信息。围绕水利中心工作,加强政务信息整体开发和综合利用,为领导科学决策当好参谋、做好助手。2019 年,累计报送政务信息 988 篇,被上级采用 356 篇,其中国务院领导批示 1 条、部省领导批示 8 条,中办国办采用 10 条,在省委省政府量化考核中名列前 5 名。(2) 加强网站管理。以建设人民满意的服务型网上政府网站为目标,以"公开、高效、便民"为宗旨,以政务应用为基本出发点,大力加强网站信息发布、政务公开、公共服务和互动交流四大功能建设,切实服务水利事业健康发展大局。紧紧围绕水利工作重点和民生热点抓好信息发布,2019 年,厅网站发布新闻 1 000 余条,信息公开栏目发布信息 4 800 余条。同时,强化厅网站运维管理,确保了厅网站有序运行。(3) 强化舆论引导。主动发声引导,对可能出现的水利热点事件,主动谋划,及时发声,正确引导舆论,召开新闻发布会 3 场,赴省政府开展在线访谈 2 场。指导信息中心充分发挥传统媒体、新媒体优势,探索使用水情教育社会宣传平台,大力开展公众水情教育,取得了积极成效。筑牢宣传阵地,开展厅系统政务新媒体自查自纠工作,守好新闻舆论阵地,把牢舆论工作主动权。

【综合服务】 围绕水利中心工作和重点任务,充分发挥中枢和窗口作用,加强上下、左右和内外沟通联系和协调配合,持续提高"三服务"工作能力和水平。(1) 善为基层减负。认真贯彻落实上级关于解决形式主义突出问题、落实"基层减负年"的具体措施,印发年度会议计划,以总量控制为抓手出台文件减负措施,聚焦中央 30 条负面清单下发有关通知要求,牵头做好督查、会议以及考评的统筹安排,强化部门责任,加强审核研判,确保减负各项措施落到实处。2019 年,印发文件(省委统计口径)131 份,同比减少 40.2%;召开会议 34 次,同比减少 32%;对保留的水利重点工作检查事项规范开展了检查;整合归并保留了防汛抗旱工作、农村饮水安全两类责任状,无创建示范和论坛活动,圆满完成省委减负目标。(2) 勤为机关保障。认真做好办会、办文、机要保密、档案等日常工作,严格程序、提高质量,确保厅机关规范高效运转。组织做好水利市县局长会议、处级干部学习研讨会等大型会议会务保障,统筹安排厅党组会议 38 期、厅长办公会议 9 期。协助接待部省领导视察、兄弟省市调研及市县领导汇报工作等活动 20 批次 200 人次,牵头做好厅领导、部门负责人周工作计划、厅机关处室(单位)月度总结及计划,积极做好各类交办事项等。加强公文流转管理,全年共办理公文近5 000件,机要文电 1 000 余件,审核机关公文1 000余件,基本无差错。抓牢保密工作,调整充实厅保密委员会和密码工作领导小组,制定涉密人员管理办法,全厅全年无泄密事件。进一步规范档案管理,创造 5A 级数字化档案 1 家、三星级档案 7 家,档案工作继续走在前列。(3) 乐为群众解忧。坚持以人民为中心的发展思想,切实增强群众对水利的获得感、幸福感和安全感。政务公开有效落实,主动回应群众的关切,办理依申请公开 27 件,网上政务咨询(含厅长信箱)349 件。信访办理规范有效,共受理人民来信 114 件,受理群众来访 84 批 209 人次,办理网上信访接待信箱 31 件,基本做到了"案结事了",一批疑难复杂信访事项妥善化解。同时,按照省政府有关部署要求,制定下发《关于进一步加强和规范值班工作的通知》。

（许　芬）

水利宣传

【媒体宣传】 2019年,全省水利宣传工作认真贯彻落实习近平总书记关于新闻宣传工作的指示要求,聚焦“水利工程补短板、水利行业强监管、系统治水提质效”江苏水利工作总思路,不断提高传播力、引导力、影响力、公信力,进一步凝聚治水兴水的精神动力和舆论支持。中国水利报江苏记者站连续20年蝉联优秀记者站。组织编写苏州市河湖长制案例工作,成功入选中组部《贯彻落实习近平新时代中国特色社会主义思想、在改革发展稳定中攻坚克难案例》,是全国河长制工作唯一入选案例;采写《“水美乡村”点缀“水韵江苏”》稿件获省委宣传部江苏报道奖;编写《江苏水文化丛书》(第一辑)被评为“苏版好书”。全省新增2家国家水情教育基地,数量位列全国省级第一。

在主流媒体发表江苏水利稿件550余篇,其中,中央媒体百余篇(人民日报14篇、人民网20篇、央视4条等);省级党媒新华日报139篇、江苏卫视123篇;行业媒体中国水利报70多篇,发稿量、质均大幅提升。(1)把准重要节点。在全国两会期间,人民论坛刊发陈杰厅长专访,江苏卫视和新华日报“两会访谈”进行专题报道,江苏水利成为全国两会高频词。人民论坛应邀到江苏开展“水生态文明江苏经验”专题调研。在省委娄勤俭书记视察水利工作期间,制作20分钟江苏水利汇报片《兴水利民 润泽江苏》全面展示江苏水利建设情况,获得娄勤俭书记充分肯定。(2)围绕重点工作。围绕贯彻落实2019年第1号省总河长令,在新华日报开设“两战进行时”系列报道。组织开展中国水利报、省河长办联合举办的江苏首届“最美基层河长”“最美民间河长”推选活动。结合主题教育,组织开展“在抗旱一线守初心担使命”主题集中报道,在“三抗”关键时期保持新华日报和江苏卫视每天持续报道,发稿近百条。会同省广电总台制作“三抗”纪实片和2019年冬春水利建设视频,自主制作“三抗”学习强国“我爱我的祖国”主题微视频,在“抖音”平台播发抗旱主题视频10天点击量超过600万。(3)聚焦重大主题。策划制作“江苏省庆祝中华人民共和国成立70周年成就展”江苏水利展台,获省委宣传部、省发改委联名感谢;策划制作中国水博会“中国水利70年成就展”江苏水利展区;策划制作《生态河湖看江苏》主题画册;在中国江苏网首页上线“江苏水利70年3D成就展”,10月以来累计访问人次超过48万,累计页面浏览量突破1 587万,观众点赞数超过6.2万。

【水情教育】 顺利通过全国水情教育规划中期完成情况评估检查,获水利部水情教育中心充分肯定。继续加强规划引领,将水情教育内容写入全省水利“十四五”规划初稿;编制完成《全省水情教育基地评选办法》。水情教育载体建设全国领先,江都水利枢纽工程、泰州引江河工程成功入选第三批国家水情教育基地;苏州市七浦塘、镇江市香草河两条河流申报第二届全国“最美家乡河”。联合省教育厅在南师大附中新城初中开展世界水日“水情教育进校园”活动,向学生们赠送600册水情教育初中读本。

【文化史志工作】 《江苏水利》编辑部不断扩大优质稿源,确保高质量出版发行,全年刊发12期学术正刊、2期管理版增刊、4期《江苏水利通讯》内刊。评选2018年度优秀论文19篇。《江苏水利》学术影响力提升研究科研课题通过验收。《江苏江河湖泊志》正式出版发行，填补该领域专志空白。围绕“大运河文化带建设”和“生态河湖行动计划”主题，组织全省开展水利文史课题研究立项申报工作。深入开展水文化理论研究和传播工作，完成“水利科普视域下的优秀传统水文化宣传研究——以江苏水文化丛书为例”科研项目，在此基础上继续编写《江苏水文化丛书》(第二辑)，包括《水与建筑》《水与书画》《水与音乐》。积极开展水文化服务基层活动，利用省级修志成果，指导市县水利部门做好水利修志工作；协助编制《无锡市大运河文化带建设水利专题规划》，启动昆山市水文化研究项目。

(信息中心)

水利社团工作

【江苏省水利学会】 8月召开省水利学会换届大会，顺利成立第九届理事会，实现新老交替；连续成功荣获综合示范学会；成功托举一名学会会员作为青年科技人才获省科协资助；荣获第四届江苏省科协青年会员创新创业大赛优秀奖两项，创新创业取得突破性进展；一年来新增会员单位26家，是新增会员数量最多的年份，学会影响力持续扩大。

(1) 学术交流。紧紧围绕水利治理能力建设，以新形势下水利工作重点、热点和难点问题为切入点，积极推动了全省水科学理论创新和水治理实践创新。先后与会员单位合作在北京承办第十四届中国国际水务高峰论坛污染水体治理与生态修复技术主题分论坛，组织参加“牢记使命、兴水为民——中国水利70年”成就展暨2019中国水博览会。与淮安市水利学会合作，以“保护生态河湖，推进水利高质量发展”为主题举办生态河湖保护研讨会。与徐州市水利学会联合举办江苏省泵站运行管理新技术推介会。水文化专委会组织开展了水利文史研究课题研究。水利工程建设专委会在常州，水工结构专委会在扬州，规划与设计专委会在南京，减灾专委会在江都分别召开学术研讨或技术推介会。全年共举办各类学术活动10多场，累计参会人数达3 000人以上。

(2)《江苏水利》。学会会刊《江苏水利》是国家新闻出版广电总局第一批认定的科技类学术期刊，被《中国核心期刊(遴选)数据库》《中文科技期刊数据库》收录，是中国学术期刊综合评价数据库统计源期刊，连续4年被省科协评为“江苏省精品科技期刊”。

(3) 水利科研。连续五年开展江苏省水利科技进步奖评奖。2019年共收到40个申报项目，经专家评审，评出一等奖5项，二等奖7项，三等奖11项。

充分发挥专家库资源优势，适应社会需求，组织对9项科研成果进行评价，推荐3个成果参评省科技进步奖等。新增江苏省水利科技项目立项评审与成果评审、江苏省水利科普宣传与新技术推广应用和省水利科技研究方向调研等新的职能承接项目，工作得到服务对象的认可与肯定。

先后组织省水利规划办公室以及省水利科学研究院申报江苏科技创新智库，获省科协认定资助。省水科院在江苏科技创新智库基地评估中，被评为二类基地。智库成立以来，围绕江苏水利重大战略与布局，提交了一系列重要成果，被政府及行业主管部门采用成为政府决策。

与河海大学合作建立省水利学会创新创业服务基地，组织创新创业培训及大学生创新性实验计划项目实施，积极帮助青年科技工作者、学生会员创新创业。2019年学会向省科协推荐12个项目参加双创大赛，其中《基于物联网的水稻灌区智能灌溉系统》项目获农业科技领域创新组优秀奖，《“ANKO+”未来谐波智能检测行业领跑者》项目获工程制造领域创业组优秀奖。

(4) 水利科普。学会以世界水日、科普周等为主平台，挖掘科普资源，扎实开展水利科普活动。学会科普教育基地——江苏省防汛抢险训练中心为皖江工学院大学生以及六合区红十字会志愿者举办防汛抢险演练；南京水利科学研究院铁心桥试验基地接待树人学校师生参观学习；学会水生态文明科技传播专家服务团首席科技传播专家吉伯海教授作了“桥梁结构与安全发展和创新”科普报告。

成功申报 2019 年度江苏省科协“提升计划”科普平台项目——河海大学地质陈列馆科普服务平台建设，获省科协资助 3 万元。成功推荐钱钧、胡晓东分别作为水文化专家基层服务团和河湖健康科技传播专家服务团首席科技传播专家，并被省科协认定。

(5) 会员服务。学会坚持以会员为中心，有计划举办规划设计、移民安置、水资源评价等各类专业培训班，举办“互联网＋”“创青春”创新创业培训会等。积极举荐优秀科技工作者，成功推荐南科院程亮博士获 2019 年度江苏省科协青年科技人才托举工程资助培养对象，努力营造自由民主学术氛围，持续提升科技工作者综合素质。

(省水利学会)

【江苏省水资源协会】 省水资源协会在省水利厅的正确领导和相关处室关心之下，在理事、会员单位和协会工作人员共同努力下，按照协会章程和发展规划，以服务会员为宗旨，坚持“服务社会、服务地方、服务行业”的工作方针，着力加强内部管理，强化自身能力建设，不断推动行业发展。

(1) 内部管理。协会秘书处先后制定《江苏省水资源协会发展规划(2018—2023)》《江苏省水资源协会联系人制度》《江苏省水资源协会会费管理办法》《江苏省水资源协会个人会员入会管理办法》等规划和管理制度，并提名蒋咏、周毅、陈莹为协会第四届理事会副秘书长，上述事项已在协会四届二次理事会上获得通过。四届二次理事会后，又制定《财务报销管理办法》《印章管理办法》《法人证书管理办法》和《档案管理办法》。

在专委会建设方面，按照“成熟一批，建设一批”的原则，筹备组建了供调水、水资源管理和水文三个专业委员会。5 月下旬开通协会官方网站，网站主要包含行业动态、政策法规、通知公告、培训交流、会员管理、专家库等栏目，并为会员单位开设了风采展示专栏，起到了协会形象展示、宣传和沟通交流的作用。

(2) 承接政府职能。上半年，经与中国水利水电勘测设计协会、省水利厅相关部门沟通协调，承接了政府部门转移的水资源论证，水文、水资源调查水平评价的初评工作。省水资源协会作为初评机构，具体负责省内相关从业单位水平评价的受理、初评和转报，并依据《从业单位监督管理办法》(中水协秘〔2019〕60 号)，对从业单位报告编制质量、行业自律情况等进行专项检查。

(3) 调研活动。6 月份，陈锡林理事长带队先后赴南通、徐州、宿迁等地调研，与地市理事单位、会员单位代表举行座谈会，听取了各市水资源与节水相关工作汇报，讨论了协会在市级层面开展相关工作的方案，并听取了会员单位对行业发展的诉求及对协会工作的建议和意见。

(4) 学术交流与科研。6 月上旬，为促进交流学习，加强技术培训，协会邀请了美国北卡罗来纳大学汉斯·帕尔教授作关于“富营养化湖泊及蓝藻控制”的学术讲座。8 月下旬，协会牵头组织省水文局南通分局、宿迁市节水办等理事单位申报了《基于多部门融合的水文大数据共享平台关键技术研究与应用》和《人工湿地基质强化处理污水处理厂尾水关键技术与示范》两项水利科技项目。11

月下旬，省水资源协会学术年会暨2019年度会员大会在扬州召开，来自全省各地的150余名代表参加大会。中国工程院张建云院士，水利部水资源司原司长高而坤教高，省水利厅党组成员、省南水北调办副主任郑在洲出席大会。

（5）会员管理。5月，基本完成理事单位信息重新登记工作，并为理事会员单位发放了铜牌。截至12月31日，协会2019年共发展个人会员3人，单位会员21家。

（省水资源协会）

【江苏省农业节水和农村供水技术协会】 为深入贯彻“节水优先、空间均衡、系统治理、两手发力”的新时代治水方针，协会于2019年7月、10月分别举办了二期农业节水及农业管理技术培训班。由河海大学教授就“小型农田水利工程、节水灌溉实用技术、农村水价改革、水土保持关键技术等进行了专业讲授和现场教学。

（省节供水协会）

【江苏省水利摄影协会】 协会广大摄影工作者紧紧围绕江苏水利发展改革大局，深入水利基层一线，贴近广大群众百姓，开展摄影创作和宣传服务工作。省水利摄影协会积极组织会员赴全省各地，开展全面推行河湖长制、防汛防旱防台、重点水利工程建设、水生态文明建设等采访拍摄活动，用镜头捕捉了江苏水利发展的一点一滴，用画面讲述了江苏水利发展的辉煌成就。6位会员的19幅（组）作品成功入选全国水利系统庆祝中华人民共和国成立70周年摄影作品展，入展作者和作品数名列全国之首。

（省水利摄影协会）

【江苏省水利勘测设计协会】 （1）会员服务。针对会员单位覆盖面广、资质等级不同、专业领域多样等特点，2019年协会先后组织了联络员座谈会、规范宣贯培训会、新技术应用研讨和外省学习考察活动等，有效提高了全省水利规划设计人员的技术水平。

（2）行业服务管理平台。协会作为行业的公益性自律组织，充分发挥协会跨部门、跨地区的特点，注重对上、对下的有效服务。完成全国水利水电优质成果评选初审工作，推荐的5个项目获得全国水利水电勘测设计优质工程奖。配合部勘协和水规总院，及时向会员单位传递行业最新工作动态及新标准规范。完成2019年度江苏省水利勘测设计单位履约考核工作。开展了全省水利工程优秀勘测设计、规划咨询项目评审。

（3）自身建设。2019年发展单位会员8家，协会共有单位会员51家。注重抓好网站的管理工作，及时宣传水利部和江苏水利的有关政策法规。召开了1次会员代表大会，3次理事会。修改了章程，调整了会费标准，完善了专委会管理办法，补充了专委会人员，制定了会费管理办法、财务管理办法、江苏省优秀水利工程勘测设计评选办法等，为协会的科学管理、规范管理创造了条件，奠定了基础。

（省水利勘测设计协会）

地 方 水 利

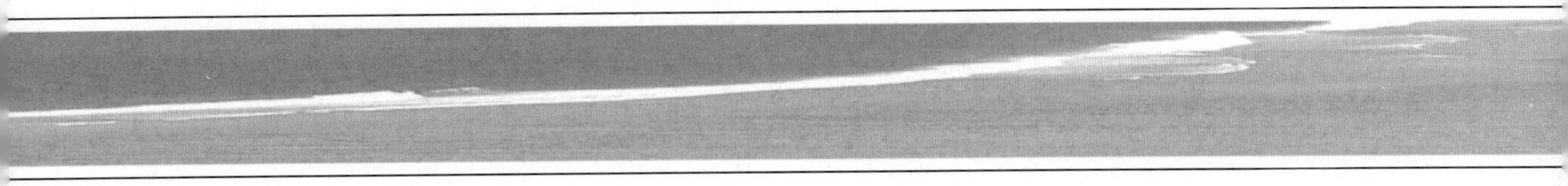

南京市

【工作概述】 2019年,南京市水务系统贯彻落实省水利厅、南京市委市政府决策部署,紧紧围绕水务高质量发展主线,按照“五水和谐”发展理念,聚力水生态环境治理提升和重点水务基础设施建设,大力推进城乡防洪减灾、河道水环境整治提升、城乡供水设施改造、积淹水片区整治、城乡污水处理设施建设、农村生态治理等各类重点项目建设,共实施104项重点工程,完成水务建设投资约100亿元,超额完成了年度建设任务,为全市经济社会发展提供了重要水务基础支撑。

【水环境质量】 2019年,南京市水环境质量稳中趋好,达到历年来最好水平。22个国省考断面水质优Ⅲ比例达100%,列全省第一;金川河、外秦淮河等7条主要入江支流控制断面水质100%消除劣Ⅴ类;全市150条已整治城市黑臭水体基本达到“长制久清”,高质量通过全国人大水污染防治执法检查及国家城市黑臭水体整治环境保护专项行动检查。

(1) 基本完成91条河道水环境治理。按照南京市水环境提升三年行动计划要求,全面开展建成区消除劣Ⅴ类水体行动。坚持问题导向、目标导向,聚焦控源截污、内源治理、生态修复、活水保质等关键环节,基本完成91条河道水环境提升工程。已整治的南河、内秦淮河、南十里长沟等呈现了水清、岸绿、景美的良好水环境,有力保障了22个国省考断面水质全部达标。

(2) 入江支流断面水质持续改善。南京市按照流域统筹、系统治理、整体推进工作思路,治理了金川河、外秦淮河等关联劣Ⅴ类支流及10条劣Ⅴ类市控入江支流。2019年,全市7条省控入江支流高水平达到省考核目标要求,水质均达Ⅲ类及以上;七里河、朱家山河、京新引水河、滨江河等21条市控入江支流水质也得到大幅改善。

(3) 城市黑臭水体治理成效持续巩固。市政府印发《南京市城市黑臭水体治理成效巩固提升方案》,按照国家城市黑臭水体效果评估要求,基本完成全市150条已整治城市黑臭水体“长制久清”效果评估工作。引进无人机对26条已整治国省考黑臭水体进行全覆盖巡查,强化日常维护管理,持续巩固黑臭水体治理成效,城市建成区黑臭水体整治达标率100%。

(4) 农村污水设施建设。南京市结合农村人居环境改善工作要求,2019年实施完成了1 363个村级生活污水处理设施建设工作,推进全市规划布点村基本实现生活污水处理设施全覆盖,全市所有自然村(10户以下,五年内不拆迁)覆盖率达到50%。

(5) 推进城镇污水处理提质增效。2019年,南京市成功申报并创建了江苏省城镇污水处理提质增效示范城市,编制印发了《南京市城镇生活污水处理提质增效三年行动实施方案(2019—2021年)》,完善了污水管网信息系统,组建了“片管长制”管护工作体系。全市力争通过三年的系统整治,实现建成区污水管网全覆盖、污水全收集、全处理,进一步巩固水环境治理成效。

(6) 城镇污水收集处理能力大提升。南京市为切实加快城镇污水收集处理能力建设,改善城市水环境,编制了《南京市城乡生活污水处理专项规划(2018—2035)》和《南京主城区污水管网建设规划(2018—2035)》。完成了江心洲污水厂一级A提标改造,桥北、城北污水厂扩建等工程,新增污水处理能力23.5万吨/日,全市城市污水厂一级A出水标准全覆盖。建设鼓楼区惠民河片区、秦淮区友谊河、雨花台区南站等12座水质净化站,新增水质净化能力14.75万吨/日。进一步加快存量管网错接混接整改、老旧管网修复、主城污水管网补空白以及厂际互联互通工程建设，实施河西试点片区污水管网整治工程、南站片区污水管网整治工程、江心洲—城南污水处理厂连通一期工程、城北—铁北污水系统连通一期工程等建设，完成30多千米污水管网建设。进一步提升污水泵站管理水平，对江东、七桥瓮、岱山等8座污水泵站进行信息化改造。进一步完善市污泥处置方式，提升污泥稳定处置能力，启动南京市污泥处置中心(一期规模400吨/日)项目建设。

【防汛防旱】 2019年汛期，南京市相继遭遇长江1号洪水过境，超强台风"利奇马"，多次强降雨、持续晴热高温天气等，长江、水阳江、石臼湖等主要江河湖水位发生超警戒，城市局部出现积淹水，部分丘陵山区出现一定旱情，先后启动防汛应急响应和防台风应急响应，全市防汛应急响应Ⅳ级以上天数达17天。在市委、市政府的正确领导下，全市上下精心组织，科学调度，迅速行动，紧密配合，有力有序开展了各项应急处置工作，确保了城市正常运行和安全稳定，夺取了防汛防旱工作的全面胜利。密切关注天气变化，及时分析水雨情，强化预判预警。加强工程调度，对秦淮河、滁河，城区玄武湖、金川河、内秦淮河等水位提前预降，根据水情汛情变化，及时启动应急响应，并积极协调省防办、省秦淮河管理处做好秦淮新河闸、武定门闸、武定门泵站的调度工作。派出专家组现场指导，对汛期出现的长江、秦淮河、石碛河等7处渗水隐患及时处置，城市出现的积淹水均在1至2小时内处置完毕，确保了城市生活生产正常秩序。7月以后，南京市降雨异常偏少，是常年的2至7成，丘陵山区出现了较重的旱情。通过综合判断，科学调度水务工程设施，全力引水翻水，保障了农业生产、水环境用水及交通航运等需求，基本满足农业秋播秋种需要。

(1) 全面完成防汛消险项目。积淹水点改造项目是市政府民生实事，水利消险工程也是市里重点考核工作。2019年，全市29处水利消险工程和21处积淹水点改造项目全部完成，全年防汛消险项目累计完成投资约2.24亿元。

(2) 积极创建省级水管单位和规范化小水库。2019年，按年度创建计划，南京市新创建江苏省规范化小水库15个，完成市秦淮河河道管理处、侯家坝、板桥闸等3个省级水管单位创建，完成2个省一级水管单位和24座省规范化小水库复核验收。全市累计创建省级以上水管单位26个(国家级2个、省级24个)、省规范化管理小型水库146个。

【城市供水】 (1) 全年供水情况。2019年，南京水务集团、江宁水务集团、远古水务集团、浦口水务集团、南京水务集团高淳分公司、溧水自来水公司等六大水务集团承担了全市主要供水任务，全市公共供水总规模日均425万吨，有公用供水厂13座，日均供水量321.92万吨，其中南京水务集团供水规模日均265万吨，最高日供水量208.27万吨。有6家自备供水企业，生活饮用水日供水能力31.06万吨。全年生活饮用水供水总量12.27亿m^3(日均供水量约336万m^3)，供水管道总长度14 007.33 km，直径300 mm以上输水干管4 049.68 km，合同用水户324.4万，全市全年水质保持优良。

(2) 编制城市河道蓝线规划。2019年，南京市编制完成并正式发布《南京市主城区河道蓝线一期规划》。本次规划主要覆盖了绕城公路范围内的河道、明渠等地表水体，共计167条，总长280.3 km。规划妥善处理城市建设与城市水系之间的关系，明确城市水系保护管理范围界线，为区域开发建设和城市水系管理保护提供依据。规划除了强调提升河道的水安全，也对打造滨江风光带提出了要求，提出要保持城市水系的自然形态，统筹发挥自然生态功能和人工干预功能，实现改善城市生态和人居环境的目的。

(3) 对主城 1 400 千米"地下血管"进行全面体检。2019 年，南京市组织实施了主城城北、江心洲、城东、铁北、仙林、城南六大污水收集系统管网排查检测。通过物探测绘、水质检测、管道视频检测等方法，查明管道破损、雨污混接、河水倒灌等情况，完成局部点位封堵、修复等即查即改工程 3 700 处。全市污水系统提质增效明显，困扰多年的污水系统"高水位"问题得到了明显缓解，各污水处理系统运行水位正常天气下基本回落至控制水位以内。

(4) 新五区及江北新区二次供水改造工程顺利完成。新五区及江北新区 177 处二次供水改造任务于 2019 年底全部完成，圆满解决居民住宅供水的水质、水压问题。

(5) 应急水源建设工程全面推进。按照市委市政府主要领导指示精神，明确主城区应急水源地为杨库，江宁为新济洲凤凰湖，江北地区为三岔水库。截至 2019 年底，主城区应急水源建设工程、江宁区应急水源建设均已开工。江北新区牵头的江北新主城应急水源建设工程正在进行方案的深化研究。

(6) 自来水深度处理率大幅提升。2019 年，南京市对北河口、上元门等 8 座水厂全面实施深度处理改造，共完成深度处理规模 260 万吨/日，深度处理率从 2018 年的 36.7%大幅跃升至 95.3%(主城区 100%)，自来水深度处理考核综合排名全省第一。

(7) 主城引流补水能力大提升。根据《南京城区水系连通及引流补水方案(2016—2020)》，为进一步提升城区水系水动力条件，巩固水环境治理成效，完成金川河生态引补水工程、玄武湖武庙闸、大树根闸补水点改造工程、武定门象房村净水站等工程建设，推进鼓楼区河西北部龙江片区大循环引补水工程进度，全市主城新增引流补水能力 28 万吨/日，长江—玄武湖—秦淮河、长江－金川河补水体系初步形成。开展了化纤厂生态补水能力和绩效研究、全市重点污水厂中水回用现状调查和思路研究，为全市河道达标提供支撑。

【重点工程】 (1) 省重点水利工程完成投资。强化市区联动，加快推进 10 个省重点水利工程项目前期工作及建设，2019 年度完成投资 12 亿元。完成国家节水供水重大水利工程投资 4.26 亿元，其中，长江崩岸应急治理工程全面建成，长江八卦洲汊道河道整治完成年度投资 2 亿元。加快灾后水利薄弱环节建设——江河支流治理，其中滁河近期防洪治理完善工程(六合区段)完成年度投资 3 亿元，滁河近期防洪治理完善工程(浦口区段、江北新区段)完成年度投资2.74 亿元。栖霞区九乡河二期、六合区八百河等灾后水利薄弱环节建设——中小河流治理，完成年度投资 1.33 亿元。灾后水利薄弱环节建设——重点易涝区排涝能力建设，完成年度投资 0.57 亿元，其中，溧水区三丫圩、章西圩、凌庄圩排涝站和鼓楼区大陡门、金陵乡泵站扩容改造工程等项目完成前期工作并开工建设。积极协调推进高淳区完成水阳江相国圩退堤段建设，完成固城湖退圩还湖永联圩新建堤防工程初步设计技术审查。

(2) 加快推进长江南京河段治理。为贯彻落实长江经济带发展战略，维护长江南京河段河势稳定、消除防洪安全隐患，南京市陆续实施三大长江整治工程。2019 年完成长江南京新济洲河段河道整治工程竣工验收；全面完成南京市长江干流江苏段崩岸应急治理工程，完成年度投资 2.26 亿元；推进长江八卦洲汊道河道整治工程建设，完成年度投资 2 亿元。

(3) 重点水利工程竣工验收。推进历史遗留项目验收清理，完成芜申线(高溧段)航道整治工程杨家湾枢纽节制闸竣工验收。统筹推进移民征迁、水土保持、环境保护、档案验收，完成长江新济洲河段整治工程，九乡河应急治理工程，南京市高阳河（江宁区段）堤防加固工程，南京市石臼湖、固城湖堤防防洪能力提升工程（溧水区境内工程），南京市天生桥套闸除险加固工程等5个省级重点水利项目和江宁河下坝泵站改扩建工程、浦口区高旺河治理工程及六合区黄木桥河治理工程竣工验收。9个验收项目总投资16.46亿元。

（4）重点水利工程获评省文明工地优质工程。雨花台区板桥河闸扩建工程获“2018年度江苏省水利优质工程”，六合区新禹河闸除险加固工程获“2018年度江苏省优质工程奖扬子杯”，南京市溧水区天生桥套闸除险加固工程和南京青龙地铁小镇江宁西袁河改造工程施工一标段获“2018年度江苏省水利工程文明工地”。

（5）开工建设高淳区固城湖退圩还湖。高淳区于2019年1月成立了以区主要领导为指挥长，相关部门为成员的固城湖退圩还湖工程建设指挥部。项目明确了实施主体和建设模式，已取得项目建议书批复、可行性研究批复、环评批复和初步设计批复，完成了社会稳定风险评估、水资源论证、环境影响评价、可行性研究报告、征占林地可研报告、水资源保护区影响报告、水产种质资源影响报告等专题评审，办理了规划选址意见书、用地预审意见、建设用地规划许可证，已完成招标代理、跟审、施工、监理招投标，完成土地征收11 946亩，清除附着物233户，并于12月12日正式进场开工建设。

（6）全面推进长江岸线清理整治。南京市为进一步推动长江经济带高质量发展工作，按照国家、省下达的不同类型清理整治清单要求，组织开展“查、关、治、罚、退”长江大保护行动。全市共有226个列入整治的项目，到2019年底已完成整治222个，已清退生产型岸线长度18千米，项目复绿面积3 000亩，岸线修复成效位于全省前列。其中，根据国家长江办第83号文件开展的长江干流岸线利用项目清理整治工作，南京市共150个项目，到2019年底已完成146个项目整治（拆除取缔84个，整改规范62个），完成了部、省97%的目标任务，整治进度绝对数全省第一，完成率位列全省第二，超额完成省厅任务要求。2019年12月5日，150个项目中国家明确要求拆除取缔的18个项目全省第一家通过省级销号验收，同时完成高质量发展考核指标任务。根据《长江岸线保护和开发利用总体规划》《南京市长江岸线保护办法》要求，推进南京市长江岸线保护详细规划编制工作，围绕长江经济带高质量发展要求，落实多规合一目标，进一步摸清家底，梳理岸线现状情况，细化岸线功能分区，科学规划，合理确定保护措施，加强岸线保护和开发利用管控，规划成果提交省水利厅整合编制《江苏省长江岸线保护利用规划》。

【水资源管理】 加强用水总量管理，组织开展5个规划水资源论证工作，逐级分解落实用水总量，下达全市年度取水计划。对火电、石化等高耗水行业重点用水单位进行重点监控，年中组织开展取水许可年度监督检查。加强取水口监管，规范取水行为，从严控制取水许可申请、审批和发证程序，严格取水许可证的新增、延续和变更。2019年共计换发20余家，注销取水许可证6家。做好取水工程（设施）登记工作，全年完成核对取水工程（设施）名录1 649个，登记录入503个取水项目登记表信息，取水工程（设施）数量1 568个。加强地下水专项巡查，对江宁汤山、浦口汤泉地热水进行专项监督检查。开展水量分配工作。配合省水利厅制定完成秦淮河流域水量分配方案，积极推进开展板桥河、九乡河等跨区河流水量分配方案制定工作。加强生态流量（水位）管控，印发全市重要河湖生态流量（水位）第一批名录，组织制定河湖生态水量保障方案。深入推进生态河湖专项行动，积极推进建设生态样板河湖，月牙湖获评首批生态样板河湖。

（1）加强饮用水源地保护。推进落实水源地保护攻坚战实施方案，开展饮用水源地长效管护。完成夹江、燕子矶、远古等水源地长效管护评估报告编制工作并按期上报，对评估报告中提出的问题加快落实整改。核实六合区大泉水库和浦口区三岔水库等“千吨万人”饮用水源地的基础信息，积极开展达标建设。完善全市水源地基础档案，建立了水源地、应急水源地管理与保护纸质档案和电子档案，对于有变动的内容同步更新。深入水源地现场进行专项检查，整理齐全全市所有水源地档案资料，形成完整的水源地档案资料，为后续水源地日常监督管理奠定了坚实基础。规范设置水源地隔离栏和标识标牌，完成全市水源地一级保护区物理隔离栏、各级保护区界牌的设立和安装工作，在醒目位置安装警示警戒标志牌，做到有界必设、有点必标。全市集中式饮用水源地水质达标率始终保持在100%。

（2）深化节水型社会建设。南京市坚持“节水优先”方针，印发了《南京市节水行动实施方案》。全市自备水源用水户计划下达率为100%，使用城市公共设施供水的达到市定标准的非居民用水户全部纳入计划用水管理。全面开展节水评价，建立登记台账，开展6个规划和建设项目的节水评价。大力实施合同节水，成功推进实施8个合同节水项目。积极开展全市水利行业节水机关建设，市水务局机关和玄武区、雨花台区、溧水区、高淳区水务局机关高标准开展创建工作并通过验收。加强节水监管，将33家达到规模的用水户纳入市级以上重点监控用水单位名录。强化重点计划用水户的水平衡测试和用水审计工作，对中国石化扬子石油化工有限公司芳烃厂等8家省重点计划用水户开展用水审计。持续推进节水型社会建设及载体创建，江宁区通过国家级县域节水型社会创建验收复核并获水利部命名，全年创建92家省市级节水型载体和8个市级节水教育基地，全市各级党政机关基本创成节水型单位。

【农村水利】 （1）农业水价综合改革。2019年，南京市农业水价综合改革工作全面推进，继续完善推行农业水价改革“1168（发放一封公开信，统一规范水费票，踏踏实实走六步，牢牢把握八个好）”模式。2019年度完成178万亩农业水价改革工作，已累计完成232万亩农业水价改革工作，形成了江宁区谷里农业高效节水灌溉示范区等一批典型农业水价综合改革试点区，取得了良好的生态效益、经济效益和社会效益。南京市农业水价改革“水票”模式得到了水利部和省水利厅领导的充分肯定，认为在南方丰水地区，“水票”是一种既能推进改革工作，又能提升管护水平的有效途径。

（2）农村水利工作绩效考评。4月，省财政厅、水利厅委托中介机构对2018年度农村水利工作开展绩效考评。南京市取得了生态河道建设全部达标、小型水利工程管理“四优一良”、农村河道管护“全优”、生态清洁型小流域“全优”的好成绩。

（3）水土保持监督管理工作。南京市以重点区域、重点领域、重大项目为抓手，全年完成水土保持方案行政审批32项。积极开展现场监督检查，进一步从水土保持方案后续设计、施工、资金落实、监测、验收等方面细化建设项目水土保持工作要求，使方案的编制与实施有效衔接起来，促进水土保持方案的落实，实现工作重心从事前审批向事中、事后监管转变，较好地控制了开发建设过程中人为水土流失的发生。

（4）水土保持图斑复核。根据统一部署，南京市完成了1 500个部级和206个省级水土保持图斑复核，对复核发现的违法违规项目将进行依法查处和限期整改，进一步强化人为水土流失监管。

(5)“百村千塘”示范整治。对标浙江“千万工程”经验做法，编制了《南京市“百村千塘”示范整治三年行动方案》，及时开展首批14个村“百村千塘”示范整治工作。

(6)水土保持区域评估。南京市积极推进水土保持区域评估，全市首个水土保持区域评估——南京江北新区中央商务区水土保持区域评估报告已正式批复，区域内的水土保持方案审批将进一步简化，既能缩短审批时限，降低审批层级，也能减少企业成本，进一步提升营商环境。

【河湖长制】 南京市3 011名河(湖)长严格落实河(湖)长制工作责任，深入一线开展巡河工作。2019年，市级河(湖)长共巡河73次，区级河(湖)长巡河2 368次，镇街和村社级河湖长巡河(湖)262 117次，及时协调处理解决问题3 600余个。落实省1号总河长令，进一步推进河湖突出问题治理，制定了《南京市河湖违法圈圩和违法建设专项整治工作方案》。为加强整治质量和长效管护，印发了《南京市河湖“三乱”整治违法行为整改初验工作方案》。截至2019年底，省河长办下达的131项河湖“三乱”整治任务除1项经批准延期外，其余全部完成。市级自加压力制定的50项重点河湖“两违”整治任务、375项其他河湖“三乱”整治任务全部完成。创新开展河湖无人机巡检评价，对纳入区级及以上河长管理的河道、湖塘、水库进行巡检，将巡检结果作为评价河(湖)长制工作成效的重要依据。不断升级南京河(湖)长制管理系统，录入一河一策、完善一河一档、细分责任边界、实现位置速查和导航定位，随时查询河湖基础信息、接收水文水质信息、追溯问题处置流程，助力各级河(湖)长巡河履职。

(南京市水务局)

无锡市

【工作概述】 2019年，无锡水利深入践行新时期治水方针，坚决贯彻落实中央和省、市委决策部署，以高质量发展为主线，以河湖长制为统领，围绕坚决打赢碧水保卫战、河湖保护战工作目标，凝心聚力、开拓创新，水利工作收获“十个第一”，全市河湖水质持续改善，太湖连续十二年实现安全度夏和“两个确保”，水利服务经济社会发展的能力不断提升，被市委、市政府联合表彰为“2019年度综合考核优秀单位”。

【水利规划】 坚持规划引领，组织编制无锡水利发展“十四五”规划思路，推动《无锡市锡澄片骨干河网畅流活水规划》落地，加强太湖大堤后续、白屈港综合整治、苏南运河堤防达标建设、望虞河拓浚等流域性工程的前期规划设计，全力推进事关区域防洪和生态环境建设的重大民生工程，更好地服务于长三角区域一体化发展战略，为无锡经济社会发展提供有力的水利支撑。

【水利建设】 加快推进国家级治太项目工程进度，新沟河延伸拓浚工程和望虞河除险加固工程基本完工，新孟河和望虞河西控工程有序推进。2019年10月底，锡澄运河整治工程定波水利枢纽、锡澄片骨干河网畅流活水、太湖梅梁湖生态清淤试点等六大河湖治理工程集中开工，总投资达29.88亿元。启动建设河长制信息化管理平台，该平台集“水质自动监测、数据在线传输、主要河湖全天候监管、河长电子化巡河、日常调度管理”等功能于一体，可通过5G技术构建国内领先的河湖多维立体管控云平台。

【河长制湖长制】 2019年，无锡各级河长积极履职，市级河长履职143次、区级河长履职 162 次、镇级河长履职 27 372 次、村级河长履职 131 108 次，推动了“一河一策”“一断面一策”“一功能区一策”落地见效。太湖无锡水域水质总体达到Ⅳ类，改善幅度好于全太湖，连续十二年实现安全度夏；全市国省考断面水质优Ⅲ类比例 81.4%，同比提高 17 个百分点；重点水功能区水质达标率 97.8%，同比提高 2.4 个百分点；13 条主要入湖河道和 3 条主要入江支流首次全面达到Ⅲ类水以上；161 条环境综合整治河道水质优Ⅲ类比例 53.4%，同比提高 18.6 个百分点；市区 41 条黑臭水体基本消除黑臭，涌现出泰康浜、小渲河、九曲基河、前湖村浜等一批亮点示范河道，长广溪入选江苏首批生态样板河流，公众对水环境治理满意度、百姓幸福感和获得感持续提升。无锡市河长制工作办公室被省人社厅、省水利厅联合表彰为“2019 年全省水利系统先进集体”。

【太湖治理】 在市委、市政府的正确领导下，各地坚持和完善“科学化监测预警、专业化队伍、机械化打捞、工厂化处理、无害化处置、信息化管理”的蓝藻治理无锡模式，扎实做好太湖蓝藻（水草）打捞处置和湖泛巡查防控工作，全年共计打捞蓝藻 146.7 万吨、水草 4.24 万吨，产出藻泥 9.78 万吨；完成太湖宜兴水域 120 万方的生态清淤任务；通过“引江济太”调引长江水 12.77 亿方、入太湖 5.1 亿方，梅梁湖泵站、大渲河泵站累计调水 6.31 亿方，保障了河湖生态水位，太湖连续十二年实现安全度夏和“两个确保”。

【生态河湖建设】 深入贯彻落实习近平总书记关于推动长江经济带发展的重要战略思想，坚持生态引领、示范推动，开展长江水源保护、入江支流治理、水域岸线整治、非法采砂监管等专项行动，优化整合长江岸线资源，在长江经济带高质量发展中充分发挥水利部门应有的作用。扎实开展“两违三乱”专项整治，全市河湖“两违”共排查出问题 287 个，完成整改 271 个，完成率 94.4%；省河长办通报的 34 起省级河湖“三乱”违法行为完成整治 29 起，完成率 85.3%，超额完成省级下达的 85%的目标任务；国家长江办下达的 45 个长江干流岸线利用项目清理整治任务完成整改 42 个，完成率 93.3%。

【水资源管理】 落实最严格的水资源管理，制定出台《无锡市节水行动实施方案》，强化水资源承载能力刚性约束，实行水资源消耗总量和强度双控，创新节水政策、制度、技术和机制，不断提升用水效率。积极开展节水型载体建设，2019 年创建完成省级节水型企业 4 家、省级节水型单位 9 家、省级节水型灌区 2 个、省级节水型社区 8 个、市级节水型学校 10 家、省级节水型学校 7 家、节水减排示范项目 10 个、市级节水教育基地 1 个、省级节水教育基地 1 个、用水审计项目 10 个，超额完成省下达的目标任务。江阴市成功创建国家节水达标县，惠山区、滨湖区成功创建省级节水型社会示范区。扎实开展全市取水工程（设施）核查登记，共核查各类取水设施 1 595 个，摸清了全市取水工程（设施）数量。

【工程管理】 扎实推进水利工程精细化管理，有重点、分阶段向全市推广，不断提升水利工程管理的规范化水平。2019 年，无锡市太湖闸站工程管理处、无锡市城市防洪工程管理处成功创建“江苏省水利安全生产标准化二级单位”。全市省级以上水管单位占比 90.9%、规范化小水库占比 94%，在 13 个设区市中排名第一。

【防汛防旱】 2019 年，无锡汛情总体平稳，梅雨期 33 天，较常年多 8 天；面平均梅雨量 225.4 mm，较上一年度多 63.0%，较常年少 6.74%。汛期，无锡先后经历 5 次强降雨过程和 1 次台风正面袭击。8 月 9 日，第 9 号超强台风“利奇马”中心穿过太湖，直击无锡，最大点雨量宜兴竹海 310.5 mm。面对汛情，水利部门加强分析研判，科学预降预排，各地各部门上下联动、联防联控，圆满完成安全度汛任务，确保了人民群众生命财产安全。宜兴妥善处置小型山体滑坡险情经验获得吴政隆省长批示肯定，无锡市水利局获评省人社厅、省水利厅联合表彰的“2019 年度全省抗旱抗台抗洪工作先进集体”。

【水政执法】 2019 年，无锡水政监察部门以河湖专项整治行动为中心，共组织水政执法巡查 3 177 次，封填违章凿井 68 眼，拆除违章建筑和违章占用 11 680 m^2，清除河湖网、簖 356 处，桩管、毛竹等 2 762 根，拆除河道违章坝埂 92 条，其中市水政监察支队开展执法巡查 612 次，现场纠正水事违法行为 88 起，立案查处 12 起，立案数较 2018 年上升 20%，依法维护河湖水事秩序成效明显。

【农村水利】 全市农村水利建设任务全面完成，共完成小沟以上建筑物 150 座，疏浚农村河道土方 803 万方，建设农村生态河道 17 条，建设生态清洁小流域 1 条，治理水土流失面积 9 平方千米。严格落实《中华人民共和国水土保持法》，全面开展生产建设项目水土保持方案审批，重点查处未批先建、未验先投及不依法履行水土流失治理责任等问题，对排查出来的 2018 年前立项的 188 个大中型违法生产建设项目，全面组织整改。

【水利改革】 与苏州共同推行联合河长制，对两市交界河湖落实联合巡河、联合监测、共同保洁、联合执法、信息共享等五大机制，开创了省内设区市之间跨界联动治水的先河。与无锡市人大共同开发人大代表在线巡河模块，再加上原有的“企业河长”“民间河长”“公众河长”“家庭河长”队伍，全社会共同参与治水的氛围日益浓厚。深化“放管服”改革取得新进展，领取江苏省首批取水许可电子证照，实现了“让数据多跑路、让企业少跑腿”。提前一年完成农业水价综合改革任务，宜兴市杨巷镇芝果村农民用水户协会被水利部等九部委授予“全国农民用水合作示范组织”称号。

【水利科技】 加强产学研相结合，水利科技开发利用与成果转化成效明显。成功研发藻泥压滤干化焚烧、蒸汽干化、泵式加压控藻等新技术，创新引领湖泊蓝藻无害化处置新路径。“锡澄地区圩区群一入湖一入江洪涝预报调度及预案研究”项目入选省第五期“333 工程”培养资金资助项目。

【行业发展】 深入学习习近平新时代中国特色社会主义思想和党的十九大及十九届二中、三中、四中全会精神，增强“四个意识”，坚定“四个自信”，做到“两个维护”。全面加强机关党建工作，扎实开展“不忘初心、牢记使命”主题教育，强化专题学习教育、党风廉政建设和意识形态把控，水利系统风清气正、干事创业的氛围越发浓厚。认真制定市委巡察整改方案，系统推进巡察反馈问题整改。深入开展“扫黑除恶”专项斗争，找准水利职能与扫黑除恶专项斗争的结合点和着力点，重点突出工程建设领域和水行政执法领域，扎实推进问题整改。持续推进安全生产风险隐患排查整治，突出抓好重点环节的风险隐患排查工作，落实责任措施，守住安全底线，2019 年全市水利系统未发生安全生产责任事故。

（曹莉莉）

徐州市

【工作概述】 2019 年，徐州市水务系统紧扣高质量发展主线，聚焦“水利工程补短板、水利行业强监管、系统治水提质效”三大重心，统筹水务建设、管理、改革三大重点，结合“不忘初心、牢记使命”主题教育总要求，服务经济社会发展大局，以实际行动践行水务人为民初心、治水使命，各项工作扎实推进、成效明显。全市年度完成工程建设投资46亿元,连续7年超40亿元高位运行;防汛防旱工作经受住了严峻考验,有效保证了沂河、中运河、邳苍分洪道等河道发生的1974年以来最大洪水安全过境,实现了"有灾少害无伤亡"目标;坚持乡村振兴水利先行,全市累计完成农业水价综合改革面积631.65万亩、完成率达88%;建制镇污水处理设施实现全覆盖、全运行,行政村生活污水治理覆盖率达46%;水生态环境进一步提升,大沙河入选全国首批示范河湖建设名单,丁万河、潘安湖入选省首批"生态样板河湖",奎河水环境综合整治提升工程正式开工,市区75条已治理的黑臭水体管护和水质状况实行每月监督评价和评分通报;良好水事秩序得到有效维护,全国水流产权确权试点率先通过国家评估,河湖"两违三乱"整治成效明显;全年组织招募3 003名民间河湖长、护河志愿者和监督员,促推了河湖管护从"政府治水"向"全民治水"转变;总结推广沛微边界治水五联机制、河长制助力精准扶贫、人大政协巡河问水和"河长+检察长"依法治河护河等治水经验,并经水利部呈报中央深改委阅研。徐州市水利局荣获全国水利系统先进集体,连续八年获评市级机关绩效考核优秀等次、跻身全省第一方阵前三名,河湖长制工作和水利工程建设获得省政府督查激励表扬。

【水利水务工程建设】 重点水利水务工程建设。2019年徐州市实施完成七大类68个工程项目,完成投资45.5亿元,连续7年超40亿元高位运行。其中省考核项目9项,完成投资17.36亿元、完成率102%;市考核的为民办实事、城建重点和农业农村重点工程24项,完成投资37.5亿元、完成率103%。实施水灾害防御工程。投资9.4亿元完成水利骨干、农田水利和城镇排水等水毁工程修复;投资17.93亿元的湖西洼地治理和不牢河上段治理工程开工建设;黄河故道后续市管闸站更新改造和故黄河汉桥至铁路桥段整治工程全部完工;西沙河剩余段治理工程基本完成;年度易淹易涝片区治理和市区积水点应急工程全部建成。实施水资源保障工程。刘山北站拆除重建工程全部完成,投资8.3亿元的郑集河输水扩大工程主体完工;丰县、沛县、邳州市10.22万人饮水型氟超标问题全面解决,主城区41个城乡接合部涉农社区饮用水安全改造和25个老旧小区二次供水设施改造工程全部完成。实施水污染防治工程。老房亭河上游段综合整治工程全部完成;城区污水管网及雨污分流工程积极推进;荆马河污水处理厂三期扩建提升工程全部完工,西区、新城区污水处理厂扩建提升等工程完成年度任务;建制镇污水处理设施实现全运行,行政村生活污水治理覆盖率达46%,超额完成市定目标任务。实施水环境治理工程。投资6.4亿元实施市区建成区4条河道景观提升、3个片区水系贯通工程;奎河水环境综合整治提升工程正式启动,干河治理工程开工建设,市区奎河污水处理厂及金山大沟、姚庄大沟片区雨污分流工程列为省级PPP项目4个试点之一。实施水生态修复工程。主要有两项,解台闸生态修复工程正在进行前期工作,解台站节水基地工程正在进行施工图预算评审。实施运行管理工程。大力推进水资源管理、河道保洁及监管、工程维修养护、防汛指挥系统运维和信息化建设等17个项目,完成年度投资9 905万元。

水利工程建设管理。质量安全监督、电子化招标实现全覆盖,重大项目分标方案专项审查推广施行,项目稽察、第三方质检和安全督查积极开展,竣工验收和诚信体系建设工作有力推进,全年累计19家单位通过安全生产标准化三级达标验收,6家获批二级单位,完成重点水利水务工程竣工验收25项、历史遗留工程验收21项,对两家民营企业开展约谈和诚信提醒谈话;市局组织建设的南水北调邳州站工程荣获中国水利工程优质(大禹)奖,新沂市姚庄闸除险加固工程获评省优质工程,徐州市刘山北站拆除重建工程、丰县地面水厂净水厂工程获评省文明工地;相继出台《徐州市水利工程建设现场标准化管理实施导则》、《徐州市水务局关于必须招标规模标准以下工程项目采购管理的指导意见》和《徐州市水务局市级水利(务)维修工程计量支付管理办法》等,有效规范了项目招投标、建设管理、质量安全等行为。

【河湖长制】 河湖长制工作。坚持河湖长巡河履职主线,完善更新河长制公示牌4 833块,市、县、镇三级河湖长累计巡河湖2.48万余人次,村级河湖长日常巡护河湖成为常态;组织招募3 003名民间河湖长、护河志愿者和监督员,铜山区“河道警长”全面履职,丰县一村级河长获省首届“最美基层河长”称号。

河湖“两违三乱”整治。完成整治2 197起、完成率97.2%,治理成效居全省前列。新沂市2个执法基地投入使用,丰县、沛县、邳州市、铜山区、经开区5个执法基地全面开工。全国河湖执法现场推进会在徐州市召开。

生态河湖建设。实施市区建成区河道景观提升和水系贯通工程,建立“每月一监测、每月一检查、每月一调度、每月一通报”管护机制,巩固提升市区黑臭水体治理成效。大沙河入选全国首批示范河湖建设名单,为江苏省唯一;丁万河、潘安湖入选省首批“生态样板河湖”。

【防汛防旱】 雨情。1—11月全市平均降雨量673.1 mm,较常年同期818 mm偏少17.7%。汛期5至9月降雨500.8 mm,总体较多年平均值636.1 mm偏少135.3 mm,偏少21.3%;汛期暴雨少,但强度大、较集中,其中8月10日,受台风“利奇马”外围螺旋雨带影响,沂沭泗地区普降暴雨至大暴雨,局部特大暴雨;新沂、邳州和睢宁暴雨大暴雨,其他地区中到大雨,全市面雨量125.2 mm,最大点新沂兔墩闸239.5 mm,其次为邳州邹庄站228.5 mm。

水情。7月23日起,受沂沭河上游地区及徐州市连续降雨影响,土壤趋于饱和,河湖水位持续上涨,沂河、沭河、运河及邳苍分洪道发生不同程度洪水。其中,沂河发生流域性大洪水,沂河港上站和邳苍分洪道林子站均发生1974年以来最大流量,分别达到5 550 m^3/s、1 770 m^3/s。

汛前准备。市委、市政府召开徐州市防汛防旱工作会议,全面部署、明确任务、落实责任、抓好推进。2月起开展全市汛前检查工作,分9个督查组对各地水旱灾害防御工作进行督查,市级储备到位编织袋165万只,土工布8.14万 m^2、块石3.5万吨等一批防汛抢险物资,修订完善了防汛防旱、防台风、城市防洪、黄墩湖滞洪区运用等应急预案,会同徐州军分区司令部组织各地抢险队员进行为期一周的军地联合防汛抢险实战演练,提高机动抢险能力。

安全度汛。面对“利奇马”台风暴雨带来的严峻汛情,徐州市各级、各部门在省防指和市委、市政府领导下,周密组织,全力应对,确保了沂河、沭河、中运河、邳苍分洪道等流域性河道行洪安全。全市共投入巡堤查险和抗洪抢险人员2.97万人、运输设备89台套、抢险设备224台套,有序撤退转移人员2 684人、回港避风船只757条,发布预警、预报、快讯、简报、专报等20余期,发送调度指令36条,实时水雨情短信4万条,开展全站区10多个测验断面、施测流量320次,减少农田受涝19.28万亩,减少受灾人口21.6万人,抗洪减灾效益4.3亿元,实现了“有灾少害无伤亡”的目标,奋力夺取了本次抗洪斗争的胜利。

用水保障。7月下旬前,徐州市遭遇多年未遇的伏旱,下级湖水位长期低于死水位,骆马湖最低水位21.06 m,低于旱限水位

0.24 m，阶段供水形势较为严峻。市防办超前谋划，提早安排，积极争取省支持，补充市水源，开启南水北调刘山站、解台站，加大翻水调水力度，加强用水管理，逐日下达抗旱应急供水调度计划，启动抗旱应急响应，全力以赴组织抗旱调水。全年共计调引江淮水向徐州市供水 6.6 亿 m^3，市管主要泵站累计翻水 14.2 亿 m^3。奋力实现确保人民群众生活生产不受影响、确保有旱情不能形成旱灾的“两个确保”目标。

【水资源管理】 落实最严格水资源管理制度，严格用水总量、用水效率、水功能区纳污总量三项控制，万元 GDP 用水量较 2015 年下降 22%。编制印发《徐州市节水行动实施方案》，完成省级 33 个节水型载体、1 个节水教育基地、3 个节水减排示范项目创建工作，压采封填地下水源井 139 眼，试点开展重点用水户用水审计 8 家、合同节水示范工程 3 个；污染地下水处理及回用技术被国家水污染控制与治理重大专项采用，获得全国性示范级技术；丰县和铜山区建成国家级节水型社会建设达标县，徐州市通过国家节水型城市复查。

水生态文明建设。新增高塘水库为省级水利风景区，累计建成 7 个国家级、24 个省级水利风景区，实现县域全覆盖，数量质量居全省之首。

【农村水利建设】 农村水利工程建设。2019 年共 6 项，年度计划投资 2.05 亿元，实际完成投资 2.93 亿元，完成率为 143%。农村河道疏浚整治工程。主要建设内容：疏浚整治县乡河道、村庄河塘，沟通水系，岸坡防护，配套建筑物，年度完成投资 1.86 亿元，完成率 189%。水土保持重点项目。主要建设内容：疏浚排涝沟，新建拦水坝、灌溉站和塘坝，植物措施防护，并对治理小流域实施水土保持监测，年度完成投资 1 200 万元。中央大中型库区和移民安置区基础设施建设项目，年度完成投资 2 800 万元。骆马湖搬迁群众生产生活困难扶持项目。主要建设内容：骆马湖扶持范围内道路、水利等基础设施工程，年度完成投资 1 534 万元。灌区节水改造工程。主要建设内容：建设泵站、机井、渠道衬砌、配套建筑物及高效节水灌溉工程等，年度完成投资 4 400 万元。维修养护小型农田水利工程。主要建设内容：小型涵闸、泵站、渠道等农田水利工程维修养护，年度完成投资 726 万元。

农业水价综合改革。全市累计完成农业水价综合改革面积 631.65 万亩。共计安装计量设施 8 150 套，登记注册农民用水合作组织 118 个，参与农户 95.99 万户，村级水管员 2 252 人，合作组织管理灌溉面积 697 万亩。

水土保持监管。建立水土保持规划实施情况考核工作联席会议制度，全年审批生产建设项目水土保持方案 273 件，完成水利部现场建设项目扰动图斑复核 1 947 个，征收水保补偿费 2 012.79 万元，全省率先编制了《徐州市域开发区水土保持区域评估报告编制大纲》，新沂市省级开发区率先完成水土保持区域评估工作，徐州市荣获省水土保持专项考核优秀等次。

【水利工程管理】 全国水流产权确权试点。率先通过全国水流产权确权试点国家评估，累计完成 92 条骨干河道管理范围划定、11 条河道 16 个河段水域岸线生态空间自然资源确权登记，划界长度 5 900 km、面积 334 km^2，实现“划、确、登、管”四位一体，形成了较为完整的水域岸线、水生态空间确权的工作模式和技术路径，为全国开展水流产权确权提供了徐州经验。

河湖和水利工程管理范围划定工作。开展河湖库普查。根据全市水系新格局、机构职能新变化和行政区划新调整，编制《徐州市河湖库名录》并经市政府批复。经统计全市共有河道 2 132 条（其中流域性河道 8 条，区域性河道94条，县镇河道2 030条），主要湖泊7座，中型水库5座，小型水库67座。全面完成河湖和水利工程管理范围划定工作。通过市县共同努力，徐州市完成1 233条大沟级以上河湖划界任务，占全省工作总量20%。10月份全市14个实施单元全部完成技术预验收，并实现与自然资源局数据信息共享，11月底全面完成政府验收，全市累计划定管理范围线1.1万km，埋设界桩7.24万根，告示牌7 772个，控制点2 626个，换发不动产证26本。

水库安全运行管理。开展安全鉴定。完成5座中型、58座小型水库大坝安全鉴定，严格履行水库蓄水验收程序，补充完善17座小型水库蓄水方案。加强督察检查。4月份委托江苏省水利工程科技咨询股份有限公司对全市67座小型水库管护工作进行现场检查，5月份组织市直工程管理单位主要负责人，分成13个检查组开展全市水库运行管理暗访，并根据检查情况逐县（区）逐库正式行文下发检查情况及存在问题，并限期整改到位。开展小型水库规范化管理创建工作。完成邳州市杨庙水库规范化创建，新沂市山庄、金斗关、跃进，铜山区伴山、洪山沟、倪园6座水库复核工作。下达以奖代补管护经费。根据小型水库考核办法，核定24座小型水库获得优良等级，41座获得合格等级，根据考核结果下达经费45万元。

水管单位管理。丰县、铜山区、新沂市积极推进省级水管单位达标创建工作，丰县李楼闸站晋级省一级水管单位，丰县丰城闸站、铜山区王山站成功创建省二级水管单位，邳州市索家站创建省三级水管单位；新沂市阿湖水库、铜山区城区水利工程管理所通过省级水管单位复核。市直大龙湖、解台站、市区河道处、不牢河管理处、解台闸、奎河闸站、市区泵站7家单位创建安全生产标准化单位，实现市直单位安全生产标准化单位全覆盖。另外，市直工管单位保安、保洁、绿化养护实现了市场化运作、物业化管理。

【供水管理】 城乡供水一体化建设。2019年为城乡供水一体化扫尾完善年，目标为农村区域供水入户率达100%，城乡供水一体化入户率达98%以上。全市农村区域供水入户率为100%、城乡供水一体化入户率为97.08%。重点实施了地表水源地达标建设、原水输送、水厂建设、清水通达、农村饮水安全改造提升、城镇与农村两网搭接和水质监测”等七大工程扫尾和新增农村管网更新改造、城乡接合部安全饮水改造、老旧小区二次供水改造工程，计划共完成38项，投资26.04亿元，实际完成投资18.4亿元，完成投资比例为70.7%（除去邳州市为97.08%）。城乡接合部安全饮水改造情况。2019年鼓楼区、云龙区、泉山区共计划完成41个涉农社区安全饮水改造工程，计划投资17 792万元，已完成投资17 527万元，完成计划任务的98.5%，剩余主要工程为路面恢复。设计改造总户数为25 926户，实际改造总户数为27 647户，公共管网已接入户数为26 247户（其中与自备井混用为12 554户），剩余1 400户未接入，主要原因为居民不同意接入。

供水行业管理。抓好原水运行监管。督促供排水监测站做好原水供应计量与水质监测工作；督促粤海水务公司做好原水供水与水质检测工作。加强供水生产环节管理。加强对水量、水压、水位、水质等主要供水技术指标的监督管理，确保市区供水水量充足、供水压力正常。2019年1—10月份市区全年供水量18 971万t，售水量15 211万t，平均日供水量63万t，平均压力0.235 MPa，水质综合合格率达100%。督促供水企业依法经营。严格行政审批，简化审批流程，全年共办结17项行政许可。协调水政支队开展为期2个月的打击城乡供水违法行为专项执法行动，共查处违规违法用水近400起，追缴水费14万元。与市卫健委联合开展主城区二次供水执法检查，安排供排水监测站对100处居民用户二次供水设施进行水质检测。委托第三方中介机构对县市区供水水质进行监测，同时对粤海水务公司开展中期评估，并形成中期评估报告。提升行业管理水平。针对城乡一体供水新形势，组织全市供水行业主管部门、供水企业相关负责人交流学习，在充分调研的基础上，修订印发了迎峰度夏供水保障方案和供水设施冬季防寒保暖指导意见，要求各县(市)区参照执行。

【排水管理】 排水工程管理。坚持规划引领。编制完成《徐州市城市雨污分流专项规划》，2019年3月经市发改委批复实施。启动编制《徐州市区生活污水处理提质增效三年行动实施方案(2019—2021年)》。深化排水普查。在完成管网普查的基础上，进一步加大排水户普查力度，再投资100万元对市建成区范围内的排水户进行普查。推进海绵城市建设。根据市政府海绵城市试点区建设任务要求，积极开展海绵城市涉水项目建设，王窑河综合整治工程已完成，泉润大道截水沟、支路10截水沟、入泉润公园箱涵等项目正在实施。

易淹易涝片区整治。列入住建部城市排水防涝补短板项目库的34个易淹易涝片区整治项目、列入徐州市区易淹易涝片区整治实施方案的11个积水点应急治理工程全部完成。

雨污分流改造。2019年结合道路大修、新建等实施雨污分流管网建设，完成160 km管网建设任务。

清淤工作。对市区744千米检查井、收水井、连接管全面疏通清淤，共清挖检查井及收水井3万座，清挖淤泥28 600余m^3。

【污水处理】 继续加强对市区污水处理监督管理，市区各污水处理厂规范运行，出水水质达标排放。进一步完善镇级污水处理设施建设。各地根据镇级污水处理设施全运行实施方案，有序实施镇级污水处理厂改造及配套管网建设，全市93座镇级污水处理厂全部运行，运行率达100%。大力推进村庄生活污水治理设施建设，各地根据村庄污水治理规划，积极推进村庄生活污水处理设施建设，年度完成382个村任务，行政村生活污水治理覆盖率达46%。《徐州市排水与污水处理条例》(以下简称《条例》)颁布施行，实现供水、排水、污水处理地方立法全覆盖。严格执行《条例》第八条关于建设项目环境影响评价涉及公共排水与污水处理以及建设工程排水设计方案审核相关规定，完成9个环评项目意见回复和26个建设项目排水设计方案审核。

【水政执法】 为进一步规范城乡供排水秩序，严厉打击供排水行业违法违规行为及黑恶势力，水务局出台施行《徐州市打击城乡供水违法行为专项执法行动实施方案》，在全市范围内开展打击城乡供排水违法行为专项执法行动，局分管领导任副组长，局供排水处、政法处、办公室，水政监察支队、城区水资源处、供排水监测站负责人为成员。对擅自取用水，排水、占压、损毁供排水设施、危害城乡供排水设施安全等违法行为开展专项执法行动，并对其中影响较大的10起案件立案查处，共罚款160万元。

水土保持费征收。以水土保持行政许可案件为抓手，加大水土保持补偿费征收力度，强化水土保持监督执法工作，确保应征尽征，规范有序地推进全市水土保持补偿费征收工作。截至2019年底，共计征收水土保持费约220万元。

水政执法队伍建设。出台实施《优化营商环境打造全国一流水政执法体系建设实施方案》，建立“管理、执法、装备、基地、信息”五大体系，全面推进全市水政执法队伍、执法装备、执法基地、执法规范和“智慧水政”的规范化建设。截至2019年底，水政执法队伍、执法装备、执法规范的工作目标已完成，新沂市2个执法基地全面投入使用，丰县、沛县、邳州市、铜山区、经开区等5个执法基地全面开工建设。

【安全管理】 年初召开水务系统安全监督大会，召开3次安全生产专题会议，并利用党委会、办公会，分析、研究布置安全生产工作。12月5日召开全市水务系统专项整治动员会，组织观看"3·21响水爆炸事故"警示纪录片，集中学习贯彻习近平总书记关于安全生产的重要论述，传达贯彻国务院、省、市安全会议精神，研究部署安全生产专项整治行动工作。制订出台《徐州市水利安全专项整治实施方案》，由市安委办统一印发，明确了水利水务工程建设、工程运行管理、城市供水保障、城市排水度汛、污水治理、办公经营人员密集场所消防安全等七个方面整治重点任务。

2019年根据机构改革和人员变动情况，及时研究调整安全生产领导小组，设置了科技信息和监督处(安全生产监督处)具体负责全局安全生产监督工作，配置专职安全监督人员4名。下发《关于进一步优化细化局机关部分处室职责的通知》(徐水党〔2019〕48号)，明确各业务处室安全生产职责，落实"管行业必须管安全、管业务必须管安全、管生产经营必须管安全"要求。出台《徐州市水利工程建设安全生产管理导则》《徐州市水利工程建设现场标准化管理实施导则》《徐州市水利工程建设从业企业监督考核实施办法》等，全面推进施工现场安全生产标准化。全年委托第三方安全监督机构对相关工程进行监督检查，累计4轮47次，所有问题全部整改完成。共有16家单位通过了(三级)达标考核，6家单位通过了省厅安全生产标准化(二级)达标考核。在水利部开展安全生产标准化成果展评中，市水利系统两家单位分获三等奖和优胜奖。全年组织开展安全监管人员培训380余人次，参加了市政府组织的"5·12"防灾减灾演练，6月份联合首创水务公司等多家单位开展了管道爆裂、消防、反恐等应急演练。对7家涉及危险化学品的单位进行经常性检查，对22种危化品进行备案，落实铁门铁窗、双人双锁、报警、消防、登记统计以及危化品运输、存储、使用等规章制度，安装摄像头24小时监控。刘湾水厂液氯气存放间(属重大危险源)，各类制度和安全措施齐全。开展了消防安全专项整治，全局共张贴《消防安全自查承诺书》43份，开展消防演练22次，制作各类消防展板16块，张挂消防安全宣传横幅26个，"5·12"防灾减灾日活动中发放消防安全传单1 200余份。开展电气隐患排查治理，共检查单位648次，排查并整改电气隐患56个，隐患整改率100%。

【行业发展】 行业管理。2019年开展规划编制6项，其中新增3项:《徐州市农村生态河道规划》《徐州市河湖库分级调查成果》《徐州市区城市防洪实施方案》。配合市人大法工委完成《徐州市堤坝管理条例(修正)》项目的终审，《徐州市河湖管理条例》《徐州市节约用水条例》分别列入市人大2020年预备和制定项目。

技术创新及应用推广。完成2019年度江苏省水利科研项目(11项)、市科技项目(4项)的申报、形式审查、合同签订等工作。研发9项专利技术，"徐州市黄泛平原及丘陵地区水土流失遥感监测技术应用研究"获市发明协会科技创新一等奖。10月举办江苏省水泵(水务)新技术推介会。

营商环境建设。制订徐州市水务局建设全国一流营商环境专项实施计划，研究出台优化营商环境总体和专项"1+12"实施方案。编制印发《徐州市水务局领导干部深入民营企业开展现场办公工作方案》，12个工作组分赴24家涉水民营企业开展现场办公，制订各类工作措施30余条。市抢险中心建成营商环境四星服务品牌，营商环境“获得用水”指标办结时限远低于省要求。

党的建设。全年组织开展4轮共18家基层党组织政治体检，召开局党委会27次、党委中心组学习会12次，民主生活会3次，编发《理论学习文选》12期，印发各类学习图解1 000份，发放理论书籍3 000余册，全局党员“学习强国”平台活跃度达9成。扎实开展“不忘初心、牢记使命”主题教育，组建局领导带队的10个巡回指导组，全局40个局属党组织、774名党员“守初心、担使命、找差距、抓落实”，有效解决了一批事关群众“喝的水、用的水、排的水”的热点难题。

党风廉政建设。年初召开全市水务系统全面从严治党暨党风廉政建设会议，4月25日举办预防职务犯罪警示教育大讲堂，11月6日召开全市水务系统全面从严治党暨党风廉政建设推进会，固定每月10日为廉政提醒日，向各单位处室负责人累计编发廉政提醒短信600余条。下发《关于印发〈关于推动开展形式主义、官僚主义集中整治的工作方案〉的通知》，全局累计整改4个方面83条形式主义、官僚主义问题。全年办理各类咨询、投诉、建议37件，按时办结率100%。组织2次行风热线上线，解决群众涉水问题23件。

扫黑除恶专项工作。成立扫黑除恶专项斗争领导小组及办公室，抽调专人实体化办公，出台《徐州市水务局深入开展扫黑除恶专项斗争实施方案》《中央扫黑除恶第17督导组反馈意见整改落实工作方案》等，邀请市检察院作了《严格依法行政 远离职务犯罪》的辅导讲座，进一步增强干部职工依法行政、依法履职意识。

（颜　笑）

常州市

【工作概述】 2019年，常州深入贯彻习近平生态文明思想，落实省委书记娄勤俭、省长吴政隆“第一号省总河长令”，以水利工程建设、河湖生态提升的优异成绩献礼中华人民共和国成立70周年。最严格水资源管理工作稳步推进，提前完成省政府下达的“十三五”总量控制目标。创新提出“规划好、治理好、管理好、维护好、美化好”“五好河道”建设设想，加强推动，首批22条河道获得命名，并获江苏省推介。全市59个水功能区，2019年12月达标率91.5%，较2018年同期提升10.1%。33个国省考断面，达标率96.8%，较2018年同期提升5.9%。节水型社会建设不断深化，高分通过国家节水型城市复验。水土保持工作开展良好，在省政府对市2018年度水土保持目标责任考核获得优秀等次。河湖长制工作被省政府列为“河湖长制推进力度大、河湖管理保护成效明显”地方之一，予以激励通报。狠抓河湖管理范围内“两违三乱”问题整改。20项省重点河湖“三乱”问题完成整改18项，进度超出省计划。市级“三乱”问题完成整改8 300处，整改率99.3%；全市140项“两违”问题，2019年完成整改101项，完成率118.8%。防汛防旱工作履职担当，经受住梅雨期降雨和台风考验。工程建设管理不断加强，重点工程监督检查、信用考核走在全省前列。《常州市城市防洪规划修编报告》正式印发，长荡湖（溧阳市）退圩还湖工程实施方案获省批复，市及辖市区城市防洪工程建设稳步展开。太湖流域水环境综合治理工程取得阶段性进展。新沟河工程基本完工，新孟河工程实现应急通水。长荡湖退圩还湖（金坛区）三期工程土方挖填1 250万方，完成湖堤 19.1(独立防洪大堤)km、清淤 261.5 万 m^3。实施运河沿线地区河湖水系连通工程,主城区畅流活水一期工程投入运行,完成东市河、南市河河道底泥及水环境应急修复,老城区 64.2 km^2、33 条河道水质明显改善。在 2018 年省级水利发展资金绩效评估中,涉农一市三区农村河道长效管护、农田水利工程管护均获优秀等次。

【水利建设】 全年国家节水供水重大水利工程,区域重点、城市防洪、农村水利完成投资 20 亿元。新沟河常州境内工程全部完成,具备竣工验收条件。永安河工程主体工程全部结束,10 座桥梁全部贯通,景观绿化施工全部完成。新孟河工程移民安置接近尾声,运南段河道完成主体施工,湖西区域南延段结束土方开挖,满足 2019 年底应急通水条件。生态河湖治理纵深突破。概算投资 93 亿元的金坛区长荡湖退圩还湖工程列入省高质量发展水利指标监测评价内容,年内结合岸线重塑聚泥成岛,建成岛屿 4 座、面积 535 亩,湖区环境面貌明显改观。开展大运河、丹金溧漕河、古孟河、德胜河、古舜河、胥溪河疏浚、堤坝除险加固,其中大运河城区段完成疏浚土方 47 万方。城市防洪提升建设加速推进。丰收河东闸、建新河西闸、北童子河闸工程开工建设,基本完成新闸防洪控制工程改造项目,澡港水利枢纽供电系统改造工程、澡港水利枢纽(扩容)长江侧护坡工程汛期具备运行条件。农村水利建设加快实施。河道疏浚及管护常态化开展,农村河道疏浚土方 440 万方,建设农村生态河道 12 条、生态清洁小流域 1 条。中小河流治理天宁区北塘河、新北区浦河等工程通过竣工验收。

【防汛防旱】 2019 年常州降雨强度、受台风影响程度均处于较低水平。汛期降水量较常年偏多两成,局地暴雨频繁,汛期共计 2 个台风影响常州。9 月中旬至 11 月下旬,持续多晴少雨天气,降水量为有气象记录以来最少,出现了中到重度气象意义上的干旱。2 月初即展开工程、物资、预案、险工拉网式排查。根据市领导批示,将市防办由应急部门重新调整设在市水利局,并就做好防汛防旱工作建立新的会商机制。推进基层防汛预警预报体系建设,梳理各类预案方案,5 个大中型水库洪水调度方案报省审批,运北片城市防洪大包围调度规程修订印发。市委编办批复成立市防汛防旱调度指挥中心,梅雨期和台风影响期间,滚动发布预警信息 131 万人(次),组织 1 100 艘船只回港避风,转移人员 2 602 人,没有发生一起意外事件。根据天气预报和实际工况,提早指令沿江水利工程关闸挡潮,城区泵站启动,预降市区河道水位。台风"利奇马"影响期间,启用运北片城市防洪大包围一次。沿江魏村、澡港水利枢纽和小河闸累计排水 2.189 亿 m^3,市管闸站排涝流量3 200 万 m^3;主要河道入太湖水量 10.45 亿 m^3。针对气象干旱,继续开展主城区畅流活水Ⅰ区调度运行工作。调度水库、塘坝灌溉或提水浇灌,2019 年 9 月至 11 月中旬共调度沿江三闸引(翻)江水 3.44 亿 m^3,对维持河网水位起到了重要作用。

【水资源管理】 落实最严格水资源管理制度。及时下达年度目标任务,分解落实考核指标。组织开展专项督查,落实水资源管理强监管措施。组织开展取水工程核查登记工作,对不符合管理要求的计量逐一更换。对排水有问题的单位一律注销取水许可证,对能够使用自来水满足生产的劝其使用自来水。注销取水许可证 136 本,发放农业取水许可证 74 份,取水许可量 8.29 亿 m^3。规范计划用水监督和管理,联合市住建局印发 2019 年度用水计划文件,下达各类计划共计 2 066 项,其中自备水源计划 155 项,公共供水计划户 1 911 户,新增用水计划 430 项。在市节水管理系统中录入单位资料 700 余户。重点用水监控户下达用水计划实现全覆盖,自备水计划用水率达 100%，年用水量 6 000 吨以上公共供水户计划用水率达 100%，计划用水率为 99.86%，提前达到 2030 年全市节水型社会建设目标。常州工学院巫山路校区合同节水管理项目成为江苏高校复合型合同节水标杆，全年建设省级节水型载体 16 家，超省下达目标任务 3 家；完成市级节水型学校创建 11 家、市级节水型单位 66 家、市级节水型企业 4 家。溧阳市成功创成国家节水型社会建设达标县，武进区国家节水型社会建设达标县通过行政验收。

【水利管理】 推进河湖长制、水利工程管理再上新台阶。2019 年各级河湖长治理河湖问题 1 993 起，投入河长制及河湖治理经费约 1.16 亿元，为历年最多。武进区河长办获“国家级河长制先进单位”，村级河长张晴泽、企业河长徐国忠获“省级最美基层河长、民间河长”称号。水利工程管理在加强。河湖和水利工程管理范围划定提前完成省定目标，市本级和辖市区全部完成技术验收和政府验收，通过省级抽验。长江干流岸线违规项目整改率先完成整改，通过了水利部长江水利委员会的现场抽检。水库规范管理再上台阶。全市 84 座小型水库的规范化建设工作，截至 2019 年完成 74 座，达到 88%的覆盖率。查家湾水利风景区的水文化专项规划通过省水利厅的专家评审。推进信用管理提升行动，实现每季度现场检查全覆盖，完成 238 个履约合同现场信用考核工作。规范工程招标投标管理，完成全市水利工程电子招标投标平台升级改造，实现水利工程招标全流程电子化。积极开展水利工程质量监督工作，启动建设常州市水利建设工程监管服务平台。2019 本市共有三个工地获得“省文明工地”称号，数量列历年第一。新创 4 家二级水利安全生产标准化达标单位。

【水利改革】 将水利改革作为推动水利事业发展的根本动力，以党政机关机构改革为契机，积极争取，在行业监督等重点领域改革取得新的突破。组建市水利局运管处，分设水资源处，成立政策法规处，强化财务审计处，各辖市区也加强建管力量配比。持续推进行政审批改革。实现水利“互联网＋监管”全覆盖。全面推进双随机检查，建立检查对象库、执法人员名录库，全年完成检查 300 余次。健全行政检查和行政执法衔接机制，细化水事违法行为移交的条件、手续及流程。农业水价综合改革全面完成。完成改革面积 140.22 万亩，为省下达计划的 100%。38 个涉农乡镇全部以镇为单位成立农民用水户协会。沙河、大溪灌区率先取得取水许可证，向农民用水户协会、村集体经济组织发放，实施渠首计量监控。水利建设管理改革得到加强。推进信用管理规范化、安全生产标准化，施工企业履约考核全域全面覆盖，水利工程质量管理进入全省先进行列，新创 4 家二级水利安全生产标准化达标单位。拓宽水利投融资渠道，争取省级以上资金 6.53 亿元、争取政府债券资金 1.5 亿元用于重点水利工程建设。

【行业发展】 结合本轮党政机关机构改革，持续优化队伍组织，推进设计院改企、防调中心调整设立、城防处和长江处单位整合、水政监察支队新三定获批等工作。科级干部提拔任用 6 人，公务员职级晋升 6 人次，在局属事业单位岗位选调 15 人。建立《年轻干部跟班学习实绩档案卡》，将工作目标完成情况和破解难题、服务发展等方面取得的突出成效记入实绩档案，作为年轻干部今后评优评先依据。落实全面从严治党要求，出台党建工作责任清单和主体责任履责记实办法。狠抓“不忘初心、牢记使命”的主题教育。充分运用“学习强国”学习平台，强化党员职工日常学习。推动支部建设由“功能型”向“品牌型”转变，启动水利局“1＋6”党建品牌建设，组建常州历史首个项目建设临时党支部——中共常州市新孟河延伸拓浚工程(新北段)项目临时党支部，城防处支部成功入围常州市市级机关第二批“特色支部”。团队文化阵地建设基本形成矩阵，建成局机关支部“清源”等四大书屋，累计藏书 5 000 余册，给广大干部职工提供了较好的学习平台。

【节水管理】 节水管理项目在常启动建设，11 月完成。项目由常州工学院与常工电子科技股份有限公司共同实施，范围覆盖全校，属江苏第一个全域复合型高校合同节水管理项目，也是常州首个基于物联网技术的高校合同节水试点项目，被江苏省节约用水办公室作为标杆在全省推广。合同双方设定校区基准水耗 26.5 万 t，以效益分享与效果保证复合型模式进行合作，合同期限为 10 年。通过增装探漏设备、智能流量计及信息化系统，对校区供水设施改造后，预计年节水量达 10 万 t 以上，综合效益明显。水利部综合事业局、水利部太湖局与省水利厅两次到常调研，认为经济做法值得全国推广。

【河湖管理】 (1) 开展跨行政区域河湖水量分配试点工作。12 月，配合江苏省水利厅太湖流域水量分配工作，完成本市澡港河水量分配试点。试点主要依照全国江河流域水量分配方案，结合常州水生态环境综合治理中工况及水资源条件变化情况，充分测算计算，提出澡港河生态水位，明确 2020 年、2030 年两个水平年澡港河外河、内水量分配建议，其中河道规划最低旬平均水位为 3.14 m，开展跨行政区域河湖水量分配工作，是新时期水利部为维护河湖健康生态、守住水资源开发利用上限而开展的一项重要措施。常州、跨行政区域河湖水量分配将在落实取用水总量控制的框架体系下，统筹河湖沿线行政区经济社会和生态环境状况、水资源条件和用水需求，分批推进，用五年左右时间完成。

(2) 创新启动常州市“五好河道”建设。4 月启动。“五好河道”是指规划好、治理好、管理好、维护好、美化好的河湖，评定对象为纳入全市河长制管理的河湖、水库，评定实行 100 分制(规划好 12 分、治理好 20 分、管理好 24 分、维护好 24 分、美化好 20 分)，分为河道管理单位自评、辖市区河长办初评、常州市河长办评价、社会公示公告四个环节，综合赋分 90 分以上可评为“五好河道”。常州市财政将予以一次性以奖代补及每年长效管理经费，每 4 年组织市级复核，其间发生重大涉水违法事件、重大安全事故、水利设施重大水毁事故、环境污染事故情况，或被县级以上主流媒体负面曝光，以及复核不达标的，取消市“五好河道”称号。

【防控规划】 《常州市城市防洪规划(2017—2035 年)》通过政府常务会议审议，9 月通过审议。本次规划以现有防洪工程体系为基础，将保护范围由原 480 km^2 中心城区拓展至 728 km^2。分为运北片(中心城区)、湖塘片、潞横草塘片、采菱东南片、西太湖片、沿江圩区 6 个片区及新港新龙地区、空港地区、武南地区分片治理。运北片防洪标准仍为 200 年一遇，其余片区为 100 年一遇，以巩固完善防洪自保体系，形成与发展空间布局相协调的防洪格局。本轮规划修编于 2014 年启动，2015、2016 年常州连续遭遇区域洪水后，依汛情变化对原水文模型进行调整，重新复核，补充有关内容。2017 年、2018 年通过江苏省水利厅和水利部太湖流域管理局技术审查。

【体制创新】 金坛区实现全省首家基层水文服务体系全覆盖。12 月 26 日，省水利厅、省水文局集中授牌，标志着金坛区实现江苏省首家基层水文服务体系全覆盖。同时也标志着江苏水文服务体系建设迈出与水利深度融合的一步。为提升基层水文服务与管理能力，2016 年，常州水文分局和金坛区水利局，谋划以乡镇水利站为基础，推进和深化基层水文服务体系建设。2018 年在指前、直溪两个镇水利站先行先试，2019 年在全区 9 个乡镇全面铺开。上述 9 个水文服务站与 9 个乡镇水利站，在组织机构及办公场所共建共管，重点承担辖区内水文站点管理、水文资料收集、水文信息服务、水文设施维护任务，切实服务地方防汛防旱、水资源管理、生态河湖建设、河长制等需求。

（计玉根 张 勇）

苏州市

【工作概述】 2019 年，苏州市水务系统认真落实党中央、省、市决策部署，攻坚克难、真抓实干，取得明显成效：防汛防台实现“不亡人、不伤人、少损失”目标，蓝藻防控实现“三个确保”，长江及入江支流、东太湖、望虞河等重点项目有力推进。国省考断面优Ⅲ比例提高 10%，水污染防治、水环境治理、水资源保护工作得到中央领导和全国执法检查组的充分肯定。以 99 分最高分通过国家节水型城市第二轮复查验收。扎实开展“不忘初心、牢记使命”主题教育，“苏州河湖长制工作”入选中组部案例。苏州市水务局荣获“全国水利系统先进集体”称号，张家港市、常熟市、昆山市、吴江区水务局荣获“省水利系统先进集体”称号，5 名同志荣获“省水利系统先进工作者”称号。

【水利建设】 2019 年，苏州市推进重点水利水务工程建设。完成运河堤防加固工程投资 11.02 亿元，101.42 km 堤防已建设完工。完成阳澄湖综合整治工程投资 5.87 亿元。完成城区“清水工程”235 km 污水管网建设及修复、26 条河道清淤。实现基本消除城镇建成区黑臭水体的目标。高质量推进城乡生活污水治理，新增 2 349 km 污水收集管网，完成 1 100 个村庄生活污水治理，农村生活污水治理率达到 85.1%。38 座城镇污水厂全部按要求开展提标改造。

苏州市完成农村水利建设投资 18 亿元。超额完成农村河道疏浚整治任务，共完成农村河道疏浚整治 1 813 条、1 280 km，疏浚淤泥 1 353 万 m^3。推进畅流工程，拆除堵水坝埂 146 处，建设桥涵 140 座。建成农村生态河道 80 km。加强圩区建设，进一步提高防洪除涝能力，新建改造排涝站 123 座，三闸 113 座，加高加固圩区堤防 18 km。完成农业水价综合改革任务，全市完成 80.63 万亩灌溉面积的水价改革任务。全面推进水土保持工作，全市完成部级 1 380 个、省级 200 个疑似扰动图斑现场核查任务。

【河长制湖长制】 2019 年，苏州市突出打赢打好碧水保卫战、河湖保护战，攻坚克难、持续发力，建设“河畅、水清、岸绿、景美”生态美丽河湖群。设立河道主官、建立联合河长制、湖长制等为主要机制创新的工作做法，入选中组部“不忘初心、牢记使命”主题教育案例。加大日常巡河护河力度，全市 5 106 名市、县（市、区）、镇（街道）、村（社区）四级河湖长累计巡河（湖）超过 40 万人次，召开工作部署会、督办会 4 万多次，完成各级“一事一办”工作任务清单 2.5 万份。编制《苏州市生态美丽河道（湖泊）建设技术指南（试行）》和 31 条（座）市重要河湖岸线利用规划，启动 2020 至 2024 年生态美丽河湖建设五年行动计划。高质量推进长江、太湖、阳澄湖、七浦塘、望虞河及支流水岸同治攻坚行动，通长江支流水质全部达到Ⅲ类以上，完成市级“两违”专项整治项目 1 326 个，41 个省级“三乱”整治项目销号；完成长江岸线清理整治项目 61 个，4 个长江经济带生态环境问题整改销号。江浙沪率先建立联合河长制登上《人民日报》《新闻联播》，傀儡湖获评江苏省首批生态样板河湖，七浦塘参评全国“最美家乡河”。与无锡推出望虞河“联合河长制”，有序推进 456 条跨省、跨市、跨县交界河湖建立联防联控联治体系。采取作文竞赛、摄影比赛、漫画大赛多种形式，16 000 名民间河长、学生河长、企业河长深度参与河湖管护，全民治水氛围日益浓厚。

【生态河湖建设】 按照国家、省"水十条"要求，全面推进太湖治理，完成阳澄湖生态优化行动，全年实施 575 个重点项目。落实水污染联防联控机制，主动对接无锡市，共同加强望虞河水质达标及蓝藻防控工作，望虞河入太湖水质达到Ⅱ类。强化农业水污染面源防治，完成 4.5 万亩太湖网围清拆工作，整治太湖沿岸 3 千米范围内 7.78 万亩养殖池塘。全市规模养殖场治理率、规模养殖场粪污处理设施装备配套率均达 100%。实施太湖流域六大重点行业提标改造，连续十二年实现太湖"两个确保"目标。持续推进长江水岸同治，主要入江支流水质优Ⅲ比例达 100%。加强城乡生活污水治理，新建污水管网 2 349 千米，新增污水处理能力 20.3 万 t/d，全市整治黑臭水体 452 个，城镇黑臭水体全部消除。

【水资源管理】 2019 年，苏州市以 99 分最高分通过国家节水型城市第二轮复查，所辖张家港、常熟、太仓、昆山四市均顺利通过，形成全国第一个节水型城市群。完成苏州市阳澄湖水量分配试点工作，按年度用水总量指标分解落实到各市区，做好用水总量监督和考核。张家港经济技术开发区（杨舍镇）在全市率先开展规划水资源论证工作，全面加强基础设施建设，提升水资源对经济社会发展保障能力。通过苏州市人大《苏州市节约用水条例》执法检查。以提高水资源利用效率和效益为目标，启动节水型农业园区建设试点工作。起草《关于加强全市饮用水水源地保护和管理工作的实施意见》，明确牵头部门、配合部门和实施部门，切实加强水源地管理和保护。

2019 年，苏州市水功能区 253 个。实际监测水功能区 251 个，监测断面 325 个；其中保护区 9 个（断面 21 个）、保留区 1 个（断面 1 个）、过渡区 4 个（断面 4 个）、缓冲区 39 个（断面 42 个）、景观娱乐、工业、农业、渔业用水区 189 个（断面 242 个）、饮用水源区 9 个（断面 15 个）。根据各水功能区 2020 年的水质目标，选择高锰酸盐指数、氨氮两项指标为评价因子，全市水功能区两项均值达标率为 93.5%，较 2018 年的 80.7%上升了 12.8 个百分点；197 个省属水功能区达标率为 94.4%，较 2018 年上升了 5.9 个百分点；48 个市属水功能区达标率为 89.6%，较 2018 年上升了 6.3 个百分点。93 个省重点水功能区达标率为 96.8%，较 2018 年上升了 4.4 个百分点；73 个国家考核水功能区达标率为 95.9%，较 2018 年上升了 4.1 个百分点。2019 年全市 317 个监测断面中，优于Ⅲ类水（含Ⅲ类）的断面数占 83.6%，较 2018 年的 73.8%提高了 9.8 个百分点；Ⅳ类水的断面数占 12.9%，较 2018 年的 17.9%下降了 5.0 个百分点；Ⅴ类及劣Ⅴ类水的断面数占 3.5%，较 2018 年的 8.3%下降了 4.8 个百分点。2018 年，苏州市太湖镇湖（上山）水源地水质综合评价为Ⅲ类，其余水源地水质综合评价均为Ⅱ类水，达标率 100%。

【工程管理】 2019 年，苏州市规范水利水务工程管理行为。印发《苏州市水利工程精细化管理项目成果》，制定苏州市泵站、水闸、堤防工程运行管理规程，细化江边枢纽泵站、七浦塘枢纽和阳澄湖枢纽水闸管理指导手册，举办水利工程精细化管理培训班，推进水利工程精细化管理。创新改革水利工程建设管理模式，推动水利工程建设项目代建制管理，落实招标文件审查制度和平台上线申报审查备案制度。向社会第三方购买专业服务进行从业单位信用管理和水利工程履约考核，更好地提供技术支持，补充管理力量。

【防汛防旱】 2019 年汛期，苏州市总体汛情平稳，汛期降雨量较常年略微偏多，主要河湖水位基本平稳，仅在 8 月上旬受第 9 号台风“利奇马”影响出现了区域性强降雨，防汛形势一度十分严峻。在省防指和市委、市政府的正确领导下，全市周密部署，积极应对，全力以赴做好各项防御工作，主要河湖水位调控在合理区间，确保了人民群众生命财产安全，成功夺取防汛防台工作全面胜利。

受第 9 号台风“利奇马”影响，8 月 9 日夜里到 8 月 10 日全市普降大暴雨，多处河湖水位超警，多地出现不同程度积水险情。全市共有张家港、常熟等 8 个市（区）受灾，农作物受灾面积为 28.6 万亩，137 家企业停产。因洪涝灾害造成的直接经济损失为 0.38 亿元，其中，农业直接经济损失 0.32 亿元，其它经济损失 0.06 亿元。

各地各部门切实履行防台责任，迅速采取有效行动，全面落实各项防范措施。市防汛防旱指挥部办公室严格按照《苏州市防台风应急预案》，及时启动防台风应急响应，分别于 8 月 9 日上午 10 时、下午 15 时及 8 月 10 日 21 时启动防台风Ⅳ级、Ⅲ级和Ⅱ级应急响应，各地各部门按照预案迅速开展各项防汛防台工作。台风直接影响期间，所有在建工程，所有旅游景区，所有培训机构全部停工、停业、停课，共计转移船只 5 722 条，转移人员 39 897 人，其中危房、拆迁户等共转移 17 003 人，拆除或加固广告牌 5 312 个，工地停工 7 492个，有力保障了人民群众生命财产安全。迅速派出应急抢险队伍，及时消险除患。全市累计投入抢险人员 6.3 万人，投入动力 7 363 台班，编织袋 16.9 万条，沙石料 0.6 万 m^3，木材 500 m^3，钢材 2.2 t，总物资消耗折算资金 561.65 万元。

根据苏州市 17 个雨量站的实测降水资料统计，2019 年汛期（5 至 9 月）的面平均降水量为 716.8 mm，较多年面平均降水量 666.3 mm（统计至 2015 年）偏多 7.6%，其中降水主要集中在 8 月和 9 月，分别较多年平均偏多 79.3%和 40.9%，5 月、6 月、7 月则分别偏少 37.1%、15.7%、24.4%。从 17 个报汛站降水量来看，2019 年汛期降水量在地域分布上也不均匀。5 至 9 月累计降水量最大为陈墓站 888.7 mm，较全市均值高 24.0%；累计降水量最小为十一圩闸站 539.1 mm，较全市均值低 24.8%。苏州市 6 月 18 日入梅，至 7 月 18 日出梅，梅期 30 天，累计面平均梅雨量 240.3 mm，较多年平均偏多 14.0%，最大点太浦闸站 388.0 mm。

同时苏州市汛期主要河湖水位基本平稳，太湖平均水位 5 月 20 日为最低水位 3.01 m，9 月 7 日达到最高水位 3.84 m，到汛末 9 月 30 日太湖平均水位为 3.34 m。5 月初太湖平均水位为 3.12 m，湘城站为 3.23 m，枫桥站为 3.25 m，陈墓站为 2.97 m。5 月降雨较多年平均偏少 37.1%，河湖水位普遍较低，5 月 20 日太湖平均水位为 3.01 m，5 月 15 日枫桥站为 3.09 m，5 月 15 日陈墓站为 2.96 m，均为汛期最低水位。6 月初太湖平均水位为 3.11 m，湘城站为 3.27 m，枫桥站为 3.29 m，陈墓站为 2.99 m。6 月降雨较多年平均偏少15.7%，各主要站点水位基本平稳，6 月 22 日湘城站为 3.18 m，为汛期最低水位。7 月初太湖平均水位为 3.51 m，湘城站为 3.3 m，枫桥站为 3.57 m，陈墓站为 3.45 m。7 月受梅雨影响，河湖水位有所上涨，枫桥站和湘城站水位在 7 月 13 日分别达到本月最高 3.9 m 和3.44 m，陈墓站水位在 7 月 14 日达到本月最高 3.58 m，太湖平均水位在 7 月 17 日达到本月最高 3.75 m。8 月初太湖平均水位 3.45 m，湘城站 3.36 m，枫桥站 3.49 m，陈墓站3.19 m。受第 9 号台风“利奇马”影响，从 8 月 9 日 8 时至 12 日 8 时，全市暴雨到大暴雨，8 月 11 日枫桥站 4.34 m（超警戒水位 0.54 m），陈墓站 4.02 m（超警戒水位 0.42 m），湘城站 3.84 m（超警戒水位 0.14 m），均为 2019 年汛期最高水位。9 月初太湖平均水位为 3.54 m，湘城站 3.4 m，枫桥站 3.66 m，陈墓站 3.42 m。受第 13 号台风“玲玲”外围影响，9 月 5 日 8 时至 6 日 8 时，全市大到暴雨，9 月 7 日太湖平均水位达到 2019 年汛期最高水位 3.84 m(超警戒水位 0.04 m)。

2019 年，苏州市出现多处强降雨，市防汛防旱指挥部办公室通过提前预降、积极抢排、紧急抽排等措施，充分调度沿江各水利工程全力排水，降低河网水位。2019 年汛期沿江八闸共计排水 444 潮次，排水 26.5 亿 m^3。统筹协调防汛和水环境调度关系，合理调控望虞河琳桥、阳澄湖湘城和环城河觅渡桥水位，在预留防洪库容前提下，通过跨区域联合调度，引长江水入腹部河网，总体形成“长江→区域腹部河网→阳澄湖→外塘河→娄江→浏河→长江”和“望虞河→西塘河→环城河→运河”的调水线路。1 月至 10 月沿江八闸共计引水 630 潮次，引水 12.5 亿 m^3，圆满完成迎接全国人大《中华人民共和国水污染防治法》执法检查期间水环境调度和汛期蓝藻防控调度等任务。

【水政执法】 2019 年，苏州市开展水法宣传。开展纪念第二十八届“世界水日”和第三十三届“中国水周”活动。开展第八届“我的天堂我的水”主题征文活动，收集征文 10 516 篇；组织第四届水情教育优秀教案评比活动。开展“七五”普法宣传教育活动。配合苏州市人大常委会完成《苏州市河道管理条例》修订，《苏州市节约用水条例》贯彻执行和《苏州市供水条例》立法调研。推进全市水利水务信用体系建设，开展水利工程建设施工单位信用等级评价工作。完成苏州市“两会”建议、提案 35 件。完善边界水事联合巡查机制，全年共出动执法巡查 9 988 次，26 835 人次，现场查处水事违法行为 858 起，立案 77 起，罚款 261.83 余万元。与南通签署《长江苏通段交界水域水政执法巡查联合联动协议》，合力打击长江非法采砂。开展专项执法巡查 34 次，查处非法采砂案 19 起，抓获非法采砂船 49 艘，非法运砂船 14 艘。

【水利改革】 深化审批制度改革。城镇污水排入排水管网许可证核发，拆除、移动城镇排水与污水处理设施方案审核两项审批事项实现网上办理，“拆除、移动城镇排水与污水处理设施方案审核”的承诺时间由 15 个工作日缩短为 10 个工作日。开展领导班子“体验一线流程攀新高”活动，局主要负责人全过程办理行政审批事项，切实感受群众办事过程中的情况，推动行政审批服务自我革新、自我优化。积极推动不见面审批(服务)改革，编制“不见面审批”事项清单，2019 年许可办理的不见面审批率已达到 90%。印发《苏州市级水行政许可需编制技术报告的项目清单(试行)》并对外公布，明确需要编制技术报告的具体项目正面清单。主动编制《窗口行政指导手册》置于窗口供市民参考，为相对人办理许可提供指导。

【水利科技】 2019 年，苏州市水务系统继续推进“智水苏州”建设，苏州市水利水务信息调度中心大楼竣工。与华为技术有限公司开展战略合作，完成“智慧水利水务系统”顶层设计方案。完成平江路河道视频抓拍项目。全市新增水利科技项目 9 项，其中省级 2 项，市级 7 项；10 项水利科技项目通过验收，其中省级 2 项，市级 8 项。在研科技项目共计 20 项。

【行业发展】 加强十九届四中全会、省委十三届七次全会、市委十二届九次全会精神的学习、传达、贯彻、宣传，自觉用新思想解放思想，用新理念指导工作，用实际行动强化“四个意识”，坚定“四个自信”，做到“两个维护”。加强思想引领，筑牢意识形态防线，以庆祝中华人民共和国成立 70 周年为契机，教育引导广大党员干部坚定理想信念，发挥榜样作用，凝聚发展力量。扎实开展“不忘初心、牢记使命”主题教育，以担当“最足成色”成就绿色发展“最美底色”，举办“解放思想再出发、对标找差抓落实”干部工作讲坛，主动对标对照查找差距短板项目6个，制定赶超项目7个，整改问题38条，形成针对性调研报告19份，农村断头浜打通、生活污水治理、干休所道路及雨污水管修复等问题获市民好评。党委充分发挥管大局、把方向、带队伍作用，班子团结、互相补台成为自觉，勇于担当、主动作为形成合力。主要负责人履行党风廉政建设"第一责任人"责任，班子成员履行"一岗双责"，配合市委巡察组、审计部门开展工作，加强权力运行制约监督，实现工程项目建设全过程监督。优化干部队伍结构，加大轮岗交流力度，形成机关、参公单位和一般事业单位之间干部交流的良性互动，安排年轻干部到重大项目和基层一线进行锻炼，推荐2名年轻干部到住建部挂职锻炼。加大典型选树，2家直属单位获评江苏省文明单位，1个基层支部获评市级机关"十佳行动支部"，1名机关干部被省委省政府表彰为"人民满意的公务员"。

（李友军）

南通市

【工作概述】 2019年，南通市水利系统紧紧围绕高质量发展和水利工作目标，推进河长制、水旱灾害防御、水利工程建设和质量安全监管、长江大保护、中心城区水环境质量提升、农村水环境治理、生态河道建设、农村水利、水资源管理和保护等各项工作。省政府表彰南通市"河长制工作推进力度大、河湖管理保护成效明显"。成功抵御5次强降雨和5个强台风、超强台风影响。主城区水环境治理成果获部省多次肯定，获全市改革发展创新创优奖一等奖。服务重大项目建设获市级机关服务重大项目单项奖三等奖。出台并实施《南通市水土保持规划（2016—2030年）》（通政复〔2019〕8号）。推进三峡移民扶持项目建设，争取中央大中型水库移民后期扶持项目3批49个，消化历年账面结存资金2 775.8万元。"善水利民"品牌获评市级机关优秀党建服务品牌。

【水利建设】 2019年，完成全社会投资12.7亿元，其中水利重点工程投资1亿元、农村水利投资2亿元。省水利厅下达的重点工程投资计划完成率100%。长江干流江苏段崩岸应急治理、新港闸拆建、如泰运河接通等一批省重点工程全部完工。九圩港提水泵站安全运行1.33万台时、引水14.37亿m^3，为全市水生态建设发挥了积极作用。推进通吕运河水利枢纽工程建设，完成投资2.45亿元，12月31日通水试运行。建成南通城区水利工程智慧管控系统（一期）工程。完成如皋、如东、海门国家水土保持重点项目及如东县江海灌区项目等省农村水利项目建设。年内，五个县（市）、通州区获全省年度小型农田水利工程管理绩效考核优秀等次。

【河长制】 2019年，南通市各级河长累计巡河61.3万余次。其中，16名市级河长共巡河92次，199名县（市、区）级河长共巡河2 879次，1 844名镇（街道）级河长共巡河79 520次，4 674名村（社区）级河长共巡河530 153次。累计交办问题25 250件，整改22 272项，整改完成率88.2%。列入省高质量发展考核指标省考以上断面达标率93.5%，比上年增加25.8个百分点；优Ⅲ类比例74.2%，比上年提高15.8个百分点，超出省定考核指标3.2个百分点；6条入江及6条入海主要河流全面消除劣Ⅴ类。河道"两违"整治744项、完成率99%，实现了"两年任务一年完成"的既定目标。河道"三乱"整治35处并通过省级销号验收，市级"三乱"整治计划全部完成。

【生态河湖建设】 2019年，进一步落实《南通市生态河湖行动计划（2018—2020年）》，全市投资近8亿元，共打造生态河道

1 723条。其中，市级 8 条、县（市、区）级 19 条、镇（街道）级 189 条、村（社区）级 1 507 条。助力水美乡村、美丽乡村创建和农村人居环境“千村整治、百村示范”工程建设。11 月 15 日，在启东市举办蓝海扬帆“清水绿岸水美家园”媒体见面会暨生态河道建设成果展示会，新华日报、解放日报、中新社等 16 家媒体，“三代表一委员”及各地水利部门、河长办负责人 60 余人参加。

【水资源管理】 修订出台《南通市落实最严格水资源管理制度考核实施细则》；采取日常考核、“四不两直”检查、终期考核相结合的方法，加大强监管补短板的力度，全年共组织以会代训 3 次、召开现场会 1 次，成立 2 个工作组下沉分片包干、蹲点指导和监督检查；在全省率先启动《南通市水资源综合规划（2018—2030 年）（修编）》工作；海安市、启东市完成应急备用水源地达标建设；配合生态环境部门，按月实施重点水功能区、双月实施水功能区全覆盖监测；认真组织取水工程（设施）项目登记工作，核查项目 4 714 个，填报率 100%，受到长江委督察组充分肯定；加强地下水水位监测监控和地下水井封填工作，年度地下水取水总量控制在 2 000 万 m^3 以内，井台标准化建设全覆盖；编制完成通吕运河、如海运河河道水量分配方案；出台《南通市节水行动实施方案》，修订《南通市节约用水管理办法》，积极实施水效领跑者引领行动和合同节水管理，严控用水总量和用水效率，全市万元 GDP 用水量比上年下降 10.14%；积极推动落实省级节水型载体水资源费优惠政策，市区水资源管理档案实现电子化。如皋市顺利通过国家节水型社会建设达标县创建验收，启东市建成省级节水教育基地，启东市水务局成功创建全省首批水利行业节水型机关。2019 年，全市共创建 12 个省级节水型载体，创成 5 所省级节水型学校。全市征收水利工程水费 6 110.1 万元。

【工程管理】 加强水利工程质量与安全监管。2019 年，省、市两级公共资源交易平台完成招投标项目 29 项 64 个标段，做到“交易项目应进必进、交易过程全程监管”；海安市、如皋市、启东市、海门市、通州区获全市水利工程建设质量考核 A 级等次；九圩港水利工程管理所成功创建省一级水管单位，各单元河道及水利工程管理范围划定工作完成县级验收；《取水许可审批》承诺办结时限列全省第三位，全面推行“不见面审批”、全省行业最优；开展生产建设项目、水土保持违法项目监督检查，发出工作告知书 44 份、责令整改通知书 11 份；迎接市人大对《南通市水利工程管理条例》实施一周年开展执法检查，整改四个方面问题；印发水利安全生产监督检查意见书 46 份，检查整改问题隐患 217 处。截至 2019 年底，全省水利工程管理单位安全生产标准化二级达标单位 40 家，南通 6 家，全省最多；全省水利水电施工企业安全生产标准化二级达标单位 85 家，南通 8 家，全省第二（名录如下）。

江苏省水利工程管理单位安全生产标准化二级达标单位（南通 6 家）	江苏省水利水电施工企业安全生产标准化二级达标单位（南通 8 家）
南通市新江海河闸管理所 南通市九圩港水利工程管理所 南通市节制闸管理所 海安市贲家集水利枢纽工程管理所 海安市水利局焦港北闸管理所 如皋市如皋港闸管理所	南通市水利建设工程有限公司 南通海润水利建设有限公司 如东县水利电力建筑工程有限责任公司 江苏水工建设有限公司 南通万都建设工程有限公司 如皋市水利建筑安装工程有限公司 如皋市新潆水利市政工程有限公司 江苏云诚科技工程有限公司

【防汛防旱】 2019年，南通市成功抵御5次强降雨和5个强台风、超强台风。调整市、县(市、区)两级防汛防旱指挥部成员，推进各级行政首长防汛责任制和全市江堤、海堤、大中型涵闸、险工隐患地段等防汛行政和技术责任人落实，建立每月2次常态化调度会商机制，实施流域统一调度。全面检查水利工程险工险段、在建涉水工程安全度汛、各类防汛预案修订完善等情况，发现并整改问题15处。修订完善防汛防旱应急预案、防御台风预案。举办一期防汛防旱防台应急管理培训班，市防汛防旱指挥部各成员单位分管负责同志，各县(市、区)水利(务)局、应急管理局分管负责人和防办主任等70余人参加。组织军地联合防汛抢险演练。强化市、县(市、区)两级各类防汛物资储备管理。执行24小时值班和领导带班防汛工作制度。9号台风“利奇马”防御期间，全市启动防台风Ⅱ级应急响应，市防汛防旱指挥部办公室及成员单位现场办公，应急组3 h一会商、专家组1～2 h一报告。

【水政执法】 建立健全长江河道采砂联席会议制度，成立南通市长江河道采砂管理处，与上海、苏州、泰州、南通市水警支队等签订联合执法合作协议，建立定期巡查机制，先后开展联合执法行动14次，构建了沪通苏泰“两岸四地”联勤联动体系，形成了江南江北、上下游、左右岸，跨地区、跨部门、全区域协同作战的良好格局。在全国水利系统首次开展非法采砂“长江生态环境损害磋商赔偿”(磋商确定以货币赔偿的方式承担生态损害赔偿责任，缴纳生态环境损害费用25 000元)。

【水利改革】 农村水利改革方面，完成农业水价综合改革面积327万亩，超计划完成23万亩。开展农业水费智能化计量征收技术研究，在如皋市、海安市试点应用25个提水灌区，获省水利厅验收高度评价。

服务重大项目方面，南通市加强北沿江铁路及通州湾、洋口港区疏港航道、恒科新材料等10余个重大项目水利服务保障。积极与省水利厅沟通，推动通州湾示范区主海堤调整。参与南通机场迁建选址报告评审、北沿江铁路初测和可研协调、通扬线南通市区段航道整治工程初步设计审查及通州湾、洋口港区疏港航道工可调研，提出相关意见。完成华电如皋热电联产工程、开沙岛海事VTS观察站、政田重工码头等涉河建设项目洪评审查；完成南通卓煜房地产开发有限公司护岸工程、通甲河实施排口整治工程的涉河建设审批。完成通海港区至通州湾港区疏港铁路一期工程可研审查、防洪影响评价审批；完成轨道交通1号线、2号线中5个水系调整审批、12条涉河方案审批，完成动车组及周边水系调整审批。完成土地出让意见反馈48件，完成征地意见29件，涉及文旅集团、滨江住宅、恒大苏通新能源等重大项目，为中央创新区、五水地区、苏通产业园、市北高新区快速发展提供水利支撑。获市级机关服务重大项目单项奖三等奖。

【水利科技】 运用“互联网+”、大数据技术，加强防汛防旱、水资源管理、河长制工作、安全生产、长江堤防精细化管理、长江河道采砂管理等领域监管水平。全面推广节水灌溉、生态保护、防灾减灾等先进技术和新材料、新工艺的运用，全力配合南通市域社会治理现代化指挥平台建设，加快提升全市水利建设与管理的科技含量和服务经济社会发展的能力。

【行业发展】 成立中国共产党南通市水利行业委员会。市水利局党组书记、局长吴晓春，市委“两新”工委副书记张莉为“中共南通市水利行业党委”揭牌。各县(市、区)水利(务)局、崇川区住建局、港闸区农水局、市开发区建设局、通州湾示范区建设交通局党委(组)、党总支书记，局各直属党支部书记，原市属水利行业改制企业党组织负责人及党员代表共50余人参加此次南通市水利行业党委成立大会。

【长江大保护】 以长江干流岸线利用项目清理整治为抓手，完成列入国家长江办整治清单项目 86 个、占计划的 92%，按时完成启东太平港务、崇川姚港油库码头等 10 个必拆项目，获省高质量发展考核满分。整改《长江经济带生态环境警示片》(据悉，该片由生态环境部与中央广播电视总台组织拍摄) 披露问题，通过省级销号验收。编制实施《长江(南通段)"一河一策"行动计划》，启动《江苏省长江岸线保护利用规划(南通段)》编制，推进长江大保护专项治理 20 余个。

【城乡水环境治理】 加强城市水环境治理。2019 年，南通市探索运用"一控三自然"(注释如下)治水新实践，引进拓扑导流墙等治水技术，组织中心城区水环境治理提升工程，实现中心城区 66 平方千米骨干河道达Ⅲ类水质目标，相关经验做法在国家长江办长江经济带生态环境突出问题整改现场会、全省长江大保护(南通)现场推进会进行介绍，获中宣部"学习强国"平台、《中国水利报》《新华日报》等媒体报道。

"一控三自然"，即控源截污。完成濠河核心区排口溯源排查和问题整改，内圈 3.5 平方千米污水管网实现低水位运行，切实解决污水溢流、直排入河等污染问题；自然活水。打通断头坝、拆除阻水埂，采用拓扑导流、管涵连通等方法，先后拆除 100 多处影响水体流动的坝头坝埂，44 条断头河实现水系贯通。全面打开并集中统一调度城区 100 多座涵闸等水利工程设施，"解放"中心城区 66 平方千米内的 120 多条河道；自然做功。利用水利分区和水位落差，通过水利工程的跨区联动，形成"西引东排、北引南排"的活水畅流格局。新建通吕运河水利枢纽、对濠河第二引水通道进行扩容、对钟秀闸站进行提升改造，对市区涵闸进行自动化改造，新建智慧管控中心，实施综合调度、精准调度，最大限度满足河道生态流量和生态水位需要；自然净化。将中心城区 36 条"三面光"河堤硬质护岸，重新恢复成充满野趣、蜿蜒蛇行的自然河流。对五山及新城片区实施湿地化、海绵化、森林化改造，使该区域 21 平方千米范围内，森林、绿地及水面面积占比为 48.8%。

加强农村水环境治理。2019 年，南通市进一步落实《全市农村河道疏浚整治三年行动计划(2018—2020 年)》，全市疏浚整治等级以上河道 1 804 条，村庄河塘 6 286 处，疏浚土方 1 666 万立方米。印发《南通市农村黑臭水体整治工作实施方案》排查需整治农村黑臭河道 1 960 条，列入年内整治计划 1 725 条、完成 1 769 条。

【河道长效管理】 建立健全河道长效管护保洁组织体系。一二级及通航三级河道全面实现市场化运作机械化保洁，由县(市)区水利部门负责通过公开招标的方式择优选择专业化河道管护保洁公司，常态化进行岸坡水面保洁。三级以下每一条河道均配备了专职保洁员，并通过以河养河、养鱼护河，有效地减轻了保洁员水草浮萍的打捞工作量。

不断壮大民间河长队伍。各地党员河长、乡贤河长、老舅妈河长、巾帼河长、"河小青"、自行车爱好者"骑行河长""邮递员"河长已经成为党政河长的重要补充，他们发挥住得近、关系亲、巡得勤、说得听、劝得进的优势，能够及时制止乱占乱建、乱堆乱放、乱排乱倒、乱垦乱种等不良行为，已经成为管河护水的重要力量。

积极营造爱河护河良好氛围。河长制工作纳入市委宣传部月度宣传工作要点。在南通电视台、《南通日报》等主流媒体开辟"河长制、河长治""两战进行时"等专栏专版，及时宣传推广各地各级河长好的经验和做法。通过市、县两级河长办微信公众号，实现工作信息、河长动态的共发共享。及时完善河长公示牌并公布监督举报电话，进一步畅通公众反映渠道,自觉接受社会监督。通过全面组织发动,积极营造了共建共管、共治共享的良好氛围。

【挖掘运河文化】 2019 年,南通市开展“寻找运河南通记忆”活动。评选南通运河文化地标 20 个,参加全省运河文化地标推选 10 个。南通十大运河文化地标分别为:十八里河口、大生码头、大达内河轮船公司旧址、如皋龙游国家水利风景区、韩公馆、里下河西泊风景区、如东国清寺遗址、栟茶古镇、余东古镇、余西古镇。6 月,南通大生码头(含大达内河轮船公司旧址)、如皋水绘园获评江苏最美运河地标。

(王春燕)

连云港市

【工作概述】 2019 年,连云港市水利建设共完成投入 17.26 亿元,各项水利工作取得较好成绩,其中水利基本建设完成投资 4.02 亿元,完成柘汪河挡潮闸拆建工程、范河治理工程、枯沟河治理工程、南六塘河治理工程、沭新渠应急加固工程、市区河道水生态净化工程及东盐河河道连通一期工程,开工建设车轴河治理工程、龙门站更新改造工程,基本完成徐圩新区应急备用水源工程,实施烧香支河(板桥段)综合治理一期、东盐河样板段河滨公园、13 座小水库除险加固等工程。农村水利建设共完成投资 9.17 亿元,主要实施农村河道疏浚、水土流失治理、农业水价综合改革、农村饮水安全、大中型灌区节水改造等工程。移民后扶项目年度完成投资 3.63 亿元,实施基础设施、公共服务设施、农业生产设施及产业扶持等项目建设 202 个,核定发放移民直补资金 43 134 人次。工程管理水平稳步提升,河湖工程管理范围划定通过市政府组织验收;5 家单位分别通过国家级和省级水管单位复核,大圣湖、小塔山水库通过国家级水利风景区复核,创建省级小水库示范库 1 个、7 座通过示范库复核。“两违”整治在全省率先完成,石梁河水库采砂整治专项圆满收官,30 年无序采砂终成历史。通榆河北延送水工程常态向连云港市送水,全年 5 次开机,翻水量达 1.58 亿 m^3,首次实现江淮水东西线同步向连供水。实施最严格水资源管理,县级以上集中式饮用水水源地全部完成达标建设,全市立案查处违法案件 18 起。创建节水型企业 4 家、节水型学校 15 家、节水型社区 18 家,首次评选市级节水大使 15 名。

【河长制】 (1) 压实治河责任。市委、市政府多次召开专题会议研究部署河长制工作。市委主要领导 4 次调研河长制工作。市政府主要领导认领全市水环境面貌最差的大浦河河长。召开市县乡村四级河长制工作推进会。全市 3 504 名河长担起管河护河第一责任人责任,15 名市级河长累计巡河 124 次,121 名县区级河长累计巡河 742 次。

(2) 完善制度建设。依据《河长制督查制度》《河长制交办制度》《河长制工作考核办法》等规章制度,形成“交办—督查—反馈—督办”工作模式。市级河长签发交办单 46 份、督办单 4 份,交办督办事项 162 项。县区均建立月督查、季会办、年考核工作机制,执行信息月报制度和月度水质通报制度。

(3) 解决治水问题。成立石梁河水库采砂整治工作专班,开展石梁河水库专项整治,累计拆解“三无”采运砂船 1 805 艘,拆除违建面积 13.18 万 m^2,清理砂场 106 处,收回水库滩地 360 万 m^2,拆除洗砂机 214 台,追缴国有资源使用费 1 400 余万元,结束石梁河水库三十年无序采砂历史。制定《石梁河水库生态保护和利用规划》《石梁河水库采砂规划》,推动生态涵养林布设、库区环湖道路建设和兴利水位恢复等工作。

(4) 开展“两违三乱”整治。“两违”整治在全省率先完成，成为全省第一家省级交办整改事项100%提请验收、100%完成整治、100%验收销号的设区市。年内共清理整治“两违三乱”问题3 800余项，其中违法圈圩3.6万余亩、违法建设170万 m^2、违章种植2.8万余亩、网箱1.6万只、畜禽养殖场320万 m^2，全市水环境面貌实现较大提升。

(5) 开展污染源头排查。市区各责任主体完成责任范围内河道排口排查整治272个，对市区龙尾河等6个问题排口实施改造。加快管网改造，市区各责任主体完成管网排查1 729千米，已排查的管网需整治约269.2千米，已整治213.7千米，新建市区污水管网约138千米。推进建制镇污水处理设施建设全覆盖，建成分布式污水处理设施26个，累计新增城镇污水处理能力11.7万吨/日。加强执法监管，开展工业企业达标排放、“散乱污”企业排查、酸洗石英砂企业督查等专项行动，查处水污染案件60起，罚款746万元。经过整治，大浦河连续9个月实现水质达标，在生态环境部公布的1—9月地表水环境质量中，连云港市水环境改善幅度为34.16%，在全国337个地级及以上城市中居第7位。

(6) 开展河道治理。市水利、生态环境、住建等部门及县区涉及河长制投资约30亿元，开展以水环境为重点的整治工作。市级重点实施蔷薇河、大浦河、烧香支河等骨干河道治理。推进市、县、乡“6+1”行动，开展样板河道打造。投入资金7 000万元，实施玉带河、大浦河、大浦副河等河长制示范工程建设。投资400万元在市区大浦河、东盐河、龙尾河建设生态浮岛179座，新增挺水浮水植物面积2.2万余 m^2，全市累计新增沿河生态绿化过渡区45万余 m^2，打造新沭河、通榆河等样板河道26条196千米，蔷薇河生态景观廊道、新沂河“百里菜花”、善后河“十里桃缘”等一批样板河段成为市生态河湖建设的亮点。

【水资源管理】 (1) 最严格水资源管理制度。完成省市2018年度最严格水资源管理制度考核。制定2019年最严格水资源管理目标任务，推进落实三条红线管理。

(2) 用水总量管理。坚持“合理分水，管住用水”，发挥水资源的刚性约束作用，编制徐圩新区石化产业基地等规划水资源论证报告。加强用水总量管理，将用水总量控制指标分解到县区和河湖流域，对超用水总量和水资源过度开发地区实行取水许可限批禁批制度。编制完成《连云港市水资源保护规划》，初步构建了水资源规划体系。

(3) 饮用水源地保护。加强饮用水水源地达标建设与长效管护，全市县级以上集中式饮用水水源地全部完成达标建设；开展农村“千吨万人”水源地调查摸底，制定整改清单和方案并上报省水利厅和生态环境厅；灌南县通榆河田楼水源地通过达标建设验收。加强水源地保护和监管，颁布实施《连云港市集中式饮用水水源保护条例》，制定《连云港市饮用水安全保障规划》，开展水源地自评估、名录核准核销等工作，水质自动监测站全部接入省信息共享平台。加快应急备用水源建设，赣榆区青口河莒城湖应急水源地完成达标建设，灌云县伊云湖、徐圩新区香河湖应急水源完成主体工程，并推进达标建设。

(4) 水功能区监测。完成29个重点水功能区水质监测任务，全年达标率为82.8%，超过省定目标78%。

(5) 地下水保护。加强地下水管理及超采区综合治理，落实地下水压采方案，完成年度封井任务，全年共封填(存)地下水井59眼。地下水实行用水总量控制，加强灌云县燕尾港镇、灌南县新安镇、堆沟港超采区治理，超采区范围实现地表水区域供水全覆盖，地下水位显著回升，保持43 m禁采红线以上。

(6) 取水许可管理。加强取水许可审批管理，完成建设项目水资源论证5项，开展石化基地规划修编的水资源论证，基本完成全市灌区农业取水许可证发放工作。加强自备水企业用水定额管理等日常监管；落实水资源管理信息系统本级运维资金和运维单位，全年系统在线率达95%，监测非农用水量达到全市非农总用水量的80%。开展长江流域取水工程核查登记工作，并在全省率先完成核查对象名录上报、登记表市级复核任务、市县级现场核查等任务，全面完成核查登记工作，全市累计登记取水项目1 215个，取水工程（设施）3 422个。完成连云港市电子证照一体化服务管理平台建设，已做好与省级平台对接的准备工作。

（7）生态流量。开展重要河湖生态流量（水位）研究，制定了全市第一批15条重点河流及2座大型水库的生态流量（水位）。加强重要河湖生态流量（水位）管控，制定生态流量调度方案和分水计划，加强流量和水位监测。

（8）节水工作。完成13家市自备水企业用水的计划用水管理，市直管理的用水企业计划用水率完成100%。完成《连云港市节水行动实施方案》。《连云港节约用水管理办法》编制工作启动。配合省水利厅完成《用水定额》修订工作。在水利工程规划、建设等项目中开展节水评价工作，年内完成6项节水评价。开展高校合同节水，完成“江苏海洋大学浴室合同能源管理”节水项目。石梁河水库管理处投入资金90度万元，高质量完成节水型水利机关创建工作。全面推进节水示范区、节水教育基地、节水载体的建设。评选出市级节水型学校15家、节水型企业4家、节水型社区18家，评选市级节水大使15名。创建连云港市东方医院等7家市级水校领跑者。灌云县节水教育基地建设通过省厅验收。

【城市水利】 （1）市区水环境整治。加强河道长效管护，每条河道每天保洁人员不少于3人，每天保洁在岗时间不低于10个小时，安排专人每天沿线检查。科学调度水源，保障城区用水，一年来城区调水2亿m^3，维持市区河道水体流动。优化6闸联动调度方案，保证市区河道小流量不间断补充新鲜水源，配合市黑臭办、263办等开展考核治理工作。

（2）河道整治及环境美化。实施市区河道水生态净化工程，在市区龙尾河、东盐河、大浦河等河道实施生态浮岛153组约2万m^2；开工实施烧香支河（板桥段）综合治理一期工程，主要内容为疏浚板桥段烧香支河7.2 km，对烧香支河两侧原有未达标段12.15 km防洪堤进行加固，新建2 m×2 m穿堤钢筋砼箱涵1座；开工实施东盐河样板段河滨公园工程，主要内容为东盐河（朝阳路至苍梧路段）东岸景观园路、建构筑物、绿化、景观提升工程、给排水工程、照明工程等。

（3）市区水源工程建设。投资1 111.86万元，实施沭新渠应急加固工程，建设内容：在沭新渠原设计断面基础上，对其右堤坍塌堤段桩号为4+822～14+708处边坡进行护砌。工程于2019年4月14日开工，5月26日完成水下护砌并拆坝通水，5月28日向市区恢复供水。工程累计完成5.75万m^3，砼2 100 m^3，预制块3 600 m^3，生态砖3 000 m^2。施工期间沭新渠无法正常供水，市区用水从蔷薇湖水源地引水。

【农村水利】 （1）农村水利建设。2019年，连云港市重点实施了农村河道疏浚、大中型灌区节水改造、农村饮水安全巩固提升、水土保持等农村水利重点建设项目，全面推进农业水价综合改革，全年共完成农村水利建设投资9.17亿元，完成农村河道疏浚土方362万方，新建泵站、引水闸等建筑物58座，建成生态河道10条；组织实施花果山街道飞泉狼窝采石厂关闭宕口覆绿工程和城头河、环岭2条小流域水土保持重点工程，治理水土流失面积18平方千米，旦头河小流域成功创建省级生态清洁小流域；新增有效灌溉面积1

万亩，新增旱涝保收田1万亩，新增节水灌溉面积2万亩，完成农业水价综合改革实施面积308.16万亩，安装泵站、渠道灌溉计量设施安装1 839处(台套)，农业水价改革工作经验推广获市委农村工作小组创新创优项目表彰，赣榆区石桥镇等3家农民用水协会被认定为全国农民用水合作示范组织；更新改造农村供水管网2 448 km，新增工程受益人口26万人。

(2) 移民后扶。2019年，全市累计投入大中型水库移民后扶资金3.63亿元，实施基础设施、公共服务设施、农业生产设施及产业扶持等项目建设202个，核定发放移民直补资金43 134人次。

【水利工程建设与管理】 (1) 工程建设。2019年，实施重点水利工程12项，完成投资4.02亿元。柘汪河挡潮闸拆建、范河治理、南六塘河灌南段治理等省重点水利工程全面完成；车轴河治理工程于2019年10月开工建设，年度完成投资3 100万元；龙门站更新改造工程于2019年12月开工建设，年度完成投资860万元。市本级重点水利工程中，沭新渠应急加固全面完成，完成右岸9 886 m堤防防护；市区河道水生态净化工程全面实施完成；徐圩新区备用水源工程基本完工；烧香支河(板桥段)综合治理一期工程、东盐河样板段河滨公园工程开工建设。继续实施临洪河口省级湿地公园等工程。全年共计完成重点水利工程竣工验收19项，引淮入石泵站、大新河闸、东门河闸、柘汪河闸、西墅闸等项目通过竣工验收；全年完成水利建设工程招标65项、86个标段，总交易额约7.95亿元。

(2) 工程管理。开展水管单位创建，赣榆区小塔山水库管理处以954分通过水利部组织的国家级水管单位复核验收；石梁河水库管理处，通榆河管理处善南泵站管理所、市区管理处烧香河北闸管理所，灌云县善南闸管理所通过省水利厅组织的省级水管单位复核验收。东海县引淮入石石梁河电力翻水站管理所通过省二级水管单位验收，市通榆河管理处蔷薇河穿堤涵洞、市区管理处新城水工管理所通过省三级水管单位考核验收。大圣湖、小塔山水库通过国家水利风景区复核。赣榆区西石沟水库创建成省级小水库示范库，全市7座小水库通过示范库复核。

开展水利工程精细化管理。推进石梁河水库管理处、烧香河北闸、临洪东站、善北套闸管理所精细化管理单位创建，完善《水利工程观测作业指导书》、《泵站典型作业指导手册》和《水闸典型作业指导手册》等，重新编制各工程及工程联合调度运用原则，水闸、泵站开启工作程序。推进水利工程安全鉴定常态化，对41座小型水库进行安全鉴定，其中小(1)型13座、小(2)型28座。完成全市小水电清理整改综合评估报告，经省政府同意，石梁河水电站等4座正常运行的水电站被列为保留类。根据省厅批复组织开展赣榆区高村电站退出工作。

(3) 工程维修养护项目。2019年度省级下达连云港市水利工程维修养护专项资金3 383万元，其中：维修经费1 647万元，流域性河道、大中型闸站及在册水库养护经费902.6万元，省规范化小水库养护经费165万元，管理范围划定370万元，骨干河道管护298.4万元。连云港市市本级安排1 000万元经费用于水利工程的维修养护。

(4) 河湖工程管理范围划定。河湖工程管理范围划定通过市政府组织验收。全市河湖和水利工程管理范围划定包括：82条省骨干河道、128千米主海堤、11座大中型水库、60座大中型水闸、15座大中型泵站及132座小型水库。截至12月31日，全市12个实施单元全部完成市级技术预验收及市政府验收，划定管理范围界线4 340千米，埋设桩牌34 988个，形成的数据成果全部录入市国土空间云数据平台一张图。

(5) 小水库注册登记与除险加固。完成东海县陈州等15座水库注册登记，投资7 882万元，对其中13座病险水库采取“先建后补、以奖代补”方式进行除险加固，其中东海县10座、赣榆区3座。除险加固工程于9月份开工，到2019年底完成主体工程建设，完成投资6 000万元。

【水政执法】 2019年，重点开展石梁河水库采砂整治，联合市公安局、市交通运输局、市自然资源局等部门发布《关于进一步规范石梁河水库采砂管理的通告》《关于清理石梁河水库砂场的通告》《关于清理石梁河水库采运砂船舶、机具的通告》等通告1 000余份，完成砂场清理106处。重点做好涉水行政处罚案件查处，查处水事案件18起。开展“3·22世界水日”“中国水周”宣传活动。水保费征收项目15项，已征收12项；配合市河长办，推进“两违”“三乱”专项整治，拆除违章建筑，拆除洗砂机214台，石梁河水库片区“两违三乱”基本清理完毕。石梁河水库“两违”“三乱”专项整治行动取得阶段性成果。6月11日，市水利局组织拍卖罚没船只17艘。配合做好信访工作，2019年承办省水政监察总队批办信访案件、12345平台转办件、舆情快报及群众信访案件15件，持续加强执法能力建设，举办全市水行政执法培训班，组织全市水行政执法技能竞赛，王晗、李寅荣获第一名。

【防汛防旱防台】 2019年，全市平均降水726.1 mm，比多年同期偏少19.1%，全年降水天数共计71.3天，属枯水年，全市范围内发生夏种夏插干旱、伏旱和秋冬连旱，干旱期间上游洪泽湖和石梁河水库等4座大中型水库低于旱限水位。通榆河首次向连云港市送水，全年调引江淮水共计16.10亿m^3，保障了全市城乡居民生活生产用水需求。

汛期全市平均面降雨量508.5 mm，比多年同期偏少17.0%，比去年同期偏多14.0%，降水天数共计30天，时空分布不均，主要降水过程偏少。受第9号台风“利奇马”带来的强降雨影响，新沂河、新沭河、蔷薇河和盐河灌南段龙沟闸水位超警戒，全市共有46座水库超汛限水位泄洪。新沂河上游骆马湖嶂山闸最大泄洪流量为5 020 m^3/s，新沂河沭阳站最大行洪流量为5 900 m^3/s(为历史第二大行洪流量)，最高水位为11.31 m(8月12日6:30，高于历史最高水位0.55 m)，全年行洪总量为24.90亿m^3。新沭河上游新沭河闸最大泄洪流量为4 020 m^3/s，新沭河大兴镇站最大行洪流量为3 850 m^3/s(为历史第二大行洪流量)，全年行洪总量为6.376亿m^3。全市11座大中型水库中有石梁河、安峰山、大石埠、房山、横沟、贺庄、昌梨7座水库超汛限水位泄洪，其中石梁河水库开闸14天、最大出库流量3 500 m^3/s(为历史第二大行洪流量)；156座小型水库有39座水库超汛限溢洪。蔷薇河临洪站超警戒水位0.78 m，最大行洪流量为863 m^3/s，临洪东站、西站、大浦一站、二站共强排涝水8 525万m^3。8月11日13时市防指启动新沂河防汛Ⅲ级应急响应，8月12日6时蔷薇河临洪站超警戒水位发布洪水蓝色预警。8月15日7时新沂河防汛Ⅲ级应急响应降为Ⅳ级，8月16日9时结束新沂河防汛Ⅳ级应急响应。在新沂河、新沭河行洪期间，实行50 m一人驻点监控，全市共投入7 800人，其中群众5 000人，机关干部2 400人，消防指战员400人。

6月至7月份全市发生干旱，其中7月1日—7月23日全市面平均降水量67.5 mm，比常年同期偏少61.0%，有6个站点连续无有效降雨日(日雨量<5 mm)达17天，占20%多。江苏省淮河流域发生60年一遇气象干旱，连云港市防指于2019年07月18日10时启动连云港市抗旱Ⅳ级响应，2019年8月2日16时解除抗旱Ⅳ级响应。10—11月份全

市发生秋冬连旱，其中10月7日至11月29日一半站点连续22天无降水，部分站点连续53天无有效降水。干旱期间，省水利厅7月初启动通榆河北延送水工程向连云港市送水，全年5次开机灌北泵站，灌北泵站翻水量共1.58亿m^3，首次实现东西线同步送水。东海县房山翻水站和芝麻翻水站开机抗旱，房山翻水站分别于11月17日至28日、12月7日至18日开机，翻水量为1 690万m^3；芝麻翻水站于11月20日至28日、12月8日至18日开机，翻水量为1 492万m^3。干旱期间，全市11座大中型水库低于旱限水位的有石梁河水库、安峰山水库、昌梨水库和西双湖水库，有33座小水库达到死水位，石梁河水库全年共向东海县和赣榆区送水3.2亿m^3。

2019年8月9日第9号台风“利奇马”外围影响连云港市，10日6时开始降雨；“利奇马”于11日12时在灌云县入海。受“利奇马”影响，全市受灾人口192 091人，转移安置人口1 429人，一般损坏房屋1 736间，倒塌房屋6间，农作物受灾面积约44 273公顷，成灾面积约26 015公顷，绝收面积约358公顷，预计造成直接经济损失约12 151万元，其中农业损失约9 144万元，无人员伤亡报告。在应对台风、暴雨、洪水和干旱期间，市水利部门24小时值班，及时反馈发布水雨情、灾情和工情信息等共100余份。

【行业发展】 深入开展“不忘初心、牢记使命”主题教育，局党组中心组召开6次专题学习、10次集中研讨，意识形态工作责任制得到全面落实。机关党支部完成换届，严格落实“三会一课”等制度，组织党员过“政治生日”，到新四军纪念馆、抗日山开展“忆初心、话使命”教育，开展迎“七一”等系列活动。激励党员干部担当作为，3名同志被提拔到副处级岗位，调任3名优秀同志进入公务员队伍，优选24名具有专业知识、专业能力、专业精神的高素质优秀人才进入管理岗位，干部队伍整体结构进一步优化。党建工作成果丰硕，顺利通过全国水利文明单位复审，荣获江苏省文明单位、市级机关党建工作优秀单位、文化科技卫生“三下乡”工作先进集体、全市职工篮球比赛第一名等荣誉，市区管理处荣获江苏省文明单位、通榆河管理处荣获市级机关先进基层党组织，多个处室和基层站所荣获市“巾帼建功先进集体”、“工人先锋号”等荣誉和表彰。

（李　军）

淮安市

【工作概述】 淮安市地处淮河流域中下游，素有“洪水走廊”之称。上游近15.8万km^2来水进入洪泽湖后由淮河入江水道、苏北灌溉总渠、淮河入海水道、二河和淮沭河入江入海。京杭大运河穿越淮安南北，洪泽湖位于淮安市西南部。淮安市境内河湖众多，水网密布，水利工程较多。以古黄河为界，以南属淮河水系，以北属沂沭泗水系。淮河水系主要水体有淮河、洪泽湖、白马湖、淮河人江水道、苏北灌溉总渠、淮河入海水道、里运河、二河等；沂沭泗水系主要水体有古黄河、中运河、淮沭河、盐河等。境内有区域骨干以上河道61条，河道总长约1 830 km。其中，流域性河道9条，总长约580 km；区域性骨干河道52条，总长约1 250 km。中型水库5座、小(一)型水库42座、小(二)型水库82座，总库容3.55亿m^3，其中兴利库容约1.9亿m^3、调洪库容1.7亿m^3，设计灌溉面积4.87万公顷，实际灌溉面积3.8万公顷。

2019年，淮安水利积极践行习近平生态文明思想和“节水优先、空间均衡、系统治理、两手发力”新时期治水思路，紧扣“水利工程补短板、水利行业强监管、系统治水提质效、争先创优上水平”目标定位，抓项目、强基础，抓监管、强责任，抓创新、强特色，抓作风、强保障，打造出了一批可学习可借鉴的特色亮点。周桥灌区入选全国首批灌区水效领跑者，为全省唯一；清江浦区、淮安区、洪泽区创成国家级节水型社会建设达标县（区）；《人民日报》再次宣传报道河湖长制工作；河湖长制公众知晓率全省第一、满意度全省第二；“两违三乱清四乱”整治任务全面完成，解决问题数量居全省第一；先后2次获邀参加全国水利风景区建设管理研讨交流会；清晏园、古淮河、盱眙县天泉湖3家国家水利风景区通过水利部复核；洪泽湖周桥干渠水源地达标建设通过省级验收；水利科普馆获“江苏省科普教育基地”称号；新创省规范化小水库6座，复核通过省规范化小水库33座。规范库达69座，全省领先。芦沟村、古城居委会“美丽库区、幸福家园”通过省级验收，美丽库区扩容至9个。农村河道长效管护连续三年获省级绩效考评一等等次；市黄河故道后续工程入选“全省十大重点工程劳动竞赛项目”；南水北调东线一期金湖站获大禹奖；盱眙县红旗水库除险加固工程获省水利厅优质工程奖；农业水价综合改革新增面积173万亩，累计完成564万亩，实现应改面积全覆盖；全面强化地下水双控制管理，完成封井84眼，超额完成年度任务。

【水利建设】 2019年，全力推动流域治理、区域治理、农村水利、城市水利、水生态及水源保护等六大类54项工程项目建设，累计完成投资30.9亿元，连续9年实现30亿元以上高位运行。水利建设投资落实和省水利基本建设投资计划完成率位列全省第二。淮河入海水道二期工程、淮河行蓄洪区及淮河干流滩区居民迁建工程等取得突破进展；黄河故道后续工程完成一站三河和60千米防汛道路主体工程，完成投资2.26亿元；月牙湖石塔湖水环境综合整治工程、2018年度黑臭水体岸线整治及活水连通工程等中心城市建设项目顺利推进。完成淮河入海水道二期工程各项前置审批条件，并通过国家发改委委托的可研报告评估；洪泽湖周边滞洪区近期建设工程可研报告已编制完成，其洪水影响评价类技术报告通过省水利厅和水利部淮委的技术审查；省淮河行蓄洪区及淮干滩区居民迁建工程年度实施方案获省发改委批复实施；淮河流域平原洼地治理里下河洼地工程初设获省发改委批复实施；配合开展南水北调二期、洪泽湖退圩还湖、洪泽湖综合保护、江淮生态经济区、淮河生态经济带、大运河文化带等规划编制工作。开展“十四五”水利发展规划编制相关前期准备工作。

【河长制湖长制提档升级】 在水利部、生态环境部全面推行河长制湖长制总结评估中，连云港市以满分通过验收；聘请500余名“巾帼河长”，共同守护美丽河湖，充分展示巾帼风采；开展“两违”“三乱”专项整治行动，全市重点河湖3 337件“两违”问题整治完成3 303件，省级下达188件“三乱”问题通过销号验收171件，市级河长交办355件“三乱”问题通过销号验收320件。完成100条生态样本河道建设，样本河道已成为河道治理保护的范本、河长制工作的范例、生态河湖建设的范式。《人民日报》《新华日报》多次宣传报道。

【生态河湖建设】 2019年，淮安市统筹推进生态河湖建设，加快洪泽湖、白马湖、高邮湖、宝应湖、里下河湖荡等五大省管湖泊退圩还湖进度。洪泽湖退圩还湖方案获省政府批准，计划2020年实施。白马湖退圩还湖进度进一步加快，组织开展水源地取水口周边整治，优化调整白马湖退圩还湖整改方案。高邮湖退圩还湖一期工程提前结束，清退陈家圩周边圈圩养殖1万亩，湖区2.75万亩无证养殖全部清除。宝应湖退圩还湖规划获省政府批准。里下河湖荡退圩还湖规划获省政府批准，正在编制实施方案。及时对河道环境进行集中整治，围绕重点区域开展定点服务，打捞200余吨生活垃圾及逾千吨的富营养化水草。

【水资源管理】 2019年，淮安市全面落实最严格水资源管理制度，开展水资源管理提升年行动，编制完成古淮河、盐河、古盐河、清安河、大口子、萧湖等6个河湖生态流量(水位)方案，完成水资源管理信息系统国控二期淮安市工程，新增农业取水监控点位82处。核查各类取水工程(设施)2 390个，实现市级以上审批监管的取水项目全覆盖。封填212眼地下水井，超额完成年度任务。完成淮沭河五里水源地、洪泽湖周桥干渠水源地、里运河三堡水源地、化农水库水源地达标建设。

【工程管理】 2019年，淮安市全面践行“水利工程补短板、水利行业强监管”新时期水利改革发展总基调，建立健全建前、建中、建后全过程、全方位管理体系。开展工程建设信息化管理，实施“互联网＋监管”改革试点，按照“互联网＋监管”的质量管理模式，运用“淮安市政府投资工程嵌入式监督系统”，切实加强标后监督工作，对市级政府投资工程参建单位主要人员、质量、安全、投资等标后履约情况进行及时预警和处理。开展“双随机一公开”检查，拓展淮安市水利工程建设智能化管理系统功能，增加合同管理、履约考核和信用管理功能。加强水利工程质量安全监管力度，全市水利工程质量安全监督实现全覆盖，工程质量和安全生产有效管控，落实工程建设质量和施工安全主体责任，开展现场质量和施工安全检查。做好工伤保险和保障农民工工资支付工作监督管理，切实维护农民工合法权益。16家水管单位获得“江苏省文明单位”称号，位居全省13个设区市之首。盱眙县红旗水库除险加固工程获省水利优质工程。金湖县河湖管理所、清江浦区河道管理所创成省二级水管单位，通过复核8个，其中省一级管理单位3个，省二级管理单位2个，省三级管理单位3个，全市省级水管单位占比73%，高出全省4.4个百分点，为全省第二、苏北第一。新创省级规范化小水库6座，通过复核33座，省级规范库达69座，占比63%，高出全省6个百分点，为全省第四、苏北第一。芦沟村、古城居委会建成“美丽库区、幸福家园”，美丽库区扩容至9家。“里运河文化长廊”获“江苏最美运河地标”称号。清晏园水利风景区、古淮河水利风景区、天泉湖水利风景区等3个国家水利风景区通过复审。

【防汛防旱】 2019年，市、县(区)两级储备防汛物资3 500余万元，落实抢险队伍1 071个、人员44 671人。面对中华人民共和国成立以来淮河流域气象干旱最严重的年份，全市投入抗旱人数17.9万人，累计投入抗旱资金超6 000万元，协同省级跨流域调水超200亿m^3，相当于向苏北地区搬运了7个“洪泽湖”。450万亩水稻大栽插和生长期用水得到保障，实现了大旱之年农业大丰收。面对强度最大、影响最大的台风“利奇马”，全市水利部门快速响应，组织民力2 772人次对二河、中运河沿线堤防巡查防守，全力保证工程安全，实现了“大旱情无大灾、大台风无伤亡”。

【水政执法】 2019年，淮安市全面打响河湖保护战、碧水保卫战，超计划完成“两违三乱清四乱”整治任务，解决问题数量居全省第一，特色做法获得《人民日报》《新华日报》等聚焦关注。全年共拆除违章房屋216户22.4万m^2，拆除非法码头26户8.9万m^2，清除违章种植68.9万m^2，清理圈圩养殖189户37万m^2，清理住家船37只，清除坟墓4 121座。中纪委国家监委挂牌督办的15个河湖“清四乱”问题全部整改完成，河湖“清四乱”实现清零目标。拆除盱眙县境内淮河干流江苏欧力港口产业园违建项目1万余m^2，打响全省“两违”整治第一枪。查处大运河北堤蒋少羊违法建设、乌纱干渠渠首淮安市乌沙洞建材有限公司违法建设、苏北灌溉总渠李宝平砂石货场、吕爱虎砂石货场等一批重大案件。完成大运河、里运河两次无人机河道堤防巡查，巡查航摄成果制作成册并录入系统，提高城区大运河、里运河河道科学化、智慧化管理水平。

【水利改革】 2019 年，淮安投入 3 202 万元加速推进农业水价综合改革，全年新增改革面积 173 万亩，累计达到 564 万亩，基本实现应改面积全覆盖，农民用水合作组织管理灌溉面积实现改革区域全覆盖。周桥灌区跻身全国首批灌区水效领跑者行列。全市配套建设明渠流量计 609 套，电磁流量计 955 套，泵站以电折水、以时计水率定 4 393 座；成立乡镇级农民用水合作组织 94 个、村级分会 1 393个，创建市级改革示范村 30 个，积极开展农田水利工程和供水计量设施运行维护、水量统计、水费计收等工作。规范开展农业水费计收，全市收取农业水费 8 878 万元。通过实施农业水价综合改革，全市农业用水节约 1.58 亿 m^3，节水率达 6.6%，基本实现“管理服务到位、水价核定到位、水费收缴到位、政府监管到位”目标。成立淮河生态经济带水利专业委员会，成员包括 5 省 27 市县水行政主管部门、勘测设计企业、水利专家。持续推进小型水利“五位一体”管护机制改革与“河长制”“湖长制”深度融合，创新网格长、河长、湖长、断面长“多长合一”管理。

【行业发展】 牵头成立淮河生态经济带水利专业委员会。积极履行市委驻盱眙县帮扶工作队队长单位和驻村帮扶单位的双重职责，市局连续三年获评扶贫工作特别贡献奖，驻村帮扶队员获 2019 年省脱贫致富奖。创新“四联四融四到位”做法（联系工作融入经常，在学懂弄通上做到位；联系基层融入全局，在精研细究上讲到位；联系职责融入使命，在对标对表上查到位；联系群众融入真情，在动真碰硬上改到位），扎实推进“不忘初心、牢记使命”主题教育，获得淮安市委主题教育办公室肯定。成功打造一批党支部书记工作室、党代表工作室、劳模工作室等示范阵地。全市水利系统 16 个单位荣获全省文明单位。局机关党委被市委表彰为“先进基层党组织”，为市级机关唯一。

【水利科技】 牵头成立淮河生态经济带水利专业委员会。加强水利科技研究，总申报数 16 个，获得立项 3 个，获省补资金 100 万元。根据《淮安市智慧水利总体规划方案》要求，助力水利信息设施建设，建成雨量遥测站 20 个，水位遥测站 47 个，基本形成实时水雨情采集网络；逐步实现流量自动监控，在 193 个非农业取用水户建设流量自动监测站；视频监视点建设投入逐年增长，建有视频监控站点 130 个，覆盖全城区重要河道和水利工程。

【水土保持】 2019 年，完成国家水土保持重点工程盱眙陡山小流域治理，治理水土流失面积 10 平方千米，积极创建盱眙新华、马桥生态清洁型小流域。完成水土流失扰动图斑复核查处工作，共核查图斑 1 049 块。2019 年全市审批水保方案 23 件，市级 17 件、县级 6 件，验收备案项目 4 个，水土保持方案审批率、验收率逐步提高。

【节水灌溉】 周桥灌区跻身全国首批灌区水效领跑者行列，全省唯一。4 月，全国首批灌区水效领跑者名单发布，认定 8 处灌区为区域灌区水效领跑者，淮安市周桥灌区榜上有名，为全省唯一。

近年来，在省、市各级部门支持下，周桥灌区已实施 8 期工程，建设投资 2.2 亿元，包括护砌周桥总干渠、砚临干渠、浔南浔北干渠等干支渠道 80 多 km，新建高庄闸、杨码闸、陶新闸等各类配套建筑物 400 余座。在工程建设过程中，秉承“节水、生态、景观”的灌区建设发展理念，注重因地制宜，预防水土流失，逐步把周桥灌区打造成“工程建设生态化、工程造型新颖化、工程管理信息化、灌溉用水自流化、用水管理组织化、用水调度科学化”的节水、优质、高效和可持续发展的现代化生态灌区。

这些工程的实施，增强了灌区农作物的抗灾减灾能力，灌溉水利用率提高到60%，骨干渠道抬高灌溉水位20 cm，改善灌溉面积30万亩，恢复自流灌溉面积5万多亩，降低了农业生产成本，促进了农业增效、农民增收，改善了农村环境，经济、社会、生态效益显著，实现了“三提高、三改善”。“三提高”即提高了工程的配套率，水利基础设施进一步得以完善，中沟斗渠级工程配套率从55%提高至85%，小沟农渠级工程配套率由40%提高至75%；提高了农田的灌溉保证率，灌溉用水进一步得到有效保障，工程灌溉保证率从原先的75%提高到2019年的85%；提高了灌溉水利用系数，水资源利用率进一步提高，农田灌溉水利用系数从原先的0.52提高至2019年的0.55。“三改善”即改善了农业生产条件，农田灌溉排涝条件得到进一步改善，促进了农业增产和农民增收，亩均粮食增产约60 kg，亩均增收近160元；改善了水生态环境，通过活水工程建设，疏通水系、改善水质，水生态环境显著改善；改善了农村人居环境，通过项目结合水保等绿化工程的建设，打造了浔北支渠、砚临支渠等多处水利景观带，改善了农村群众的居住环境。

【洪泽湖治理】 2019年9月，淮安市组织成立淮安市洪泽湖管理委员会，分管副市长肖进方担任管委会主任，由过去的市级部门主导升级为市政府统筹，提高了组织协调能力。编制《淮安市洪泽湖治理保护三年工作实施方案(2019—2021年)》，列出了总投资130亿元的三年工作任务清单。开展文体专项整治，共清理问题592件。加快推进退圩还湖，编制退圩还湖实施方案，协调与地方产业发展之间的矛盾冲突。

(淮安市水利局)

盐城市

【工作概述】 2019年是中华人民共和国成立70周年，盐城水利深入学习贯彻习近平新时代中国特色社会主义思想和党的十九大、十九届四中全会精神，积极践行“十六字”治水思路，按照省、市决策部署要求，以全面推行河长制湖长制为抓手，突出补短板、强弱项、夯基础，统筹推进“六大水利”“五大工程”，加快构建新时代盐城水治理能力体系，为坚定“两海两绿”发展路径、建设“四新盐城”提供坚实的水利支撑和保障。年内，盐城市入选水利部公布的第二批通过全国水生态文明建设试点验收城市；被省政府表彰为全省水利建设投资落实好、省水利基本建设投资计划完成率高、年度工作成效明显的市；被江苏省全国水土保持规划实施情况考核工作联席会议表彰为水土保持目标责任考核优秀等级。阜宁县古黄河用水协会、射阳县五岸灌区十一支渠用水者协会被水利部等9部委评为2018年全国农民用水合作示范组织。

【水利建设】 全市水利建设完成投资30.59亿元。水利基本建设方面，10项省水利重点项目完成投资9.41亿元，占计划的102%。滨海县翻身河北段海堤水毁修复工程、东台市东台河整治工程、建湖县西塘河整治工程、射阳县夸套河口南侧海堤保滩工程全部完成；黄河故道后续工程、新洋港整治工程除少量尾工其余全部完成；大丰区四卯酉闸下移新闸工程基本完成，新老闸间港道疏浚进行中；川东港影响处理工程大丰区境内工程全部完成，东台市境内工程基本完成；西潮河整治大丰区境内工程基本完成，亭湖区境内工程土方完成过半，5座建筑物完成4座；里下河洼地治理工程盐都区、滨海县、建湖县、阜宁县、射阳县境内工程开工建设；东台市梁垛河整治工程开工建设。市政府下达的市本级城市防洪三英闸站、新兴闸站和串场河防洪闸闸门改造完成投资 0.87 亿元。农村水利建设方面，完成投资 20.22 亿元(含社会投资 9.45 亿元)，主要实施农村河道生态治理、大中型灌区、农村饮水安全巩固提升、水土保持重点、中小河流重点县等项目。其中，完成农村河道生态治理工程投资 4.37 亿元，疏浚土方 4 842 万 m^3，建成 122 条生态示范河道；继续实施农村饮水安全巩固提升工程，完成投资 3.25 亿元，项目受益人口 52.38 万人，更新改造农村供水管网 1 580 km，全市区域供水入户率达 100%；完成大型灌区续建配套与节水改造工程投资 1.11 亿元；继续实施响水县六套干渠灌区、大丰区川南灌区 2018 年度项目，完成投资 2 400 万元；实施滨海县南干中型灌区 2019 年度项目，完成投资 2 100 万元；完成中小河流重点县工程投资 0.9 亿元。实施水土保持治理，完成项目年度总投资 3 690 万元，涉及大丰区、阜宁县、滨海县、响水县，截至年底，治理水土流失面积 36.9 km^2。

【河长制湖长制】 组织体系建设。2 月份根据市级机构改革和人事调整情况，及时调整了废黄河、新洋港、蟒蛇河等部分河道的市级河长助理和联系部门。11 月 25 日，盐城市全面推行河长制领导小组出台《关于村级河长工作的指导意见》，在江苏省率先提出设立村级河长工作站(室)。河湖警长制落地，推动市公安局出台《全市公安机关全面落实河湖警长制工作实施方案》和《盐城市公安局河湖警长制工作考核办法》。河长巡河履职，全年市县两级河湖长巡河 800 余次、批示交办各类问题 380 个，其中，市级河湖长巡河履职 70 次，批示交办各类问题 132 个。规范河长公示牌设立，根据省河长办 5 月份对全省河长公示牌暗访问题的通报，盐城市河长办部署落实各地开展拉网式大检查。5 月 31 日，市河长办成立河湖长公示牌专项检查组，对各地公示牌设立情况进行检查，并现场提出整改要求。年内，全市各地进一步规范设立省、市、县、镇、村河(湖)长公示牌 22 755 块。通过河湖长制总结评估核查，6 月 5 日至 6 日，水利部、生态环境部委托的第三方评估机构河海大学对盐城市及阜宁县、大丰区开展了全面推行河湖长制工作总结评估核查。评估组一行听取了盐城河长办工作情况汇报，核查了河湖长制组织体系建设、河湖长制度及机制建设、河湖长履职情况、工作组织推进情况等方面共计 26 项基础信息(数据)的相关资料，随机抽查部分河湖的公示牌设立、河湖管理保护现状情况，并开展了社会满意度现场调查。最终，盐城市顺利通过了评估核查。全面建成河长制综合管理平台，整合市河长办信息平台和河长 APP，建成市、县、镇三级河长制管理平台，市、县、镇、村四级河长通 APP 投入运行。徐州、连云港等地来盐城学习平台运行经验。6 月，盐城河长制综合管理平台建成并投入使用。

【生态河湖建设】 开展生态河湖行动，加快实施《盐城市生态河湖行动计划》，编制完成《盐城市生态河湖行动中期自评报告》，在江苏省首家通过审查。打造完成 122 条农村生态示范河道，为全市各地规范河道管理，建设生态河湖提供典型示范。在全省首批 10 个生态样板河湖评选活动中，盐城市金沙湖以第三名的得票率成功入选。稳步推进退圩还湖，盐都区继续实施大纵湖退圩还湖工程扫尾，在此基础上，进一步加大大纵湖退圩还湖力度，计划对原批复保留的滞涝圩全面实施退圩还湖，编制完成《大纵湖(盐城市域)退圩还湖工程补充完善实施方案》，该方案通过省厅专家审查；盐都区“五荡”退圩还湖规划修改完善工作取得了省自然资源厅函复；建湖县、阜宁县湖泊湖荡退圩还湖规划按照省专家咨询会议要求修改完善，提请市政府具文上报省政府审批。大力实施河道漂浮物打捞,全市各地通过市场化运作,委托专业河道保洁公司,以属地为主对河道水面和支河保护区范围内漂浮物进行不间断打捞和清运,全市共打捞水面漂浮物近1 000万方,其中,通榆河市区段共投入人员9 040工日、全自动保洁船1 720台班(5条)、小挂桨船750台班、拖草船1 610台班(5条),清理处置漂浮物约138.6万方。加强水利风景区建设和管理,坚持创新理念,依托水利资源,注重管理能力的提升,维护河湖生态健康。2019年,盐都仰徐省级水利风景区创建成功,大纵湖国家水利风景区通过复核。组织开展河湖遥感核查工作,按照省厅布置要求,组织相关县(市、区)对淮河入海水道、苏北灌溉总渠、废黄河、通榆河、泰东河5条流域性河道337个遥感变化点,里下河腹部地区湖泊湖荡347个遥感变化点现场核查工作。

【“两违三乱”专项整治】 开展河湖“两违”专项整治工作,年内,市委办公室、市政府办公室联合印发《盐城市河湖违法圈圩和违法建设专项整治工作实施方案》。9月24日,市河长办印发《盐城市河湖“两违”专项整治验收销号办法(试行)》。6月6日,市委、市政府召开全市河湖长制工作暨“两违”专项整治推进会,发布2019年第1号总河长令,要求坚决打赢碧水保卫战、河湖保护战;11月27日,市政府召开全市河湖“两违”专项整治推进会,要求加速推进河湖“两违”整治工作,确保完成年度目标任务。市河长办通过交办、督查、通报等方式推进全市“两违”专项整治,全年下发市级河湖长交办单27份、督办单4份,组织3次专项督查活动,印发督查通报12期。市河长办排查出“两违”问题1 318个,完成1 286个,完成率97.6%,其中通过验收销号1 283个,验收销号率97.3%,超额完成95%的年度目标任务。开展河湖“三乱”专项整治工作,全年市河长办排查下发的骨干河道“三乱”问题清单1 051个(含省河长办下发的157个问题清单),整治完成1 032个,完成率98.2%,其中省河长办下发的盐城市境内“三乱”问题157个,整改完成150个,完成率95.5%。根据《盐城市河湖“三乱”整治违法行为整改验收和销号办法》要求,市河长办对各地申请验收的河湖“两违三乱”整治项目,及时组织验收销号。

【水资源管理】 落实最严格水资源管理制度,完成2018年度实行最严格水资源管理制度省技术核查和综合考核,获良好等次。建立完善水资源管理三条红线管控及水资源管理责任和考核制度,市水资源管理委员会印发《盐城市2019年度实行最严格水资源管理制度考核实施方案》,12月完成市级监督检查工作,大丰区、射阳县、阜宁县代表江苏省接受水利部检查。强化水资源用水总量和强度双控管理,全市用水总量控制在50.57亿m^3,较省控指标压缩6.42亿m^3。万元地区生产总值用水量较2015年下降26.8%。规范取用水监督管理,落实“用水定产、以水定城”理念,在盐城大洋湾、滨海新区开展规划水资源论证。加强建设项目取水许可全过程监管,千鹤湾亭湖养老中心获全国首批取水许可电子证照。全年完成3 447个取水工程(设施)信息核查及1 511个取水项目登记工作。严格地下水管理与保护,严格地下水水量水位双控管理,及时下达地下水开采计划及封井任务,对地下水超采区严格实施取水许可限批制度,严控新增取水,制定并实施《盐城市地下水压采方案》,全市封井224眼,地下水水位全面回升。推进节水型社会建设,全年创建国家级节水型社会建设达标县2家、省级节水型社会示范区1家、各级各类节水型载体154家,其中申报省级节水型载体37家、省级水效领跑者6家、省级节水减排示范项目6家,2所高校合同节水管理的成功做法入编《合同节水政策法规和江苏案例汇编》，并受邀在全国合同节水管理现场会、全国高校节水标准宣贯暨研讨会等交流推介。推进水源地达标建设，年内，市政府办公室出台《关于加强全市饮用水水源地管理与保护工作的意见》，持续巩固推进水源地达标建设成果，推进乡镇区域供水水源地达标建设工作。全市12个日常使用县级以上集中式饮用水水源地完成达标建设，滨海县淤黄河、苏北灌溉总渠2个乡镇区域供水水源地完成达标建设；响水海堤河水源地和阜宁潮河水源地取水口迁址方案通过省水利厅、生态环境厅、住房和城乡建设厅审查。

【工程管理】 推进水利建设管理，加强招标投标管理，完善投标单位诚信库建设，强化、细化招标文件中人员到岗、质量管理、安全管理、农民工工资支付管理、信用管理要求。探索利用社会力量开展监督检查工作，委托有关公司根据水利部、省水利厅等水利质量监督管理文件制定考核细则，对大丰区四卯酉闸下移新闸工程等4个(段)在建重点水利工程人员到岗、建设管理、质量管理、安全生产等内容进行全面检查和复查，开展履约突击检查，并将检查和考核作为季度履约考核打分和质量考核依据。推进河湖和水利工程管理范围划定工作，全市共划定管理范围线9 359 km，埋设界桩5.79万根、告示牌8 000个。12月13日，全市12个实施单元县级验收全部完成，在全省13个地级市中率先提请省级验收。西潮河闸、东台市富安抽水站，东台市东台河闸、大丰区堤防管理处，东台市新港闸、阜宁县单港翻水站6个省级水利工程管理单位通过省水利厅复核验收。9月12日，省三级水管单位射阳县大喇叭闸管理所通过省水利厅飞检。11月，盐都区仰徐村创建成为省级水利风景区，大纵湖国家水利风景区通过水利部委托的省水利厅复核。12月，滨海县灌溉总渠堤闸管理所创建成为省三级水利工程管理单位。推进安全生产管理，年内，市水利局加强水利安全生产管理，出台《盐城市水利安全生产监督管理规定》《盐城市水利局生产安全事故应急预案》等文件，签订安全生产监督管理责任书、承诺书36份，下发安全生产监督整改意见书9份，层层落实责任、层层传导压力。开展水利行业百日安全生产大排查大整治活动，组织安全检查35次，制定问题清单45条整改42条，3条按计划推进，形成动态监督、闭环管理。

【防汛防旱】 盐城市加快优化完善防汛防旱指挥决策系统，全市建有水位测报站点231个、雨量测报站点141个、风情测报站点160个、工程视频监控655个；市、县两级已全部建成高清视频会商系统，东台、大丰、射阳、阜宁、盐都、亭湖等地建成省、市、县、乡四级联通的防汛视频会商系统。全年，组织修订完善盐城市防汛防旱工作导则和市防汛抗旱预案，市、县、乡三级共储备编织袋747万只、木材1 627 m^3、土工布18.82万m^2、块石7.74万t，建立防汛抢险抗旱服务队伍约10.32万人。6月10—14日，市防汛防旱指挥部办公室组织全市防汛机动抢险队参加省防汛应急抢险演练。全市各级开展防汛抢险培训、演练2 992人次。坚持“大引大排大调度”，优化“两市(市域、市区)三生(生产、生活、生态)”引调水工作，全年引境外来水133.75亿m^3，调剂境内水量14.08亿m^3，沿海“四大港”闸(射阳河闸、新洋港闸、黄沙港闸、斗龙港闸)排水97.16亿m^3。年内，成功抵御1次台风直接影响和2次外围影响，全年全市防汛抗旱减灾效益达5.31亿元。

【水政执法】 制定《全市水政监察工作要点》，联合市公安局、交通局、生态环境局和农业农村局制定出台《全市河湖联勤巡逻联合执法实施办法》《关于进一步加强全市涉水行政执法机关与公安机关执法衔接工作的实施意见》。严格执行法律顾问制度，对系统内316份合同开展合法性审查。开展“世界水日”、“中国水周”和“12·4”国家宪法日等普法宣传活动。联合盐城工学院开展“节水宣传进校园”宣传活动。加强水政执法，全市全年执法巡查3 785次，出动执法人员7 563人次，立案查处32起，现场处理233起，罚款48.25万元，拆除违章占用279处，拆除违章面积7万多m^2。开展全市非法鱼罾鱼簖和养殖网箱专项清理整治行动，对在全市122条骨干河道中违法设置的403樘鱼罾、1 585道鱼簖、3.4万只养殖网箱进行清理整治。对河道管理范围内2处违建别墅进行挂牌督办拆除，收回被占堤坎3.2万m^2。向司法机关移送毁堤取土案件1起，实现“水行政执法与刑事司法衔接”零的突破。完成全市549名水政监察员执法证件的年审工作，注销30人，新申报47人。举办全市新任水政监察员执法业务培训班、全市水行政执法业务骨干培训班，全市200多人参训。联合市水警支队开展市县两级联合执法巡查培训，约120人参训。

【水利改革】 完成全国水生态文明城市试点建设，5月23日，水利部公布第二批通过全国水生态文明建设试点验收城市，盐城市位列其中。继续实施农业水价综合改革，全市完成改革面积243 333公顷、占计划的104%，其中阜宁县在全国率先开展改革验收，水利部农水司调研时表示要向全国推广；建立163个农民用水合作组织，管理灌溉面积608 667公顷，占全市有效灌溉面积的89.4%；阜宁县古黄河用水协会、射阳县五岸灌区十一支渠协会被9部委评为国家级农民用水合作示范组织。深化审批制度改革，编制完善政务服务事项办事指南，建立“互联网+政务服务”工作模式，完善咨询服务的多种渠道，及时妥善处理市政务服务网上相关咨询业务的答复等工作。编制《水行政审批服务指南》，畅通企业办事渠道，“三级四同”标准化权力清单中的权力事项“不见面”审批率100%。全年市水利局办结政务服务事项175项，其中行政许可事项96项。打通涉水审批快速通道，“多评合一”审查盐城静脉产业园生活垃圾焚烧发电项目，“市县联审”盐城市快速路网三期工程涉河建设项目。对照《盐城市水利局行政审批事项事中事后行政监督管理实施方案》要求，随机抽取了10个审批项目开展监管检查，并委托第三方中介机构对4个涉河建设项目开展测量检查。完成“双随机”抽查系统软件开发工作，将1993年以来的904项市级审批的涉水行政许可事项，全部电子化录入“双随机”系统数据库，并按照许可项目类型、占用河道名称、监管责任主体等因素，分类划分电子档案库，便于档案的跟踪管理和查找利用。继续推进工程建设监、管分离为主要内容的建管体制改革，在大丰区四卯酉闸下移工程、亭湖区西潮河整治工程实行代建；对全市受监水利工程项目开展质量监督检查活动113次，下发质量监督检查意见26份；委托第三方组织履约突击检查，开展质量检测17次。巩固农田水利设施产权制度改革，2019年全市农村河道管护投入资金达1.03亿元。

【水利科技】 盐城市水利系统在组织申报2019年度水利科技项目“基于水平秸秆体系的排泥场扩容及快速复垦技术研究”“盐城市盐都区中小河流生态治理方案构建技术及应用研究”“城市河道型水源地生态工程水质提升关键技术——以盐龙湖生态工程为例”“通榆河枢纽工程精细化管理系统深化研究及应用”“水利工程自愈合自监测混凝土应用技术研究”“农业灌溉云平台关键技术与应用研究”“东台市堤东灌区镇、村河道水体富营养化微生物生态治理技术研究与推广应用”“连续流/非连续流交替变化下水质模型的建立及其在江苏沿海大型灌区水质预警中的应用”“水稻增氧灌溉与节水减排研究及应用”“生态沟渠在沿海农业种植区生态治理中的适应性研究与应用”“沿海地区生态景观‘水土保持'生态挡土护坡砌块的推广与应用”等11个课题的基础上,配合省水利厅开展研究课题评选工作,同时督促各课题研究项目承担单位严格按照水利科技项目合同规定要求完成课题项目,并组织开展课题验收评定工作。年底,盐城市水利勘测设计研究院申报的“水利工程自愈合自监测混凝土应用技术研究”项目被列入2019年省水利科技项目。

【行业发展】 深入贯彻学习党章、习近平新时代中国特色社会主义思想和党的十九届四中全会精神。扎实推进机构改革工作,修订上报市水利局“三定方案”,并经市委、市政府印发施行。落实意识形态工作责任制,制定印发《2019年局系统全面从严治党加强党风廉政建设工作要点》。组织开展“不忘初心、牢记使命”主题教育,成立领导小组及办公室、主题教育指导组,制定印发局系统主题教育实施方案,召开中心组扩大会议动员部署主题教育工作,领导班子结合实际开展集中研讨交流,前往五条岭烈士陵园、市尚德昭廉教育馆等地开展“传承红色基因、践行初心使命”主题党日活动,开展“四重四亮”活动,各级党组织召开专题组织(民主)生活会。坚持党委理论中心组学习制度,全年召开13次党委理论中心组专题学习,局党委获2017—2018年盐城市党委(党组)理论学习中心组示范点称号。完成机关党委、机关纪委、离退休党支部换届选举工作。继续推进集中开展违规收送礼品礼金和利用名贵特产类物资资源谋取私利问题等“清风”系列行动专项整治。开展“5·10”廉政警示教育,组织参观廉政文化教育专线等。制定印发《关于开展2019年度“正风肃纪看机关”专项行动实施方案》《关于在局系统开展“主动服务企业、积极担当作为”作风提升专项行动的工作实施方案》《关于集中整治形式主义、官僚主义问题的整改方案》《市水利局系统廉政风险点排查工作实施意见》等文件,组织开展作风效能明察暗访活动近20次。推进党建品牌创建,射阳河闸党支部书记工作室、“守潮人之家”党建品牌示范引领效应明显,“党员名师工作室”“通榆河畔党旗红”“城安水清党旗红”“支部建在工地上”“党建驱动水润民生”等品牌形成特色。扎实开展扫黑除恶专项斗争。深入推进文明创建,开展志愿者服务活动,落实结对社区创文资金35万元;组织开展农村“牵手致富”、精准扶贫和城市结对帮困工作,完成年度帮扶任务,累计送扶贫慰问金10余万元。年度创建省级文明单位1个、市级文明单位6个。加强人才队伍建设,全年局系统举办各类培训班41个、2 382人次参学,联合市委组织部、河海大学举办盐城市提升河长湖长履职能力专题培训班。加强水利高技能人才队伍建设,组织参加全省水利系统闸门运行工职业技能竞赛,3名选手分获竞赛二等奖、三等奖,1人被授予“江苏省技术能手”称号,2人被授予“江苏省水利技术能手”称号,1人被授予“江苏省五一创新能手”称号。

(盐城市水利局)

扬州市

【工作概述】 2019年,扬州市水利系统积极践行新时期治水思路,牢牢把握“补短板、强监管、提质效”的总基调,奋力推进“治城先治水”战略部署,不断积蓄水利高质量发展动能,各项工作取得明显成效。

【水利建设】 全市水利各级财政投入首次突破30亿元,充分发挥了水利建设的有效投资拉动作用。(1)重大水利工程建设持续提速。长江堤防防洪能力提升一期工程全面完成,二期工程全线开工;长江镇扬河段三期工程、长江崩岸应急治理工程建成发挥效益,江河水势进一步稳定;城市安全第一工程瓜洲泵站投入运行;乌塔沟整治工程启动实施,城市“外防、内排”水安全大格局全面形成。里下河洼地治理工程正式开工;仪扬河朴席段、高邮横泾河、仪征龙河等治理工程建成使用,重点区域防洪排涝能力进一步提升。南水北调东线二期工程专项研究深入推进,完成3个送水方案初步分析。启动编制《防汛抗旱工程补短板实施方案》,为开展更大规模水利建设奠定基础。(2) 生态河湖建设纵深推进。槐泗河、横沟河整治工程加快扫尾,宝带河、安墩河、西沙河水系调整工程全面完成。宝应县省管湖泊退圩还湖项目通过省财政PPP库项目公示,完成6个湖泊实物量调查;高邮市高邮湖退圩还湖工程实施方案获得省水利厅批复,明确以PPP方式实施。创成3个省级生态清洁小流域,总数位列全省第二。省政府对市政府2018年度水土保持目标责任考核获优秀等级,位列全省第二。(3) 农村水利建设加快实施。完成疏浚整治县乡河道117条,村庄河塘504条,建成35条农村生态河道;全市农村河道“四位一体”综合管护或财政购买服务基本实现全覆盖,6个县(市、区)农村河道管护省级考核全部获评第一等次,首次实现全覆盖。高邮灌区、宝应泾河、永丰、江都三阳河中型灌区年度节水配套改造任务全部完成,全市农田灌溉水有效利用系数达到0.628。宝应县农村饮水安全巩固提升工程全面完成,受益人口9.9万人,全市“十三五”农村饮水安全目标任务圆满完成。

【工程管理】 水利工程呈现“以管促建”良好趋势。持续推进工程规范化管理,全市划定重点河湖库闸工程管理范围长度4 045.8千米,创建完成1个省二级、1个省三级水管单位和3个省级规范化管理小水库。修订《扬州市水利工程建设项目招标投标实施细则》,取消招标人评标专家,增强评标过程的公平性。修订《扬州市水利工程建设信用管理实施细则》,市级项目现场检查实现全覆盖,扬尘污染防治、农民工工资制度执行情况、项目稽察意见纳入诚信体系考核,工作走在全省前列。首次开展市级文明工地评选,推选出槐泗河二期整治工程等5个市级文明工地;瓜州泵站工程Ⅲ标和安敦河水系调整工程Ⅱ标荣获省级文明工地。组织开展打击违法发包、转包、分包及挂靠等行为的集中整治活动,通过教育整改、约谈公司负责人等方式对违规企业进行处理,水利建设市场氛围得到进一步净化。组织开展百日安全生产大排查大整治专项行动,全市水利安全生产形势良好,未发生安全生产事故;全市境内注册的二级企业以及市直水管单位全部创成二级标准化;市水利局获得水利部安全生产竞赛组织奖。

【水资源管理】 水资源管理与节约保护力度加大。持续加强水源地保护,里运河清水潭、高邮湖马棚湾应急备用等县级以上水源地以及里运河邵伯、高邮湖菱塘等乡镇区域供水水源地完成达标建设,全市水源地布局进一步完善。节水型社会建设稳步推进,在全省率先组建节水社会建设专家库,全市创成69家省、市各类节水载体。《扬州市节水供水管理办法》《扬州市城市节约用水规划(2018—2025年)》《扬州市节水行动实施细则》经市政府印发实施。全市县级以上集中式饮用水源地、规模以上入河排污口水质以及骨干河湖水质、水生态和水文要素均实现常态化监测。完成取水工程核查登记2 359个并规范整改,工作走在全省前列。

【河长制湖长制】 河湖与水土保持监管持续加强。市委市政府首次召开高规格的全市河长大会,市委书记、市长签发扬州市第一号总河长令,市、县两级河长湖长巡查达512人次。全市共签发各级河湖长交办单535份,交办事项反馈率100%。市、县、乡三级“河湖警长”严打涉水违法犯罪,累计侦办涉水刑事案件16起,采取刑事强制措施60人。河长制综合管理系统全面启动并投入试运行。河湖“两违三乱”整治加快推进，全面完成水利部、省水利厅、市本级下达的目标任务，顺利通过省对扬州高质量考核。会同市发改、工信、交通和生态环境等部门全面梳理和细化长江岸线开发利用项目的问题清单、责任清单，并提请市政府及时交办沿江各地政府（管委会）；水利部门牵头核查的31个项目已全面完成，其中国家下达的17个项目已全部拆除取缔，并通过省级销号验收。会同生态环境、自然资源等部门完成大运河沿线153家砂石码头（泊位）、小船厂和混凝土搅拌站规范整治；累计清理固体废物垃圾2 810 m^3。会同公安、海事、工信等部门开展沿江船厂非法改装采砂船排查专项行动，现场坚决拆除非法生产（改造）大型隐形采砂船舶，从根源上遏制非法采砂行为。积极开展生产建设项目水土保持监督检查专项行动，完成47个违规项目整改；现场复核718个生产建设项目水土保持扰动图斑，对违法违规项目进行查处并限期整改。

【防汛防旱】 各级水利部门积极践行“两个坚持、三个转变”防灾救灾理念，科学精细调度水工程，严格河湖库水位监管，全力做好各项防御工作。（1）成功抵御60年以来最严重气象干旱，实现了大旱之年无大灾。强化南水北调源头城市担当，市、县水利部门增强大局意识，坚持一线督导解决用水矛盾，严格沿运口门计划用水，立足自身全力开足机泵翻水，动员群众架设临时机泵补水，全力支持苏北地区抗旱，为全省“两保一兼顾”的抗旱目标作出了不可替代的扬州贡献，得到省委省政府的高度肯定。抗旱期间，累计向北送水超过130亿 m^3；沿运地区共投入抗旱人数8.7万人，投入抗旱设备4 300多台套，累计补水超1亿 m^3。（2）有效防御台风袭击，确保城市不淹不涝。面对2019年第9号强台风“利奇马”的侵袭，市防指根据台风路径和水雨情发展，陆续启动防台风Ⅳ、Ⅲ、Ⅱ级响应，做到超前部署。通过滚动预报预警、强化隐患消除整改、提前预置机动应急排涝队伍和设备、24小时巡查值守等强有力的措施，确保了城市安全度汛。（3）科学调度活水，确保城市良好水环境。针对持续干旱少雨天气，超前采取拦、蓄、引、调等举措，及时协调城市活水水源，有效缓解了瘦西湖、漕河、新城河等河道局部出现的蓝藻现象，保障省运博会、“4·18”和扬州马拉松等重大活动期间城市良好水环境。

【水利改革】 将规划引导、改革创新作为推动水利事业高质量发展的根本动力，重点领域改革取得新的突破。（1）水利规划体系渐趋完善。完成“十四五”水利发展规划思路研究及水利现代化思路调整，形成里下河、白马湖高宝湖区域规划市级单行本，完成城市总规中防洪排涝规划、城市水系规划、水乡复兴综合水战略研究等3项专项规划的修编，基本建立了以五年发展规划、现代化规划为统领，以区域规划为纲要，以各专项规划为基础的水利规划体系。（2）机构改革实现新的突破。市防汛防旱指挥部及其办公室仍设在市水利局，防汛防旱职能仍由市水利局承担，所属县（市、区）亦参照市级设置，市水利局行政职能虽有划转，但无一单位、无一人划出，机关行政编制有所增加。整合水利系统机构编制，着力解决历史遗留问题，下属两个管理单位市水利工程建设中心、市城市河道管理处成功升格为副处级建制，实现市水利局下属机构副处级建制零的突破。（3）农业水价综合改革步伐加快。全市累计完成农业水价改革面积346亩，占全市改革总面积的87%。各乡镇农业用水基本实现总量控制、定额管理，大、中、小型灌区计量设施基本实现全覆盖。全市共成立农民用水合作组织340个，管理面积占全市有效灌溉面积率98%。（4）水利“放管服”改革加快推进。完成行政权力事项的划转承接，取消权力事项2项，明晰权责清单171项。围绕“洪评”“水保”“取水许可”等工程建设项目行政审批事项建立了负面清单和告知承诺操作实施细则，优化并联流程。推动双随机抽查工作常态化，完成“双随机”抽查25项，动态更新了双随机监管平台的“两库一单”基础数据库。

【水利科技】 全市水利科技能力不断提升。组织申报省级水利科技项目8项，其中“瓜洲泵站泵组段动力仿真及优化研究”和(加机泵节能的项目)“基于河流生态类型的扬州古运河三湾段生态需水确定关键技术研究”等2个项目均紧密结合当前工作重点，对全市城市水环境优化提升具有重要指导意义。围绕城市水利建设，开展国内外水利先进适用技术试用示范、培训推介等工作。2019年重点推广应用一体化机泵、绿化混凝土护坡、高分子板桩等先进适用水利科技产品，提升了水利工程建设的科技含量。

【行业发展】 (1) 党的政治建设全面加强。深入学习贯彻习近平新时代中国特色社会主义思想和党的十九届四中全会精神，切实强化思想理论武装，广大党员干部进一步树牢“四个意识”、坚定“四个自信”、做到“两个维护”。加强对意识形态工作的学习研判，推广使用“学习强国”平台，进一步开展社会主义核心价值观宣传教育。(2) 党风廉政建设常抓不懈。选举成立第一届机关纪委，进一步落实纪检监察责任。扎实开展形式主义、官僚主义问题整改，列出问题清单，制定整改措施。严格落实中央八项规定精神，持续抓好“三直接”操作规范的落实，出台工程项目招标投标、政府投资工程项目资金拨付环节操作规范实施细则。扎实抓好巡察整改“四方联评”问题整改落实，获得市纪委总体好评。组织开展学习党章党规党纪、“5·10”党风廉政教育日、“12·9”国际反腐败日宣传教育及党风廉政“电教月”等活动，通过通报典型案例、观看警示片、上反腐倡廉专题党课、开展廉政谈话等方式，筑牢党员干部思廉倡廉道德防线。(3) 主题教育成效显著。按照市委统一部署，各级党组织紧扣主线、聚焦主题，把学习教育、调查研究、检视问题、整改落实贯穿主题教育全过程。先后开展主题教育党课、座谈讨论、基础调研、红色教育基地参观见学、重温入党誓词等活动，有力推进了学习型领导班子和学习型党组织建设，多次赢得市主题教育指导组的称赞与肯定。(4) 干部队伍建设进一步加强。积极组织年轻干部赴基层挂职锻炼，加强干部队伍培训，努力提高干部综合素质。组织开展人才座谈会，通过丰富的人才交流活动，进一步激发了青年干部的干事创业热情。选举成立水利系统妇联和水利系统工会，进一步凝聚水利干部职工的凝聚力、向心力。

(扬州市水利局)

镇江市

【概述】 2019年，在市委、市政府的坚强领导下，镇江市水利局以习近平新时代中国特色社会主义思想和十九大精神为指引，积极践行新发展理念，紧紧围绕水利现代化建设目标，按照“立足基本、全面拓展、加快推进”的思路，积极推进各项水利工作，为全市经济社会发展作出了新贡献。

【防汛防旱】 2019年汛期，镇江市汛情总体平稳，全市主要遭遇“利奇马”强台风袭击和局部干旱。在省防指和市委、市政府的正确领导下，全市各地、各部门通力协作、快速反应、全力应对，确保了安全度汛。(1) 汛前准备。完善以行政首长负责制为核心的各项防汛责任制。全市317 km长江江港洲堤防、51条市级以上骨干河道、在册109座中小型水库、大中型闸站和重点塘坝等防汛行政、技术责任人和水库巡查人员汛前落实到位。各地对排查出的86项度汛隐患进行了全面处理。根据机构改革和市自然灾害防御架构体系情况，修订完善了防汛防旱防台风应急预案。对涉水和在建工程，督促建设单位编制报批施工度汛应急预案。完成了水库防洪调度方案修订，开展了赤山湖蓄滞洪区预案编制、审核和上报工作。加强防汛物资储备，全市防汛物资共储存草包50.4万只、编织袋129.2万只、木材670 m^3、土工布13万 m^2、铁丝17.87 t、块石3万t。全市共组建防汛抢险队伍181个，总人数5 574人。提高防汛信息化保障，对在线监测设施进行了维修养护，组织了小水库通信预警系统巡检、维护工作，农村基层防汛预报预警体系项目建设稳步推进。

(2) 汛期应对。加强预警和响应。2019年第9号台风“利奇马”于8月9日至10日影响镇江市。市防指9日16时启动防台风Ⅳ级应急响应，10日22时起提升为防台风Ⅲ级应急响应。丹阳、扬中、丹徒区、京口区启动了本级防台风相应等级应急响应。各地各单位按照预案和通知要求，加强值班值守，科学、协同应对。2019年汛期长江水位较常年偏低，特别是出梅后晴热高温期间，句容中部一度达到气象干旱等级。各地密切监视沿江口门闸内外水位情况，调度沿江闸站全力引水，节约、计划使用水库水源，保障了工农业和水环境用水需求。防御第9号台风期间，为防范强降雨，提前预降苏南运河、金山湖、古运河、运粮河等骨干河湖库水位，腾出库容。降雨过程中，沿江水闸全力外排雨水，水库及时滞洪，京口闸及时向金山湖分洪，低洼圩区泵站及时启用，确保了全市汛期未发生涝情。

(3) 长江防洪工作。2019年7月13日5时，长江委发布“长江2019年第1号洪水”在长江中下游形成，受长江上游来水和农历十八大潮共同影响，7月14日镇江汽渡站水位开始超警戒，7月19日出现汛期最高潮位7.68 m。各级防汛部门密切监视长江水情调度沿江口门关闸挡洪水，湖西区控制丹阳站水位4.0 m左右。沿江城区在长江高水顶托外排困难情况下，市防办启用丹徒南闸放水，降低城区运粮河、金山湖、古运河等水位，预留库容防范强降雨。7月15日16时市防指发布了Ⅳ级(蓝色)预警，同日17时启动Ⅳ级(蓝色)应急响应。扬中市7月16日上午启动了Ⅳ级应急响应，丹徒区防指印发通知加强清杂清障。各地巡堤查险人员日最高达1 539人次，保障了长江防洪安全。

(4) 长江岸线坍江防范工作。按照市政府、省水利厅的具体部署，组织各地系统开展水下地形监测，汛前完成131.84 km长江河道重要岸段水下地形监测分析工作，发现较大崩岸风险段9处，一般崩岸风险段33处，对9处较大崩岸风险岸段采取了工程举措，对33处一般崩岸风险岸段加强陆上巡查工作。汛期长江大通站流量回落至45 000 m^3/s后，组织对镇扬河段世业洲头口门段、和畅洲东北角等重点工段实施了应急监测，监测长度2.9 km，组织专家研判，掌握长江岸线发展态势，根据研判结果决定将孟家港下段防护应急处理工程向下游延伸39 m。汛后，针对长江上游来水相对较少、水位偏低情况，要求各地针对性地分析低水位、小流量情况下水流对河床影响的特性，在易坍段、风险段树立警示标识、观测标志，认真落实巡查工作。

(5) 汛后修复。2019年度，省及以上下达镇江市防汛应急项目共6项、经费680万元，计划2019年汛前全面完成。

【水利规划与建设】 2019年市水利局以规划工作为先导、前期工作为基础、项目建设为重点、规范管理为关键、安全生产为保障，努力为提高流域、区域和城市防洪水利能力提供项目支撑。(1) 水利规划及基础工作。完成“十四五”水利发展规划思路报告；扬中市万福桥闸站工程初设已通过发改委批复；扬中市何家大港闸站工程、丹阳市太平港及迎丰河排涝站除险改造工程可行性研究报告已编制完成；修改完善通济河整治工程项目建议书；组织开展了镇扬河段重点工段监测分析工作。

(2) 水利重点工程建设。2019年度省厅下达镇江市重点水利工程建设任务共7项，年度建设任务为完成投资5.3亿元，截至10月底已累计完成投资5.51亿元。长江镇扬河段三期整治工程、和畅洲东北角应急治理工程、九曲河整治、长江崩岸应急治理完成建设任务。2019年6月，镇江市因"水利建设投资落实好、省水利基本建设投资计划完成率高、年度工作成效明显"被国务院（国办发〔2019〕20号）、省政府（苏政办发〔2019〕61号）真抓实干督查激励表彰。

(3) 工程质量管理工作。制定出台《关于实施镇江市水利工程招标投标领域交易信用承诺制度的通知》《关于印发镇江市水利安全生产重大事故隐患治理督办制度的通知》等规范性文件。按照《镇江市水利建设诚信管理考核实施办法》要求，全面开展履约考核工作，首次发布镇江市水利行业从业单位信用信息；组织开展省、市质量考核，认真开展稽察工作，认真配合水利部、省水利厅的相关稽查工作，积极开展市本级的稽查工作，做到了市域内重点项目全覆盖。镇江市在代建制推行、工程竣工验收及建设稽查等方面目标任务完成较好，受到省水利厅通报表扬。

(4) 安全生产监督工作。开展水利行业安全生产专项整治行动与全市闸站水库安全生产专项整治行动，以安全生产标准化创建为抓手，组织开展汛期安全生产防范、水利工程建设施工安全专项治理、危化品安全综合整治、电气火灾治理等专项行动。统一部署了春节期间、五一期间、汛前、中秋、国庆安全生产大检查活动。2019年全市水利系统安全生产形势总体稳定趋好，没有发生一起等级生产安全事故。

【水政水资源】 2019年，镇江市水利局推进全市水资源统一管理和节约保护工作，深入开展水生态文明建设。完成市水利系统行政权力事项清理工作，经政府批准公示了行政许可、行政处罚、行政强制、行政收费等行政权力清单。按照国家、省、市文件，完成市水利系统行政权力事项规范精简工作。(1) 推进依法行政。市水利局研究制定《关于加强和规范行政执法相关工作的意见》，进一步规范全市行政许可、行政征收、行政处罚相关工作。继续深化放管服改革，全年市级行政审批项目全部实现网上办理，办结率和回访满意度均为100%。(2) 水源地管理工作。2019年1月25日，省水利厅、镇江市水利局、环保局、住建局相关业务人员组成省级技术核查组，对二圣水库水源地达标建设情况进行了技术核查；7月25日下午，市水利局、生态环境局和住建局联合对句容市二圣水库饮用水源地达标建设进行行政验收。句容市二圣水库达标建设通过行政验收，标志着镇江市列入省公布名录的集中式饮用水源地达标建设工作全面完成。加强对长江世业洲（右汊）水源地达标建设的推进工作，水源地保护区划方案已编制完成，水资源论证报告已通过审查。

(3) 长江大保护相关工作。年内完成《长江经济带生态环境警示片》中金山湖、中林项目整改并进行验收销号，继续推进长江干流岸线清理整治，116项长江岸线清理整治项目完成整改95项。2019年镇江市水利局结合"扫黑除恶"专项斗争，配合公安部门深入调查、精准摸排在非法采砂案件中涉黑涉恶问题线索，向公安机关移送案件线索138条，移交案件5件，配合公安机关侦办4起非法采砂专案，有力震慑了非法采砂行为。2019年7月4日，江苏省水利厅复函给镇江市人民政府，同意镇江市开展长江 12.5 m 深水航道维护性疏浚砂综合利用试点工作，试点工作自即日起至 2020 年 5 月 30 日止。镇江市是长江流域第三个，也是长江下游及江苏省首个获得同意的疏浚砂综合利用试点城市。

【农村水利建设】 (1) 农村水利建设任务顺利完成。2019 年完成农村河道疏浚 86 条长度 130 km 土方 228 万 m^3，建设农村生态河道 27 条。强化水土保持工作，首次对辖市区政府进行了水土保持目标责任制考核，完成丹徒区莱金沟、丹阳市柳茹、句容市六里等市以上重点水土保持小流域综合治理项目建设，水土流失治理面积达 15 km^2。(2) 农村水利改革继续深化。年内各地完成年度农业用水计划分解、县级农业用水指导价格核定、精准补贴和节水奖励办法制定等工作；三个重点中型灌区的取水许可证已全部颁发。全市完成年度改革面积 80 万亩，累计完成农业水价综合改革面积 152 万亩，扬中市 2 家农民用水合作组织成功创成全国示范组织。

【工程管理】 2019 年全市各级水利部门高度重视工程管理工作，推动管理模式不断创新，推进管理技术持续进步，特别是通过创建国家级和省级水管单位、小水库规范化管理、“美丽库区、幸福家园”建设，实现了管理水平提升，水环境面貌改善，社会认可度提高。(1) 水利工程管理范围确权划界工作。全年各地完成划界长度 2 197.48 km，埋设界桩、牌 15 615 根(块)、控制点 968 个。8 个单元全部完成了验收工作。(2) 水库安全管理工作。公布了 2019 年度全市在册水库大坝安全责任人名单；开展水库隐患专项检查，共查出重大隐患 3 座，为仑山水库、合作坝水库、燕子窝水库，一般隐患 16 座。对全市小水库遥测系统进行了检修和维护。推进新增注册登记水库除险加固的前期工作，完成了丹徒区合作坝、润州区燕子窝水库大坝安全鉴定核查和除险加固初步设计初审工作。对照省厅《关于开展水库隐患排查和专项督查整改意见落实情况“回头看”工作的通知》要求，对丹徒区西麓、丹阳市贺家等 6 座未完成督查问题整改的水库进行了整改落实。在全市布置开展了水库安全鉴定工作，年前完成 41 座水库的安全鉴定。

(3) 工程管理工作。2019 年度争取省级以上维修养护经费 2 643 万元；对 2018 年水利工程维修养护项目招标情况开展了检查和统计；完成 2018 年度中央财政水利发展资金绩效自评和 2018 年度省级水利发展资金绩效自评；安排市级维修养护经费 1 508.97 万元，市级审批了各类项目 5 个。印发了《镇江市市级水利工程维修养护项目管理办法及市级经费补助标准》。对维修养护工作的实施，严格按照省水利工程维修养护项目管理卡的制度执行，严把工程质量关、进度关、验收关，确保工程的安全和效益的发挥。完成了扬中市二墩港闸站管理所等 5 家省等级水管单位和丹徒区铁炉等 20 座省规范化小水的库复核工作。

(4) 水库移民后扶工作。2019 年度中央、省下达镇江市水库移民后扶资金共计 5 734 万元。其中移民直补资金 1 143 万元、项目资金 4 591 万元。完成直补资金发放 6 713 人计 402.8 万元。镇江市结合乡村经济振兴，正在大力推进丹徒区坞庄村、句容市何庄村、玉晨村等地“美丽库区、幸福家园”建设工作；并结合扶贫和主题教育活动，开展句容市马埂村溢洪河整治等工程。

【全面落实河长制工作】 2019 年市水利局紧紧围绕中央、省和市全面推行河长制工作部署，在河长制工作搭框架、建机制、全覆盖的基础上，以各级河长高效履职见实效、各级河长办实体运作为目标。不断深化河长制工作。(1) 创新完善河长制工作机制。根据人员变动情况，调整充实市级河湖长 2 名，对新任河湖长送达履职告知书，提醒根据“一河一策”措施清单与年度工作计划持续推进河湖治理和管护工作，保持河湖治理系统性与连贯性。认真落实河湖长制会议、信息、考核等6项基本制度，创新实施河长述职制度与谈话提醒制度。全年共开展督查12次，发出督查通报6份，专报14期，有效推进长江岸线整治，“两违”“三乱”（违法建设、违法圈围，乱占、乱排、乱建）治理等重点工作落地见效。(2) 规范河湖长履职。组织召开了全市河长制工作领导小组会议、全市河长制工作会议、全市河湖长制暨水污染防治攻坚工作推进会，研究部署全市河湖长制工作。签发总河长令，要求坚决打赢打好“碧水保护战”与打好“河湖保卫战”。全年，12位市级河长共履职51次，县、镇、村三级河长履职达41 006次。下发市级河长交办单161份，县级河长交办单1 123份，各成员单位履职尽责，“两违”“三乱”专项整治行动深入开展，河湖问题得到有效处置。(3) 重点河长制工作开展情况。以“生态河湖行动”为引领，全市5个县级以上水源地通过省达标验收，5个集中式饮用水源地水质达标率保持100%；完成272个问题排口整治，2019年新纳入的13条黑臭水体已整治完成。深入开展畜禽养殖污染治理行动，累计整治规模化养殖场1 326家，化肥使用总量较2015年削减6%。推进港口码头企业建设污水收集沉淀池与市政污水管网对接入网，省政府交办的12家非法码头已完成拆除和生态修复工作。持续推进河湖“两违”三乱”整治工作。已完成“两违”整治206项，已完成“三乱”整改39项。2019年全市地表水国省考断面优Ⅲ比率分别为87.5%、90%，分别优于年度考核目标12.5%和25%，位列全省第二。(4) 宣传发动情况。上线运行河湖长制信息化平台，开通河长制APP、河长微信公众号，在《中国水利报》、《新华日报》、《扬子晚报》以及本地媒体上全方位宣传镇江市河湖长制工作成效，积极组织“保护母亲河·争当‘河小青’”“千人畅游金山湖”“河长靓河·摄影大赛”“寻找大运河最美地标”等公益活动，出台《河长制工作有奖举报办法》，在电视台开辟“河长在行动”专栏，对“两违”“三乱”、河湖水质、国省考断面、黑臭水体等10余项工作进行公示，引导全社会积极参与河湖长制工作。

（龚　源）

泰州市

【水利建设】 (1) 水利建设投资。2019年，泰州市水利建设完成总投资近11.2亿元。其中省级水利重点工程累计到位资金6.22亿元，实施下官河、蚌蜒河整治、老328国道沿线控制建筑物除险加固工程，完成长江崩岸应急治理、古马干河治理工程；农村水利建设计划完成投资4.97亿元，重点实施农村河道疏浚、中小河流重点县等工程项目。

(2) 重点水利工程建设。2019年，省级水利重点工程完成长江干流江苏段崩岸应急治理工程、泰兴市古马干河（马甸枢纽—西姜黄河）治理工程，并通过完工验收；组织实施蚌蜒河（渭水河—西塘港段）治理工程和淮河流域重点平原洼地近期治理工程。

(3) 城市水利建设。2019年，城市水利工程周山河整治四期工程全面完成；2019年度水生态河道治理工程王庄河整治工程完成。

(4) 农村水利建设。2019年，泰州市各级水利部门以农村河道疏浚、中小河流重点县等项目为重点，持续推进农村水利建设。全年新建和改造灌溉站90座、排涝站54座、涵闸20座，修建各类防渗渠道42 km。泰州市新增、改善灌溉面积1.3万亩，新增旱涝保收田0.1万亩。继续以“新风行动”“十百千”为抓手，开展农村河道疏浚整治，共疏浚整治县乡村三级河道 1 095 条，疏浚河道土方 1 050 万 m^3。

【河湖长制】 (1) 河长制工作。2019 年，泰州市水域面积 1282 km^2，占市域总面积的 22.15%。有里下河腹部地区湖泊(湖荡) 23 个，市级以上骨干河道 65 条 1 041 km，县级河道 143 条 2 064 km，乡级河道 1 816 条 5 420 km。年内，制定出台《泰州市 2019 年河长制工作意见》及压实河湖长责任、推进河湖专项整治十大行动方案。召开泰州市河长制工作推进会和河长制责任落实专项整治动员大会，对河长制工作进行专题部署。所辖各市(区)相继召开会议，对推行河长制工作进行动员。全年市级河长巡河履职 80 余人次，泰州市县级河湖长巡河履职 700 余次。

(2) “两违”整治。按照省总河长令及实施河湖“两违”专项整治的统一部署，泰州市敢于突破、自我加压，在全省率先基本实现“两年任务一年完成”的目标。年初审核各地河湖“两违”任务清单，明确 2 117 处整治任务。同时落实“两违”整治责任清单，明确责任主体、责任河长、整治措施、完成时限等。各地均制定具体实施方案，采取集中时段、集中精力、集中力量的方式，克难奋进、突击攻坚，全面打响“两违”整治“歼灭战”。截至 2019 年底，完成整治 2 072 项，占总任务的 98%。泰州市“两违”整治工作经验获得省河长办充分肯定，在 2019 年 9 月中旬召开的全省河湖“两违三乱”整治现场推进会上作典型交流发言。

(3) 工作督查。组建 6 个督查组，对各市(区)开展常态化督查和通报，推动问题整改。发挥市向环境污染宣战督察百人团作用，针对督查发现的 195 处问题，全部限期整改到位。利用五级人大代表回选区访选民活动的机会，积极采纳并落实人大代表意见建议，共同查找水污染问题源头，为做好河长制工作献计出力。处置群众来电投诉问题 31 件，解决涉河环境问题 635 项。对“两违三乱”整治进展缓慢、河湖问题突出、履职缺位的近 80 名河长点名道姓进行曝光。依据《泰州市河长制工作督查问责办法》，在省内第一个实质性启动实施河长制工作问责机制，泰州市各级纪委监委问责处理 20 名相关责任人。通过动真碰硬、追责问责，进一步压紧压实了各级河长的责任，推动问题有效解决。

(4) 舆论宣传。在《泰州日报》、泰州电视台创新推出“河长在行动”专题栏目，一方面宣传各地落实河长制的工作成效、展示河湖治理保护的生动实践；另一方面，主动实施舆论监督、触及河湖存在问题，推动各类涉河问题整改，营造了社会各界及公众共同参与河湖治理保护的良好氛围。一年来，共推出栏目电视新闻及专题文章 204 期(篇)，有力提升了“河长在行动”栏目的社会影响力，让“有事找河长”成为社会共识。按照分级管理的要求，健全河长公示牌长效管理机制，定期开展检查维护，河长信息变化后一周内确保更新到位。全年完成 5 168 块河长公示牌规范设置更新工作。

【生态河湖建设】 (1) 生态样板河湖。出台生态样板河湖建设评定管理办法，把“生态样板河湖”的评定结果作为市级专项经费补助依据，并纳入市(区)综合考核内容。全年投入资金 7.5 亿元，打造县、乡、村生态样板河道 195 条 673 km。

(2) 退圩还湖。兴化市里下河湖泊湖荡退圩还湖专项规划已获省政府批复，启动实施陈堡草荡等 5 个湖泊湖荡的退圩还湖工程，完成投资 7 亿元。姜堰区专项规划已通过专家审查。

(3)水质达标建设。泰州市 24 个地表水省考以上断面达到或优于Ⅲ类水质的比例为 87.5%，超过省考核目标 4.2 个百分点，76 项重点节水减排项目也已基本完成。

【水资源管理】 (1) 取用水监管。2019

年，泰州市水利部门全面开展取水工程(设施)核查登记工作，对泰州市409个取水项目，共计2 923个取水工程(设施)，逐一进行了核查登记，完成省级、市级共计131个取水项目(517个取水工程)现场抽查检查；泰州市水利部门共新发、变更和延续取水许可证113个，核定取水许可量114 206.046万吨，其中农业取水项目全部完成审批发证工作，全年共发放农业取水许可证77个，核定农业取水量109 397.63万吨。

(2) 水源地保护。2019年，泰州市水利部门建立饮用水源地长效管护机制，加大水质监测力度，在永安洲永正水源地上游二级保护区建设水质预警站，月度监测水源地水质，编发《泰州市集中式饮用水源地水文情报》。

(3) 水功能区管理。2019年，水功能区管理职能由水利部门划至生态环境部门。泰州市水利部门对重点水功能区开展月度监督性监测。

(4) 入河排污口管理。2019年，入河排污口管理职能由水利部门划至生态环境部门。泰州市水利部门结合第四次泰州市入河排污口普查结果，将泰州市入河排污口资料分类整理，移交市生态环境局，并配合生态环境部门开展长江排口排查行动。2019年，市水利部门对泰州市重点入河排污口开展2次监督性监测。

(5) 水资源制度建设。2019年，泰州市落实水资源管理行政首长负责制，把水资源管理与保护纳入各地及有关部门绩效考核的重要内容，严格兑现奖惩。完善政策法规体系，出台《泰州市节约用水办法》，经政府常务会议讨论通过，并颁布执行。市水利局印发了《2019年泰州市水资源管理及节约用水工作要点》，为深入贯彻落实“节水优先、空间均衡、系统治理、两手发力”的新时期治水方针，扎实做好水资源管理及节约用水各项工作提供了制度保障。

【工程管理】 (1) 河道工程管理。2019年，通过实施“双水绕城”景观提升等项目建设，强化凤凰河国家水利风景区管理养护，3月份凤凰河获评省级生态样板河湖；积极参与大运河文化带水环境整治活动，清除老通扬河沿线各类垃圾杂物200余吨，补植绿化近2万平方米；落实城管未保洁河段保洁，清除垃圾杂物近千吨；组织实施完成了刘西河永定路南段河道综合整治

(2) 河湖确权划界。2019年，全面河湖和水利工程管理范围划定工作，共分为7个实施单位，完成82条河道、22个湖泊湖荡、71座闸站的管理范围划定工作，累计完成界线测绘4 084.65 km，管理界桩制作安装26 329根；告示牌制作安装2 945个；完成项目验收、市级技术预验收和县级正式验收，通过省级验收的现场核查工作。

(3) 里下河退圩(渔)还湖工作。完成《里下河腹部地区(泰州市姜堰区)湖泊湖荡退圩还湖专项规划》编制上报，通过省水利厅组织的审查。兴化市洋汉荡、耿家荡、东潭等退圩还湖实施方案获得省水利厅的批复。兴化得胜湖、平旺湖、洋汉荡、陈堡草荡、蜈蚣湖等湖泊湖荡退圩还湖工程已全面实施，平旺湖一期已完成，陈堡草荡基本完成，蜈蚣湖一期已完成60%，得胜湖已完成湖区搬迁，洋汉荡一期工程的湖区搬迁工作基本完成，全面完成高质量发展考核相关指标。

(4) 长江岸线保护与开发利用专项整治。2019年，根据国家、省政府统一部署要求，泰州市对列入任务清单的63个项目全面开展清理整治工作，按序时节点有序推进，取得了阶段性成效，7个拆除取缔项目率先通过省级销号验收，51个整改规范类项目基本完成，通过各地自验；剩余5个项目因现场情况复杂、工作量大，通过市政府行文向省政府申请延期，计划2020年完成。

(5) 水利工程调度。2019年编制了《泰州市水旱灾害防御水利工程调度方案(试行)》,围绕"度汛安全、水源保证、水位可亲、水体流动、水质改善"的调度目标,科学合理地调度引水、防洪、排涝、水生态环境工程,充分发挥已建水利工程的工程效益。① 常态化运行城区调水泵站,开机165天,向主城区生态补水1.21亿m^3;② 利用沿江各通江口门抢潮引水,努力增加内河水源补给,通过口岸闸、马甸闸、过船闸、夏仕港闸等向通南地区引水10.7亿m^3;③ 通过动力抽引江水,向通南地区生态补水,马甸枢纽开机41天,引水2.13亿m^3,协调省高港枢纽,开机53天,引水2.79亿m^3。有效增加了水体的流动性,改善了泰州市通南区域河道生态环境。④ 通过高港枢纽节制闸、江都枢纽向里下河地区自流引水111.4亿m^3,有效保证了里下河地区枯水期生态基流。

【防汛防旱】 (1) 汛前检查。2019年2月19日,市防汛防旱指挥部正式发文要求各地各部门加强安全度汛风险防控和隐患治理,统筹抓好汛前检查工作,及早落实防大汛、抢大险、救大灾的各项措施。3月中旬到4月上旬,市防指对各市(区)汛前检查工作进行了现场抽查。4月28日,召开泰州市防办主任会议,各市(区)围绕机构改革情况和防汛防旱工作作了交流发言,市防办就防汛准备工作进行了专门部署。5月6日,根据汛前检查结果,正式发文至各市(区)防指,通报了防汛减灾薄弱环节和风险隐患并提出除险消险要求。各地积极筹措资金,对度汛隐患进行除险消险,共整修堤防86.45 km,加固改造圩口闸498座、排涝站154个、涵洞13座,实施长江抛石护岸23.67万m^3。靖江市投资1.86亿元实施上九圩港泵站及配套河道工程。泰兴市投资6亿元实施沿江生态廊道项目,投资500万元新建新段港闸。兴化市投入2 000万对泰州市300座圩口闸和40座排涝站进行加固改造。海陵区针对去年九龙镇内涝问题,通过现场勘查、分析讨论,初步形成了防洪体系完善建议方案。高港泵站改扩建工程已经完成正在试运行;南官河闸外港堤提升工程已完成挡浪墙浇筑,正在准备堤顶道路施工;投资15万元对故土社区通扬路以北片水系、杨湾港区围墙外堤脚排水沟进行清淤。姜堰区对224座手动圩口闸进行电启闭改造。

(2) 物资储备及预案修订。2019年,完成市县两级防汛物资储备任务,共储备"三袋"160万只、木材550 m^3、块石5万t、土工布5.8万m^2。9月,市本级补充储备10台应急排水泵。其他成员单位也根据相应职责对防汛物资进行了检查和补充。主汛期,组织开展城区应急排涝演练,进一步提高应急抢险救援队伍的防汛抢险救灾实战能力。

(3) 防汛抗台。2019年,泰州市出现历史上少有的春、夏、秋气象连旱,汛期泰州市汛情总体平稳,汛期降水量及梅雨量较常年同期明显偏小;长江大通来量与常年同期基本相当,沿江潮位仅夏仕港闸站超警戒潮位;汛期泰州市共出现7场暴雨、大暴雨过程,大部分为局部暴雨或大暴雨。在省防指和市委、市政府的正确领导下,泰州市各级防汛组织认真履职,扎实做好各项基础工作,视汛情、旱情为命令,迅速行动,精心组织,科学调度,全力以赴抢排城乡涝水,科学调度水源,化解社会矛盾,最大限度减轻灾害损失,努力营造泰州市安全、优良的水生态环境。

8月11日,受第9号台风"利奇马"影响,泰州市普降暴雨,局部大暴雨,各地累积降水量为:海陵59.6 mm、高港95.8 mm、姜堰70.8 mm、靖江91.8 mm、泰兴102.9 mm、兴化68.2 mm,有19个乡镇降雨量达到100 mm以上。市防指于8月9日12时启动泰州市防台风Ⅳ级应急响应,10日晚22时,提升应急响应至Ⅱ级,并按照相应级别响应的要求及时部署泰州市防台工作，泰州市各地各相关部门积极应对，强化值守，全面落实各项防汛措施，取得了防台工作的全面胜利。

【依法行政】 (1) 普法宣传。2019年，泰州市水利部门结合第27届“世界水日”、第32届“中国水周”和法治大讲堂等活动，开展水利普法宣传。“3·22”当天《泰州日报》开辟专版进行宣传；制作四条水法宣传微视频在泰州电视台播放一个月。“中国水周”期间，局政务网站进行水法律法规专题宣传。联合省水文局泰州分局在市莲花四号区广场开展宣传，设立咨询台，制作普法展牌20余块。委托市邮政公司将水资源管理和节约用水制度简介随《泰州晚报》递送给各征订户。11月7日在泰州市图书馆举办“人人关心水资源 个个保护水环境”为主题的法治大讲堂总堂活动。

(2) 行政执法。2019年，泰州市水利部门围绕长江、市级以上骨干河道等重点水域，着力开展河湖“三乱”专项整治和“清四乱”专项行动，组织开展水利专项执法，加大打击长江非法采砂、河道清障、水事违法案件的查处力度。截至2019年12月，市级排查的499个问题已全部完成整改并通过验收，省级通报的58个问题已完成38个项目的整改并通过验收，河湖9个项目申请挂起，河湖“三乱”整治顺利通过省高质量发展考核；泰州市共排查“清四乱”问题1 318个，已全部完成整改并通过验收。组织开展4场“以案释法基层行”专场宣传，取得良好社会效应。完成“智守长江”执法信息化平台建设，实现对长江河道实时监控、跟踪记录执法过程、网上审批水事案件、动态监管采砂船舶及远程指挥执法活动等功能。强化执法巡查，全面推行重大水事违法案件挂牌督办工作机制，严厉打击非法采砂行为。泰州市共组织开展长江联合执法巡查330次，出动执法船艇728艘次，执法人员3 381人次，查处非法采砂(运砂)船53件，没收和摧毁采砂机具28台(套)。

(3) 行政许可。2019年根据省委编办和市委编办相关文件要求，对泰州市水利局行政权力事项进行了动态调整。按照“三级四同”要求，对水利部门行政许可、行政处罚、行政强制、行政征收、行政确认、行政其他等行政权力共175项进行了“标准化”的编制，依照省水利厅模板重新编制了行政许可清单。8月份，印发了《泰州市水利局行政权力事项目录清单》。

3月份，根据长江委《关于印发长江干流岸线利用项目清理整治整改规范项目清单的通知》文件精神，组织专家逐一论证泰州市长江沿线未经批准的已建项目(非限期拆除的项目)的整改方案，共对54个项目提出限期整改意见。5月份，协助做好泰州市湖泊违法建设项目的销号管理，对满足许可条件的项目，按规定补办行政许可手续。2019年，泰州市水利局加强了对水土保持工作的监督管理，严格生产建设项目水土保持方案的审批，对不符合水土保持法律法规、技术标准等要求的一律不予许可，严守生态红线。根据水利部相关文件要求，水土保持方案报告书技术评审由水行政主管部门或者其他审批部门组织开展技术评审，评审费用应当纳入各级财政预算，禁止向生产建设单位收取或者变相收取评审费用，减轻了企业负担。此外，泰州市推行开发区水土保持方案和洪水影响评价区域评估工作，简化审批，提高效率，进一步降低制度性交易成本。2019年泰州市水利局共办理涉水行政许可事项66件，其中生产建设项目水土保持方案审批8件。

【水利改革与创新】 (1) 农业水价综合改革。2019年，泰州市农业水价综合改革大力推进。在工程产权全部明确、管护主体全面落实的基础上，2019年继续加大计量设施安装力度，共安装计量设施3 700台(套)，基本实现灌溉泵站全覆盖；用水合作组织管理的有效灌溉面积达 318 万亩，占计划改革面积的 83%；水权制度基本建立，水价核定全部完成。积极推广以单一灌溉站的供水范围为改革单元、统筹资金用于维修养护、节水奖励和精准补贴的模式，彻底解决里下河地区流动打水机船灌溉区的改革难题。2019 年计划完成 126 万亩，实际完成 139.5 万亩，累计完成面积达 229 万亩，占应改总面积 360 万亩的 64%。

（2）水行政审批制度改革。2019 年，市水利局深化行政审批改革，完善网上办事流程，依托江苏政务服务网，网上行政权力审批服务事项"应上尽上、全程在线"，努力推行审批服务事项全部"网上办"，泰州市水利局行政许可、行政征收、行政奖励、行政裁决、行政确认、行政其他权力等六类共 29 个行政权力事项中，28 个可以全程"不见面"，均能实现网上办理。及时办理投资项目在线审批监管平台的申报，更好地服务项目建设；按照"双公开"信用体系建设要求，及时更新行政许可和行政处罚信息。规范审查审批，泰州市水利局组织对水土保持方案报告书进行技术评审的，评审费用由财政预算支出，不得向生产建设单位收取或者变相收取评审费用。实行承诺制管理的项目水土保持方案，由生产建设单位从省级水行政主管部门水土保持方案专家库中自行选取至少一名专家签署是否同意意见，审批部门不再组织技术评审。技术评审单位对技术评审意见、专家对签署的意见负责。

（3）水利科技。2019 年，泰州市水利局充分利用信息网络、卫星遥感等先进技术，加快构建覆盖江河水系、水利基础设施体系、管理运行体系的网络平台，加快推进河长制综合信息服务平台建设。

【行业发展】 （1）党建活动。扎实推进"书记项目"，形成支部年度工作考核细则，每月下发《月度党建工作提示清单》，举行 3 次机关党委内部培训、邀请 2 位专家来局专题辅导。以"悟初心，强能力，做新时代推进泰州水利高质量发展的践行者"作为 2019 年总主题，推进 8 个支部全面开展好主题党日活动，局机关党委专门举办了主题党日活动专题辅导。积极开展"大走访大落实"活动，全局 90 名党员干部至兴化市张郭镇开展了 5 次全员走访活动。扎实推进"组长项目"，认领 8 个"组长项目"，投入近 100 万元，认领项目及投资金额位居泰州市前列，8 个组长项目已全部完成。泰州市水利局在 4 月份被评为 2019 年"新风行动"先进集体。

（2）精神文明建设。高质量常态化举办道德讲堂，开展了 4 次"道德讲堂"。高质量承办泰州市 2019 年第 13 期道德讲堂总堂；文明单位创建常抓不懈，泰州市创成"全国水生态文明城市"，市水利局和局属事业单位城区河道管理处再次成功创成"省级文明单位"，城区河道管理处顺利通过"全国水利系统文明单位"复审。

（3）党风廉政。组织学习《中华人民共和国公务员法》、《事业单位工作人员处分暂行规定》、《中国共产党廉洁自律准则》和《中国共产党纪律处分条例》，完善了《泰州市水利局机关会议制度》《公务接待管理规定》等一系列的机关内部管理制度，组织开展规范经费管理专项整治活动。开展"5·10"亲语连廉廉政教育，局党组负责人为全体党员干部上以"守初心 担使命"为主题的专题党课；邀请省委党校刘力永教授对全局干部职工进行"理论思维创新和工作方式创新"专题辅导；组织各支部开展观看警示教育片；组织党员干部及市区党员干部代表 40 余人到泰州市中级人民法院庭审现场接受警示教育。

（陈建勋　李　想）

宿迁市

【概述】 2019年，宿迁市水利局坚持以习近平生态文明思想为指导，贯彻新时代治水方针，践行水利行业改革发展总基调，紧扣高质量发展主题，推动全市水利事业再上新台阶。成功战胜重大干旱和洪涝灾害，河湖“清四乱”工作取得突破性成效，持续深化河湖长制创新，着力加强河湖空间监管，深化农业水价综合改革，推进农村饮水安全提质增效。在全市年度高质量发展综合考核中被评为优秀等次，并获得服务经济社会发展“重大贡献奖”，受到市委市政府表彰。

【水利建设】 加强规划前期工作，启动开展宿迁市“十四五”水利发展规划编制；争取省级部门批复溧河洼灾后重建应急治理、黄墩湖洼地治理、南淮泗河、西民便河、古山河等项目，全年共争取省级以上资金13.4亿元，较2018年度增长35.9%。加强重点工程建设，整合要素投入，凝聚建设合力，完成省级水利重点工程建设任务投资9.7亿元，占年度任务102%。黄河故道后续、黄墩湖滞洪区调整与建设工程等一批重点工程相继投入使用。加强农村水利建设，加快推进柴塘、船行、运南、众程等大型灌区续建配套与节水改造工程，完成投资2.3亿元，新(拆)建泵站22座，衬砌防渗渠道68.91余km，疏浚农村河道土方1 451.6万m^3，配套田间建筑物742座，新建生态渠道45千米，改善灌溉排涝面积38万亩。加强水利建设管理，市级水利工程建设质量考核连续4年获评A级，位列全省第一方阵，1项工程被评为省优质工程，2项工程被评为“治淮建设文明工地”，2项工程被评为省级文明工地。大力开展安全标准化达标创建，6家企业创成省级安全标准化单位，22家企业创成市级安全标准化单位，全市水利系统安全生产形势持续向好。

【河湖长制】 以生态河湖建设为统领，深化河湖长制工作创新，围绕《宿迁市生态河湖行动计划(2018—2020年)》和“一河一策”目标任务，推动河湖长履职。出台《2019年河湖长制工作要点》，制定“两违”“三乱”整治行动、水环境综合整治行动、污水收处能力提升行动、农业面源污染治理行动、退渔还湖行动和断面达标行动等六大行动计划，超额完成年度任务。发布《宿迁市河长制履职规范》，明确各级河长、副河长单位、河湖警长、河长办等主体工作职责，形成完备的责任网络，建立“总河长挂牌督办制度”。定期印发“致河湖长一封信”，提醒河湖长当前工作重点，强化河湖长履职意识。开展“争当河小青、保护母亲河”等志愿活动，鼓励社会公众参与河湖治理。六塘河河长制工作经验在中组部、水利部举办的全国全面推行河长制专题研究班上交流，“致河湖长一封信”做法被省河长办专题报送水利部、生态环境部，以及省委、省政府主要领导及各位省级河长。全市有2名基层河长、1名民间河长入选江苏首届“最美河长”。

【生态河湖建设】 扎实推进河湖“清四乱”，成立宿迁市河湖“清四乱”指挥部，建立工作推进报告和挂牌督办制度。有序开展河湖“两违”专项整治工作，4月19日，市委市政府印发《关于在全市开展河湖违法圈圩和违法建设专项整治工作的通知》(宿办发电〔2019〕51号)，各县区相继印发实施方案，全市重点河道排查形成2 316项“两违”清单并制订2年整治计划，年内完成整治2 022项，占年度任务的104%。全面推进洪泽湖治理保护，市政府成立洪泽湖管理委员会并召开第一次推进会，开展入湖河流监测治理，沿湖镇村污水处理设施建设，湖区住家船和餐饮船清理及运输船舶污染防治，持续改善湖区水生态质量；实施退圩还湖工程，加强空间管控。

【水资源管理】 全面落实最严格水资源管理制度。4月份，宿迁市水利局联合市发改委印发《关于下达2019年实行最严格水资源管理制度目标任务的通知》(宿水资〔2019〕3号)，将目标任务细化分解至县区，实施水资源消耗总量和效率双控行动；9月份，成立了宿迁市实行最严格水资源管理制度和节约用水工作领导小组，制定并印发了市级考核方案。县级水源地达标建设顺利通过省级验收。为民办实事项目骆马湖嶂山水源地取水口延伸工程提前完成建设任务；骆马湖嶂山、中运河宿豫区刘老涧、中运河泗阳县双桥、泗阳县成子湖卢集、泗洪县成子湖龙集水源地通过省级达标建设验收。生态河湖建设成效显著。宿城区马陵河、泗洪县农村沟渠等河湖生态建设成效明显，全市水环境质量持续改善，公众对水生态满意度和幸福感大幅提升，《宿迁市生态河湖行动计划(2018—2020年)》中期评估得分92.27分，马陵河被省水利厅评为生态河流样板工程。“强监管、补短板”不断推动水资源管理上台阶。全面完成全市第三次水资源调查评价任务，形成涵盖水资源数量、水资源质量、水资源开发利用状况、污染物入河量和水生态状况等五大体系的综合评价成果。强化取用水监督管理，完成全市取水设施调查和1 763个取水工程(设施)基础信息审核、现场抽查复核。

【工程管理】 全力做好河湖和水利工程管理范围划定验收工作。按照省水利厅、省国土资源厅、省财政厅联合印发的《江苏省河湖和水利工程管理范围划定工作验收管理办法》(苏水管〔2018〕12号)，全面推进河湖和水利工程管理与保护范围划界工作，全市列入划界任务的2大湖泊、70条河道、39座小水库、123座水利工程保护与管理范围均已确定，成果数据通过省厅内业审核，相关成果全部录入自然资源与规划部门“一张网”信息系统。其中，市本级负责骆马湖保护范围、古黄河等10条河道和16座水利工程管理范围划界，划界成果在全省率先发布公告。大力开展工程管理达标创建。2019年，围绕创建目标，深入开展水利工程管理考核，推进水管单位达标创建及后续提升巩固工作。召开专题会议安排部署，在市级管理经费安排上给予倾斜，组织考核指导组定期进行考核。2019年10月29日，宿城区市区排涝管理所、宿豫区井头翻水站分别通过市级初验，并报请省水利厅考核验收。

【防汛防旱】 全市水利部门主动担当，克服机构职能变动影响，切实履行好防汛防旱相关职能，实现了重旱情无旱灾、大洪水无洪灾、强台风无伤亡，夺取了抗旱、抗台、抗洪全面胜利。做好抗灾准备，层层压实各级防汛责任，加大险工隐患排查、整改，足额储备防汛物资，修编各类防汛防旱预案。加强对上争取力度，超前调水蓄水，累计调引江淮水源22亿m^3，向骆马湖补水8.3亿m^3，在60年一遇气象干旱情况下，有效保障全市325万亩水稻栽插及工业、居民生活用水。创新体系建设，根据新形势、新任务，市级进一步健全防汛防旱调度指挥、应急处置体系，创新建立分片管理机制，分片区成立5个水旱灾害防御技术指导组。加强信息化建设，完成全市32条重点骨干河道防汛防旱特征水位研究，强力推进107套乡镇防汛会商系统、164个水雨情站点建设，提升防灾减灾应对能力。强化应急处置，面对1949年以来华东地区第三强台风“利奇马”袭击、沂沭泗水系发生1974年以来最大洪水、新沂河超历史最高水位0.55 m的严峻形势，市、县(区)两级水利部门全面动员，联防联控，市水利局第一时间组织30余名党员干部赶赴堤防一线，沭阳县、宿豫区累计投入抢险人力2.7万人次，强化巡查值守，及时处置险情，有效保障了新沂河沿线百万群众、千万亩耕地安全。

【水政执法】 2019年,全市水行政执法巡查共出动17 263人次,查处水事违法行为221件,其中立案查处22件。加强水政执法能力建设,新增5架无人机,在全省率先实现市、县(区)两级水政监察队伍无人机双备份全覆盖。强化地下水压采管控,市管区域封填地下深水井20眼。持续巩固河湖禁采成果,认真落实上级禁采要求,进一步整合执法资源,两湖禁采"双清零"成果持续巩固。推进执法队伍建设,按照《宿迁市水政监察执法能力建设规划》,推进执法基地建设步伐,建成泗阳县、泗洪县洪泽湖执法基地,实施宿城区洪泽湖执法基地改造提升。

【水利改革】 深化农业水价综合改革。围绕省定改革目标任务,聚焦重点难点,召开2次全市水价改革推进会,常态化开展进度督查,每季度通报一次进展情况,有序推进改革工作。全市核定应改面积565.75万亩,累计完成404.58万亩。宿豫区完成重点样板型改革区1处。全市7个大型灌区已有6个完成农业供水成本核算;10个重点中型灌区中,6个灌区完成农业供水成本核算。全市累计完成各类计量设施2 532处,规范组建农民用水合作组织264个。全市落实精准补贴913.6万元、节水奖励资金38.5万元。推进水利行政审批制度改革,精减审批事项,优化审批流程,压缩审批时限,全面推行线上审批,改进审批服务质量。

【水利科技】 2019年,市水利局组织编报"面向生态需求的黄河故道河湖互济协同调控研究"等12项水利科技研究项目,完成1个科技项目验收。全年获得省水利科技进步奖三等奖1项,获得市科技局立项1项。部分新材料新技术及工程管理科研成果,已经在多个工程项目上得到了示范运用,取得了较好的实效。

(宿迁市水利局)

昆山市

【工作概述】 2019年是昆山市水务局正式挂牌开启新征程的第一年。一年来,昆山市水务局深入贯彻习近平生态文明思想,以深化河湖长制改革为统领,统筹做好保障水安全、保护水资源、修复水生态、改善水环境、弘扬水文化五篇文章,工作重心由水利工程建设向工程建设和行业监管并重转变、水务一体由市级先行向区镇延伸转变、管理模式由传统水利向智慧水务转变顺利收官,为全市经济社会高质量发展提供了坚实的水务保障。

【水利水务建设】 2019年,完成农村水利建设投资4.2亿元,清淤疏浚河道102条共124 km。完成城区活水畅流二期、南部水乡岸线综合整治四期、棋盘荡综合整治、昆南四镇边界区防洪完善工程等重点工程,加速推进吴淞江流域活水引清工程。荣获苏州市水务局年度水利建设质量考核优秀。实施高质量推进城乡生活污水治理三年行动计划,推进8座城镇生活污水处理厂改扩建工程,10座区域污水处理厂互联互通、8座污水处理厂提标改造,完成污水管网建设改造30 km和互联互通管建设31 km。污水处理能力达100万t/d。新昆污泥处置项目完工投运,新增生活污泥处置能力20万t/a。落实生活污水"十个必接"要求,完成229个生活污水接纳项目。完成200个小区雨污分流、173个小区阳台车库改造和913个工业企业污水接纳项目。中环内完成1.6万个雨污混接点改造和3万多个缺陷管段修复,中环外完成市政混接点改造工程1 347项,加快实现污水全收集、全处理。聚力农村人居环境整治,完成新建26个、改造34个农村生活污水治理项目,农村生活污水治理率达88.5%以上。同步建立农村污水运维监控系统，实现远程化、集中化、信息化管理。以锦溪污水处理厂、北区污水处理厂、花桥污水处理厂及铁南污水处理厂等尾水湿地净化工程为实践和示范，充分利用现有湿地、高压走廊、高速走廊和经过生态改造的河道，建成尾水生态净化湿地面积43万 m^2，尾水净化规模达到12.7万 t/d，实现工程水向生态水转变。成功创建省级城镇污水处理提质增效示范城市。城镇污水厂尾水生态净化湿地建设经验在全省推广。

【河湖长制】 2019年，完成市级河湖“一事一办”任务清单204项。充分发挥“基层河长履职六步法”作用，实现手机APP巡河全覆盖，各级河长累计巡河2.9万余次。强势推进河湖“两违”整治，拆除全市河湖“两违”36.5万 m^2。开展194条劣Ⅴ类河道治理，完成治理各项工程任务，基本消除劣Ⅴ类水体。强化河湖生态空间管控，重点开展河湖违法圈圩和违法建设专项整治，完成市级河湖“两违”整治项目117项，镇村级河湖“两违”整治项目976项。拆除河湖蓝线内违建面积约36.5万 m^2，超额完成全年目标任务。推进娄江、千灯浦、宝觉河等5个全市一线攻坚项目。以水环境“先行共治”助推区域高质量发展，主动对接融入上海，作为非长三角一体化先行示范区的唯一县级市，被纳入环太湖城市水利工作联席会议成员单位。深化跨省河湖治理合作，与青浦开展联动执法巡查7次。建立昆山青浦两地水葫芦联防联控机制，第二届进博会期间，投入大批河道保洁力量，持续奋战，保障了进博会水环境质量，上海市河长办专门致信表示感谢。

【生态河湖建设】 2019年，完成34条生态样板河道建设，涌现出高新区城南圩、周市珠泾中心河、陆家粮库浜、老城区望山河等一批“清水绿岸、鱼翔浅底”的生态样板河道，示范引领全市生态河湖建设。评选出2019年度昆山市美丽河湖10条、最佳河湖治理样板12条。傀儡湖被评为全省首批、苏州唯一生态样板河湖和长江经济带最美湖泊。做好阳澄湖、淀山湖、澄湖等重点湖泊的蓝藻防控，举办水源地蓝藻防控“红蓝军”对抗应急演练，保障水源地安全。持续加强水源地水环境和藻情巡查监测，昆山市水源地藻密度指标正常，藻情平稳。

【水资源管理】 2019年，贯彻落实国家节水行动方案，出台年度节水优先行动计划，强化建设项目节水“三同时”事中事后监督。强化水资源管理“三条红线”刚性约束，严把取水许可审批关。累计创建省和苏州市各类节水型载体289个。完成城市节水规划修编。结合“世界水日”“中国水周”“全国城市节约用水宣传周”等重要节点，加强节水知识宣传，完成节水教育基地项目建设。顺利通过国家节水型城市复查、省级水生态文明城市建设试点验收。结合乡村振兴战略，完成8个区镇18万亩农业水价综合改革任务。完成安装远传计量设施61台(套)，农业节水量达1 800万 t。制定农田水利建设规划和高效节水灌溉总体方案，因地制宜推广低压管道供水、喷灌、微灌等先进适用灌溉技术及水稻控制灌溉制度。做好阳澄湖、淀山湖、澄湖等重点湖泊的蓝藻防控，举办水源地蓝藻防控“红蓝军”对抗应急演练，保障水源地安全。持续加强水源地水环境和藻情巡查监测，全市水源地藻密度指标正常，藻情平稳。在苏州率先通过县级技术预验收和县级正式验收。共划定河道管理范围线和湖泊保护范围线累计总长670余 km。河湖管理范围划定工作的实施，为后续河湖管理保护提供依据，保证了河湖功能和水利工程效益充分发挥。成立扫黑除恶专项斗争工作专班，重点加强招投标、河湖管理、水土保持等领域的涉黑涉恶问题线索排查整治，遏制行业乱象。印发《长江经济带生产建设项目水土保持监督执法专项行动实施方案》。在全省范围内率先完成水土保持遥感监测图斑现场复核。依法依规严格查处水土保持违法项目118个，通过水土保持方案技术审查项目64个，水土保持方案审批量及补偿费征缴额为苏州第一，2人荣获江苏省水土保持监管工作先进个人称号。

【工程管理】 2019年，助力美丽昆山建设，实施河湖管护市场化，推行管养分离，市场化推广率达80%。制定《"清剿水葫芦，美化水环境"联合整治专项行动方案》，全年共打捞水葫芦等水生植物92万吨。制定《水利工程站闸建设与管理标准（试行）》，对站闸外立面、标记、标识进行统一，推进全市站闸改造60座，完成城区老旧站闸改造12座。获得江苏省农村河道长效管护、农田水利工程管护考核第一等次、苏州市农村水利工程运行管护考核第一名，开发区白墅浦、淀山湖西分圩河获评苏州市河道养护管理标准化建设示范河道。在苏州率先通过县级技术预验收和县级正式验收。共划定河道管理范围线和湖泊保护范围线累计总长670余km。通过河湖管理范围划定工作的实施，为后续河湖管理保护提供依据，保证河湖功能和水利工程效益充分发挥。

【防汛防旱】 2019年，汛期总雨量偏少，降雨主要集中在7、8、9月份，7月降水量151.7 mm，属于正常；8月降水量250.2 mm，属于偏多；9月降水量233.3 mm，属于异常偏多，汛期总雨日44天，比常年偏少1.8天。6月17日夜里入梅、较常年略偏迟，7月18日出梅、较常年偏晚，梅长31天、较常年偏长7天。梅雨量265.5 mm，较常年偏多15.8%，与苏州全市平均梅雨量持平。最大雨量为426.4 mm，出现在周庄站。汛期共计出现16次暴雨过程，其中7次全市性暴雨过程、3次区域性暴雨过程，其余6次均为单站暴雨或局地暴雨过程。汛期共计有22天出现强对流天气，其中，出现雷雨大风9天，出现短时强降水18天。汛期昆山市先后受3个台风影响，分别为第9号台风"利奇马"、第13号台风"玲玲"和第17号台风"塔巴"，均给昆山市带来不同程度的风雨影响。以昆山娄江水文站（国家站）为例，汛期平均水位2.94 m，最高水位为3.76 m（8月11日），最低水位2.60 m（5月14日）。5月25日强降雨共出现短时积水116处。第9号台风"利奇马"过境期间，昆山市普降暴雨，局部特大暴雨，共造成短时积水152处。

【水政执法】 2019年，共开展水政执法巡查1 073次，制止或查处水事违法行为215次，立案32件，结案24件。联合城管、交通、生态环境等部门，对餐饮、汽修、电子等多类企业进行联合巡查，积极宣传《苏州市河道管理条例》。查处全市第一起无证排水案，规范了企业污水接管和排放行为；查处全市第一起管网混接案，推进了排水户雨污分流改造工作进度；查处全市第一起擅自连接公共供水管网案，保障了城乡公共供水设施运行安全；查处苏州第一起水土保持未批先建案，强化了建设单位和施工单位的水土保持意识。

【水利改革】 2019年，贯彻落实国家节水行动方案，出台年度节水优先行动计划，强化建设项目节水"三同时"事中事后监督。强化水资源管理"三条红线"刚性约束，严把取水许可审批关。累计创建省和苏州市各类节水型载体289个。完成城市节水规划修编。结合"世界水日""中国水周""全国城市节约用水宣传周"等重要节点，加强节水知识宣传，完成节水教育基地项目建设。顺利通过国家节水型城市复查、省级水生态文明城市建设试点验收。结合乡村振兴战略，完成8个区镇18万亩农业水价综合改革任务。完成安装远传计量设施61台（套），农业节水量达1 800万t。制定农田水利建设规划和高效节水灌溉总体方案，因地制宜推广低压管道供水、喷灌、微灌等先进适用灌溉技术及水稻控制灌溉制度。

【水利科技】 2019 年，以"科创引领 · 水润鹿城"为主题，成功举办海峡两岸(昆山)水环境治理论坛，邀请两岸水环境治理专家、学者共 200 多人，为科创引领水环境治理建言献策。与清华苏州环境创新研究院签订全面合作协议，通过整合双方现有资源，建立昆山市水环境治理研究基地。利用局内部 50 多名研究生以上学历的人才优势，成立研创团队，提出管网修复、河湖污泥处置、水生态修复等研究课题，分析解决水务工作中存在的疑难问题和普遍性问题。水务信息中心建成运行，智慧河长工作平台建成投入使用，水系管网一张图和中环内供排水三维管网图基本建成。在市级层面突出统筹，整合供排水管网地理信息系统、污水处理在线监测、智慧河湖长等已建各业务信息系统。在镇级层面突出覆盖，加强对河湖长制、水环境治理、河道长效保洁、工程运行管理等方面的信息化开发和维护。

【行业发展】 2019 年，水行政服务窗口全年共受理各类行政许可办件 1 416 件，其中不见面审批 134 件，提前办结率、群众满意率均为 100%。河道管理范围内建设项目许可实行区镇全程代办服务。优化营商环境，整合优化接水流程，用水接入时限压缩近 1/3，实现排水备案一窗受理、方案同步设计、多图联合审批。顺利完成机构改革各项工作，印发水务局三定方案。积极推广"学习强国"学习平台，在职党员注册使用全覆盖。组建"行动支部"10 个，聚焦水污染防治、河道管理、工程建设、防汛防台、河湖长制、城乡生活污水治理等领域，推动"党建品牌"与"行动支部"融合发展。组织开展新录用人员教育培训、河湖长制专题培训、水务青年干部业务培训，提升队伍履职能力。机构改革后，根据科室职能和岗位变化，调整中层干部 81 人。大力提拔使用 85 后、90 后年轻干部，使 80 后中层干部占比提升到 45%以上。连续三年举办水文化艺术节系列活动，增强组织凝聚力，用良好的水文化凝聚奋斗力量。

(昆山市水务局)

泰兴市

【工作概述】 2019 年，泰兴市水务局积极编制项目进行上争，2019 年上争省级以上资金 2.03 亿元。总投入 9.5 亿元，实施如泰运河接通、古马干河治理、应急备用水源厂等 50 项重点水利工程，如泰运河全面贯通，彻底打通了泰兴的水系，向阳水厂竣工通水，80%以上农村河道实现畅流活水，城乡黑臭河道基本消除，全面实现安全饮水。全面落实河长制，完成长江和干河"两违"专项整治、"清四乱"整治任务，清理整治长江岸线占用项目 37 个。创新开展中沟"三拆两清一落实"行动，启动"模范河长""示范河道"创建活动，河长制工作连续两年在泰州市级考核中名列第一，先后被《中国水利报》、《新华日报》、"学习强国"平台等主流媒体聚焦。水利科普馆创成省级节水教育基地，国家节水型社会建设达标县通过省厅验收。农村河道长效管护获省级绩效评估考核第一等次，如泰运河接通、应急备用水源达标整治项目分别创成省、泰州市水利工程文明工地。

【水利建设】 (1) 防汛抗旱工程建设。组织对沿江 7 座涵闸、19 座排涝泵站和城区现有控制闸、泵站进行维修养护。如泰运河接通及众安港南闸站、新段港闸等防汛工程和农村基层防汛预警体系项目建设按期完成。组织对天星港(天星港闸至东杨排涝站)河南侧河坡坍塌严重地段进行了修复治理。投入 305 万元，实施沿江水利工程维修养护项目，对马甸闸、焦土港闸、过船港闸、天星港闸进行维修养护，对小型穿堤涵闸和六圩港南侧背水坡实施修复。开展境内长江近岸水下地形测量，在新星坍段加强观测，对九圩白蚁危害堤段内坡进行除草清杂、投药引诱治理。充分发挥马甸水利枢纽动力引江作用，2019年共调水9次，运行55天，调引水近4亿 m^3，为保障通南地区工农业用水和改善内河水质发挥了重要作用。

（2）农村水利建设。投资4.85亿元，实施如泰运河接通、古马干河治理、第三批中小河流治理重点县、生态河道治理、农村活水、人大干河桥梁等9项工程，整治干河3条、中沟58条、庄河768条，配套建设节制闸1座、桥梁89座、各类小型建筑物641座；新建灌溉站24座、涵洞18座、防渗渠道15 km、田间道路4.65 km，80%以上农村河道实现畅流活水，农村黑臭河道正逐步消灭。

（3）城市水环境治理。投入1亿多元，实施37项城市水利工程，新建闸站1座、节制闸2座、小型控制5座、临时控制3座，桥梁3座，疏浚整治城区河道6条，打通断头河7处，重点解决了北片区尤其是东北片区控水问题，城市建成区水系全面畅通。

（4）安全高效供水工程。完成《泰兴市域专项供水规划》编制，向阳水厂常规工艺建设及配套清水管线工程投入使用，全市总供水能力达30万吨/日。投资280万元，完成三井巷、北草巷等35个背后街巷、老小区改造，敷设DN63管道约2 800 m，DN110以上管道约2 000 m。投资700多万元，实施焦荡至广陵6.9 km管线工程，利用张桥增压站富余供水能力，广陵镇实现双水源供水，解决了用水问题。黄桥增压站改扩建工程完成曲霞—广陵DN350供水管道6.9 km。城区老旧供水主管改造、杨庄水厂深度处理改造、三个乡镇（河失、新街、珊瑚）管网改造以及备用水源厂等工程加紧推进，全市供水保障能力进一步提升。

【河长制及生态河湖建设】 推动河长巡河履职，制定印发《泰兴市2019年河长制工作意见》。2019年，市级河长巡河58次，下发市级河长交办单31件、河长办交办单172件，镇村级河长巡河27 523次。制定《泰兴市河湖违法圈圩和违法建设专项整治工作实施方案》，246处长江和干河“两违”专项整治全部完成。扎实推进水利部“清四乱”专项行动，639处整治项目通过泰州市级验收。创新开展中沟“三拆两清一落实”行动，下发《全市中沟“三拆两清一落实”任务清单》，拆坝通水70处，拆除中沟违章1 690处，拆除渔网鱼簖3 547处，完成中沟绿化867千米，清理扒坡种植400万 m^2，落实管护人员1 015名。开展“模范河长”“示范河道”创建活动，评选示范中沟10条、示范庄河10条、模范河长10名。参与建设长江生态湿地和廊道工程，打造长江岸线样板风光带。建立联动治河机制，协同高港区开展国考马甸闸西断面水质达标整治，协同海安、如皋、姜堰治理边界河道，会同靖江市联合开展靖泰界河水面保洁。开辟《河长在行动》电视专栏，正面宣传或曝光类报道284次。编发河长制工作简报40期，联合市教育局、市融媒体中心举办“水·生命之源”宣传开放日活动，河长制社会氛围日益浓厚。

【水资源管理】 4月26日，市委、市政府召开省级水生态文明城市工作推进会，印发《泰兴市2019年省级水生态文明城市建设任务分解表》，建立创建部门联动机制，五大类20项指标中有19项指标已达标，累计创成省级水美镇村45个。全面落实最严格水资源管理制度，实行区域用水总量控制和用水效率控制，万元国内生产总值用水量较2015年下降30.57%。规范农业取水行为，农田灌溉水有效利用系数达到省定的0.63标准。加大水资源费收缴力度，征缴水资源费1 736.09万元。全面落实节水“三同时”管理制度，有序推进节水型社会建设，水利科普馆创成省级节水教育基地，国家节水型社会建设达标县通过省厅验收，2家学校创成省级节水型载体。依法规范和加强取用水管理，完成长委取水设施核查登记。强化备用水源地达标整治，对两泰官河应急备用水源地取水位置进行了重新调整，编制保护区划分和达标整治方案，保护区内拆迁流转、隔离防护绿化、污染源治理、水系调整等工程有序推进。全市省级以上考核断面水质达标率和优Ⅲ比例均达100%，河湖水生态水环境持续改善。

【工程管理】 规范招投标和工程管理，制定出台《泰兴市水利工程建设农民工工资支付保证金差异化缴存管理办法(试行)》《关于加强泰兴开发区水厂及配套设施PPP项目和其他政府投资类供水工程设计变更审查工作的通知》等制度，强化工程标后监管，按季度实行履约考核，执行信用信息"信用泰兴"平台公示制度。深入开展安全隐患大排查大整治等系列专项整治活动，开展各类安全巡查督查120次，排查上报一般安全生产隐患11个，水务行业安全生产形势保持稳定。全面推进水利工程标准化管理单位创建，天星闸通过省级二级管理单位复核，4家水管单位开展了安全生产标准化评价。河道管护模式建立健全，在省级绩效评估考核中，泰兴市农村河道长效管护考核获第一等次。扎实推进文明工地创建，如泰运河接通工程、两泰官河备用水源达标建设项目分别创成省、泰州市水利工程文明工地。水利工程及河湖管理范围确权划界通过市级验收，农业水价综合改革年度改革任务圆满完成，新增改革面积27.48万亩。

【防汛防旱】 2019年汛期全市降水较常年偏少，梅雨量较常年同期偏少，但短时降水强度大；内河水情总体平稳，内河水位未达到警戒水位；长江大通来量较常年平均流量稍偏高，沿江潮位较常年同期偏高，自流引水量少于常年同期。沿江涵闸积极抢潮引水，整个汛期共引水47 626万m^3，排水11 533万m^3；鉴于机构改革及部分乡镇、部门人事发生了变动，市政府对市防汛防旱指挥部成员进行了调整，5月24日，市委、市政府在市行政会务中心召开了市防汛防旱工作会议。积极落实防汛物资储备，市水务局增储编织袋6万条、土工布5 000 m^2、救生衣100件。加强防汛抢险队伍建设，市防指组织抗洪专业抢险队100人，市人武部组织民兵队伍100多人成立抢险突击队，沿江各乡镇及有关企业组织巡逻队、抢险分队5 385人。8月9日至11日，受第9号台风"利奇马"影响，全市普降暴雨，城区日降雨71.3 mm，界河日降雨量达109.7 mm，造成内河水位迅速上涨，城区部分地区积水严重。8月9日下午，市长刘志明、副市长谢红官带领水务、应急管理、交运、住建等部门负责人督查防汛防台工作落实情况。8月9日15时，市防指启动全市防台风Ⅱ级应急响应，要求各地各部门切实加强应急值守，按照应急预案要求，迅速行动起来，全力做好防汛防台各项工作。

【水政执法】 加强河道岸线执法检查和长江采砂管理，组织对全市干河进行全面清障，印发张贴《清障通告》150余份，出动执法人员200余人次、执法艇30航次，清除内河各类渔网鱼簖50余口，清理僵尸船、住家船10余艘。利用水行政执法快速响应全程监督平台，会同长航公安、海事、水警大队等开展联合执法巡查，开展各项执法巡查30余次，出动执法人员200余人次、执法艇30航次，立案查处非法采砂船7条，非法运砂船8条，拆除非法采砂机具8套，根据"两法衔接"相关要求，11条非法采砂船(运砂船)移交长航公安进行刑事处罚。加强对泰州港泰兴港区七圩作业区公用码头工程采砂吹填项目监管，批准许可采砂总方量24.5万m^3，按照许可性采砂工程监管要求，规范采砂行为。

【水利改革】 (1)全力推进泰兴市河道

和水利工程管理范围划定项目，完成了15条河道、5座闸站的划界、勘测点位，埋设界桩，树立标牌，完成图册，建立数据库，建立档案等工作。布设GPS控制点387个，埋设管理界桩4 184个，界线测绘711.89 km，制作安装告示牌492个。1∶2 000地形图测绘修补测532幅，测绘面积68.98 km^2。2019年，主要针对抽检中发现的界桩缺失、身份证格式大小错误、属性表错误、个别界桩被破坏、文件资料名称不一致等问题，施工方及时进行了整改并提交了整改报告，抽检单位对整改情况逐条进行复查并确认已经全部整改到位。8月29日，泰州市水利局组织进行技术预验收，验收委员会一致同意泰兴市河道和水利工程管理范围划定项目通过技术预验收。

（2）全力推进农业水价综合改革，全年完成农业水价综合改革面积27.48万亩，累计完成改革面积总计81.77万亩，已完成全市应改面积的100%。实施了泰兴市农业水价综合改革灌溉用水水量计时器采购安装项目，在全市8英寸及以上泵站共计安装水量计时器3 241台套；同时结合城黄灌区信息化项目，在如泰运河、古马干河、天星港等三条主要骨干引水干渠安装明渠流量计3台套，在城黄灌区范围内部分泵站配套安装电磁流量仪570台套；其他泵站多以6英寸及以下泵站为主，因工程条件等客观限制，仍采用“以电量折算水量的”方式进行计量。按照“政府引导、农民自愿、依法登记、规范运作”的原则，全市已注册成立农民用水户协会11家，各涉农村（居）设立农民用水户分会298家。按照《江苏省灌溉用水定额》分类确定全市农业灌溉用水定额，水稻为622.1 m^3/亩，小麦为91.4 m^3/亩。继续对大中型灌区之外的小型灌区推进农业取水许可工作，以乡镇行政区划范围为单位，按照乡镇申请、县级复核的程序核发取水许可证12本。

【水利科技】 根据《省水利厅 省财政厅关于组织申报2019年省水利科技项目的通知》要求，会同江苏中兴水务有限公司共同申报2019年江苏省水利科技项目，项目名称为“高负载预制泵站内部流动机理与运行控制优化方案研究”，项目起止时间为2019年8月至2021年6月，资金预算200万元，项目综合运用流体动力学、测试技术、流体机械及泵站原理、结构振动等多学科知识，借助理论分析、试验研究、数值仿真等手段，开展高负载预制泵站水力设计方法、结构设计和系统性优化的研究工作。重视智慧水务建设，在连续两年加强城区河道调度控制系统建设的基础上，2019年投资650万元，实施城区河道调度中心软件硬件升级改造，推进城区河道控水建筑物改造，进一步完善与提升城区河道自动调度、监测、控制系统功能，将已建成的65座控水建筑物，通过光纤专线联网至控制中心，实时监测各河道水位，实时监测设备运行状态，实时收集水质及雨情信息，对所有节制闸和小流量泵站的调度，实现远程控制、无人值守。

【行业发展】 （1）研究制定《党风廉政建设责任分解方案》及主体责任清单、监督责任清单、负面清单“三张清单”，出台《泰兴市水务局内部审计工作规定》，组织开展“纪法周周练”廉政测试，加强廉政风险防控，排查出廉政风险点37条，制定防控措施34项。深入推进官僚主义、形式主义排查整治，紧盯“关键少数”、重点领域和关键岗位，严肃查处“庸、懒、散”行为，开展作风建设明察暗访2次，对局属26个单位的“三公”经费开支情况进行了检查。加大违纪案件查处力度，给予开除党籍1人、党内严重警告处分1人、党内警告处分3人，对5人开展提醒谈话，1人诫勉谈话。

（2）扎实开展扫黑除恶专项行动，水利工程建设、河道岸线整治、水利工程招投标、水费征收、非法采砂、工程运行管理等6个方面专项治理取得阶段性成效。“书记领题”项目扎实推进，完成“水云之汇”党建联盟和党组织生活馆建设，接待省、泰州、外省市及市委常委10多批次、200多名党员干部观摩，被泰州市委组织部选入泰州红色教育精品线路指南，是泰州县级机关部门中唯一入选的。

(3) 面对突如其来的新型冠状病毒感染的肺炎疫情，系统机关有70多名党员干部主动报名参加局大院、结对社区以及元竹高速卡口、泰兴北卡口的执勤防控，充分发挥党员带头示范作用，大力弘扬了新时代水利精神。扎实抓好系统内部疫情防控，每天组织对干部职工进行梳理排查，组织对局大院实行严格管控，定期对局大院进行全面消毒，对进出人员进行登记并测量体温，禁止外来车辆进入办公区域。马甸枢纽、过船闸加强值班值守，严格实施管控，全系统未发生一起疫情事件。

(4) 高标准严要求做好干部选拔任用工作，推荐提拔副乡镇级干部1名，提拔任用副股级以上干部6名。开展“名师带徒匠心传承”结对活动，进一步加大水利专业人才的招录力度，近两年招录专业技术管理人员38名，基层水利专业队伍的素质得到显著提高。

(5) 扎实推进“不忘初心、牢记使命”主题教育，对标对表实行清单化推进，累计形成调研成果7篇，主动查摆问题39条，制定整改措施14条，在全市主题教育推进会暨市委指导组组长会议上作大会交流。认真落实意识形态工作责任制，水利信息宣传再创佳绩，全年信息被国家级媒体采用3篇、省级媒体采用5篇、泰州及泰兴级媒体采用上百余篇，如泰运河接通工程建成畅通江达海苏中大动脉入选2019年度“泰兴十大新闻”。

(6) 继续加强办公场所的达标化建设，时隔7年，落实了新的办公大楼(原供电大厦)，2020年底可望完成搬迁；组织对姚王水利站、过船闸进行了改造装修，对珊瑚水利站房屋进行了更新置换，广陵水利站与原广陵农技服务中心大楼的置换工作正在进行，到2020年底，全系统所有单位办公场所可全面达标；规范公车管理，对滨江、新街水利站公务用车进行了公开拍卖，与公交公司合作实行业务用车公开租赁；投入250多万元新购置了3条保洁船、清运船；组织对系统工会进行了换届选举；及时调整充实了水利学会理事会成员；33件人大代表建议、政协委员提案按时办结，办结率、满意率达100%。

(许爱如)

沭阳县

【工作概述】 2019年，沭阳县水利局紧紧围绕县委、县政府下达的目标任务和年初确定的重点工作，按照“水利工程补短板、水利行业强监管”总基调，紧紧围绕高质量发展要求，攻坚克难、真抓实干，取得了显著成绩。

【机构改革】 根据《沭阳县机构改革方案》，涉及水利局改革的有6项：(1) 水资源调查和确权登记职责以及风景名胜区、自然遗产、地质公园等管理职责划转至自然资源局；(2) 农田水利建设项目管理职责划转至农业农村局；(3) 城市水务管理职责划转至住建局；(4) 水旱灾害防治相关职责及防汛防旱指挥部职责划转至应急管理局；(5) 编制水功能区规划、排污口设置管理、流域水环境保护职责划转至生态环境部门；(6) 县水资源管理办公室、县水利工程质量监督站承担的行政职能划转至水利局。并于2月17日，举行挂牌，悬挂中共沭阳县水利局委员会、沭阳县水利局两块牌子。

【农田水利建设】 全县共投入资金5 633.68万元，投入民力2万个，出动机械1 800台班，完成土方160万 m^3，先后实施了柴塘灌区续建配套与节水改造、省级农村河道疏浚整治等5项工程，共计疏浚县级河道1条1.82 km、乡级河道41条87.6 km，整治村庄河塘7处，新增节水灌溉面积2万亩、有效灌溉面积1万亩、旱涝保收田1.5万亩，改善灌溉面积4.28万亩、排涝面积5.4万亩，完成农业水价综合改革面积100万亩。

【重点工程建设】 县水利局承担11项省、县重点工程建设任务，共计投资21 466万元。截至年底，胡家花园补水、排水泵站、两柴引河节制闸、友谊闸拆建、孙圩桥、学宜桥拆除重建、柴南河治理、新河徐口水漫桥拆建、蔷薇村桥新建等6项工程已完成。向阳桥拆建，沭河船闸拆建、虞姬河、创新河建设、城区快速路天津路下穿通道防洪补偿、城区污水处理厂尾水导流等5项工程，全部达到序时进度。

【农村供水管网改造】 按照市政府农村供水管网漏损率不超过35%；镇村管网PVC改造率不少于50%；镇村供水水压不低于10 m扬程；调整到户水价，保障供水企业持续运营的四项考核指标要求，扎实推进农村供水管网改造工程。2019年，沭阳县投资1 944万元，更新改造悦来、官墩、万匹等17个乡镇57个村居老旧管网253.6 km，全面完成年度改造任务。通过实施农村供水老旧管网改造工程，农村供水水平有了明显提升，供水管网末梢的韩山、高墟、沂涛等乡镇水压可达0.33 MPa，水压水量均能满足用水户需求。

【防汛防旱】 沭阳县2019年遭遇干旱和洪涝双重灾害，面对旱涝急转的严峻局面，在县委、县政府的领导下，取得了抗旱和抗洪工作的全面胜利。

(1) 扎实开展汛前准备。年初，按照“查严、查细、查实”的要求，分别对河道重点险工、病险闸站、防汛物资等方面开展拉网式排查，共排查出各类工程隐患43处，其中堤防险工20处，病险涵闸站23座，逐一落实安全度汛措施，确保安全度汛。同时，加强水域管理，加大河道堤防清障以及打击非法采砂力度，维护河道健康生命。

(2) 全力以赴投入抗旱。5至7月，全县平均降雨量193.1 mm，比多年均值偏少近5成，同时，洪泽湖蓄水量严重不足。7月16日至25日，省防指分配沭阳县日均用水量为55 m^3/s，全县流域性、区域性河道水位偏低，全县土壤墒情相对湿度持续下降，22条骨干河道干枯，灌溉泵站无水可抽，供水满足不了全县农田需求。从7月25日起，淮沭河至小吴场段日均供水量仅为40 m^3/s，沭阳县实际用水量不足30 m^3/s，用水形势十分严峻。据统计，全县农作物受旱面积共计15.79万亩，其中轻旱5.28万亩，重旱9.09亩，绝收面积1.43亩，直接经济损失达3 704万元。为应对旱情，沭阳县启动抗旱Ⅳ级应急响应，对灌区渠首闸分时段进行轮灌，县气象局及时实施人工增雨，发动农户架设临时小机泵提水灌溉。全县出动共3.2万人参与抗旱，启动机电井60座、泵站310处，使用抗旱设备约2.25万台套，同时，县抗旱服务队组织临时机泵46台套，分赴李恒、沂涛、湖东、韩山等缺水乡镇，帮助村民利用沟塘水源提水灌溉，全县各地累计投入约1 100余万元。

(3) 众志成城抗击洪灾。2019年8月，为积极防御2019年第9号台风“利奇马”的影响(中华人民共和国成立以来第三大台风)，沭阳县从8月9日20时起，启动防台风三级应急响应。紧接着，8月10日，嶂山闸开闸泄洪，沭阳在积极防台的同时，迅速将工作重点转移到新沂河行洪应对上。从8月11日20时起，启动防汛Ⅰ级应急响应，县防指组织32个乡镇(街道)2.55万名民力，到达新沂河堤指定位置，实行24小时巡堤防守。8月12日6时55分，新沂河水位11.31 m，超过警戒水位高2.31 m，高出10.76 m历史最高水位0.55 m，实测行洪流量5 900 m^3/s，为1974年以来第一高水位、第二大流量。面对严峻汛情和紧迫形势，在省、市领导的关心支持下，在县委、县政府的坚强领导下，全县人民齐心协力、众志成城，实现了抗大洪、无大灾、零伤亡的历史成绩，共同见证了历史、参与了历史、创造了历史。据统计，全县共投入资金2 231.09 万元，调拨土工布 1.2 万 m^2、石子 1 210 t、黄砂 780 t、化纤袋 9.7 万个、帐篷 371 个等防汛物资，动用挖掘机 36 台、运输车辆 52 台，确保渗水得到控制，险情得以消除。

【水利工程管理】 根据省市“两违三乱”专项整治工作相关要求，对河道管理范围内的“两违三乱”进行全面排查，并依法进行专项整治。截至 2019 年底，省市交办沭阳县新沂河、淮沭河、柴米河等 3 条重点河道 48 处“两违三乱”问题，完成整改 35 处，其余一般河道完成整治 714 处，占年度目标任务的 97.8%。同时，将水体公共空间治理工作与省市布置的“两违三乱”专项治理工作整合，排查出被侵占水土资源 5.8 万余亩，治理被侵占水土资源 1.2 万余亩，签订规范开发利用合同面积 2 000 余亩。

【河长制】 严格按照河长制会议、一线巡查等制度要求，定期召开县级副河长单位及乡镇场（街道）河长制工作会议，及时安排县、乡两级河长开展巡河。全县共召开河长制工作推进会 2 次，县级河长共召开会议 45 次，开展巡河 64 次，交办各类问题 69 个，办结率达 99.7%；乡级河长共召开会议 367 次，开展巡河 2 774 次，交办各类问题 1 348 个，办结率达 99.5%。同时，严格按照“一河一策”、河长手册年度工作任务要求，扎实推进 88 条县级河道涉及任务有效落实。截至年底，25 个县级副河长单位已按规定进度有序推进。

【水资源管理】 全面落实最严格水资源管理制度，着重从地下水、取用水和节约水三个方面强化管理。

（1）地下水管理。积极开展关闭自备井工作，全年关闭自备井 54 眼。同时，对自备水源用水户全面实施“四个一”管理，严格实行地下水总量控制，确保开采总量控制在目标以下。

（2）取用水管理。对全县约 552 个取水工程逐一进行现场核查登记；加大水资源费征收力度，全县征收水资源费 1 600 万元；严厉查处非法取水行为，立案查处 9 起，处罚结案 4 起，封填非法浅层取水井 186 个、深水井 4 个。

（3）节约水管理。加强节水型载体建设，创建 4 个省级节水型学校、2 家省级节水型单位、4 个省级节水型小区；完成节水教育基地建设。建成面积约 360 m^2 的节水教育基地，涵盖了全县河道水情、水资源管理法律法规、节约用水知识等内容；完成节水管理信息系统建设。用水户端可实现远程上报用水量、申报用水计划、查看通知公告等功能，管理端可实现对所有计划用水户的信息管理、节水载体管理等 11 项功能，基本涵盖了水资源和节水管理的各项内容。

【领导班子任职情况】 2019 年 5 月 25 日，宋延飞同志任县水利局党委书记、局长，免去时训柳同志县水利局党委书记、局长职务；7 月 26 日，侍珍（女）同志任县水利局副局长。

【表彰情况】 沭阳县岔流河新开河堤防管理所所长仲鲁军同志被水利部评为“全国水利系统先进工作者”。

（张国良）

厅直工管单位

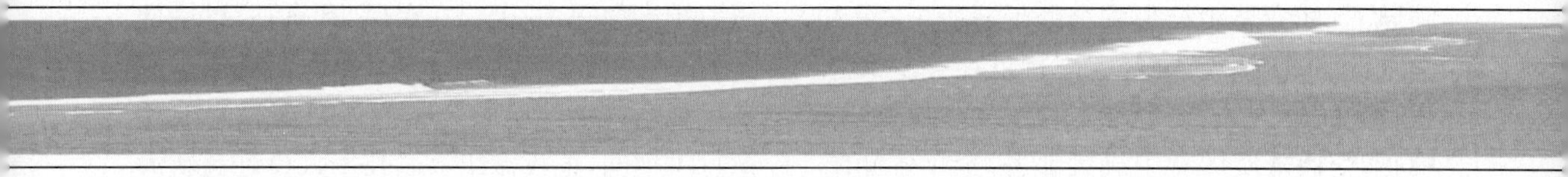

厅直工管单位 243～263 页

省骆运水利工程管理处

【工作概述】 2019年，在厅党组的坚强领导下，处党委团结带领全处干部职工，深入学习贯彻习近平新时代中国特色社会主义思想和党的十九大精神，紧贴“六大水利”建设中心，全面落实厅党组决策部署，全年各涵闸排涝51.50亿m^3，各泵站运行294天，实施调水30.00亿m^3。圆满完成淮河入江水道金湖控制线临时机组应急抗旱翻水任务。连续打赢抗旱、抗台、抗洪三场硬仗，各项创建任务圆满完成，综合经营能力不断增强，大力推进水利系统党的建设、干部队伍建设、党风廉政建设和精神文明建设，管理处获得全省水利系统先进集体、江苏省文明单位等系列荣誉，宿迁市委市政府授予该处年度重大贡献奖，全处各项工作又取得新的成绩。

【工程管理】 认真落实各项安全措施，加强汛前汛后检查及运行管理，组织开展“安全隐患排查治理年”系列整治，加强安全知识培训和反事故演练，全处安全生产形势稳定，实现全年安全生产无事故。皂河站、房亭河所成功创建工程管理一级达标单位。2项技术被纳入水利部2019年度水利先进实用技术重点推广指导目录。完成“大型蓄滞洪区复杂域水演进过程模拟及仿真职能决策支持系统研究”等科技项目实施并通过验收。

【防汛防旱】 严格执行调度指令，所管江水北调(南水北调)大型泵站运行294天，采取多种措施克服了机组长期运行、疲劳运行、超工况运行等困难，累计抽水51.5亿m^3，顺利完成南水北调向省外送水任务，大中型涵闸累计排涝30.00亿m^3。在金湖架机抗旱过程中，该处进行了全处动员，按照省防指指令，组织各管理所、各专业力量共50余名抢险队员，投入90台套抗旱机组，克服了持续高温等一系列困难，经过24天的连续奋战，圆满完成淮河入江水道金湖控制线临时机组应急抗旱翻水任务，累计翻水2 594万m^3。调运防汛物资支援沭阳抗洪抢险。派遣2辆应急泵车及抢险队员参与徐州地铁建设等重点工程应急排涝值守36天。在台风“利奇马”过境期间，派遣4名抢险技术专家赴东海县场西水库滑坡现场开展抢险技术指导。在新沂河大流量行洪期间，连夜派出8名技术人员赶赴新沂河多处渗水险情现场开展应急处置指导。

【水政水资源】 在坚决打赢打好碧水保卫战河湖保护战中积极履行厅属单位职责。认真组织开展“两湖三河”巡河护河“日日查”工作，强化无人机、卫星图片、GPS、网格化管理智能终端等新装备应用，全年河湖巡查9 430 km，对巡查情况进行全过程记录。每季度听取各巡查小组巡查情况报告。认真做好省级河长巡河、护河宣介片制作、路线排定、交办问题跟踪反馈等工作。建设了省界、市界河长制视频监控系统，通过4G网络，实时查看现场信息。按照省厅部署，对面上河湖长制工作情况进行暗访。抗旱期间，组织开展江水北调中运河(宿迁段)用水管理巡查，完成骆马湖周边地区取水口门调查，为省防办按计划管水供水提供第一手资料。在河湖管理上，制定了《骆马湖网格化巡查方案》，完成了网格划分、人员入格、网格化设备采购等工作，持续推进骆马湖实施网格化管理。完成省级骆马湖执法基地(皂河)码头建设。拆除了管理范围内违建。完成泗阳闸站大队、皂河闸大队的规范化建设。全处划界确权工作通过竣工验收。编写《水政监察工作手册》，推进全处水政监察工作规范化、精细化。

【基础建设】 坚持工程补短板不松劲。在面临国家经济调整、经济下行压力、水利工程项目压缩的情况下，该处按序时进度推进刘老涧泵站除险加固工程、黄墩湖滞洪区调整骆运三个项目建设。完成了皂河闸除险加固工程竣工验收。积极推进防汛防旱物资及抢险设备仓库、刘老涧新闸、泗阳二站、沙集闸站等工程前期工作。全处成功创建水利安全生产标准化二级单位，各类风险隐患得到有效防控。

【管理与改革】 2019 年是该处“精细化管理全面推进年活动”。该处致力于全面提升管理水平，精细化管理由工程管理向财务管理、党务管理等工作全面、全方位推进。对照省厅工程精细化管理评价办法开展创建和自评。全处完成制定各专业业务指导书 16 册，实现了管理标识标牌、岗位责任、操作流程、工作步骤等全面规范化、精细化。有效激发单位创新活力，进一步彰显了骆运智慧。一年来，该处获得全省水利系统先进集体等系列荣誉，被中华全国总工会授予“职工书屋”示范点。各管理单位及干部职工荣获“江苏省五一劳动奖章”、江苏省水利系统先进工作者、省级“青年文明号”等一系列荣誉。在宿迁市组织的考核中，该处获得“重大贡献奖”。

【党建及精神文明建设】 致力于加强基层党建工作，持续打造“一支部、一品牌”，进一步凝聚了骆运合力。全年开展中心组学习 27 次、“骆运大讲堂”5 期、党委中心组交流研讨 16 次。通过开展学习竞赛、党建知识测试等形式，营造浓厚学习氛围。完成 4 个支部换届工作。全年发展党员 7 名。在全处支部范围内开展“书记项目”，着力深化“一支部、一品牌”。组织开展支部风采展示大赛。制定了《“积分考核、星级评定”实施方案》，修订《党建工作考核实施办法》，进一步规范主题党日活动，编写《常用党建工作流程图口袋书》，促进党务工作规范化建设。严肃认真开展“不忘初心、牢记使命”主题教育，着力推动整改落实，形成了 2 项调研成果。认真开展形式主义、官僚主义集中排查，开展了扫黑除恶斗争。完成了“不忘初心、牢记使命”回头看。一年来，该处切实发挥工青妇组带作用，做好老干部工作，通过职代会等渠道认真听取职工意见，尽力解决职工反映的问题。组织无偿献血、河小青等系列志愿服务活动，积极开展扶贫村“三进三帮”、企业“三服务三促进”等活动。全处成功创建 3 家省级文明单位。

【职工教育】 全力加强职工培训，围绕“补短板”开展各类业务培训，共计举办（参加）培训 37 班次，累计培训 1 500 人次，1 人获全省闸门运行工职业技能竞赛三等奖并被授予“全省水利技术能手”称号，9 人获得高级职称，6 人获得中级职称。举办了全省水利系统内燃机工技术等级培训，4 个技师工作室投入使用。

（吕　坤）

省淮沭新河管理处
省通榆河蔷薇河送清水工程管理处

【防汛抗旱】 (1)“双线”抗旱服务地方。首次启动淮沭新河和通榆河“双线”调水，抗击 60 年一遇大旱。调度运行淮阴二站、滨海抽水站、二河闸、蔷薇河地涵、灌河地涵等众多节点工程，累计抗旱供水 75 亿 m^3。其中，淮阴二站抗旱运行 150 天，翻水量约 10 亿 m^3。滨海抽水站运行 59 天，供水量约 1.48 亿 m^3。

(2) 全力抗洪严防死守。8 月份，新沂河大流量行洪。沭阳闸、沭新闸、沭阳控制工程、叮当河控制工程等均创历史新高水位，新沂河海口控制工程实测泄洪历史最大流量 5 480 m^3/s，10 天安全排泄洪水 18 亿 m^3。

(3) 汛前养护亮点频现。全处共检查保养钢闸门及启闭机 325 台套、泵站机组 8 台套、水轮发电机组 10 台套、清污机 15 台套等，修订各项预案近百个，形成创新成果 20 余项。

【工程管理】 继续提升 8 处精细化样板管理水平，新建 6 处精细化样板。启用新版五大类 11 项工程管理记录本，修订《2019 年度防汛手册》等十多项资料汇编。修订报批 32 座工程管理细则，修订《维修养护管理办法》等规章制度 10 余项。编制精细化标识标牌设计方案和 4 幅专项水系图，统一制作安装精细化标牌 1 000 余块。启动通榆河蔷薇河送清水工程管理处创建国家级水管单位。推进淮阴闸工程面貌整体改观，完成灌河响水地涵管理所省一级水管单位复检和二河闸省级水利风景区复核工作。

【安全生产】 开展汛期安全生产检查等监督检查 10 批次，开展工程管理综合督查 10 批次，全年检查出安全隐患 328 处，下发整改通知单 50 余份，印发督查通报 18 期。组织修订《病险工程应急预案》等预案 11 项。开展网络安全专项检查 4 次。积极开展"安全生产月"活动，开展安全主题活动 10 项，"安全生产标识标牌标准化建设"在水利部安全生产标准化成果展评活动中荣获三等奖，4 人进入水利部"水安将军"活动前 50 名。

【科技创新】 申报国家专利 9 项，取得专利证书 5 项，1 项科技成果被列为水利部 2019 年度先进技术重点推广目录，1 项被评为 2019 年度水利行业工法，2 项科技成果获得中国水利工程协会 QC 优秀质量奖，3 项科技成果分获全国水利职工创新成果二、三等奖，推广应用水下机器人、无人测深船、高空瞭望等实用新型技术 20 余项。

【河道管理】 全年管理处现场制止违章行为 89 起，立案查处水事违法案件 1 起，强制拆除"两违"项目 10 处，拆除房屋面积 814.2 m^2、院落面积 13 600 m^2、码头及作业区 923.8 m^2。参与省级河长樊金龙巡河方案、现场查看巡河点的拟定；组织开展巡河 75 次，发现问题 40 个，及时反馈地方河长办。

【项目建设】 3 项加固工程通过竣工验收，1 项加固工程顺利扫尾并做好竣工验收准备；新沂河海口南北闸除险加固工程可研报告已上报省发改委，沭新北船闸、淮沭船闸可研报告全部完成，淮阴闸小水电五期工程初步设计基本完成，8 座工程完成安全鉴定。沭新闸拆建工程初步设计获得批复，并做好开工准备。

【智慧水利】 建设信息化展控中心和标准化机房、信息化综合平台软件，对 4 个基层站所自动监控系统进行提档升级，基本实现全处重要工程运行监测数据整合展控。

【经营创收】 克服双线抗旱调水和新沂河超历史行洪，积极抢抓机遇，开展船闸电站"百日竞赛"和优质服务月活动，全年实现经营创收净收入 1 136 多万元，圆满完成省水利厅下达经营目标任务。

【党建工作】 开展"不忘初心、牢记使命"主题教育，全年开展党委中心组集中学习 23 期。建成 13 个标准化"党员之家"活动室，评选出 2 个五星级、4 个四星级、7 个三星级党支部。组织党员赴周恩来纪念馆等多个党性教育基地锤炼党性，邀请王继才同志的妻子王仕花走进道德讲堂，讲述王继才同志守岛卫国 32 年的先进事迹，党建和业务融合发展，相互促进得到加强。

【廉政执纪】 修订《差旅费管理办法》等 5 项制度、制订《固定资产管理办法》等 3 项制度；开展"三公经费"检查与管理，"三公经费"下降 7.3%；对 4 名基层负责人进行离任经济责任审计。全年共参与各类工程建设招标比价、物资设备采购等大小项目 100 余项，涉及资金 1 500 余万元。

【队伍建设】 全年组织各类培训班 26 期，共 756 人次参加了培训。1 名同志通过正高职称评审，2 名同志通过高级职称评审，4 名同志通过中级职称评审。提拔 1 名正科级干部，5 名副科级干部，调整交流了 39 名科级干部。1名职工在全省水利系统技能大赛上荣获二等奖，2名职工进入前20名，1名职工荣获江苏省“五一劳动奖章”。

举办了首届职工综合运动会，积极参加厅属“北五处”、省厅举办的比赛，职工之家建设取得新进展。

慰问劳模5人次，慰问帮扶困难及患病职工40人次，为不满18周年的职工子女办理儿童医疗统筹，为18名职工发放重大疾病补贴5万元，投入100多万元改善基层管理所生活设施。

（淮沭新河管理处）

省灌溉总渠管理处
省淮河入海水道工程管理处

【工作概述】 2019年，省灌溉总渠管理处在厅党组的坚强领导下，积极践行江苏水利“补短板、强监管、提质效”工作基调，围绕年初制定的工作思路，开拓进取，奋发有为，水利现代化建设成效显著。全处37座工程效益充分发挥，抗旱调水取得决定性胜利。水闸、泵站分类编制精细化管理指导手册，全处《精细化管理实施方案》印发施行，通榆河总渠立交管理所顺利通过省一级达标复检，总渠管理处、高良涧闸管理所通过省级安全生产标准化验收；整治“两违”“三乱”，打好碧水保卫战河湖保护战，河湖生态环境得到持续改善；建设“水韵总渠”等一批淮安水利枢纽水文化项目，环境面貌和文化品位持续提升，淮河入海水道大运河立交获评“江苏最美运河地标”称号，高良涧闸成功创成省级水利风景区；创新创优活动持续开展，获得发明专利1项、实用新型专利8项、软件著作权2项；创新“六抓六强化”党员教育管理，经验被省级机关工委、《中国水利报》宣传推广；报告文学《长淮东归记》入选省作协“重大题材文学作品创作工程”，管理处获评“2016—2018年度江苏省文明单位”和淮安市“五一劳动奖状”荣誉称号，淮安一站管理所创成江苏省工人先锋号。

【工程管理】 认真组织开展工程汛前、汛后等定期检查考核。按照“细、实、全、新”标准，开展2019年汛前工作，从制度建设、堤防河道、水工建筑物、机电设备维护、电气试验、工程观测、防汛物资准备、安全生产、档案管理以及环境绿化等方面，组织对全处工程进行汛前检查。汛后，按照“查全、查细、查实”原则，检查全处37座闸站和变电所工程，针对工程存在的问题，及时组织人员编制维修方案和预算。积极推进工程管理精细化。水闸、泵站分类编制精细化管理指导手册，印发管理处《精细化管理实施方案》，组织入海水道管理处、高良涧闸、运东闸、淮安二站、淮安站变电所开展精细化管理单位创建工作。积极推进工程管理达标考核，对已经通过省级或国家级水管单位验收的单位严格按照水利工程管理考核办法和标准开展工程日常管理工作，开展年度自检工作，始终保持国家级、省级水利工程管理单位的管理水平和良好形象，通榆河总渠立交管理所顺利通过省一级达标复检。抓好安全生产工作，严格落实安全生产责任制，签订安全生产责任状33份，完善安全生产制度，开展汛前水利工程安全生产检查及隐患排查治理行动督查，组织百日安全生产大排查大整治活动和水利行业安全风险标本兼治活动，部署开展汛期安全生产工作和安全生产事故隐患排查治理，制定工程应急预案并组织演练。高良涧闸管理所取得水利安全标准化二级管理单位称号，管理处省级安全生产标准化水利工程管理单位创建通过省厅现场核查。抓好划界确权工作，按照厅运管处及省河道局的要求，对不符合要求的管理范围线进行整改，配合省河道局完善验收资料，划界确权项目于12月2日通过竣工验收。

【防汛防旱】 抓好防汛防旱组织体系建设，及时调整处防汛防旱工作领导小组人员，处属各单位也根据实际调整防汛防旱工作领导小组及防汛防旱抢险突击队成员，明确每座工程防汛工作行政和技术责任人。履行流域联防职能，服从省防办统一调度，严格执行淮河流域联防指令，加强灌溉总渠和入海水道的控制运用，确保工程充分发挥效益。加强防汛防旱物资管理，工程的备品件、防汛块石、防汛编织袋等该备必备，防汛物资落实专人管理，做到账目与实物相符。建立健全处、所两级防汛抢险组织网络，及时组织开展培训和演练，提高汛期应急抢险反应能力。加强水文测报，全年人工拍发电文 11 500 多份，流量巡测 150 测次，分析检查校核遥测报汛信息 30 多万条。2019 年，苏北干旱少雨，遭受 60 年一遇罕见气象干旱，工程运行以抗旱调水为主。淮安站各泵站高负荷抽水运行，抽水流量最大达到 280 m^3/s；淮阴站（一、三站）抽水流量达到 160 m^3/s。2019 年管理处泵站累计抽水 50.4 亿 m^3，其中淮安抽水站运行 232 天，抽水 35.6 亿 m^3；淮阴站抽水 181 天，抽水 14.8 亿 m^3。处属泵站高负荷运行时间自 2003 年以来最久，抽水量自淮安站建站以来居历年之最，为苏北抗旱取得胜利作出了巨大贡献，为淮北地区经济社会发展提供了坚实的水利支撑保障。

【综合经营】 积极调整优化经营考核指标，修订《经营工作管理规定》《项目管理办法》相关经营制度，利用自身技术和资质优势，主动参与苏州市七浦塘枢纽委托管理项目投标等苏南市场竞争，积极拓展委托管理和技术服务市场。2019 年，全处累计实现经营收入约 4 100 万元，经营净收入约 1 950 万元。全处新签对外经营合同 40 余份，合同金额 3 419 万元。优化南运西船闸通航服务，船闸通航量 802 万吨、累计收入 575 万元。抓好水情和水电生产，水力发电 273 万度、收入 103 万元。

【水政水资源】 加强水法宣传，利用“世界水日”“中国水周”，制作宣传展板，发放宣传画册，推送公益短信等。强化河湖监管，开展白马湖、宝应湖等河湖专项巡查和检查，完成白马湖、宝应湖、清安河水域岸线现状航拍，完成两湖三河遥感监测变化点现场核查，跟踪监督退圩还湖重点工程。积极推进河长制，开展灌溉总渠和入海水道河道“日日查”，配合做好河湖“三乱”验收销号工作，全力做好省级河长巡河准备工作，积极参与盐城市河长制工作督查，认真开展河长公示牌等暗访。开展“两违”“三乱”整治，全面摸清管理范围“两违”基本情况，落实整治方案，跟踪催办三堡乡长年米厂违建、六垛钟某某违建案、滨海通洋建材有限公司 2018 年法院裁决的水事案件。推进湖泊网格化、流域化管理，出台湖泊网格化管理实施意见，完成网格化配套制度编制和初审。开展湖泊管理及河道管理年度考核，会同淮安、扬州市水利局完成 2019 年度白马湖、宝应湖管理与保护考核，会同淮安、盐城市水利局完成 2019 年度淮河入海水道河道工程管理考核。

【基础建设】 （1）加快工程改造步伐。淮安三站改造工程完成全部施工内容，决算通过财务审计，档案通过专项验收，总体竣工验收申请等各项准备工作就绪。淮阴站加固改造工程和阮桥闸拆除重建工程正在组织招标。（2）积极开展前期工作。完成全处三、四类工程基本情况统计上报。完成淮安一站、南运西（船）闸等工程加固改造可研报告。（3）认真组织实施维修养护和应急项目。2019 年下达维修养护项目 88 个、经费 2 488 万元，防汛应急项目 5 个、经费 705 万元，除个别项目因客观原因外，均按序时要求完成。

【管理与改革】 （1）转变工作作风，部署解决担当作为、求真务实、开创新创新、工作效率、遵规守纪五个方面 12 个问题。（2）提升工作效能，成立效能监察办公室，加强对年度重点工作任务以及计划执行情况的监管，以专项督查、适时检查等方式，对年度重点任务及相关计划执行情况进行监察。印发《关于进一步提升工作效能的实施意见》，明确运行机制、会商机制、督查机制等五个方面15项重点任务，组织编印《日常工作记实手册》，推行工作清单管理，开展处属单位（部门）岗位职责修订工作。（3）强化干部职工交流，选优配强干部队伍，全年选拔3名正科级干部和5名副科级干部，调整6名技术干部、11名技术工人岗位，修订处《考勤管理办法》、《职工教育管理办法》。（4）开展“创新创优”系列活动，开展“作风建设我们在行动”和“找差距、抓落实、促发展”主题讲坛，进一步推进全处创新创优工作。（5）强化职工技能培训，“总渠在线学习平台”投入使用，全处107名职工通过手机APP参加每月学习，举行2019年度“师徒结对”集体拜师仪式，16对师徒成功结对，参加2019年全省水工监测工职业技能选拔赛获第二名，7人通过高级工程师评审、5人取得技师资格。（6）抓好科技创新，编印《科技成果汇编》，对2018年度全处科技论文、实用型专利及科技成果进行汇编。获“一种水利工程中底流消能的消能防冲结构”发明专利1项、“联轴器同轴度测量装置”等实用新型专利4项。

【党建及精神文明建设】 全面落实“两个责任”。召开全面工作会议、形势分析会议，签订责任状和承诺书，举办“清风讲堂”专题讲座。创新党员教育管理。印发《党员教育管理创新实施方案》，通过“六抓六强化”创新党员管理；制定《党支部“积分考核、星级评定”考评工作实施办法》，开展星级党支部创建考核。在交汇点移动新闻客户端、《中国水利报》就党员教育管理进行宣传报道。开展“不忘初心、牢记使命”主题教育。组织召开动员会，制定印发《实施方案》，编写印制《学习手册》，组织赴浙江南湖等地开展革命传统教育，赴陕西延安开展“追寻红色足迹、牢记初心使命”教育培训活动，开展学习研讨举办《共产党人的初心和使命》专题辅导，认真组织召开专题民主生活会，圆满完成了主题教育活动。加强党风廉政建设。注重风险防控，强化监督检查，开展“四风”隐形问题党风廉政建设专项整治，全面落实厅纪律检查监督意见。进一步规范物资采购、公务接待和公车管理。强化精神文明建设。开展“传承五四精神、奉献爱心温暖”丰富多彩的志愿服务活动和主题团日活动。加强新时代水利方针、水利精神和河湖两战等学习宣传。管理处获2016—2018年度“江苏省文明单位”称号，淮安一站管理所创成江苏省工人先锋号，南运西闸管理所获2017—2018年度“扬州市文明单位”称号。高良涧闸创成省级水利风景区。淮河入海水道大运河立交获评“江苏最美运河地标”称号。灌溉总渠管理处创作的报告文学《长淮东归记》入选省作协“重大题材文学作品创作工程”。

（省灌溉总渠管理处）

省洪泽湖水利工程管理处

【工作概述】 2019年，省洪泽湖水利工程管理处在厅党组的坚强领导下，坚持以习近平新时代中国特色社会主义思想为指导，深入学习贯彻党的十九大、十九届二中、三中、四中全会精神，紧紧围绕厅党组的决策部署，牢牢把握水利改革发展总基调，扎实开展“不忘初心、牢记使命”主题教育，深入推进洪泽湖管理与保护工作，凝心聚力，真抓实干，全处各项工作都取得了积极的成果。成功获得“江苏省文明单位”称号，弘扬洪泽湖人勤勉奋进的主旋律；全国首创“党建＋湖泊管护”工作模式，实现党的建设与大湖管理相促进；全国首推堤防管理“段格化”巡查，创建堤防全方位、无死角巡查新机制；《新华日报》首刊党建带群建“三带三同步”，被江苏省委新闻网转载推介；首次拍摄《洪泽湖保护警示片》，用全局视角和系统思维把脉洪泽湖；首次开展“两口两船”“围网圈圩养殖”普查，精准绘制了洪泽湖管护“作战图”；首次开展环湖口门用水监管，确保洪泽湖水资源高效利用；首次测报洪泽湖每日蒸发量，充分发挥抗旱期间耳目、尖兵作用；全处水利工程全部达省级以上水管单位；首次召开洪泽湖生态环境保护宣判大会。

【工程管理】 (1) 推进创建工作。召开精细化管理推进会，开展了精细化管理单位创建工作。编制完成《江苏水利工程精细化管理丛书》之《堤防精细化管理》、全处水利工程作业指导书三河闸、石港站、洪泽湖大堤、三河船闸 4 个分册。11 月，石港抽水站顺利通过省厅组织的省级水利工程管理单位考核验收，全处水利工程全部达到省级以上水管单位。(2) 创新堤防管理。结合省管洪泽湖大堤工程管理的特点，试推堤防“段格化”巡查方案，将 32.35 km 的堤防划分为 7 段 16 格，明确段长、格员，做到“定格、定员、定责”，实现了堤防管理从传统“粗放型”管理向“精细型”管理的转变，为基层堤防管理探索了一种新的工作模式。(3) 提升科技水平。制定水利信息化“十四五”规划和年度实施计划，完成 3 项科研项目研究工作，首次研究应用水闸实腹叠梁式应急抢修闸门、摩阻型自动张紧钢丝绳拦船索，取得发明专利 1 项，实用新型发明专利 6 项，获得水利部水利职工创新成果二等奖 1 项、三等奖 2 项、优秀奖 3 项，全处发表科技论文 22 篇。

【防汛防旱】 2019 年，苏北地区遭遇 60 年一遇气象干旱。7 月 27 日起，洪泽湖一度低于死水位，长时期处于旱情蓝色预警状态；7、8 月份分别出现冰雹、台风等极端天气。管理处紧急启动应急响应机制，全员投入抗旱抗台行动。(1) 机组不停。严格执行调度指令，落实工作责任，确保“苏北地区人民群众生活生产不受影响、确保有旱情无旱灾”目标实现。石港站开机 117 天，累计抽水 3.95 亿 m^3；代管的金湖站共开机 210 天，累计抽水 17.49 亿 m^3。(2) 核查不止。8 月份，管理处按照省水利厅部署，组建 6 个工作组，深入洪泽湖周边及入江水道三河段沿线，对淮安、宿迁 2 市 7 县区 900 余处取水口门，逐一开展用水监管，确保洪泽湖水资源高效利用。(3) 保障不断。针对 7 月 16 日蒋坝镇区冰雹、8 月 11 日台风“利奇马”等极端天气，管理处积极应对，对三河闸 36 间职工防汛值守房、2 间防汛仓库近 3 000 m^2 受损屋面采取应急措施进行修复。

【湖泊管理】 (1) 调研排查摸底数。集中开展“两口两船”、渔民上岸及退圩还湖专项调研，基本查清洪泽湖现状，绘制了洪泽湖管护“作战图”。深入湖区与渔民、居民就退圩还湖及渔民上岸问题进行交流，撰写调研报告，提出处理意见；赴太湖流域调研住家船清理有效做法，梳理退圩还湖、渔民上岸等问题工作思路。多次邀请省发改、财政、住建、生态环境、自然资源等部门到现场调研，搭建共商共治平台，助推部门协同治湖。(2) 主动履职强监管。2019 年以来，开展湖泊巡查 1.6 万次，切实做到“守湖有责”“守湖尽责”。组织拍摄《洪泽湖保护警示片》，真实反映洪泽湖水空间、水生态、水污染等 3 大类 21 个问题，起到了良好的警示作用。(3) 全力管护当助手。建立了每一名处领导联系一个县区、每一个党支部结对一个沿湖管理所支部的工作机制，做到上下联动、定期会商、资源共享、共建共管。科学分析洪泽湖管理存在问题，研究破解水域岸线管护难题。主动向省发改、财政、水利等部门的相关处室沟通协调，推动洪泽湖省级管理能力建设项目早日立项。

【综合经营】 (1) 加强内部管理。修订完善综合经营管理办法、内部审计管理办法等内控制度,加强经营项目的内部监督审计;处属公司加强内部管理,按照 ISO 管理体系的要求,顺利通过环境、质量、职业健康“三合一”管理体系年检再认证。(2) 提升服务能力。在做好三汊河河口闸、南京秦淮区西水关船闸、南水北调金湖站等委托管理的基础上,顺利承接苏州工业园区水利设施委托管理项目,巩固和拓展优势项目,提升管理处综合服务能力与品牌。

【水政水资源】 与地方政府协同推进“两违三乱”治理。2019 年,淮安市全部完成洪泽湖“两违”项目处置 515 项,完成淮河江苏段“两违”项目处置 67 项;宿迁市完成洪泽湖“两违”项目处置 470 项。淮安市全部完成洪泽湖“三乱”项目处置 67 项;完成淮河江苏段“三乱”项目处置 56 项。宿迁市通过市级初验的洪泽湖“三乱”项目处置 27 项。拆除了欧力粮库产业园、欧亚新型材料有限公司、宇通建材厂、洪泽湖游乐园等违法项目。

【基础建设】 (1) 划界确权通过竣工验收。在省运管处、河道局的具体指导下,管理处积极协调外业测绘、内业整理、界桩埋设、地籍信息化等工作,完成地籍界线测绘 7.91 万 m,完成地形图测绘 60 幅,埋设界桩 526 根、界牌 58 块、告示牌 54 块,完成地籍信息化 924 万 m^2,确权不动产权证书 20 本,并于 12 月 2 日顺利通过竣工验收。(2) 抢抓维修养护项目实施。2019 年省厅批复处维修项目 15 项、防汛应急项目 2 项、水利救灾资金 2 项,共计 1 001 万元。由于项目批复较往年偏迟,管理处在前期方案的基础上,集中开展方案审查批复,推进项目采购,督促实施进度,强化质量安全管理,项目已全部完成。

【管理与改革】 (1) 调整内设机构,根据形势发展需求,对处内设机构进行调整,将原合署办公的 2 个科室(单位)分设,并更名 3 个科室、新增 1 个下属单位,调整后的内设机构包括 10 个科室、7 个基层单位。(2) 优化干部结构,提拔任用了 1 名正科级干部,调整交流了 5 名科级干部,进一步激发了科级干部队伍的活力。(3) 改善队伍结构,客观分析人员现状,统筹全处人员配置,全年对 20 名职工进行岗位调整。(4) 规范内部管理。制定《关于规范科级干部管理的实施办法》,组织修订完善《专业技术(工勤技能)岗位竞聘暂行办法》,发挥竞争导向作用。处属五个预算单位均实行国库集中支付,开设“零余额账户”。进一步加强单位分散采购管理工作,2019 年,全处所有通用设备采购均在政府采购网上购买。

【党建及精神文明建设】 (1) 创新党建新模式。制定了《“党建+湖泊管护”工作方案》,架起管理处与沿湖六县区湖泊管理单位常态化共建、共治、共享的桥梁,形成了全体党员参与湖管湖护湖工作的模式,进一步发挥了支部的战斗堡垒和党员的先锋模范作用,提高了洪泽湖管理与保护的效果。(2) 探索党建新机制。创新开展党建带群建“三带三同步”行动,成功经验在《新华日报》上刊发,并被省委新闻网转载推介。以“积分考核、星级评定”为抓手,加快党支部标准化活动室建设,深化党建工作法实践,所有党支部均达到三星级标准,组织申报一个五星级党支部。(3) 创建文明新品牌。在省级文明单位全面复核、压缩评选数量的情况下,举全处之力,成功创建“江苏省文明单位”。三河闸与洪泽湖大堤被水利部评为第二届水工程与水文化有机融合案例,获评江苏最美运河地标;堤防所获“江苏省工人先锋号”荣誉称号,处工会获厅系统“先进职工之家”称号,处团委获“省级机关五四红旗团委”“淮安市青年文明号”称号,张敏同志荣获“全国水利先进个人”称号,树立了管理处良好的社会形象。

(省洪泽湖水利工程管理处)

省江都水利工程管理处

【工作概述】 2019年，在厅党组的正确领导下，省江都水利工程管理处以习近平新时代中国特色社会主义思想为指导，全面贯彻党的十九大和十九届二中、三中、四中全会精神，围绕“水利工程补短板、水利行业强监管、系统治理提质效”工作主基调，认真贯彻厅重大决策部署，聚力抓基础、激活力、树特色、强品牌，较好地完成了各项目标任务，在高质量推进江都水利枢纽管理现代化建设征程中迈出了更加坚实的步伐。一年来，管理处扎实开展“不忘初心、牢记使命”主题教育并取得显著成效；顺利通过水利安全生产标准化一级单位复审；管理处再次蝉联“江苏省文明单位”称号；有4名职工在全国及全省水利职业技能竞赛中取得优异成绩；江都水利枢纽入选“国家水情教育基地”，获得“江苏最美运河地标”称号。

【水利工程管理】 规范汛前检查、汛后检查和度汛措施，强化泵站、水闸工程监测巡查，统筹做好工程运行、专项检查、电气试验、维修养护等工作，严格项目实施程序、质量监督、安全检查、进度控制、项目验收，完成专项工程经费2 261.59万元。及时修订《泵站技术管理细则》《水闸技术管理细则》，完善各类标示标牌，结合精细化管理达标创建，完善闸站工程技术图表。加强信息化系统维护和更新，深度融合现有信息化平台，谋划构建安全、先进、实用的一体化监控和管理平台。完善应用工程移动巡检系统、工程综合信息发布系统及APP手机客户端、江都东闸感潮智能化控制系统。参与编写《大中型水闸工程自动化系统检测规范》及《江苏水利工程精细化管理丛书》、《水利工程管理考核指导手册》，参与修订江苏省水闸、泵站管理办法。强化新设备、新技术、新材料应用，在江都二站、江都四站先行探索集成化水泵叶片调节机构，先后开展三站真空破坏阀拒动故障、变电所SF6气体泄漏处置、江都西闸闸室漂浮物清理等应急演练，确保设备设施完好、预案措施到位。

【防汛防旱】 坚持高质量运行与高标准维养相结合，做好大流量抽水、长时间运行工作，实行三级防汛值班制度和督查制度，调度控制实行精准化、流程化、信息化。严格执行上级调度指令，精准调控工程，全力投入江水北调和江水东引，根据长江潮汐水位变化以及高水河白天、夜晚不同水位控制要求，各泵站动态调节水泵叶片角度，提高调水效能；江都东闸根据潮水位变化适时调整闸门开高，在保证工程安全条件下，满足大流量引水要求；宜陵闸、宜北闸联合调度运行，精准分配新通扬运河与三阳河引水流量，为宝应站及三阳河沿线提供充足水源；万福闸利用长江高潮位，多次开闸引长江水向邵伯湖补水。同时，优化调整应急抢险队伍，统筹处置闸站工程可能出现的设备故障和突发事件；协助省水利厅做好扬州段沿运地区用水督查。2019年，在抗御60年一遇的气象干旱中，4座泵站累计抗旱运行235天、抽水75亿m^3，自流引江58亿m^3，抽、引水量均创历史新高，充分发挥了减灾效益。

【安全生产】 落实重点行业领域防控重大安全风险部署，开展百日安全生产大排查大整治，整改隐患18个；开展工程运行期间定期检查、节假日特别检查、危险化学品综合治理、电气火灾综合治理、消防安全执法等专项检查20余次，其中处属单位自查整改61项；对历次检查中发现的问题和隐患进行“回头看”。探索工程运行管理单位风险分级管控做法，对全处风险进行动态辨识，更新风险告知栏，制作岗位风险告知卡、应急处置卡等，对辨识出的危险源评定风险等级，落实安全防范与应急措施及时完善安全生产组织网络，逐级签订安全生产责任书472份，每季度研究部署各阶段工作重点，开展安全目标考核4次。编制处安全警戒区划定方案，增设安防设施，举办各类预案演练，深入闸站工程、在建项目、经营工地、后勤场所检查安全生产并督促整改。开展安全生产宣誓、“送安全文化到船头”宣传咨询等10项活动，参加水利部安全生产标准化建设成果展评，水利安全生产标准化一级单位顺利通过水利部复审。

【法治水利建设】 做好新一轮划界确权和警戒区划定工作，处属管理范围划定项目通过验收。加强水行政执法巡查，添置完善执法装备，提升能力建设水平，严格查处水事违法行为。积极开展河道清障，清查“两违三乱”，逐步清除历史遗留问题，维护水事秩序。率先编制反恐防暴预案，采取人防技防相结合，建设核心工程区安防系统。扎实开展“世界水日”“中国水周”“宪法宣传周”系列活动，持续打造省级法治文化示范点。

【河长制湖长制】 制作河湖长制工作专题片2部，圆满完成京杭运河苏北段、淮河入江水道省级河长巡河事项。赴泰州、扬州、淮安等地开展河湖长制明察暗访，发现并上报问题52件，摸查、核实、督查“两河四湖”涉及的“两违三乱”问题1 000多件，积极开展现场查勘测量、现场销号、资料汇编上报等工作。组织联合巡查27次，对比分析河湖库遥感监测情况，跟踪督查水事违法行为5起。加快推进高邮湖、邵伯湖退圩还湖工作，编制《处生态河湖建设方案》，拓展河湖保护系统，构建“两河四湖”流域一幅详图、划分河湖管理一张网格、搭建河湖监控一个平台、完善河湖视频监控一套系统的管理模式，对淮河入江水道、京杭运河苏北段进行全程航拍。完成高邮湖、邵伯湖三级网格划分，初步构建湖泊网格化管理体系。坚持高邮湖、邵伯湖巡查全覆盖，建设高邮湖执法基地，开展“河湖流域协同管理关键技术”课题研究，探索流域化管理体制机制建设。

【水利科技】 组织编制站闸工程管理智能化规划，以站闸管理信息化、智能化、精细化为重点，开展“精细化管理模式”、“河湖流域协同管理关键技术”等课题研究。取得发明专利1项，实用专利10项，计算机应用软件著作权5项。针对泵站、水闸工程运行与维护技术提升需求，设立技改创新项目，鼓励基层开展技术革新和“五小”创新。在中国水利教育协会组织开展的水利创新成果评选活动中，管理处有6个项目获奖，其中“大型立式同步机组不安全因素研究及解决方案”“泵站智慧巡检系统”获水利职工创新成果一等奖。

【风景区建设】 融入大运河文化带建设，提升“国家水利风景区”建设水平，塑造“水韵源头、美丽源头、魅力源头”形象。与江都区委联合提炼宣传新时代引江精神，提升文化软实力。推进水利节水机关建设，新建节水展示园。完成江都水利枢纽工程一至四站排污管网改造工程，实施处南大门、北大门周边整治等项目，处区环境得到进一步提升。江都水利枢纽入选“国家水情教育基地”，获得“江苏最美运河地标”称号。

【管理与改革】 强化责任担当，分解年度9类31项138条目标任务，签订目标管理“四状三书”，加大落实督查力度，确保行政指令畅通。完成全处办公计算机软件正版化工作，完善网络安全标准体系。升级改版江都水利枢纽门户网站，同步推送微信公众号信息。中央电视台、中国水利报社、江苏卫视等主流媒体来处采访抗旱工作和管理创新情况，信息宣传工作在厅属单位中名列前茅。完善办公自动化平台，率先完成监控系统网络安全三级等保测评工作。继续推行后勤社会化和考核常态化，不断完善财务管理制度，修订差旅费、集中采购、经济合同及内部审计等管理办法，强化制度执行情况考核。严格执行集中采购制度，推进财务信息化建设，全方位规范会计核算工作。开展内部审计和专项审计 9 次，工程造价审计 230 项。

按照上级部署，立足实际，稳步推进经营体制改革，转变经营发展方式，优化经营创收项目，科学整合经营资源和资质。进一步理顺工程管理与综合经营之间的关系，加大经营结构融合力度，有序推进经营结构性改革。现有委托管理项目部 15 个、管理工程 70 多座。邵仙套闸全年船舶通过量 3 000 多万吨。

【职工教育培训】 推进全处定员、定岗、定职责工作，完善人才队伍配置、培养、考核、评聘、激励等机制，完成《中、高级专业技术职称职务评聘管理办法》《技师、高级技师评聘管理办法》修订工作。突出传承工匠精神与专业技能，举办各类培训 2 200 多人次。通过多元化技能培训、精准化人才选拔、系统化平台建设，利用省水利系统技师工作室和水利职业技能鉴定站等优势，促进职工岗位成才，王江在首届全国水工监测工技能竞赛中获第 5 名；徐士坤、刘兵、薛宽政在第六届全省闸门运行工技能竞赛中囊括前 3 名。

【党建工作】 签订《全面从严治党暨党风廉政建设责任状》18 份，定期召开意识形态形势分析会，加强微信和 QQ 工作群管理。制定巡察整改方案，梳理出 4 大项 45 条问题，制订 60 项措施。强化理论武装，处党委中心组开展集中学习 15 次，专题授课 5 批，坚持“学习强国”平台常态化理论学习。制定落实《“不忘初心、牢记使命”主题教育实践实施方案》，开展集中学习 5 天，交流研讨 4 次。处党委完成 7 个调研课题，征集意见建议 51 条，形成立行立改的六大项 27 条整改落实方案。持续打造特色化党建，“一支部一品牌一工作法”建设落地见效，处融合党建课题被省级机关工委评为优秀党建课题，一站党支部被评为省级机关党支部争创“服务高质量发展先锋行动队”重点培育对象，万福闸党支部融合工作案例被省级机关工委汇编成书在全省推广。扎实推进标准化党建，率先开展“积分考核、星级评定”创建工作，制定《党支部工作手册》，按照“四有”要求对处属党支部党员之家进行规范管理。提档升级智慧化党建，研发 PC 端、大屏端、移动端“三位一体”的智慧党建平台。

【纪检监察】 举办“我要廉”廉政道德讲堂，拍摄宣传片《筑牢正本清源的枢纽》，创作微视频、设计画册，安装展板和宣传栏 39 块。圆满完成水利部党风廉政建设主体责任培训班现场调研等工作。全年累计举办教育活动 4 场次，主题学习 3 场次，播放电教片 3 部，先后通报剖析各类违规违纪典型案例 50 余起，发送廉政短信、廉洁慰问信 500 余条(件)，受教育达千余人次。开展汛期值班纪律突击检查 4 批次，对经营项目工地开展专项督查 10 批次。针对公务接待、公车使用等方面开展督查 9 批次，对船闸行风建设情况进行明察暗访 7 批次。组织经营项目廉政风险防控专题调研，开展月度自评，实行风险动态排查，建立两员交叉互查、财务部门内审稽查、纪检监察明察暗访工作机制。规范完成信访问题调查处置，书面函询、各类谈话计 17 人次。召开党风廉政建设专项整治动员推进会 2 场次，围绕 4 项整治内容制定实施方案，填报各类自查自纠表和承诺书近 500 份。对照形式主义、官僚主义 4 方面 12 类问题梳理出 17 条整改措施。加快推进邵仙套闸通航“不见面”收费系统建设，与海事、公安、航政建立联动协作机制。

【精神文明建设】 抓好群团工作，坚持党建带团建、促工建，扎实开展道德讲堂、无偿献血等文明创建活动，先后开展庆祝新中国成立 70 周年职工文艺汇演、“同升国旗，同唱国歌”、“点滴在我心”水法水情宣传教育、职工运动会、迎新春联欢会、纪念五四运动 100 周年主题团日及青年讲坛等系列活动。

（省江都水利工程管理处）

省秦淮河水利工程管理处

【工作概述】 2019年，省秦淮河水利工程管理处在厅党组的坚强领导下，以习近平新时代中国特色社会主义思想为指导，深入贯彻落实习近平总书记提出的“十六字”治水方针，积极践行“补短板、强监管、提质效”的江苏水利改革发展总基调，努力打造生态秦淮、平安秦淮、发展秦淮、文化秦淮，为打赢打好碧水保卫战、河湖保护战提供了保障，为流域全面高质量发展提供了水利支撑，被江苏省委表彰为“江苏省先进基层党组织”。

【工程管理】 安全隐患排查整改。引入第三方力量，全年共排查隐患90处，并在此基础上实行闭环销号管理。红花村165号临街门面房通过29起法院诉讼全部收回，已完成安全隐患整治。全处安全隐患整改销号率达100%。组织全处职工参加全国水利安全生产知识网络竞赛，获得一等奖2人、二等奖2人、三等奖1人的好成绩。务实开展精细化管理工作。把工程管理涉及的各个环节作业细化、技术控制指标量化、运行操作管理流程化，推进精细化管理落地生根。大力推广科技创新。成功申报6项专利（发明专利4项，实用新型专利2项），秦淮河管理处主导的“水工钢闸门监测关键技术示范建设”科技项目，被水利部确定为科技示范项目，正在全国推广。“河长制河道灯网智慧监管系统”获水利部先进实用技术科技推广证书，闸站智能巡检系统实现日常巡查工作由人工向电子智能化的转变。

【防汛防旱】 认真做好汛前检查、汛期调度值守等本职任务，落实防汛责任，严肃防汛纪律，抓实精准调度，创新防汛演练。根据水雨情以及水环境保障要求，科学控制运用工程，规范调令发布程序，严格执行调度指令，精准调度处属工程，大雨到来之前，提前预降水位，掌握防汛主动权。成功抗御流域洪水及超强台风“利奇马”带来的次生灾害，圆满完成了防汛防旱工作任务，充分发挥了工程效益，为保障地方人民生命财产安全和经济社会发展作出了巨大贡献。

【生态补水】 优化完善秦淮河常态化生态补水机制，闸站一线职工三班倒，坚守工作岗位，2019年秦淮新河泵站开机运行248天，武定门节制闸开闸运行344天，抽引江水58 552.1万m^3，调水123 870万m^3，相当于每3天往外秦淮河注满一个玄武湖水量。常年打捞武定门闸上游水面水草漂浮物，2019年累计打捞量超1万m^3，尤其是高温酷暑天气平均每天不间断打捞杂草超100 m^3，较往年同期增长10倍以上。经过努力，秦淮新河、七桥瓮2个国考断面和以三汊河河口闸为代表的省考断面全年达到Ⅲ类水质，助力南京打赢碧水保卫战。

【生态河湖建设】 行使“一河两湖”监督权。积极行使省厅赋予的河湖长制监督权，对南京市4 127块河长湖长公示牌开展拉网式检查，对南京市24条河道、镇江市25条河道河长履职情况进行督查暗访，做好迎接全国人大常委会栗战书委员长率队检查水污染防治法实施情况的前期工作。启用移动GIS智能终端等新技术，实现秦淮河和石臼湖、固城湖（“一河两湖”）巡查、监控、网格化日常管理全覆盖。打好“两湖”管理保护攻坚战。以钉钉子精神做好“一河两湖”沿线“两违三乱”整治督查及销号验收工作，依法拆除“两违三乱”设施26处，恢复河湖水域面积4万m^2，陆域面积1万m^2，销号率达到100%。处直管的武定门和秦淮新河水利枢纽范围内违章搭建得到了彻底清除，实现历史性突破！制定石臼湖、固城湖网格化管理实施方案，按照行政区划划分湖泊巡查网格，落实网格员，建立了石臼湖、固城湖网格化管理体制机制。协助推进固城湖退圩还湖工程前期准备、开工建设等工作规范进行。

【基础建设】 扎实开展秦淮新河水利枢纽改扩建工程前期工作。委托设计单位完成了可研报告编制工作。与南京市有关部门、单位深入对接，有序推进规划选址、土地预审、移民安置规划等前置要件办理。省政府发布了停建令，禁止在项目建设范围新增建设项目和迁入人口。

【水政水资源】 强力开展水行政执法工作。率先开展水利工程安全警戒区范围划定，与公安部门开展联合专项执法行动 24 次，及时查处 1 起恶意损坏水利设施行为（行政拘留 1 名当事人），困扰多年的外来人员捕（钓）鱼行为得到有效遏制。

【党建及精神文明建设】 精心打造秦淮特色党建品牌。始终将政治建设放在首位，扎实开展“不忘初心、牢记使命”主题教育，打造省级机关党员教育实境课堂，年内接待水利部专题培训班、省级机关工委党支部书记轮训班等单位 40 家（批）约 700 人次。联合“学习强国”江苏学习平台按照“六有”标准开展主题党日活动，《初心一片秦淮红》等 3 部主题教育微视频登上“学习强国”，2 篇经验交流文章分别在《群众》《工作与学习》等刊物发表。完成党支部标准化、规范化示范建设，标准化党员之家实现全覆盖。处党委“七一”前夕被江苏省委表彰为“江苏省先进基层党组织”。精神文明建设成果丰硕。通过“我和我的祖国”系列活动庆祝新中国成立 70 周年，唱响好声音，传播正能量，弘扬社会主义核心价值观，顺利通过全国水利系统和江苏省级文明单位复审。

【管理与改革】 努力推动“三支队伍”能力全面提升。通过打造“三维立体”培训体系、“以赛促学”培训模式，全处正逐步形成技术骨干把关、全体职工共同进步的良好学习态势。在第六届全省水利系统闸门运行工职业技能竞赛中，管理处一名职工被评为“江苏省技术能手”“江苏省五一创新能手”。精心制作秦淮水利系列宣传片，原创微视频《武定门节制闸的故事》获国家档案局建设项目档案微视频一等奖，原创微动漫《我是一名安全员》获全国水利安全生产标准化建设成果展评二等奖。主动融入大运河文化带建设，打造开放式流域水文化景观墙，展现秦淮河悠久深厚的历史文化底蕴和水利工程造福流域人民的生动画卷，真正让水利走进了大众。

【节水建设】 积极开展国家节水型单位建设。对标国家标准和先进技术水平，投资 251 万元，实施卫生洁具、食堂用水设施、空调设备冷却系统、老旧供水管网、耗水设备、高效节水灌溉等节水技术改造项目，主体工程基本完成。项目建成后，处机关实现节水器具普及率 100%、三级水表覆盖率 100%、管网漏损率控制在 1%以下，绿化和景观用水全部采用非常规水，年节水率达 35%左右。走进学校社区开展节水宣传，在南京考棚小学推选 10 名小学生节水大使，受到了国家节水办的高度评价。

（张加雪　陈大卫　张宛如）

省太湖地区水利工程管理处

【工作概述】 2019 年，省太湖地区水利工程管理处以习近平新时代中国特色社会主义思想为指引，认真贯彻落实党的十九大和十九届四中全会精神，以党的政治建设为引领，强化系统治水思维，坚持问题导向，精准施策、强化监管，防汛防旱防台成效显著，河湖管控能力持续增强，工程管理水平稳步提升，安全生产工作常抓不懈，智慧水利建设扎实推进，综合经营总体保持稳定，党建和精神文明建设实现新提升，切实保障了江苏省太湖地区防洪、供水和水生态安全。

【工程管理】 积极推进防汛应急项目和维修养护项目实施，本年度共完成维修及防汛项目31项1 249万元，养护项目165万元。明确精细化试点单位，从管理任务、管理标准、管理流程、管理制度、内部考核、管理成效等方面着手，细化水闸、泵站工程管理关键环节，编制和修订工程技术管理细则6篇，修订防汛预案、应急预案40篇。完成处属6座水利枢纽工程划界确权工作，并顺利通过省厅组织的验收。加快推进信息化统一门户、统一平台建设，完善处防汛指挥系统、视频监控检测系统等业务应用平台，升级改造管理处工程管理系统，参与太湖流域水资源监控与保护预警系统项目实施。

【防汛防旱】 扎实开展汛前检查和互查，确保预案修订、防汛演练、物资储备等工作早落实、全覆盖。突出汛期应对，入梅后，常熟枢纽、新沟河江边枢纽节制闸先后投入排水运行，预降区域河网水位。8月，超强台风“利奇马”经过太湖地区，管理处及时启动防汛Ⅱ级应急响应，常熟枢纽、新沟河江边枢纽、蠡河控制工程、走马塘张家港枢纽先后投入排水运行。入秋以来，太湖地区出现严重气象干旱，常熟枢纽于10月17日起实施“引江济太”工作，有效保障了流域秋冬季节供水安全。年内，常熟枢纽、新沟河江边枢纽还开展了常态化生态补水，增加河道水动力条件，有效改善区域水环境。2019年，常熟枢纽累计排水20.26亿m^3，引水13.66亿m^3，其中泵引8.10亿m^3，入太湖5.62亿m^3；新沟河江边枢纽累计排水2.97亿m^3，引水1.29亿m^3。

【安全生产】 完成常熟枢纽和丹金闸安全鉴定，认真开展安全生产专项检查行动，全面排查在建工程、运行工程和人员密集场所、危险部位，全年共组织检查163次，参与抽查432人次，累计上报一般安全隐患42项，整改率100%。积极参加全国水利安全生产知识网络竞赛，全处职工有效参赛率达99%，其中两名职工获得全国二等奖。加强网络安全设施建设，完成处属工程自动化监控系统三级等保测评，部署网络安全防护设备，持续提升网络与信息安全保障能力。

【科技创新】 常熟枢纽清污机配套污物收集处理装置研究及应用、涡流传感技术在水闸安全检测中的应用技术研究等科技项目先后验收投用，加快实施“常熟枢纽泵站安全识别与诊断系统研究”项目，各项成果为工程安全高效运行提供了有力保障。加大科技创新研究力度，与技术合作单位共同制定《2019年度技术合作实施计划细则》等，明确合作内容、加强合作交流，召开年度技术合作交流会；举办全处科技论文与“五小”成果评选、“工程管理大家讲”征文活动，鼓励职工在生产实践中创新创优。

【综合经营】 规范成本费用开支，加强内部财务管理，加强会计基础规范建设，完善重点岗位人员配置。强化日常支出、采购管理、专项管理、资产管理、审计工作等各方面的常态化管控，严控“三公”经费及会议费开支，提高资金使用效率。拓宽经营收入渠道，积极服务地方生态补水需求，初步实现望虞河调水有偿服务。提高窗口服务质量，丹金闸联合地方公安海事部门开展通航整治，蠡河枢纽积极开展文明通航服务，加强与新沟河江边枢纽船闸公司的联动配合工作。

【水政水资源】 全面贯彻落实河(湖)长制，主动服务好太湖地区的省级河(湖)长巡河(湖)活动，做好河(湖)长制督查暗访。完善湖泊管理机制，推进湖长制下的太湖网格化管理，58名网格员全部到位；加快推进滆湖、长荡湖的网格化管理平台建设。加快推进省管河湖“两违三乱”整治和退圩还湖工作，对苏锡常境内61处整治项目进行现场复核，其中57处通过省河长办验收；苏锡常境内省管河湖212处"两违"问题完成整改；太湖地区涉及6个退田还湖项目进展顺利。加强湖泊空间管控，以"遏制增量、消除存量"为目标，完成了太湖地区省级河湖库共276处遥感变化情况的现场核查、会商、审定及上报工作，组织开展对新一轮省级河湖库698处遥感变化情况进行核查。持续开展太湖地区湖泊水生态监测工作，评估湖泊健康状况，加强监测成果的运用。

【基础建设】 完成月城河加固改造工程竣工验收，积极参与新沟河、新孟河工程建设工作，全力推进处机关综合管理用房2号楼改造项目，做好蠡河闸拆除重建前期工作。

【管理与改革】 围绕管理处重点难点问题，处党委确定了"补短板、强监管、提质效，推动各项工作高质量发展"等调研课题。处领导带队先后9次开展调查研究，调研对象70余人次，撰写完成专题调研报告。加快补齐人才短板，举办第三届"强本领、互促进、共提高"岗位技能竞赛，积极选派职工参加专业技能培训和继续教育，增强职工队伍工作的专业性。提前思考布局新沟河、新孟河工程接管工作，安排职工参加工程建设，为工程后续接管储备技术力量。组织技术骨干赴浙江华家排灌站等工程考察，调研学习标准化管理和信息化建设工作，与省水机厂共同举办技术骨干专业技能培训班，全面提升干部职工理论和实践操作水平。

【党建及精神文明建设】 处党委以党委中心组学习会为平台，开展专题学习研讨，进一步增强"四个意识"，坚定"四个自信"，做到"两个维护"。将党群教育有机结合起来，组织党员先后赴淮海战役纪念馆、江西井冈山等地开展革命传统教育，邀请专家开展党务知识和党纪党规专题辅导讲座，确保全体党员干部职工守住底线、不越红线。

创新党建工作方法，以党的政治建设为统领，通过党委抓牢支部、支部严管党员、党员带动群众，探索建立"一突出四联动"工作机制。修订管理处《党建工作考核办法（试行）》，以考核为手段推动各党支部"三会一课"和主题党日制度有效落实；完成全处"党员之家"建设，提升党建工作标准化规范化水平。

举办纪念五四运动100周年青年读书沙龙、庆祝新中国成立70周年等系列活动，参加"学习强国"学习平台举办的"我爱我的祖国"微视频、摄影作品大奖赛，新沟河所《祖国，我为您歌唱》微视频作品荣获三等奖；参加主题教育微视频作品征集活动，张家港所申报的《我和我的初心》微视频作品在"不忘初心、牢记使命"主题教育官网、人民网、中国共产党新闻网展示；参加"祖国，我想对您说"一句话微感言征集活动，张君、卢沈煜作品入选省委省级机关工委优秀作品。持续开展"挑战21天"打卡活动，举办首届职工游泳比赛，参加驻苏州水利单位羽毛球联赛获得团体第一名。履行社会责任卓有成效，持续开展"慈善一日捐"、"爱心献血"和"捐资助学"，组织参加常州市"一袋牛奶的暴走"公益活动，完成共建单位淮安市淮阴区徐溜镇三王村路灯援建工作。

（谢铭慧）

省泰州引江河管理处
省灌溉动力管理一处

【工作概述】 2019年，省泰州引江河管理处、省灌溉动力管理一处在厅党组的正确领导下，以"补短板、强监管、提质效"为工作总基调，扎实推进"六大水利"建设，认真开展工程管理、防汛防旱、河湖管理、党建、党风廉政及精神文明建设等工作，顺利通过"国家级水管单位"复核和"江苏省文明单位"复审，获评“国家水情教育基地”“全国水文化与水工程有机融合案例”。

【工程管理】 管理处将通过国家级水管单位复核作为贯穿全年的重点工作，做好工程巡视检查和维修养护，确保工程设备设施完好。修订完善泵站、水闸、船闸、抗排所、拉马河闸精细化管理手册，推进精细化管理评价自查工作。完成泵站、水闸、船闸工程管理细则修订，并通过江苏省水利厅批准。管理处以水闸工程958.4分、泵站工程965分顺利通过水利部国家级水利工程管理单位复核验收。明确全处132个岗位安全生产责任清单，进一步修订完善各类应急预案30项，开展反事故预案演练、水上应急演练等。高度重视安全生产风险防控，制定《安全风险管理制度》。认真开展隐患排查治理，及时消除安全隐患。管理处获全国水利安全生产标准化成果展评二等奖。通过水利安全生产标准化一级单位延期申请。

【防汛防旱】 落实防汛防旱责任制，抓好工程控制运用，2019年共执行省防指调度指令35次，高港枢纽常态化向苏北及里下河地区大流量引水315天，累计引长江水60.3亿m^3，较2018年引水量增加50%，高港泵站冬春枯水期7次向通南地区开机送水2.8亿m^3，拉马河闸累计引水2 200万m^3，服务地区工农业发展和城乡居民用水。江苏省防汛机动抢险三队参与全省防汛抢险实战演练，进一步提高了抢险队员的应急处置能力，为随时承担各类防汛抢险任务奠定了坚实的基础。

【船闸通航】 做好船闸通航服务，优化高港船闸运行流程，践行“三零”服务，继续推广使用高港船闸电子收费信息系统和微信公众平台，进一步简化船民办事流程，保障船舶过闸安全和效率。落实船舶诚信管理制度，全年共查处违章船舶220艘次，处理船舶严重失信行为30艘次，确保了船闸通航有序。成功应对因京杭运河缺水和临近船闸大修导致的通航高峰，2019年高港船闸开闸3.57万闸次，放行船舶16.3万艘次，过闸船舶吨位累计达1.58亿t，放行吨位与去年同比增长10.2%，促进了区域物资流通，服务了地方经济发展。

【管理与改革】 管理处围绕提质增效要求，稳妥推进各项改革工作。(1) 经江苏省财政厅批复，完成与泰州经济开发区土地置换工作，支持开发区保税仓库建设。(2) 为加强高港枢纽水利工程集中统一管理，保障公益服务职能的充分发挥和工程安全运行，经江苏省水利厅批复同意，注销了江苏高港船闸有限公司，完成船闸公司资产整合工作。(3) 推进经营改革，完成沃特龙大酒店工商注销工作，江苏润华水利开发有限公司更名为江苏沃特龙水利培训中心有限公司，培训中心负责餐饮、住宿、食堂等设施运行管理。(4) 积极开拓技术服务市场，承接了泰州新通四闸站委托管理工作。

【河湖管理】 做好河长制、湖长制相关工作，配合完成省长巡河、省长巡湖准备协调工作。健全河湖管理组织架构，充分发挥里下河腹部地区湖泊湖荡管理与保护联席会议作用，推进里下河湖区管理与保护各项工作。对涉湖建设项目提出指导意见，推动督查各类涉湖违法行为。推进退圩还湖工作，加强退圩还湖规划实施监管。继兴化、宝应及大纵湖(盐都区)规划得到省政府批复后，截至2019年底，高邮、盐都、阜宁、建湖、淮安、姜堰境内湖泊退圩还湖专项规划已全部通过省级技术审查，正在施工和已经施工的还湖面积超过整个里下河湖区总保护面积的1/4。深入推行里下河湖区、通榆河、泰州引江河网格化管理，出台网格化巡查、案件分类处置、考核、奖惩等相关制度。实现里下河湖区146个网格巡查全覆盖，抓好通榆河、泰州引江河网格巡查，网格员巡查1 141次，巡查里程6 226 km。结合遥感监测、视频监控，动态掌握河湖基本情况，及时发现并查处违法侵占河湖行为。

【法治水利】 配合江苏省河长办做好引江河、通榆河及里下河湖区河湖“三乱”整治验收销号工作，完成泰州市、南通市、盐城市、连云港市、扬州市167个“三乱”点现场核查验收。抓好工程管理范围内的“两违”整治，积极对接当地河长办，并立案查处2起“两违”行为。管理处划界确权工程通过江苏省水利厅竣工验收。认真贯彻落实新修订的《江苏省泰州引江河管理办法》，完成了泰州引江河原交叉管理区域移交工作。联合渔政、公安、海事开展引江河河道整治行动5次；清除高港枢纽水域非法停泊杂船20条，消除了工程运行安全风险。

【科技创新】 管理处主持研发的“高港船闸智慧管理系统研究与应用”项目成果获2018年度江苏省水利科技进步奖三等奖。“一种坝体伸缩缝观测标点”“一种摇摆式洗墙灯”等五项发明获得国家实用新型专利。《智慧船闸》《河长制下泰州引江河及里下河湖区水生态水环境保护研究》等专著正式出版发行。管理处综合档案室以99.3分通过江苏省5A级数字档案室评估验收。

【人才队伍建设】 持续推进“三支队伍”建设，狠抓教育培训，举办领导力提升专题讲座、青年成长成才培训班，提高干部队伍素质，全年共举办各类培训班28个，参培人数达1 600多人次，13人参加大学及以上学历提升教育。加强干部选拔任用和岗位交流调整，修订《科级干部管理办法》，制定出台《管理员、班(股长)管理办法》，加大年轻干部培养选拔力度，2019年共提拔1名正科、3名副科级干部，交流调整7名副科级以上干部。根据工作需要，部门之间职工交流调整21人次。定期开展岗位比武、技能竞赛、劳动竞赛，持续开展“师徒结对”“每月一试”“每年一考”活动，提高岗位技术水平。全年取得正高、副高和中级职称任职资格的职工分别为1人、4人、6人。规范内部管理，加强制度建设，修订出台《请休假制度》《职工平时考核实施办法》，印发《关于进一步严肃工作纪律的通知》，强化督查监管，着力营造风清气正的工作氛围。规范绩效津补贴发放，修订并经职代会通过出台《奖励性绩效工资分配方案》，研究制定《值班补贴发放办法》《工程运行岗位夜班工作餐费执行办法》《加班管理有关规定》等制度。

【党建及精神文明建设】 (1)落实党建工作责任制，制定印发任务清单，压紧压实“两个责任”。全年共召开党委会议35次，研究党建工作24次。以支部规范化建设为突破，开展“达标创建、星级评定”工作，评出1个“五星”党支部、2个“四星”党支部、5个“三星”党支部。推进并完成处属8个党支部“党员之家”建设。加强党建与业务工作深入融合，完善和拓展“一支部一特色”党建品牌。(2)深入开展“不忘初心、牢记使命”主题教育，落实中央、省委和厅党组关于主题教育的各项要求，推进学习教育，开展调查研究，围绕7个长期调研课题和2个短期课题，分别开展基层调研，形成调研成果，认真检视查摆问题，推进整改落实，整改率达100%。主题教育微视频《70年·三代人》被人民网、中国共产党新闻网刊登。(3)研判管理处思想政治建设和意识形态工作。把信访工作作为发现问题、改进工作、与群众交心的重要渠道，着力加强信访工作的规范化和制度化建设。针对职工思想动态，处领导深入基层，广泛开展调研，了解基层职工所思所想，帮助职工解答政策问题，解决实际困难。(4)抓好制度建设，修订完善党建考核办法、“主题党日”活动制度等7项党建工作制度。开展党风廉政专项整治，绘制权力运行流程图63张，排查廉政风险点261个，完善廉政风险防控各项措施。推进廉政文化示范点建设，建成廉政文化园和党风廉政专题展厅。(5) 推进精神文明建设,完成全国水利文明单位、江苏省文明单位复审迎检工作。举办中华人民共和国成立70周年歌咏会、趣味运动会、道德讲堂等活动。与周边单位开展邻里党建微联盟共建活动,开展与淮安市徐溜镇王码村、泰州市高港区胡庄镇薛垛村结对共建。积极参加泰州市精准扶贫工作,定期赴姜堰区白米镇野沐村开展走访慰问工作,落实帮扶资金15万元,履行脱贫攻坚社会责任,树立水利单位良好形象。

(刘军　王昕炜)

省防汛防旱抢险中心

【工作概述】 2019年是省防汛防旱抢险中心“提质提效”的发展之年。在厅党组正确领导下,按照“补短板、强监管、提质效”的改革发展总基调,坚持理念创新、管理创新、技术创新,在长江管护、人才培养、党的建设、综合经营等工作取得新突破,中心发展面貌焕然一新。

【防汛防旱】 (1) 江苏省苏北淮河流域遭遇60年一遇的气象干旱,中心在淮河入江水道金湖控制线西偏弘共架设85台套潜水电泵向洪泽湖抗旱补水,累计运行18 056 h、共翻水2 156.72万 m^3,规模为近年之最,效率为历年最高。实时跟踪“利奇马”台风动向,中心卫星通信车连夜赶赴台风路径中心位置,第一时间将单兵取景和无人机航拍视频画面传回省防指,航拍监测1974年以来沂沭泗地区最大洪水过境入海过程,实时传输现场画面,为省防指决策提供支撑。(1)补齐防汛抢险能力短板。打造信息化抢险调度管理平台,拓展无人机抢险运用,推进防汛抢险制式化,累计完成设备制式化涂装254台。修订完善应急预案和10项防汛抢险专项预案,开展了3期实战演练、5次防汛调度流程推演、11期各类操作培训,累计演练培训人数达320人次。完善安全生产、重大项目实施、汛前检查、制度执行等方面督查监管机制,建立节点管控工作机制,发挥纪检监督职能。认真做好汛前检查工作,深入推进“周检月试”,完善设备评级,构建防汛抢险设备三级养护模式,完成597台套设备等级评定。升级调度平台,优化人、机、物三方配合;升级改进仓库信息系统,实现了仓库信息实时3D显示和语音提示等功能。中心汛前检查工作得到了省厅检查组“更加全面、突出”的高度评价。

(2) 6月10日至14日,2019年全省防汛应急抢险演练在训练场圆满举行。共有来自省、市、县三级防汛抢险队伍、省消防救援总队、中国安能建设集团、省红十字会等20多支专业化及社会化抢险队伍,共计500余名队员参加了培训演练,规模达历年之最。陆续与部队、院校、科研院所、红十字会等单位签订合作协议,共建大学生社会实践基地、产学研基地、水上救援基地、国内首家“防汛抢险技术试验推广基地”、志愿者服务站,实现“五大基地”从“有名”到“有实”。通过培养和引进师资力量,编制学员手册和学员菜单指引,完善培训模式,引进3D虚拟仿真系统,开展VR虚拟防汛抢险技术和党史教学,拓展培训科目,提升培训效果。2019年以来,陆续开展省内外14期培训班,观摩、培训人员达2350人,得到各级领导的肯定。

【工程管理】 (1) 进一步强化精细管理,通过完善管理制度,出台防汛应急抢险工作规程,明晰标准、流程,推进精准化调度,提升执行力和工作效率。深化“周检月试”制度,进一步明确检修标准,规范检修流程,重点做好汛前汛后检查。做好安全生产管理,保持安全生产不放松,保持安全标准化转为常态化,持续开展生产现场违章查处和隐患排查治理工作。推进防汛物资仓储安全标准化,提升物资仓储安全生产管理水平。以水利安全生产标准化一级单位为目标，不断提高安全生产管理水平加强训练演练。推进“周学月考”，加大对一线职工实际操作能力的培训，系统化开展训练演练，形成日常训练演练、综合演练、军地联合演练多层次全方位的防汛防旱抢险训练演练工作体系，提升队伍技能水平。提高现代化科技水平，探索单元化管理，建设防汛抢险大型设备智慧运行、智慧监测、智慧报警及维护的仓储模式。利用物联网、5G、人工智能等新技术，提高自动化水平。加强设备的创新和专利的研究申报，提高中心防汛防旱抢险科技化水平。

（2）全速打造训练场“五大基地”落地见效。全面推进防汛抢险训练场教学、管理精细化，谋划训练场二期规划，打造高质量防汛抢险培训演练基地、社会科普教育基地、先进技术试验推广基地、教学实验基地、军民融合基地。不断完善演练培训，加强培养和引进师资力量；开展防汛抢险文化的规划建设，提升社会科普教育氛围；加强与高校、部队和科研院所的合作，提升防汛技术设备科研水平。升级系统规划，加快推进训练场辅助区改造装修进程，满足防汛抢险课堂教学、培训需要。做好训练场二期建设可研编制工作，开展城市抢险、工程抢险现场模拟场的规划建设，拓展训练科目和训练种类；探索开展防汛抢险运行工职业鉴定站规划建设。

【水政水资源】 （1）重点对国家明确取缔的68个长江干流利用清理整治项目进行巡查，跟踪整治进度。通过现场核查和验收销号长江228项“三乱”整治项目，已通过181项，销号率达79.4%，并将有关信息录入长江综合信息一张图系统。筛选、核查2019年遥感监测涉及沿江八市变化点1 200处。利用3个月时间，出动115人次，开展长江通江河道、排污口和水源地调查，梳理出通江河道454条、规模以上通江排污口103个、县级以上集中式饮用水水源地27个，完善了基础信息。8次前往镇扬泰水域、苏通水域，发现并处置非法采砂船只15艘、非法改装采砂船只16艘，起到了较好的震慑效果。

（2）细化河长制巡查内容。在前期开展通江河道、规模以上排污口、县级以上集中水源地排查成果基础上，进一步拓展内容和范围，将通江河道、排污口和水源地水质及水利控制工程纳入排查监测，进一步完善长江信息一张图基础数据。强化违法行为常态监管。以长江“三乱”问题清单、中央环保督察组提出的问题清单以及其他社会关注的主要问题为重点，及时跟踪重点问题整改情况，继续做好现场核查及考核销号验收工作。扎实开展长江河道采砂管理岸线巡查工作，积极开展打击长江河道采砂执法行动，利用无人机，填补巡查空白区。优化巡查核查方式。突破传统巡查核查方式，积极采用常规巡查与专项核查相结合、明查和暗访相结合、陆上巡查与水上巡查相结合，同时运用无人机视频采集、长江视频监控整合平台、卫星遥感地图比对技术等多种手段，扩大长江基础信息收集面，提高巡查核查信息化水平。

【党建及精神文明建设】 全力推进“不忘初心、牢记使命”主题教育，创新学习载体，丰富学习形式，利用VR技术，打造体验虚拟课堂；开展“新思想·科长说”科长讲堂、“践行初心、争当先锋”党员大家讲等活动；应用“学习强国”平台，组织知识竞赛，中心在“学习强国”平台排名保持前列。研究制定“一突出四联动”实施方案，开展了一系列探索工作。打造抢险文化园和抢险文化展馆，建设3个规范化党员教育活动室，建设网络“党旗飘扬”和“党建视野”专栏；开展“1＋N”创优活动，打造“应急救援，救在身边”志愿服务品牌；修订完善支部考核标准，细化、量化考核标准；开展“唱祖国赞歌、讲红色故事”“四重四亮”等活动。切实履行党委主体责任，逐级签订党风廉政建设承诺书、责任状，明确管党治党责任，层层压实责任。落实纪委监督责任，不定期监督项目节点管理、工作纪律执行情况，聘任10名党员和群众作为党风廉政监督员，对履职不到位的口头提醒1人。组织50余名干部、党员观看警示教育片，前往浦口监狱进行警示教育，开展典型案例分析，节假日节点进行廉政提醒。

【基础管理】 (1) 把安全标准化创建成果转到日常管理中，建立完善研判机制、责任细化机制、日常动态巡查机制。编制《2019年度安全生产指导意见》《2019年安全生产工作计划》，修订相关规章制度44项，各类设备操作规程27项，各类预案37个，并严格执行。参加省厅“6·16”安全宣传日活动，举办消防安全讲座、观看安全生产警示微电影、应急救护技能知识培训等宣传教育17次、安全演练5期，参加人员677人次，筑牢安全意识防线。坚持查处并重，有效防范和遏制较大事故的发生。加大隐患排查力度，组织定期检查、飞行检查、专项检查等各类安全检查16次，采用“四不两直”的方式，随时抽查，随即整改到位。

(2) 成功申报2个高级职称、5个中级职称和1名高级技师、14名技师。开展人员适岗情况调研，科级干部岗位交流9人次，职工岗位调整交流12人次，干部职工主动请缨、抢险技能专项培训等达10多次；举办技师选拔考试培训、三互培训，组织60多人继续教育。建立审核联络员制度，在各单位设立1名审核联络员，对项目和资金管理进行预审核，再由专业审计人员审核。加强项目质量管理和进度管理，强化巡查和监督，及时协调解决巡查发现的问题。编制维修养护项目进度监督方案、节点管理流程图，运用纪律监督手段，对重点工作开展督查10余次。

(3) 一年实现省、市、区文明单位“三连创”，基层单位分别荣获“江苏省工人先锋号”“省级机关青年文明号”“南京市青年文明号”称号；中心微视频《父子共话水利情》荣获中宣部“学习强国”学习平台微视频作品大赛三等奖，并在全国展出；荣获全国水利安全生产标准化建设成果展评活动二等奖；6人荣获全国水利安全生产网络知识竞赛一等奖，总分及参与率在厅属单位中排名第一；安全微视频《荣耀背后的坚守》荣获江苏省总工会“劳动献礼新中国”征集活动一等奖；荣获全省水利安全生产知识竞赛二等奖；2人获得厅系统“安全隐患随手拍”二等奖，中心各项工作取得了丰硕成果。

（省防汛防旱抢险中心）

大 事 记

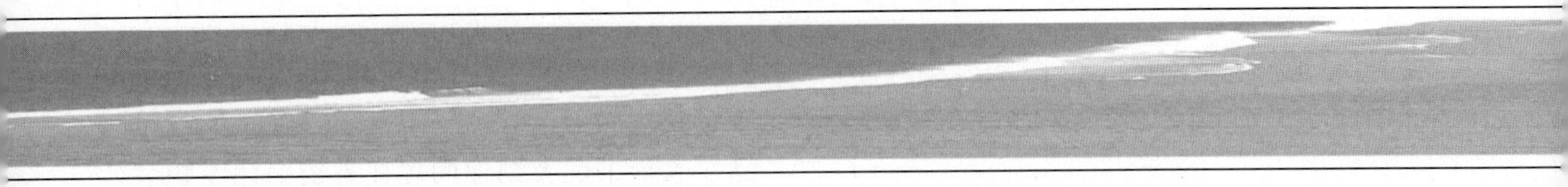

2019 年江苏水利大事记

1 月

2—3 日，水利部副部长陆桂华赴江苏调研太湖水环境综合治理工作。副省长费高云、省水利厅厅长陈杰参加座谈交流，省水利厅副厅长、省水利工程建设局局长朱海生陪同调研。

8 日，厅党组书记、厅长陈杰带队考核省秦淮河水利工程管理处 2018 年度工作，参加了省秦淮河管理处领导班子民主生活会，听取处领导班子及成员述职述廉报告，并提出要求。

10 日，省政府召开全省长江干流岸线利用项目清理整治工作推进会议，深入贯彻习近平总书记关于推动长江经济带发展的一系列重要指示，认真落实党中央、国务院和省委、省政府决策部署，按照国家长江办有关通知精神和吴政隆省长批示要求，部署加快推进相关清理整治工作。副省长费高云出席会议。省政府副秘书长刘大旺主持会议，省水利厅厅长陈杰通报了清理整治工作最新进展情况，沿江 8 市政府负责同志汇报了各自工作进展和下一阶段打算，省有关部门负责同志分别发言。

△省委第二巡视组向省水利厅党组反馈巡视情况。省纪委副书记、省监委副主任、省委巡视工作领导小组成员黄继鹏，向陈杰传达了省委书记娄勤俭同志在省委书记专题会议上关于巡视工作的讲话精神，对省水利厅党组主要负责人和领导班子抓好巡视整改工作提出要求。省委第二巡视组组长庄同保代表省委巡视组分别向陈杰和省水利厅党组领导班子反馈了巡视情况。陈杰主持向领导班子反馈会议并作表态发言。

22 日，全省市县水利局长会议在南京召开。厅党组书记、厅长陈杰强调，全省水利系统要深入践行习近平总书记十六字治水思路，紧紧围绕“强富美高”新江苏建设大局，全面贯彻省委十三届五次全会、省“两会”及全国水利工作会议精神，认真落实水利部鄂竟平部长对江苏水利工作的批示要求，进一步统一思想，动员各方力量，把握总基调，创新求突破，以水利高质量为全省经济社会高质量发展提供支撑和保障。

21 日—22 日，副省长费高云赴常州、南通、扬州、镇江等地调研长江干流岸线利用项目整治工作。省政府副秘书长刘大旺，省水利厅厅长陈杰、总工程师周萍，陪同调研。

26 日—27 日，厅长陈杰赴苏州、南通等地检查调研长江大保护工作。苏州市、南通市和有关县(市、区)政府及水利部门负责同志分别参加调研。

2 月

11 日下午，省水利厅召开全省水利系统全面从严治党暨党风廉政建设工作会议。会上，厅党组书记、厅长陈杰代表厅党组与厅直单位代表签订党风廉政建设承诺书，部分厅属单位和行业党委管理企业向陈杰递交了全面从严治党和党风廉政建设责任书。厅党组成员、副厅长高圣明传达十三届省纪委四次全会和水利部党风廉政建设会议精神。全体厅领导出席会议。

20 日，下午 14 时起，启动南水北调工程 2018—2019 年度第二阶段向山东省调水工作。

21 日，中央和国家机关工委基层组织建设指导部副部长李君兵一行到省水利厅调研指导基层党建工作。省委省级机关工委副书记杨庆国、省水利厅副巡视员汤超陪同。

25 日，厅党组书记、厅长陈杰主持召开厅党组(扩大)会，通报 2018 年度厅党组民主生活会情况。全体在宁厅领导参加会议。

3 月

5 日—15 日，省水利厅党组书记、厅长陈杰参加第十三届全国人大二次会议。

7 日，副省长费高云赴长荡湖和太湖，专题调研长荡湖退圩还湖工程和太湖水环境综合治理情况。省水利厅党组成员、省南水北调办公室副主任郑在洲，省生态环境厅、自然资源厅、财政厅等相关部门负责同志，无锡市、常州市委市政府有关负责同志陪同调研。

15 日，副省长、省级湖长郭元强巡查里下河腹部地区湖泊湖荡。省水利厅副厅长叶健陪同巡查。

21 日，14 时 48 分许，盐城市响水县陈家港化工园区天嘉宜化工厂发生爆炸事故。省水利厅高度重视，加强水源地水质监测、拦截消防尾水、科学实施调度、积极主动做好响水“3·21”特大爆炸事故应急处置工作。

22 日，省水利厅联合省委宣传部、共青团江苏省委、《扬子晚报》社、南京市水务局、江苏省水利学会在南京市青奥公园举办“世界水日”“中国水周”宣传纪念活动，同时举行“江苏省首届十大河湖卫士”授牌仪式。江苏省委宣传部副部长葛莱、共青团江苏省委社联部部长汤江林、省水利厅副厅长高圣明、《扬子晚报》社总编王文坚等出席了活动。

25 日，省委常委、省委统战部部长杨岳带队对在建水利工程开展安全生产检查。厅党组书记、厅长陈杰，副厅长、省水利工程建设局局长朱海生，南京市有关负责同志陪同检查。

4 月

9 日，省水利厅印发《关于加强河湖水域岸线管理保护工作的意见》，这是江苏省全面加强河湖水域岸线管理保护工作的重要文件。

10 日，省委编办批复，江苏省防汛防旱指挥部办公室更名为江苏省水旱灾害防御调度指挥中心标志着江苏省设立了专门的水旱灾害防御调度指挥机构。

11 日，省水利厅在南京召开全省市县水利局长座谈会，交流研讨、部署推进防汛防旱、安全生产、长江大保护和“两违”整治等重点工作。全体厅领导，各设区市、部分县(市、区)水利(务)局主要负责人等参加会议。

15 日—16 日，水利部在南京召开南水北调工程验收工作推进会议，水利部副部长蒋旭光出席会议并讲话。水利部总经济师张忠义主持会议、总工程师刘伟平作会议总结。厅党组成员、省南水北调办副主任郑在洲代表省水利厅作典型交流发言。水利部有关司局、南水北调沿线各省市水利（务）厅（局）以及南水北调工程建设单位负责人等参加会议。

15 日—18 日，中央纪委驻水利部纪检组原组长、中国水利经济研究会理事长董力带队来江苏省调研节水优先相关工作。省水利厅厅长陈杰，厅党组成员、省南水北调办副主任郑在洲，厅党组成员、驻厅纪检组组长徐杰先后参与调研。

17 日，省委书记娄勤俭在无锡调研时考察了宜兴市丁蜀镇太湖生态湿地修复现场和八房港蓝藻打捞点，察看生态湿地修复给太湖景观和太湖大堤巩固带来的新变化，听取厅长陈杰关于太湖治理和全省清淤疏浚聚泥成岛试点情况汇报，了解太湖蓝藻打捞处置能力提升工程最新进展和近年来蓝藻趋势变化。

18 日—19 日，水利部在徐州召开全国河湖执法工作推进会议，水利部副部长魏山忠出席会议并讲话。副厅长韩全林代表江苏省水利厅就“深入开展河湖专项执法 推动江苏水利高质量发展走在前列”作典型交流发言。与会代表现场观摩了江苏省徐州丁万河执法管理现场、开发区京杭运河执法整治现场和潘安湖水生态文明建设成果。

25 日，省防汛防旱指挥部召开全体会议，分析研判 2019 年江苏省防汛防旱形势，研究部署各项工作任务。省委常委、常务副省长、省防指指挥樊金龙主持会议并讲话。省防指各成员单位负责同志参会。省水利厅厅长、省防指副指挥陈杰汇报了全省防汛防旱工作情况，省水利厅副厅长、省防指秘书长张劲松参加会议。

28 日下午，中共江苏省水利厅机关第五次党员代表大会在南京召开。大会选举产生了新一届机关党委和纪委。厅党组书记、厅长陈杰代表厅党组到会祝贺并讲话。省委省级机关工委副书记王巨祥到会并讲话。张劲松副厅长主持会议，高圣明副厅长代表第四届机关党委作工作报告。厅系统共 115 名党员代表参加会议。

30 日，省防指召开全省防汛防旱工作视频会，深入贯彻国务院电视电话会议精神，全面落实省委、省政府部署要求，进一步统一思想、研判形势、明确任务、落实责任。省防指副指挥、省政府副秘书长徐莹参加会议。省防指副指挥、省水利厅厅长陈杰通报了江苏省汛前检查情况并对防汛防旱工作进行部署，省防指副指挥、省应急管理厅厅长陈忠伟对应急抢险有关准备工作进行部署，省气象局副局长严明良通报了 2019 年汛期气候趋势预测情况。省防指秘书长、省水利厅兼应急厅副厅长张劲松主持会议。

△长江防总召开长江防汛抗旱总指挥部 2019 年指挥长视频会议。长江防总总指挥长、湖北省省长王晓东，国家防总秘书长、水利部副部长、应急管理部副部长叶建春，长江防总常务副总指挥、长江委主任马建华等出席会议并讲话。长江防总副总指挥、江苏省副省长费高云作交流发言。江苏省防指副指挥、省水利厅厅长陈杰在分会场参加会议。

5 月

9 日，全省河长办主任会议在南京召开，研究部署河湖长制工作，推动河湖长制从“有名”到“有实”转变。省水利厅党组书记、厅长、省河长办主任陈杰出席会议。省水利厅副厅长、省河长办副主任张劲松对河长制公示牌整改、“两违三乱”专项整治以及河湖长制总结评估工作进行了安排部署。副厅长朱海生作总结讲话。省纪委监委驻厅纪检监察组负责同志,全体在宁厅领导,各级河长办主任,厅机关各处室、厅直各单位主要负责同志参加会议。

14 日,丰县湖西片区整体帮扶工作联席会议在南京召开,研究落实 2019 年丰县湖西片区整体帮扶项目实施计划。省委农村工作领导小组副组长、省扶贫工作领导小组副组长胥爱贵,省政府扶贫工作办公室主任陶长生出席会议并讲话。丰县湖西片区整体帮扶联席会议副主任、省水利厅副厅长叶健主持会议。部分省级联席会议成员单位及徐州市政府、丰县党委有关负责同志作了发言。丰县湖西片区整体帮扶工作省级成员单位,徐州市、丰县有关单位和厅有关处室负责同志参加会议。

15 日,省委书记、省总河长娄勤俭,省长吴政隆、省总河长发布 2019 年第 1 号省总河长令——《关于全力打赢打好碧水保卫战、河湖保护战的动员令》。

16 日,全省河湖长制工作暨河湖违法圈圩和违法建设专项整治推进会在宁举行。省委书记、省总河长娄勤俭在会上宣布 2019 年第 1 号省总河长令,在全省组织开展碧水保卫战、河湖保护战。省长、省总河长吴政隆出席会议并讲话。副省长费高云主持会议。会议听取了全省河湖长制工作和河湖“两违”专项整治进展情况的汇报。南京、淮安两市总河长作了交流发言。会议以视频会议形式召开,省里设主会场,各设区市、县(市、区)设分会场。省级河湖长、省河湖长制工作领导小组成员单位负责同志、各设区市负责同志在主会场参加会议。

21 日,省委常委、组织部部长郭文奇检查京杭大运河苏北段和微山湖河湖长制工作,组织召开座谈会,部署京杭大运河苏北段和微山湖碧水保卫战、河湖保护战。省水利厅厅长、省河长办主任陈杰,省水利厅、省交通运输厅负责同志,沿运 4 市市级河长,微山湖徐州市级湖长参加巡河活动。

27 日,长江经济带全国引领性劳动和技能竞赛组委会在武汉召开全国引领性劳动和技能竞赛推进会,对 2018 年度竞赛考核评比情况进行了通报表彰,省新孟河枢纽工程建管局等 6 个集体和 6 名个人、潘安湖、傀儡湖名列通报表彰名单。

28 日,副省长、省副总河长、苏南运河省级河长费高云在苏州检查苏南运河河长制工作。省政府副秘书长刘大旺,省水利厅副厅长张劲松以及省交通运输厅、省生态环境厅负责同志,苏南运河苏州市级河长等陪同检查。

29 日,省委常委、常务副省长、省防指指挥、沭河新沭河省级河长樊金龙在宿迁检查沂沭泗地区防汛防旱和河长制工作,部署下一阶段工作。省政府副秘书长、省防指副指挥徐莹,省水利厅党组成员、副厅长张劲松,厅党组成员、省南水北调办副主任郑在洲,以及省应急管理厅、水利部淮委沂沭泗水利管理局,徐州、连云港、淮安、盐城、宿迁等市政府相关负责同志参加活动。

△中央扫黑除恶专项斗争第十七督导组第四走访组对江苏省水利系统扫黑除恶专项斗争开展情况进行督导走访。省纪委驻厅纪检监察组组长徐杰、省水利厅副厅长韩全林,以及省水利厅扫黑除恶专项斗争领导小组全体成员参加了督导汇报会。

30 日,2019 年太湖流域防汛抗旱总指挥部视频会议在南京召开,会议深入学习贯彻习近平总书记关于防灾减灾救灾重要指示精神,认真落实党中央、国务院决策部署,总结 2018 年工作,分析当前形势,部署落实 2019 年流域水旱灾害防御各项任务。太湖防总总指挥、江苏省省长吴政隆出席会议并讲话。水利部副部长陆桂华出席会议并讲话。江苏、浙江、上海、福建、安徽省(直辖市)人民政府有关领导在会上交流发言。

31日，省水利厅公布全省第一批河湖生态水位，包括不牢河、中运河、里运河、苏南运河、淮河入江水道、淮沭河、秦淮河、通榆河8条河道及洪泽湖、骆马湖、白马湖、高邮湖、宝应湖、邵伯湖、固城湖、石梁河水库8个湖（库）。

6月

4日，由省大运河办指导，省委宣传部、省交通运输厅、省水利厅、省文化和旅游厅、省文物局主办的"寻找大运河江苏记忆"活动成果发布会在镇江谏壁船闸管理所召开。活动评选出胥河（高淳段）等40处"最美运河地标"、更苏州的《枫桥夜泊》等30个运河优秀短视频，省骆运水利工程管理处等单位获"优秀组织奖"。

5日，受江淮气旋影响，江苏省淮河流域出现入汛以来首场强降雨。经统计，6月5日8时至6日14时，江苏省江淮之间面雨量34毫米，淮北地区面雨量49毫米。全省50毫米以上暴雨笼罩面积1.97万平方千米；220个站点降雨量超50毫米，最大点雨量宿迁沭阳站110毫米。同期，淮河流域上中游部分地区出现暴雨过程。

10日，省水利厅开展水利网络安全应急演练。副厅长、厅信息化与网络安全领导小组副组长叶健，省委网信办、国家计算机网络与信息安全管理中心江苏分中心有关负责同志现场观摩演练活动。

11日，副省长马秋林在常州和无锡检查新沟河、新孟河、滆湖、长荡湖"两河两湖"河湖长制工作，在宜兴召开座谈会，贯彻落实2019年第1号省总河长令和全省河湖长制工作暨"两违"专项整治工作推进会议精神，研究部署下一阶段重点工作。

△水利厅系统"不忘初心、牢记使命"主题教育动员电视电话会议在宁召开。省委第十巡回指导组组长刘松汉出席会议，厅党组书记、厅长陈杰参加会议并作动员讲话。

△省水利厅党组召开新提任处级干部集体谈话会。厅党组书记、厅长陈杰出席会议并讲话；厅党组成员、省纪委监委驻厅纪检监察组组长徐杰作廉政谈话。副厅长韩全林主持会议。

12日，省水利厅召开厅系统"不忘初心、牢记使命"主题教育领导小组第一次会议。厅党组书记、厅长、领导小组组长陈杰出席会议。厅党组成员、副厅长高圣明主持会议，厅党组成员、驻厅纪检监察组组长徐杰参加会议。

△省水利厅组织开展2019年江苏省防洪调度演练。省防指秘书长、省水利厅副厅长张劲松在省防汛防旱指挥中心主会场参加演练并指挥调度，省水利厅总工程师周萍主持演练。演练涵盖了预报、会商、决策、调度等各个环节，统筹考虑上下游、左右岸、区域和流域的协调，综合运用闸站、水库、蓄滞洪区等工程，实现了秦淮河流域预报、调度方案实时校正、会商决策同步开展。

13日，厅党组书记、厅长陈杰带队到徐州市下水道四班观摩学习，开展先进典型教育。

△全体厅领导赴徐州、淮安两地，集体瞻仰淮海战役纪念馆、周恩来纪念馆，开展现场学习，接受革命传统精神熏陶教育。

10日—14日，省防汛防旱指挥部在南京举行防汛应急抢险演练。14日下午，省防汛防旱指挥部常务副指挥长、省政府副省长费高云观摩演练并讲话。此次演练结合江苏省防汛抢险实际，现场模拟南京长江河段水位持续上涨、长江堤防出现多处险情、大量群众被困情况下的应急抢险救援场景。演练涵盖了应急预案演练、专业科目演练、应急救援救灾演练、抢险新技术、新装备展示等四大类34

个科目内容。来自江苏省消防救援总队、中国安能建设集团总公司第二工程局、江苏省红十字会、江苏省水文水资源勘测局、江苏省水利防汛物资储备中心、省市县三级抢险队、上海金汇通航公司、南京蓝天救援队等 20 多支专业化以及社会化抢险队伍，共计 500 余名抢险队员参加了培训演练。

18 日，省洪泽湖管理委员会召开全体成员会议，落实全省河湖长制工作电视电话会议精神和省委巡视组洪泽湖巡视整改意见要求，围绕打赢打好碧水保卫战、河湖保护战，聚焦洪泽湖生态环境突出问题，部署推进洪泽湖治理和保护工作。管委会主任、省政府副省长费高云出席会议并讲话。管委会副主任、省政府副秘书长杨勇出席会议，管委会副主任、省政府副秘书长刘大旺主持会议。管委会副主任、省水利厅厅长陈杰通报了洪泽湖治理保护工作情况及下一步工作安排。

△厅党组成员、副厅长朱海生、叶健、高圣明带队赴南京、句容两地，集体瞻仰苏南抗战胜利纪念碑、茅山新四军纪念馆、雨花台烈士陵园，开展现场学习，接受革命传统精神熏陶教育。厅机关各处室、单位负责同志 50 余人参加了学习。

24 日，受省防汛防旱指挥部授权，省水文水资源勘测局 19 时发布枯水蓝色预警：受前期降雨偏少和农业用水的共同影响，骆马湖水位快速下降，24 日 18 时骆马湖水位降至 21.23 米，低于旱限水位 0.07 米。

25 日—26 日，受水利部委托，省水利厅、省南水北调办在宿迁主持召开南水北调东线一期皂河二站设计单元工程完工验收会议。省水利厅党组成员、省南水北调办副主任郑在洲参加验收。

26 日，厅长陈杰接待来厅交流水利工作的苏州市市长李亚平一行。厅领导韩全林、周萍、季红飞、黄良勇，厅有关处室负责同志参加座谈。

△省水利厅在南京召开全省农业水价综合改革推进会，为 2020 年全省率先完成改革任务进行再动员、再部署。厅党组成员、副厅长叶健出席会议并讲话。

27 日，省水利厅系统先进事迹报告会在宁举行。全体在宁厅领导出席会议。徐州市水务局下水道四班、省骆运水利工程管理处抗旱排涝队、省淮沭新河管理处海口闸管理所、省水文局徐州分局陈磊同志等先进集体和个人作先进事迹报告。

28 日下午，江苏省委召开庆“七一”表彰暨主题教育先进事迹报告会。省秦淮河水利工程管理处党委被授予“江苏省先进基层党组织”荣誉称号，也是全省水利系统唯一获此殊荣单位。

7 月

1 日—2 日，水利部副部长陆桂华带队就“提升太湖综合治理水平，促进长三角一体化发展”为主题，来江苏调研。厅长陈杰在无锡接待陆桂华副部长一行。

4 日 8 时，洪泽湖蒋坝水位 11.71 米，低于旱限水位 0.09 米；骆马湖水位 21.13 米，低于旱限水位 0.17 米；微山湖水位 31.37 米，低于死水位 0.13 米；石梁河水库水位 21.89 米，低于旱限水位 0.11 米；“三湖一库”蓄水总量 19.3 亿立方米，可用水量仅剩 6.9 亿立方米。省防指继在 6 月 24 日发布骆马湖枯水蓝色预警后，7 月 3 日 10 时又发布了石梁河水库枯水蓝色预警，提醒全社会密切关注雨水情变化，采取节水措施，做好防范工作。

8 日，省防指召开成员单位会，研究部署防汛抗旱工作。省委书记娄勤俭会前专门作出批示。省委常委、常务副省长、省防指指挥樊金龙，副省长、省防指常务副指挥费高云出席会议并讲话。省政府副秘书长、办公厅主任谢润盛主持会议。省水利厅厅长、省防指副指挥陈杰传达了全国重点地区防汛抗旱工作会议精神，并代表省防办汇报了全省防汛防旱工作情况。省应急管理厅、公安厅、住房城乡建设厅、农业农村厅、省消防救援总队、省电力公司等单位负责同志作了交流汇报。

10 日下午，省军区田厚玉副司令员一行到省水利厅调研防汛防旱工作。省防指秘书长、省水利厅副厅长张劲松参加调研。

14 日，受水阳江上游降雨和长江水位顶托影响，8 时，水阳江水碧桥站水位 11.39 米，超过警戒水位 1.39 米；石臼湖蛇山站水位 10.08 米，超过警戒水位 0.08 米，且仍在上涨。根据相关预案，14 日上午 9 时，南京市启动水阳江石臼湖流域防汛Ⅳ级应急响应。

16 日 9 时，洪泽湖蒋坝水位已降至 11.50 米。根据江苏省防汛防旱应急预案，省防汛防旱指挥部决定，7 月 16 日 14 时启动苏北地区抗旱Ⅳ级应急响应。

17 日，副省长、省洪泽湖管委会主任费高云率省水利厅、生态环境厅、住房和城乡建设厅、农业农村厅等洪泽湖管委会成员单位负责人调研洪泽湖管理保护现状。省洪泽湖管委会副主任、省政府副秘书长刘大旺，省洪泽湖管委会副主任、省水利厅厅长陈杰，省洪泽湖管委办副主任黄良勇参加调研。

18 日，省防指秘书长、省水利厅副厅长张劲松主持召开苏北地区抗旱紧急工作会议。

17 日，经省委主题教育第十巡回指导组同意，厅党组书记、厅长陈杰给厅系统党员干部上了一场题为“不忘初心、牢记使命，自觉扛起治水兴水时代重任”的党课。省委第十巡回指导组到会指导。会议表彰了 2018 年度厅系统先进党员和先进党务工作者。副厅长张劲松宣读了表彰决定，副厅长高圣明主持会议。全体在宁厅领导出席会议。

19 日，省洪泽湖管委会召开第一次专题推进会，贯彻落实省洪泽湖管委会全体成员会议精神，推进《洪泽湖治理保护三年工作计划》落细落实。会议审议通过了《关于进一步推进洪泽湖生态保护与利用的实施意见》《省洪泽湖管理委员会五项制度》和市县《三年工作实施方案任务清单》编制格式，讨论了《省水利厅、省公安厅关于在洪泽湖水域加强水利、公安联合执法的指导意见》。管委会各成员、沿湖两市六县（区）政府负责同志在会上发言。管委会副主任、省水利厅厅长陈杰、厅党组成员、省纪委驻厅纪检监察组组长徐杰，厅领导韩全林、周萍、季红飞、黄良勇参加会议。

23 日，省防指召开苏北地区抗旱工作视频会议，分析研判苏北地区旱情形势，研究部署下一阶段抗旱举措，省委常委、常务副省长、省防指指挥樊金龙，副省长、省防指常务副指挥费高云出席并讲话。省政府副秘书长、办公厅主任谢润盛主持会议。省水利厅厅长、省防指副指挥陈杰通报了苏北地区旱情及抗旱工作情况。省气象局负责同志通报了近期天气预测情况。省交通运输厅、农业农村厅负责同志作了交流汇报。

23 日，厅长陈杰接待了来厅交流水利工作的连云港市市长方伟一行。

25 日，省水利厅召开专门会议，紧急部署洪泽湖周边、入江水道三河段用水管理及应急架设抗旱机组工作，副厅长、省防指秘书长张劲松主持会议。

27 日，厅党组书记、厅长陈杰赴淮河入江水道金湖控制线段现场指导应急架设抗旱机组工作。

△苏北地区最重要水源地洪泽湖水位持续下降，27 日 15 时跌至 11.26 米，低于死水位 0.04 米，水域面积由 1 780 平方千米缩减至约 900 平方千米。干旱对内河航运造成一定影响，其中灌溉总渠等支线基本断航，大运河淮安枢纽段船舶积压 3 000 艘左右。

△省政府发布通告，自通报发布30日起，严禁在长江江苏水域采砂。

30日，省水利厅与省交通运输厅举行联合会商，研究制定应急调度方案，疏解苏北灌溉总渠部分河段搁浅船舶。省水利厅负责抬高总渠运东闸至阜宁腰闸河段水位至5.0米以上，并加强沿线用水管控，省交通运输厅负责现场疏通保畅。

30日—31日，水利部总工程师刘伟平带队到江苏省调研水库运行管理工作，副厅长张劲松陪同参加调研。

31日下午，省委副书记任振鹤到省水利厅调研指导水利工作。全体在宁厅领导参加。

△省委常委、常务副省长、省防指指挥樊金龙赴淮安检查指导抗旱工作。樊金龙实地察看了淮安三站、淮安船闸、洪泽湖周边旱情和淮河入江水道金湖控制线应急补水架机现场。厅党组书记、厅长、省防指副指挥陈杰汇报了苏北抗旱形势、已采取的措施和下一步工作安排。厅总工程师周萍汇报了洪泽湖旱情及影响。

8月

1日，8时起，省水利厅、省交通运输厅实施应急调度方案，疏解苏北灌溉总渠部分河段搁浅船舶。省水利厅实施应急水量调度，压缩淮安梯级、淮阴梯级泵站流量，并增加淮安引江闸流量至80 m^3/s；临时关闭淮安市淮安区总渠沿线4个引水口门、盐城市阜宁县总渠沿线8个引水口门。省交通厅对运东船闸和阜宁船闸实行"只出不进"调度方案，淮安、盐城两地航道、海事部门一对一通知船民做好准备，待水位上升至可通航水位后，引导搁浅船舶安全有序驶出灌溉总渠。

7日，省水利厅党组召开主题教育专题调研成果交流会，厅党组书记、厅长陈杰主持会议。省委第十巡回指导组到会指导。

9日，省防指召开2019年第9号台风"利奇马"防御工作视频会议，省委常委、常务副省长、省防指指挥樊金龙出席会议并讲话。省政府副秘书长谢润盛主持会议，省水利厅厅长、省防指副指挥陈杰代表省防办汇报了台风防御准备工作情况。9时起，省防指启动防台风Ⅲ级应急响应，全面强化第9号超强台风"利奇马"防御各项措施。

10日—11日，沂沭泗流域大部分地区普降大暴雨，局地特大暴雨，其中沂河临沂以上区间降雨量超过1974年大洪水的降雨量。本次强降雨导致沂沭泗地区发生较大洪水过程，其中沂河临沂站洪峰流量达7 300 m^3/s(8月11日16时)；沭河重沟站洪峰流量2 720 m^3/s(8月11日19时左右)，中运河运河镇站洪峰流量2 990 m^3/s(8月12日15时)。

10日，上午和晚上，省防指再次召开第9号台风"利奇马"防御工作视频调度会商会，省委常委、常务副省长、省防指指挥樊金龙出席会议并讲话。副省长、省防指常务副指挥费高云到省防指检查指导台风防御工作并参加会议。

11日，受第9号超强台风"利奇马"外围云系及冷空气共同影响，沂沭泗地区大部分普降大暴雨、局地特大暴雨，沂沭泗地区出现洪水过程，其中沂沭河将发生较大洪水。受上游来水及区间降雨影响，预计新沂河行洪流量将达到6 000 m^3/s左右。12时起，江苏省启动沂沭泗地区防汛Ⅲ级应急响应。

△下午，省防指召开防御沂沭泗洪水会商会，总结抗台经验，研究部署沂沭泗地区防洪工作。省委常委、常务副省长、省防指指挥樊金龙出席会议并讲话。副省长、省防指常务副指挥费高云11日上午到省防指检查指导台风防御工作并参加下午会商会。省政府副秘书长谢润盛主持会议，省水利厅厅长、省防

指副指挥陈杰通报了9号台风“利奇马”防御和沂沭泗地区抗洪工作情况。

12日，副省长、省防指常务副指挥费高云带队赴沂沭泗地区检查指导防汛抗洪工作，并召开沂沭泗抗洪视频会议。省政府副秘书长刘大旺，省水利厅厅长、省防指副指挥陈杰参加相关活动。

13日—14日，省水利厅厅长、省防指副指挥陈杰率沂沭泗抗洪前线指挥部成员前往宿迁、连云港、徐州，检查指导沂沭泗地区防汛抗洪工作。水利部淮委沂沭泗管理局主要负责同志，省水利厅领导朱海生、郑在洲、周萍、蔡勇、张春松、季红飞参加检查。

19日，根据“不忘初心、牢记使命”主题教育工作安排，经省委主题教育第十巡回指导组同意，省水利厅召开对照党章党规找差距专题会议，厅党组书记、厅长陈杰主持会议。

20日，厅长陈杰接待了来厅交流水利工作的南京市高淳区委书记吴勇强一行。

22日—23日，水利部副部长陆桂华一行来省调研水生态文明建设、南水北调东线调水等相关水利工作。省政府副省长费高云会见了陆桂华部长一行。厅长陈杰汇报了全省抗旱抗台抗洪工作的有关情况。

27日，厅长陈杰接待了来厅交流水利工作的镇江市委副书记、组织部部长李健一行。

28日，根据中央和省委主题教育工作要求，省水利厅党组召开“不忘初心、牢记使命”主题教育专题民主生活会。厅党组书记、厅长陈杰主持会议，省委第十巡回指导组组长刘松汉、副组长倪春青等到会指导。全体在宁厅领导参加会议。

29日，厅长陈杰赴镇江、常州市调研新孟河工程建设。副厅长朱海生、副巡视员季红飞参加调研。

9月

3日，由中国水利报社和江苏省河长办联合举办的江苏首届“最美基层河长”“最美民间河长”推选活动结果在张家港发布。南京市玄武区梅园新村街道梅园新村社区党委书记程雯等13人当选“最美基层河长”，南京市栖霞区南京师范大学退休职工庞金石等13人当选“最美民间河长”。

△由江苏省水利厅主办、新浪江苏承办的江苏河长制标志征集大赛正式启幕。

9日，省水利厅党组召开“不忘初心、牢记使命”主题教育专题民主生活会情况通报会，厅党组书记、厅长陈杰主持会议并讲话。全体在宁厅领导参加会议。

2日—10日，省水利厅组成5个考核组对13个设区市2018年7月1日—2019年6月30日期间水利建设质量工作进行考核。

11日，全省河湖“两违三乱”专项整治及陈年积案“清零”行动推进会在宁召开。会议进一步落实2019年第1号省总河长令关于打赢打好碧水保卫战、河湖保卫战的部署要求，总结前一阶段全省“两违三乱”专项整治经验和做法，研究部署加快推进专项整治和陈年积案“清零”工作。省河长办常务副主任、副厅长张劲松主持会议，副厅长韩全林传达全国河湖“清四乱”专项整治工作交流会精神并通报全省河湖“两违三乱”专项整治情况。连云港市、无锡市、盐城市、泰州市、淮安市、徐州市铜山区水利局等6家单位作交流发言。厅领导朱海生、郑在洲、高圣明、蔡勇、季红飞、黄良勇出席会议。

12日，省水利厅召开全省水利系统党风廉政建设座谈会，分析全省水利系统党风廉政建设形势，交流经验，研究对策，持续推动水利行业风气向好。厅党组成员、驻厅纪检监察组组长徐杰通报2018年水利行业违规违纪案件情况并讲话。厅党组成员、副厅长高圣明主持会议并部署全省基层水利行业党风廉政建设工作。会上，苏州市、扬州市、淮安市洪泽区水利局就如何做好水利工程项目的监督管理及风险防控进行交流发言。

18日，省水利厅在盐城组织召开全省淮河流域重点平原洼地近期治理工程建设动员会。省水利厅副厅长朱海生、省水利工程建设局局长蔡勇参加会议。

19日，受省政府费高云副省长委托，牵头单位省水利厅主持召开省农业水价综合改革工作联席会议。会议宣读了省政府副省长费高云关于农业水价综合改革工作的批示，通报了改革工作开展情况，审定了改革范围，讨论修改了《江苏省农业水价综合改革验收办法(征求意见稿)》。副厅长叶健出席会议。

18日—22日，省总河长、省委书记娄勤俭现场巡查大运河苏北段、洪泽湖、淮河入海水道、邵伯湖等河道及水利工程。省领导樊金龙、王燕文以及相关设区市市委和省有关部门负责人参加巡查。

23日，省委书记娄勤俭、省长吴政隆亲切看望了受表彰的公务员和公务员集体代表。厅河湖长制工作处荣获全省“人民满意的公务员集体”荣誉称号。

△省水利厅厅长陈杰走进政风热线全媒体直播节目，回应群众的关切。当天下午，厅长陈杰带队赶赴涟水督办淮安涟水县五港镇2 000户居民喝不到干净卫生的自来水问题。

25日，省水利厅联合省公安厅、省交通运输厅、江苏海事局、长航公安驻苏各分局开展全省集中巡江执法行动。

10月

8日，15时省防汛抗旱指挥部发布洪泽湖枯水蓝色预警，提请有关单位及社会公众密切关注，做好节水、蓄水等应对工作。

11日，省水利厅召开厅安全生产委员会扩大会议，传达贯彻党中央重要指示批示精神和省长吴政隆重要讲话精神，部署近期全省水利安全生产工作。副厅长、厅安委会副主任朱海生、二级巡视员季红飞出席会议。

15日—18日，厅党组书记、厅长陈杰率队赴新疆克孜勒苏柯尔克孜自治州(简称克州)调研水利援疆工作，并亲切看望水利援疆干部。克州党委、政府主要负责同志、江苏援克前总指挥等领导参加交流座谈，州党委常委、分管副州长陪同调研。南水北调东线江苏水源公司主要负责同志、厅领导季红飞参加调研。

22日，厅党组书记、厅长陈杰主持召开党组中心组学习会，专题学习《中国共产党农村工作条例》(以下简称《条例》)。副厅长叶健对《条例》进行了解读。全体在宁厅领导参加会议。

11月

5日，厅党组书记、厅长陈杰主持召开党组中心组学习会，传达学习习近平总书记在党的十九届四中全会上的重要讲话和全会精神。全体在宁厅领导参加会议。

5日—8日，水利部副部长魏山忠一行来省调研长江、大运河保护等相关水利工作。省政府副省长费高云会见了魏山忠副部长一行。省水利厅厅长陈杰汇报了全省长江整治、河湖“清四乱”、河湖管理范围划定工作的有关情况。

11 日，省水利厅召开专题会议，会商部署抗旱工作。厅党组书记、厅长陈杰主持会议并听取了全省旱情及抗旱情况的汇报。全体在宁厅领导参加会议。

13 日—14 日，省委副书记、省级副总河长、长江江苏段河长任振鹤，在扬州、镇江等地巡河并调研水利工作。

19 日，厅长陈杰接待了来厅交流水利工作的淮安市市长蔡丽新一行。

25 日，省水利厅召开专题会议，传达贯彻全国安全生产电视电话会议、省委“3·21”特别重大爆炸事故警示教育大会及省安委会全体成员扩大会议精神。厅党组书记、厅长陈杰主持会议。厅党组成员、副厅长朱海生传达了有关会议精神。全体在宁厅领导参加会议。

12 月

2 日，厅党组书记、厅长陈杰主持召开党组(扩大)会议，学习贯彻《中共中央关于加强党的政治建设的意见》，听取厅系统党建工作形势分析报告，研究部署党建工作。全体在宁厅领导参加学习。

11 日起，省南水北调工程启动 2019—2020 年度向山东调水工作。按照计划，本年度江苏省将向山东调水 7.03 亿立方米。调水分两阶段实施，其中第一阶段从 12 月 11 日开始，预计 2020 年 1 月中旬结束，由江都水利枢纽江都东闸引长江水入里下河地区，启用宝应站抽江水入里运河，经金宝航道、入江水道三河段、洪泽湖、徐洪河、房亭河等河湖，沿途启用金湖站、洪泽站、泗洪站、睢宁二站、沙集站、邳州站等 6 个梯级泵站抽水入骆马湖，最后经中运河由台儿庄站抽水出江苏；第二阶段预计从 2020 年春节后开始，至 5 月初结束。

10 日—11 日，省委常委、省委秘书长、里下河腹部地区湖泊湖荡省级湖长郭元强开展巡湖活动，并在泰州引江河管理处召开座谈会，听取淮安、盐城、扬州、泰州市级湖长和省有关部门负责同志的汇报，研究部署里下河湖泊湖荡治理保护工作。省委副秘书长、党建办主任尹卫东主持会议。省水利厅副厅长叶健参加会议。

13 日，省水利厅为泰州京城环保产业有限公司、千鹤湾亭湖养老中心、东亚电力(无锡)有限公司 3 家企业(单位)颁发全国首批取水许可电子证照，标志着江苏省取水许可电子证照改革试点取得重大进展。

17 日，省政府党组成员赵世勇到省水利厅会商调研有关工作，落实吴政隆省长批示要求，分析研判旱情形势，研究部署下一阶段抗旱举措。省水利厅党组书记、厅长陈杰汇报了全省抗旱工作情况，省财政厅、农业农村厅、气象局负责同志发言。省水利厅还就南水北调二期江苏境内工程和淮河入海水道二期工程有关情况进行了专题汇报。全体在宁厅领导参加会议。

25 日，省委常委、省委统战部部长杨岳巡查洪泽湖和淮河干流江苏段，在淮安市盱眙县召开座谈会，进一步部署推进洪泽湖和淮河的治理与保护工作。省水利厅厅长、省河长办主任陈杰主持会议。副厅长韩全林，省生态环境厅、农业农村厅负责同志，淮安、宿迁市级河湖长参加巡查和会议。沿线县级河湖长参加会议。

△省长江办、省水利厅共同组织召开全省长江岸线保护利用规划编制暨长江大保护工作会议，贯彻落实省委省政府关于深入推动江苏省长江经济带高质量发展走在前列系列部署，深化落实长江大保护水利工作任务，

加快推进长江岸线保护与利用规划编制工作。厅领导韩全林、周萍、季红飞、黄良勇，参加会议。

26日，常州市金坛区为全区9个镇水文服务站进行集中授牌，并召开了工作总结推进会，实现江苏省首个区县级基层水文服务体系全面覆盖。厅党组成员、副厅长张劲松出席活动。

30日，省水利厅召开2019年第四季度厅安全生产委员会暨厅水利重大风险防范化解工作领导小组会议，总结2019年全省水利安全生产及重大风险防范化解工作，研究部署2020年相关工作。副厅长朱海生出席会议并讲话，厅二级巡视员张春松、季红飞参加会议。

31日，厅党组书记、厅长陈杰主持召开厅党组会传达贯彻省委十三届七次全会精神。全体在宁厅领导参加会议。

△《江苏省水利工程建设项目标准电子招标文件》(2019年版)印发试行。该文件分为勘察设计、勘察、设计、施工、设计施工总承包、监理、代建、设备采购、材料采购、其他服务共10个类型的标准文本。

△望虞河除险加固工程通过竣工验收。

水利统计资料

水利统计资料 279～290页

2019 年江苏省水资源公报

一、综　　述

2019 年，我省坚持以习近平新时代中国特色社会主义思想为指导，全面贯彻习近平总书记"节水优先、空间均衡、系统治理、两手发力"的治水方针，深入落实最严格水资源管理制度，全面推行河湖长制，全力打好河湖保护战、碧水保卫战、节水攻坚战，各项工作取得积极成效。

2019 年，全省用水总量为 493.4 亿 m^3，控制在国家下达用水总量控制目标 524 亿 m^3 以内；按当年价计，全省万元地区生产总值用水量 49.5 m^3，万元工业增加值用水量 32.4 m^3。按可比价计，全省万元地区生产总值用水量下降，超额完成国家年度考核目标(较 2015 年下降 20%)；全省万元工业增加值用水量下降，超额完成国家年度考核目标(较 2015 年下降 16%)；全省农田灌溉水有效利用系数为 0.614，达到国家年度控制目标(0.592)。

2019 年，全省水资源和节约用水管理重点推进以下几方面工作。

一是深入落实最严格水资源管理制度。省委、省政府高度重视，主要领导多次专题调研，协调推动水资源管理、太湖治理、洪泽湖保护、大运河保护等重点工作。及时调整省最严格水资源管理制度和节约用水联席会议，省政府分管领导担任组长、相关部门负责同志任成员，协调推进考核重大事项。在全国率先出台考核实施方案，健全考核体系，层层压实责任。我省在 2018、2019 年度最严格水资源管理国家考核中荣获优秀等次第一名。严格控制用水总量，将国家下达的用水总量指标逐级分解下达至市、县行政区，每年下达用水计划至重点取用水户，建立月报送、季核查、年考核制度。全面推进"合理分水"，将太湖、淮河、沂河、沭河等 4 个跨省河湖水量分配至市县，完成秦淮河、骆马湖 2 个跨市河湖水量分配，全面启动跨县河湖水量分配工作。持续强化"管住用水"，颁发全国首批省级取水许可电子证照，率先完成全省范围内取水工程(设施)核查登记，确定 81 个全国首批重点取水口监管名录，制定印发《取用水管理手册》，开展"四不两直"监督检查，落实水资源有偿使用制度，规范取用水管理。

二是扎实推进水资源节约集约利用。省委、省政府将万元 GDP 耗水量纳入高质量发展考核，全面推进节水减排、节水降损等全民节水行动，促进社会文明进步。实施节水行动，在全国率先印发《江苏省节水行动实施方案》，13 个设区市全部出台实施细则，完成第 5 轮工业、服务业、生活用水定额修订，发布新一轮农业灌溉用水定额，定额数达 1 000 多个；完成 40 余个项目节水评价；推进 4 个高校合同节水项目，常州工学院合同节水项目作为典型在全国推介；推进水利行业节水型机关建设，省水利厅大楼率先完成节水改造，高分通过水利部验收，将节水机关创建新标向全省各级党政机关推广。强化重点业务监管，32 个县(市、区)完成国家级县域节水型社会达标建设，70 个市、县建成"江苏省节水型社会示范区"，均提前完成目标任务；累计建成节水型企业 3239 家；开展省级水效领跑者评选，树立一批行业标杆；首次组织开展用水审计省级核查；创新推出"节水贷"业务，促进金融资本进入节水领域。广泛开展节水宣传，多次受到水利部表彰。

三是不断优化水资源配置。围绕国家重大发展战略和高质量发展要求，依托较为完备的水利工程体系，优化南(江)水北调、江水东引、引江济太等水资源调度，有效保障经济社会发展用水。南(江)水北调调水，按照水利部下达的调水计划，2018—2019 年度累计向山东调水 8.44 亿 m^3，圆满完成调水出省任务；2019—2020 年度向山东调水工作有序推进。江水北调、江水东引效益充分发挥，全年江水北调沿线省属及省指定大站累计翻水 251 亿 m^3；江水东引累计引水量 121 亿 m^3，全面启用里下河水源调度工程，有效应对苏北地区 60 年一遇干旱。引江济太调水继续实施，合理调控太湖水位，全年常熟枢纽累计引水 13.5 亿 m^3，望亭立交入湖 5.5 亿 m^3，有效改善了太湖生态环境。

四是切实强化水资源保护。贯彻习近平生态文明思想，大力推进水生态文明建设。深入实施生态河湖行动计划，在全国率先出台《生态河湖状况评价规范》地方标准，组织开展中期评估，发布全省首批 10 个生态样板河湖，全省近七成主要河流和近六成省管湖泊达到优良水平。推动生态流量管控，制定发布全省第一批 16 个河湖生态水位，13 个设区市全面启动生态流量制定工作。推进水源地长效管护，县城以上集中式饮用水水源地达标建设全覆盖，建立长效管护年度评估机制，统一标识标志牌设置；推动应急备用水源建设，75 个城市独立供水单元已有 68 个实现双源供水；建成跨部门的水源地信息共享平台，重要水源地水质实现在线监测预警和定期监测评价双监控。严控地下水开采，苏锡常地下水全面禁采；苏中苏北实施封井压采，全省地下水位实现“零下降”。强化河湖水资源监测，开展太湖、洪泽湖主要湖泊水资源质量监测，全面掌握水资源状况。

五是全面打好碧水保卫战、河湖保护战。以河湖长制为统领，实施系统治水。省委、省政府主要领导发布总河长令，部署打赢打好碧水保卫战、河湖保护战。各级河湖长定期巡河巡湖，精准推进河湖治理，实现由“见河长”向“见成效”转变。洪泽湖治理中，省政府专门出台文件，省级下发三年工作计划，强化项目推动，治理保护初见成效。太湖治理中，系统推进水环境综合治理，全年打捞蓝藻 170 万吨，清淤 120 万方，太湖治理连续十二年实现“两个确保”。

二、水资源量

降水量 2019 年，全省年降水量 798.5 mm，折合降水总量 814.0 亿 m^3，比上年少26.6%，比多年平均少 19.8%，属枯水年份。

地表水资源量 全省地表水资源量 163.0 亿 m^3，年径流深 159.9 mm，地表水资源量比上年少 40.7%，比多年平均多 39.9%。2019 年，从省外流入我省境内的水量(不含长江干流)216.7 亿 m^3，从我省流出省境的水量 218.4亿 m^3，全省入海水量 282.7 亿 m^3；长江干流年径流量(大通站)9 334 亿 m^3。

地下水资源量 全省地下水资源量(矿化度≤2g/l)77.7 亿 m^3，比上年减少 35.2%。其中平原区地下水资源量 71.6 亿 m^3，山丘区地下水资源量 8.0 亿 m^3，重复计算量 1.9 亿 m^3。

全省水资源总量 全省水资源总量 231.7 亿 m^3，其中地表水资源量 163.0 亿 m^3，地下水资源量 77.7 亿 m^3，重复计算量 9.0 亿 m^3。全省平均产水模数为 22.7 万 m^3/km^2。

三、蓄水动态

湖泊蓄水动态 全省 13 个省管湖泊中，除南四湖、石臼湖和里下河湖荡外，年末蓄水总量 86.48 亿 m^3，比年初减少 32.32 亿 m^3。

大中型水库蓄水动态 全省 6 座大型水库年末蓄水总量 4.3 亿 m^3，比年初减少 0.9 亿 m^3；43 座中型水库年末蓄水总量 3.3 亿 m^3，比年初减少 1.8 亿 m^3。

地下水动态 全省平原区年末浅层地下水储存量比年初减少 18.2 亿 m^3。

四、水资源利用

供水量 全省总供水量 493.4 亿 m^3。其中,地表水源供水量 476.6 亿 m^3,占总供水量的 96.6 %;地下水源供水量 6.3 亿 m^3,占总供水量的 1.3 %;再生水用水量 10.5 亿 m^3,占总供水量的 2.1 %。

用水量 全省总用水量 493.4 亿 m^3。其中,第一产业用水 303.1 亿 m^3,占总用水量的 61.4%;第二产业用水 125.4 亿 m^3,占总用水量的 25.4%;第三产业用水 20.5 亿 m^3,占总用水量的 4.2%;居民生活用水 40.6 亿 m^3,占总用水量的 8.2%;城镇环境用水 3.8 亿 m^3,占总用水量的 0.8%。

用水指标 全省万元地区生产总值用水量 49.5m^3,万元工业增加值用水量 32.4 m^3,农田灌溉亩均用水量 474.7m^3,城镇居民生活用水量 152.8 L/人·d ,农村居民生活用水量 102.0 L/人·d 。

趋势分析 2015 年—2019 年,全省用水总量趋于稳定,2019 年由于遇特大干旱年份,全省用水总量 493.4 亿 m^3,比上年增加 33.2 亿 m^3,但仍在年度控制目标之内;按可比价计,全省万元地区生产总值用水量下降,超额完成国家年度考核目标(较 2015 年下降 20%);全省万元工业增加值用水量下降,超额完成国家年度考核目标(较 2015 年下降 16%);农田灌溉水有效利用系数达到 0.614,均超额完成年度控制目标。

附　　注

1. 水资源总量:指当地降水形成的地表和地下产水总量,即地表产流量与降水入渗补给地下水量之和。

2. 多年平均:指 1956—2010 年系列。

3. 供水量:指各种水源为用水户提供的包括输水损失在内的毛水量,分地表水源、地下水源和其他水源统计。

4. 用水量:指各类用水户取用的包括输水损失在内的毛水量,按生活、生产与城镇环境 3 大类用户统计,不包括海水直接利用量。

2019 年全省水利建设主要指标统计表

省市	指标名称											
	(耕地灌溉面积)有效灌溉面积(千公顷)	节水灌溉面积(千公顷)	除涝面积(千公顷)				水土流失综合治理面积(千公顷)		堤防总长度(km)	达标堤防长度		
			小计	3~5 年	5~10 年	10 年以上	合计	其中:小流域综合治理面积		总长度(km)	其中:一级堤防(km)	其中:二级堤防(km)
合计	4 205.443 0	2 847.751 0	4 451.070 0	217.370 0	1 077.070 0	3 156.630 0	940.390 0	342.080 0	56 358.98	42 883.41	1 233.19	3 782.76
江苏省												
南京市	221.300 0	161.370 0	240.96		4.38	236.58	224.470 0	93.170 0	2 467.61	2 032.58	107.52	471.33
无锡市	101.360 0	75.110 0	108.15	0.02	1.17	106.96	45.460 0	6.010 0	2 195.81	2 057.19	61.81	145.75
徐州市	535.440 0	361.740 0	600.13	73.66	139.33	387.14	60.950 0	7.4700	4 970.17	2 849.75	53.93	371.93
常州市	142.860 0	105.225 0	149.07	0.93	10.44	137.70	32.580 0	4.070 0	2 661.17	1 758.51	6.46	141.54
苏州市	167.200 0	122.334 0	172.60		1.79	170.81	16.590 0	16.590 0	7 562.71	7 132.93	37.24	365.41
南通市	414.830 0	290.759 0	441.04	17.57	60.36	363.11	33.220 0	1.520 0	1 428.62	1 126.49	15.89	565.76
连云港市	361.680 0	250.580 0	369.11	7.93	88.16	273.02	126.420 0	109.510 0	2 915.56	1 852.92	158.02	207.80
淮安市	440.190 0	307.710 0	428.64	6.90	156.06	265.68	113.950 0	15.190 0	4 621.58	3 167.38	362.73	262.27
盐城市	737.260 0	468.010 0	766.28	44.85	280.08	441.35	24.150 0	2.450 0	10 795.46	8 637.54	168.78	497.66
扬州市	276.520 0	206.020 0	291.37	8.23	62.33	220.81	56.110 0	40.250 0	5 266.99	3 071.24	66.84	269.50
镇江市	134.000 0	99.000 0	141.49	0.13	13.87	127.49	56.860 0	31.440 0	1 325.83	1 095.51		214.67
泰州市	275.273 0	149.663 0	295.53	5.66	80.09	209.78	9.800 0	5.670 0	4 913.57	4 385.70		190.54
宿迁市	397.530 0	250.230 0	446.70	51.49	179.01	216.20	139.830 0	8.740 0	5 233.90	3 715.67	193.97	78.60
江苏省属												

2019 年全省水利重点工程实施情况表

单位:万元

序号	项目名称	调整后建设任务	本年完成	完成比例
一	太湖治理工程	194 591	194 604	100%
1	★新孟河工程	119 083	119 083	100%
2	★望虞河西岸控制工程	20 000	20 000	100%
3	●望虞河除险加固工程	508	508	100%
4	★江苏省环太湖大堤剩余工程	6 000	6 013	100%
5	★东太湖综合整治后续工程	49 000	49 000	100%
二	长江治理工程	122 745	125 745	102%
1	★镇扬河段三期	24 960	24 960	100%
2	★长江干流江苏段崩岸应急治理工程	56 572	56 572	100%
3	★长江八卦洲汊道河道整治工程	20 000	20 000	100%
4	●长江堤防能力提升及崩岸应急治理工程	21 213	24 213	114%
三	★淮河治理工程	234 473	234 473	100%
1	黄墩湖滞洪区调整和建设工程	34 973	34 973	100%
2	江苏省淮河流域重点平原洼地治理工程	150 500	150 500	100%
3	淮河入海水道二期工程	2 000	2 000	100%
4	江苏省淮河行蓄洪区和淮河干流滩区居民迁建工程	47 000	47 000	100%
四	沿海水利建设	20 236	20 286	100%
1	●大丰市四卯酉闸工程	13 000	13 050	100%
2	▲海堤巩固工程	7 236	7 236	100%
五	●◆省属水利工程	16 886	16 888	100%
六	区域性治理项目	671 471	675 599	101%
(一)	▲国家专项规划建设项目	346 275	347 224	100%
1	水利灾后薄弱环节建设——江河支流治理	59 834	60 172	101%
2	水利灾后薄弱环节建设——小型病险水库除险加固	1 624	1 624	100%
3	水利灾后薄弱环节建设——重点易涝区排涝能力建设	24 000	24 002	100%
4	病险水闸加固	4 703	4 703	100%
5	水利灾后薄弱环节建设——中小河流治理	137 466	138 075	100%
6	农村重点水利工程	118 648	118 648	100%
(二)	●省补重点项目	325 196	328 375	101%
1	区域骨干引排竞争立项项目	20 590	21 040	102%
2	京杭大运河苏州段堤防加固工程	45 000	46 000	102%
3	郑集河输水扩大工程	54 000	54 000	100%
4	溧河洼应急治理工程	15 000	15 000	100%
5	东海龙门翻水站拆建工程	851	860	101%
6	黄河故道后续工程	66 755	68 475	103%
7	地方基建、城市防洪、水生态环境竞争立项奖补项目	123 000	123 000	100%
	合计	1 260 402	1 267 595	101%

注:★为 172 项节水供水重大水利工程;▲为其他中央补助项目;●为省重点区域水利项目;◆为其他水利重点项目

2019年竣工验收情况统计

序号	工程名称	时间	概算(万元)
1	江苏省小型水库防汛通信预警系统	2月22日	5 582
2	望亭水利枢纽月城河控制加固改造工程	2月27日	2 345
3	长江南京新济洲河段河道整治工程	4月30日	49 898
4	江苏省中小河流水文监测系统(2012—2013年度)工程	9月26日	29 399
5	车轴河闸除险加固工程	11月15日	2 018
6	江苏省水利科学研究院沿海试验基地	11月20日	3 463

2019 年度江苏省水利科技进步奖获奖名单

序号	成果名称	推荐单位	主要完成单位	主要完成人
一等奖 5 项				
1	水工建筑混凝土墙面修复技术	河海大学	河海大学、连云港市市区水工程管理处、连云港市通榆河北延送水工程管理处	陈　达、廖迎娣、侯利军、颜建、张　研、俞小彤、欧阳峰、江朝华、庄　宁、尹　飞、李沙罡、刘睿文、赵亚州、李筹胜、沈　春
2	江苏省大中型水库调度规范研究	江苏省防汛防旱指挥部办公室	江苏省防汛防旱指挥部办公室、南京河海科技有限公司	张劲松、张春松、孙洪滨、刘海笑、丁　亚、夏达忠、高　莹、于正广、王晓娟、孙超君、刘建永、宋海红、杨　军、余　立、苏照福
3	太湖湖泛监测预警关键技术研究与应用	江苏省水文水资源勘测局	江苏省水文水资源勘测局、中国科学院南京地理与湖泊研究所	刘俊杰、李　未、辛华荣、吕文、陆　隽、杨金艳、洪国喜、王雪松、闻　亮、郑建中、王晓杰、杨　惠、李　骏、沈顺中、马　倩
4	江苏水利造价数字化关键技术研究与应用	江苏省水利工程质量监督中心站	江苏省水利工程质量监督中心站、江苏国泰新点网络有限公司	黄海田、顾文菊、赵立华、张利昕、李春冬、强　浩、张龙斌、陆向荣、陈雪蓉、赵　涛、李　宽、周　煜、刘佳伟
5	江苏省农业节水模式及关键技术的创新与实践	江苏省水利厅农村水利与水土保持处	江苏省水利厅农村水利与水土保持处、扬州大学、河海大学、江苏省农村水利科技发展中心、南京水利科学研究院	叶　健、程吉林、蔡　勇、郭相平、刘敏昊、吉玉高、洪大林、蒋晓红、袁承斌、翟林鹏、陈　兴、张礼华、仇锦先、龚　懿、梁　森
二等奖 7 项				
1	环保型叶片液压全调节关键技术在大型卧式泵、斜式泵中的创新应用与推广	南水北调东线江苏水源有限责任公司	南水北调东线江苏水源有限责任公司、日立泵制造(无锡)有限公司	刘　军、姚秀芬、王亦斌、朱少芳、施　伟、陈守前、霍杭如、莫兆祥、白传贞、卢　丽
2	内外置行星减速直联型闭式卷扬启闭机	江苏省水利建设工程有限公司	江苏省水利机械制造有限公司、南京市水利规划设计院股份有限公司、盐城市水利工程管理处	王　波、钟卫华、陈　照、陈晓静、项　明、沈　静、陈　军、王　鹏、张　静、姓海涛
3	变化环境下长江江苏段河道演变规律及综合治理关键技术研究	江苏省水利工程规划办公室	江苏省水利工程规划办公室、南京水利科学研究院	苏长城、夏云峰、闻云呈、罗龙洪、喻君杰、陈长奇、吴道文、袁文秀、周东泉、凌　哲
4	江苏沿海沿江风暴灾害精细化预报技术研究与应用	江苏省水文水资源勘测局	江苏省水文水资源勘测局、河海大学	董家根、陈永平、谭　亚、罗俐雅、潘　毅、夏达忠、司存友、张长宽、唐运忆、崔彦萍
5	江苏省城市河湖生态修复与景观改造技术研究	江苏省河道管理局	江苏省水利厅水利风景区建设与管理领导小组办公室、南京林业大学	叶　健、王　浩、陈振清、于涛、陈昌仁、万　静、曹　瑛、孔莉莉、陆范彪、尹萌萌

续表

序号	成果名称	推荐单位	主要完成单位	主要完成人
6	流量实时在线整编及报汛技术研究	江苏省骆运水利工程管理处	江苏省骆运水利工程管理处、江苏省水文水资源勘测局	李太民、唐运忆、马余良、司存友、丁　亚、徐川源、马　悦、陈　靓、徐　清、赵陆文
7	江苏省水利工程水价结构性调整及定价机制研究	江苏省水利科教中心	江苏省水利科教中心、河海大学	王　苏、黄涛珍、管　靖、季爱军、沈　挺、包哲石、周　蔚、徐　瑶、王　璐、金　燕
三等奖 11 项				
1	埒子口综合治理方案研究	江苏省水利厅规划计划处	江苏省水利厅规划计划处、江苏省水利勘测设计研究院有限公司	王　钧、陈长奇、杨万红、赵一晗、黄　辉、杨晨霞、王　玉
2	沿江泵站超低扬程水力共振防治关键技术及应用研究	江苏省水利工程科技咨询股份有限公司	江苏省水利工程科技咨询股份有限公司、扬州大学、丹阳市水利局	颜红勤、蒋红樱、成　立、卢士亮、周喜武、刘　洪、徐朝阳
3	T型组合式钢筋砼地下连续墙结构研究与应用	江苏省水利工程建设局	江苏省新沟河工程江边枢纽建设处、江苏省太湖水利规划设计研究院有限公司、南京水利科学研究院	吴　忠、高兴和、蔡正银、翟高明、何　勇、关云飞、邵　勇
4	除险加固水闸消能防冲技术研究	江苏省水利工程建设局	江苏省灌溉总渠管理处、江苏省分淮入沂整治工程建设管理局、河海大学	韩成银、高　山、傅宗甫、孙超君、刘红军、吕家才、金扬泉
5	水闸工程管理规程	江苏省水利厅工程运行管理处	江苏省水利厅工程运行管理处、江苏省江都水利工程管理处、江苏省秦淮河水利工程管理处	郭　宁、辛华荣、高杏根、周灿华、姚文泉、蔡　平、黄振富
6	非洪涝期秦淮河中下游骨干河道水生态调度研究	江苏省防汛防旱指挥部办公室	江苏省防汛防旱指挥部办公室、江苏省秦淮河水利工程管理处、河海大学	张劲松、张春松、朱建英、王冬生、华祖林、孙　勇、陶娜麒
7	外秦淮河城区段活水提质调度技术研究与应用	南京市水务局	河海大学、南京市三汊河河口闸管理处	肖　洋、许兴武、毛劲乔、胡阳、沃玉报、汪迎春、陈　伟
8	河湖网格化管理平台	江苏省泰州引江河管理处	江苏省泰州引江河管理处、江苏天地图地理信息工程技术公司	徐　明、许静波、廖　磊、王琴、夏卫中、杨俊杰、陈功勋
9	水利地理信息图形标示规范	江苏省水文水资源勘测局	江苏省水文水资源勘测局、江苏省基础地理信息中心	司存友、高祥涛、刘昱君、曹帅、王　颖、石善球、周宇晨

续表

序号	成果名称	推荐单位	主要完成单位	主要完成人
10	水稻水分利用效率评估及其适应性灌溉策略研究	淮安市水利局	涟水县水利科学研究站、河海大学、南京农业大学	汤树海、王卫光、陈　丹、罗朝晖、王月林、赖茂卫、罗会永
11	复合防渗新材料开发及其在灌区节水工程中示范应用	江苏省水利厅	江苏省农业节水和农村供水技术协会、河海大学	吉玉高、樊峻江、祝建中、姚怀柱、陈　靓、张　健、陈　立

2019 年江苏省洪涝及台风灾害统计表(年报)

表　　号:国汛统 2 表
制定机关:国家防汛抗旱总指挥部
批准机关:国家统计局
批准文号:国统制〔2018〕24 号

填报单位:江苏省防汛防旱指挥部办公室
起止日期:2019-1-1—2019-12-31

地区	受灾范围		农作物受灾面积	农作物成灾面积	受灾人口	死亡人口	转移人口	倒塌房屋	直接经济总损失	其中水利设施直接经济损失
	县(市、区)	乡(镇)								
	(个)	(个)	(万亩)	(万亩)	(万人)	(人)	(万人)	(万间)	(亿元)	(亿元)
合计	40	204	173.10	82.06	52.13	0	10.64	0.09	10.44	1.82
南京市										
无锡市	1	10	2.01	0.2			3.79	0.000 4	0.09	
徐州市	3	30	45.63	33.04	22.04		0.31	0.01	6.36	0.47
常州市										
苏州市	8		28.61	0.98			3.99	0.002 1	0.38	0.047
南通市										
连云港市	4	51	68.92	39.48	22.62		0.11	0.000 6	2.44	1.20
淮安市	5	30	4.76	1.78	0.16		0.68	0.000 3	0.56	
盐城市	9	75	17.09	6.53	7.06		1.73	0.004 3	0.47	0.11
扬州市										
镇江市										
泰州市	5		2.86	0.05	0.04		0.001	0.000 1	0.02	
宿迁市	5	8	0.85		0.21		0.039	0.07	0.12	

单位负责人:孙洪滨　　填表人:薛凌峰　　填报日期:2019-12-31

2019 年江苏省旱灾及抗旱效益统计表(年报)

表　　号:国汛统 11 表
制表机关:国家防汛抗旱总指挥部
批准机关:国家统计局
文　　号:国统制〔2018〕24 号

填报单位:江苏省防汛防旱指挥部办公室
起止日期:2019-1-1—2019-12-31

地区	主要受旱时段	农作物受旱面积				因旱人畜饮水困难		因旱直接经济总损失	抗旱效益
		作物受旱面积	作物受灾面积	其中成灾面积	其中绝收面积	人口	大牲畜		
	(月日—月日)	(万亩)	(万亩)	(万亩)	(万亩)	(万人)	(万头)	(亿元)	(亿元)
合计		661.94	322.07	230.07	2.22	1.1		6.28	31.24
南京市	6.25—8.3								
无锡市	6.25—8.3								
徐州市	6.25—8.3	101.33	101.33	101.33					8.07
常州市	6.25—8.3								
苏州市	6.25—8.3								
南通市	6.25—8.3								
连云港市	6.25—8.3	28.50	11.30	5.07		1.1		0.26	0.09
淮安市	6.25—8.3	183.74	85.41	31.67	1.62			2.94	12.31
盐城市	6.25—8.3	191.65	22.50	1.50				0.37	0.55
扬州市	6.25—8.3	73.34	26.09	15.29	0.60			0.84	1.05
镇江市	6.25—8.3								
泰州市	6.25—8.3								
宿迁市	6.25—8.3	83.40	75.45	75.45				1.87	9.17

单位负责人:孙洪滨　　填报人:薛凌峰　　填报日期:2019-12-31